作名學大全

破字・人名用漢字辭典

嚴允文著

東洋書籍

著 者　殷 允 文
　　　　青雲易理作名學院長
著 書　格局用神論全書 ⓢⓩⓗ 卷
　　　　大定作卦鑑命法
　　　　命學秘解
　　　　周易身數
　　　　諸葛孔明秘法
　　　　주역사주
　　　　평생사주
　　　　漢詩作法
　　　　대영부비전
事務室　서울市 中區 南大門路 5街 6-9
　　　　電話　752-9013
自 宅　서울市 恩平區 鷹岩2洞 295-2
　　　　電話　302-0631

序　言

　　파자(破字)와 작명학을 한데 묶어서 출간하였으면 하고 구상은 오래전부터 하여 왔으나 그 자료 수집에 많은 시간을 보냈다.
　　이 두가지 학문을 한권의 책으로 엮은 이유는 파자와 작명이 서로 불가분의 연관관계가 있다는 점이다. 아무리 이름의 뜻이 좋고 수리오행과 음령오행의 배치가 잘되어 있다고 해도 파자상으로 볼때 불길하게 판단되면 그 결과도 같다는 이유에서이다.
　　옛날 상통천문 하달지리(上通天門 下達地理) 하시던 소강절선생, 윤도선, 이순풍, 이지함, 무학대사와 같은 당대의 역학계의 대가들께서도 파자와 측자(測字)를 가지고 길흉화복을 백발백중으로 적중시킨 바가 있다는 고사(古事)들이 많이 실증하고 있다.
　　특히 역학계에서 종사하고 연구하는 많은 사람들은 파자나 측자법을 터득하기에 노심초사하고 있는 현실이다. 고로 필자는 중국의 파자 원서(原書)를 얻어 그대로 소개하기로 하고 후일 시간을 얻어 다시 해설을 붙이기로 하였으나 미완성의 것임을 대단히 송구스럽게 생각한다.
　　파자의 한두가지 예를 들면 宋나라 고종황제께 민심을 파악하기 위하여 미행을 하다가 당대에 파자를 잘하는 石씨를 우연히 만나서 땅에다 한일(一)자를 써서 물어보니 땅위에 一획을 더 붙이더니 임금왕자로 필시 보통 사람이 아니고 임금의 재목이라 하면서 다시 한자를 더 짚으라고 고종에게 말한즉 문(問)자를 다시 쓰시니 石씨가 대답하여 말하되 좌군(左君) 우군(右君)하니 필시군왕(必是君王)이라고 엎드려 큰절을 올리니 石씨에게 큰 벼슬을 내리고 임금의 자문에 응하도록 하였다는 옛 고사가 있다.
　　역술계에 종사하거나 연구하는 사람들은 작명을 할때도 다시한번 파자로도 확인하고 좋은 이름을 지었으면 하는 마음에서 파자법을 작명과 같이 묶어서 출간하는데 필자의 뜻이 담겨 있다.
　　천불생무록지인(天不生無祿之人)이요, 지부장무명지초(地不長無名之草)란 말이 있다. 즉 하늘은 록없는 사람을 내지 않고, 땅은 이름없는 풀을 기르지 않는다는 말이다.

또한 옛 글에 보면 이런 구절이 있다.

부범인생수불수(夫凡人生壽不壽)는
지재생년월일시(只在生年月日時)요,
부범인생영불영(夫凡人生榮不榮)은
지재모운명자호(只在某云命字號)라.
주위체이명위용(柱爲體而名爲用)이요,
체용구위부의귀(體用俱爲富宜貴)라.

이 글을 풀이하여 보면 인생이 이 세상에 태어날때 오래살고 못사는 것은 사주팔자에 매어 있고, 또 인생이 잘살고 못사는 것은 누구라는 이름자에 달려 있으며, 사주는 몸(體)이 되고 이름은 용(用)이 되니 이 몸과 용이 구비됨으로써 부귀와 영화를 누릴 수 있다는 뜻이다.

사람들은 우주 천지대자연(天地大自然)의 정기를 받아 이 세상에 태어난 하나의 작은 천지(天地)요, 소우주(小宇宙)라고도 할 수가 있다. 고로 모든 사람들은 다같이 부귀와 영화를 지상목표로 삼아 나름대로 제 갈길을 열심히 뛰어가고 있다.

그러나 아무리 남보다 열심이 뛰고 노력하여도 평생 가시밭길을 헤매이며 불행의 늪속에서 허덕이는 사람들이 있는가 하면, 부귀영화를 누리는 사람도 있다. 바로 이것이 사주팔자 소관이요, 이름의 결과라고도 단정할 수가 있다.

또한 부귀영화를 마음껏 누리고 천하를 호령하다가 하루아침에 몰락하고 신망가패(身亡家敗)하는 사람이 있는가 하면, 권좌에 물러나 형무소에서 옛일을 참회하는 사람, 많은 돈을 두고도 쓰지 못하고 번뇌와 고민하는 사람, 많은 사람들의 원성을 한몸에 받고 얼굴을 세상에 내놓길을 두려워하는 사람들도 있다.

이것이 바로 선천운명(사주팔자)과 후천운명(성명)이 서로 조화를 이루지 못한 원인이기도 하다. 고로 많은 사람들은 좋은 사주팔자와 이름 가지기를 바란다. 그러나 사주팔자는 자기 마음대로 가질 수가 없으니 선택의 여지가 없고, 좋은 이름은 선택의 여지가 있으니 마음대로 가지고 고칠수가 있다.

바로 이것이 부모의 정성이요, 선택권이이다. 쉽게 말하면 사주의 부족함을 이름에서 보강하여야 한다는 뜻이다. 다시말하면 성(姓)은 혈통(血通)이며, 혈족임을 표현한 공통된 기호이다. 안으로는 혈족과 우애를 도모하는데 있어서 구심적인 역할을 하고 밖으로는 배타성과 방어적인 역할을 한다.

성은 선택의 여지가 없으니 마음대로 바꿀수가 없다. 그러나 이름은 부모나 작명가가 좋은 이름으로 바꾸고 지을수가 있는 가변성(可變性)이 있다. 고로 한사람의 성명이 천하의 나 하나뿐인 나를 대표하고 자기의 영육(靈肉)을 대표하는 고유의 기호이며, 명사이이다.

그런데 성명학계에서는 여러가지 학설이 제 나름대로 구구하여 甲이 작명한 것을 乙이 반박하여 하자를 끌어내고, 乙이 작명한 것을 甲이 잘못 지었다고 트집하는 등 갑론을박(甲論乙駁)하는 것이 현 실정이다. 똑같은 학설과 원칙을 가지고 작명한다면 이러한 결과가 생길 이유가 없다고 본다.

필자는 십여년간에 걸쳐서 많은 자료를 수집하여 사형장에서 죽어간 많은 사람들, 파렴치범으로 극형을 당한 사람, 억울하게 피살되어 꽃다운 젊은 청춘을 잃은 사람들의 이름을 들어 그 원인을 규명하여 성명학을 하는 후학(後學)들의 참고자료로 제공저 노력하여 보았다.

부모님들이 자손들에게 수백억의 재산을 물려주려하지 말고 바른 이름, 좋은 이름을 지어주는 것이 더욱 중요하다는 것을 알아야 한다. 그리고 시대의 변천에 따라서 한글이름도 보급하는 것이 타당하다고 생각되어서 한글이름에 대해서도 간략하게 소개하였다.

다행히 최근에 와서는 모든 사람들이 작명의 중요성을 알고 자손들의 이름을 작명가에게 많이 맡기는 현상을 볼때 참으로 기쁜 일이 아닐 수 없다.

인사유명(人死遺名)이요, 호사유피(虎死留皮)란 말이 있다. 즉 사람은 죽어서 이름을 남겨야 하고 범은 죽어서 가죽을 남긴다는 뜻이다.

많은 사람들이 이 책을 활용함으로서 좋은 이름을 지어서 자자손손에게 물려줌으로써 광명과 희망 그리고 부귀영화를 누릴 수 있는데 도움이 되었으면 하는 간절한 소망에서 이 책을 낸다.

甲戌年 仲夏
青雲作名學院長 嚴 允 文 謹識

作名學大全

＝目　次＝

第一編　姓名原理論

第一章　姓名學大意 …………………………… 16
　一. 姓名의 重要性 ……………………………… 16
　二. 先天宿命 …………………………………… 17
　三. 靈體의 配合 ………………………………… 18

第二章　姓名의 組織 …………………………… 20
　一. 六義法 ……………………………………… 20
　二. 文字의 數意 ………………………………… 22
　三. 姓名의 組織 ………………………………… 25
　四. 姓名學의 五大原則 ………………………… 27
　五. 作名構成 …………………………………… 32

第三章　易　　象 ……………………………… 36
　一. 易의 根源과 組織 ………………………… 36
　二. 64卦의 意義 ……………………………… 40
　三. 易象과 吉凶 ………………………………… 43

第四章　數理의 原理 …………………………… 111
　一. 數의 本質 …………………………………… 111
　二. 數理의 陰陽五氣 …………………………… 116
　三. 81數의 解說 ………………………………… 117

第二編 作名實際論

第一章 五行의 原理 ………………………………… 128
一. 三元五行 …………………………………… 128
二. 五行六神法 ………………………………… 130
三. 字源五行과 先天運 ………………………… 133
四. 字源五行 劃數의 使用法 …………………… 141
五. 五行解說 …………………………………… 146

第二章 姓名의 實際 …………………………………… 160
一. 姓名의 運命作用 …………………………… 160
二. 號, 字의 有來와 必要性 …………………… 239
三. 號字屬別 實例 ……………………………… 240
四. 한글 作名 …………………………………… 244
五. 改名要領과 方法 …………………………… 249

第三編 作名要訣論

第一章 破字用文字 …………………………………… 279
一. 文字運勢解說(1) …………………………… 279
二. 文字運勢解說(2) …………………………… 343
三. 字形의 字星辭典 …………………………… 357
四. 測字歌訣 …………………………………… 400
五. 字禮歌訣 …………………………………… 406
六. 破字六神秘訣 ……………………………… 407
七. 單句取格訣 ………………………………… 408

第二章 大法院選定 作名用漢字 …………………… 431
2964字劃數別·五行別 辭典

第一編　姓名原理論

第一章　姓名學 大意

一. 姓名의 重要性

　무릇 인간생활에 있어서 가장 중대한 문제는 성명, 즉 성공·실패, 건강·병약, 장수·단명 등의 모든 행복·불행을 초래하는 무서운 靈力이 실로 성명 삼자에 잠재되어 있다.
　과학의 발달은 우주를 향하며 달의 세계를 도전하고 정복하여 참으로 과학문명시대의 絶頂을 이루고 있다.
　그러나 우리인간의 가장 중대문제인 운명에 관해서는 결코 과학은 아직 하등의 해결도 주지 못하고 있다. 도리어 과학문명이 진보하고 발전함에 따라 인간의 불행이 증대되었다고도 할 수 있을 정도이다. 예컨대 원자탄의 발달로 인해 유사시에 인류의 전멸, 세균전의 공포, 기계만능의 발달로 인간의 손으로부터 직업을 탈취하여 참담한 실업의 고뇌가 도처에 현출되고, 고급의 과학문명은 어떻게하여 최대한의 과학무기로 인류를 전멸시킬 수 있을까에 혈안이 되어 있을 뿐이며, 여기서 더욱 운명개척, 개운의 지도학술을 필요로 하는 세태를 노정하고 있는 것이다.
　과학자가 아무리 그 이론과학으로 무생물류에 대하여 위대한 성과를 거두었다고 이것으로 당장에 영묘한 인간까지 그 단순하고 냉정한 이론주의 형태로써 규정지워 버리려고 함은 너무나 큰 착오라고 하지 않을 수 없다.
　담장에 의지하고 피는 한 떨기 해바라기 꽃을 보더라도 그 아름다운 형태가 어떻게 하여 발생되었는지, 한알의 종자 속에 그 아름다운 꽃이 숨어 있었는가? 혹은 흙 중에 그것을 개화시키는 힘이 있었는가? 불연이면 천상에 빛나는 태양의 광선 속에 그 힘이 있었는가? 단지 한떨기 草花의 생활일지라도 간단한 이론으로서는 해결할 수 없다. 불가사의한 우주의 靈能이 현시되어 있지 않는가, 더구나 만물의 영장이라고 칭하는 인간의 그 중에서도 복잡하고 미묘함이 극심한 운명문제가 결코 상식적 이론만으로 해결될 성질의 것이 아니라는 것을 누구를 막론하고 수긍되는 바이라고 생각한다.

　운명! 진실로 인간에 있어서 지중지대한 문제는 이 운명이다. 왜 인간에게는 病災가 있을까? 왜 인간에게는 빈부의 차가 있을까? 왜 인간에게는 실패가 있고 성공이 있을까? 왜 인간에게 수명의 장단이 있을까? 왜 똑같은 인간이면서 이렇게도 여러가지로 상이한 점이 생길까? 이런 무수히 많은 의문을 해결하여 완전행복한 인간생활을 건설하고자 함은 아마 인류가 생긴 이래 현재까지 계속된 숙원이었을 것이다. 따라서 모든 학문도 또한 당연히 이 최대목적을 위하여 생긴 것은 더 말할 나위도 없다.

　즉 철학에서 그 관건을 구해보고 혹은 종교에서 이것을 회구하였으나 결국 해결을 못보고 여기에 현대의 과학이 勃興한 것이다.

　이런 의미에서 볼때에 과학도 또한 일종의 운명학이라고 호칭하여도 별 지장이 없을 것이며, 오직 순수한 운명학이 직접적인데 비해 과학은 간접적이라는 차이에 불과하다.

二. 先天宿命

　인간에게는 벌써 그 출생과 동시에 예정된 숙명적 운명의 차이가 있는 것은 아무나 다 인정하고 있는 바이다.

　즉 체질의 강약 두뇌의 賢愚 혹은 용모의 美醜등 모든 것이 그 조상부모의 유전에 기인한다는 것은 의학적으로 입증되고 있는 것도 한 예이지만 더욱 영적 방면으로 볼때 혹은 貴顯富豪의 가정에 태어나는 자도 있고 혹은 下賤貧家의 자녀로서 태어나는 자가 있는 것과 같이 그 실례가 가장 명백한 증거이다.

　세상에는 이 사실만으로 「인간일생의 운명은 모든 것이 선천적으로 결정되어 있기 때문에 인력으로는 도저히 이 운명을 극복할 수 없다」는 소위 숙명절대론자가 대단히 많은듯 하지만 이것은 너무나 소극적인 諸觀인 동시에 만물의 영장인 자기자신을 모독하는 편견론이다.

　현재 일상 경험하고 있듯이 수양극기노력에 의하여 실현할 수 있는 상식적 개운법도 방법의 하나이지만 이보다 더 절대적으로 **확실한 영적 호전법**이 있다. 즉 성명속에 함유되어 있는 암시유도력의 합리적 응용이 있다.

세상에는 성명을 간단히 인간의 **符牒**이라고 보고 따라서 운명에 **영향**을 미칠턱이 없다는 견해로서 성명학을 전적으로 미신시하는 자가 있으나 성명을 단순한 부첩이라고 생각하는 것 부터 큰 오인이다.

새삼스럽게 말할 것도 없이 성명은 가장 안전한 자기 대표이며, 자기의 존재를 표시하는 유일한 기호이다. 아니 타인에 대한 기표일 뿐만 아니라 자기 자신의 존재를 스스로 의식하는 것도 성명이 있기 때문이며, 결국 성명은 자기 자신이며 자기라 함은 즉 성명 그 자체이어서 절대분리할 수 없는 밀접일체이다. 그러나 더욱 깊이 고찰을 진행시키면 자기의 육신이 한번 망실한 후에도 영원토록 자기의 존재를 전할 수 있는 것은 다만 이 성명삼자의 힘 뿐이라는 것을 **想達**할 수 있다.

이렇게 중요한 의의를 소유하는 성명에 대하여 세상 사람들이 한편의 부첩에 불과하다고 생각하고 경시하는 최대원인은 실로 육체를 주로 삼고 성명을 생각하는 근본적 착오에 있다.

三. **靈體**의 配合

대우주의 모든 것이 모두 **靈體** 이원소의 결합에 의하여 조성되어 있음은 주지의 사실이다. 이 **靈**과 **體**, 환언하면 양과 음과의 배합관계 여하에 따라서 만물이 각각 그 형태 소질, 능력 등에 상이점이 생기는 것이며, 우리가 인위적으로 생물 또는 무생물이라고 하며 구별하고 있으나 기실은 단지 이 영체 즉 음양의 배합수가 서로 다른 것 뿐이다.

한 예를 들면 인간의 생명세포는 한개의 양전자를 중심으로 47개의 음전자가 급속도로 선회하고 있는 원자가 남성의 세포이며, 또 한 개의 양전자에 대해서 48개의 음전자가 선회하고 있는 것이 여성의 세포를 형성하고 있는 것이다.

또는 하나의 양전자를 중심으로 2개의 음전자가 돌고 있는 원자는 수소이며, 금은 79개의 음전자가 돌고, 수은은 80개, 라듐은 88개이다. 이와

같이 만물이 모두 양전자를 돌고 있는 음전자의 수의 다소에 따라서 원자가 차별되고 당연히 형태나 성능 등에 차이가 생기는 것이다.

현재의 과학으로는 모든 것의 수량이 명백히 되어있지 않지만 그러나 우주간의 물상일체가 어느 것이나 이 영체이원수리결합의 대법칙을 기반으로 하여 생성하고 있다는 것은 절대명백한 사실이다.

그러나 이 영체, 즉 음양의 이원이 만물생성제극을 管司하는 우주활동의 근본적 원동력인 관계상 그 성질이 상대적임은 물론이다. 예컨대 動에 대한 靜, 進에 대한 退, 合에 대한 離, 혹은 明에 대한 暗, 熱에 대한 冷, 生에 대한 死 등 모든 것이 이원의 상대성을 표시하는 현상이다.

그러나 성질은 상대적이라도 그 힘에는 자연히 강약이 있고 주종이 있음은 명백하다. 즉 陽은 강하며 主이고 陰은 약하며 從이 되는 것은 물론이다. 그 이유는 만고 이원의 힘이 전연 同等伯仲하면 서로 그 힘이 相役되어서 처음부터 우주의 활동이 발생하지 않았을 것이며, 또 음이 강하여 주가 되고 양이 약하여 종이 되었다면 당연히 우주의 만유는 쇠퇴사멸하였을 것이다. 현재 우주간에는 활기가 충만하고 지상에는 진화가 있고 발전을 보이고 있는 대사실이 양이 주이며, 음이 종이라는 우주의 근본원칙을 명확히 입증하고 있는 것이다.

이상과 같은 우주의 대원칙에서 볼때 우리 인간은 당연히 정신이 主이고, 육체가 從이 되는 동시에 또한 성명이 主가 되고 자기자신이 從이 되어야 하는 이유를 양해할 수 있을 것이라고 생각한다.

또한 우리 인간도 모든 물질과 마찬가지로 에델의 진동에 의하여 결합된 무수한 전자의 집적에 의하여 현현되고 있으며, 여기서도 성명을 주로 하여야 함을 알 수 있다. 즉 에델이 진동을 일으킴과 동시에 여기에 음양의 전자가 결합되고 이 양전자의 결합으로 인하여 발생되는 音이 리듬이 되어 이것이 쌓여서 언어가 되고, 즉 성명도 되는 동시에 몸체도 동시에 형성되어 출현된다. 이 순서를 극언하면 우선 성명이 생긴 다음에 몸체가 현현된다고도 할 수 있다.

요컨대 우리 인간은 물론 우주간일체의 만상이 모두 그 이름과 동시에 조성된 것이라는 것을 이해한다면 당연히 이름이 靈이므로 주로 삼아야 함을 더 한층 이해할 수 있다.

第二章　姓名의 組織

한자가 중국의 창힐(倉詰)이라는 사람에 의하여 창제된 것이 지금부터 5천년 전이며, 최초의 기본문자로 540자의 상형문자가 전해오고 있는 것이다. 그후 4천5백년 전인 皇帝時代에 이르러 六義法則에 따라 取捨整正되었다. 六義法이라함은 指事, 相形, 會意, 形聲, 轉注, 假借를 말한다.

一. 六義法

一. 指事라함은 사물의 형상으로 그리어 표시할 수 없는 문자는 추상적으로 그 개념을 살리어 만들어진 문자인데 예를 들면 卜術이라고 할 때에 쓰이는 점복(卜)자를 보면 (│)뚫을곤 이것은 어느 물체에 (丶)점을 찍혀 나타나는 현상을 말하는 것이 卜術(점치는 것)법이라는 것을 표시한 문자라든지, 太字와 같이 (一)한일자를 평면이나 지면이라고 보면 지하에 播種한 콩알 또는 씨앗이(大) 發芽하며 지상으로 싹(芽)이 올라와 커진다는 뜻을 표시한 문자이다. 이와같이 추상개념을 가지고 만들어진 문자들을 指事法則의 문자라고 한다.

一. 會議라함은 두 글자 또는 세 글자의 뜻이 합해서 구성된 문자를 말하는 것인데 예를 들면 더할익(益)자를 볼때 맨 위에는 周易八卦의 坎中連(☵)卦가 되기도 하며 물수(水)字를 옆으로(氺)쓴 글자이기도 하고 아래에 쓰인 문자는 그릇명(皿)字이다. 그래서 그릇(皿)에 물(水)을 부어주는 것처럼(그릇은 입口) 먹을 것이 생긴다, 많아진다, 있다(有), 남는다(益富)라는 표현을 하는 문자라는 것이며 周易이다. 交易이다 라고 할때 쓰이는 바꿀역(易)자를 보면 위에 있는 것은 날일(日)자이니 해요, 아래에 있는 (勿)자는 달월(月)자이다. 그러니 해가 지면 달이 뜨고, 달이 지면 해가 뜬다. 해는 陽이요, 달은 陰이며, 해뜨면 따뜻하고 달뜨면 서늘하다. 그리하여 寒暑가 두루 바뀐다. 또는 아는것을 知識이라고 할

때에 쓰이는 알식(識) 기록할식 字와 같이 말(言) 소리(音)로써 창과(戈) 쟁기 기구를 움직이게 한다는 문자로 말(言)로써 행사할 수 있다는 뜻을 표현한 글자이기 때문에 말씀언(言)변에 속하는 글자이다. 따라서 직업이니, 취업이니 할때에 주로 쓰이는 벼슬직 맡음직 많을직(職)字를 보면 귀로(耳) 소리(音)를 듣고, 쟁기(戈) 기구를 움직인다는 뜻을 가지고 구성한 글자이다. 이와같이 두자 또는 세자의 뜻이 합하여 구성된 문자이기 때문에 耳변에 속하는 것이며, 이와같은 문자들을 會意法의 문자라 한다.

一. 象形이라함은 사물의 형태를 보고 그를 본따서 구체적으로 개념을 살리어 만들어진 글자인데, 예를 들면 날일(日)字는 해뜨는 것을 보고 ⊙ ⊖ 이와같이 날일(日)로 정정하여 만들어진 것이며 달월(月)字는 초생달이 뜰때에 ☽ 이와같은 모양을 본떠서 ⟩ 달월(月)字로 만든 것이며, 내천(川)字는 시냇물이 ⦚⦚ 이와같이 흐르는 모양을 본떠서 만들어진 것이며, 풀초(艹)변은 草木이 땅위에 돋아나는 모양을 (艸)(⋎⋏) 초두(草頭)로 整正한 것이며, 수풀삼(森)을 본따서 만들어진 문자인 등 이와같이 형상을 보고 그를 본따서 문자로 표시한 글자들을 象形法의 문자라 한다.

一. 形聲이라 함은 한글자에서는 字義를 聚하고 또다른 글자에서 音을 聚하여 두글자의 義와 音이 合쳐서 구성된 문자를 말하는데 예를 들면 갈준(준夋)字에서 音의 뜻과 또다른 字義 즉 준걸준(俊) 물러갈준(俊) 산높고 험할준(峻) 높을준(埈) 취할준(浚) 불붙준(焌) 밝을준(晙) 농부준(畯) 그칠준(陖) 마칠준(竣) 볼준(晙) 밀준(捘) 빨걸을준(趡) 추장할준(逡) 대궁준(餕) 준마준(駿) 이라든지 오를승 되승(升) 字에서 音의 뜻과 또다른 字의 字義가 合쳐서 오를승(昇) 들어올릴승(枡)字라 했는데 처음의 되승(升) 字는 되나(升) 말(斗) 등 물체의 量을 표시하는 문자요, 오를승(昇) 字는 돋아오르는 햇빛(日)같이 오르는 것을 표시하는 문자이며, 들어오릴승(枡) 字는 손수(手扌)字 즉 손(手)으로 들어올리는 것을 표시하는 문자인 것이니 이와같이 두글자의 義와 音이 合쳐서 구성되는 문자들을 形聲法의 문자라고 하는 것이다.

一. 轉注라함은 같은 글자가 두가지 또는 세가지 뜻으로 쓰여지는 글자를 말하는데 예를 들면 흐를류 보낼류 근거없을류(流)字는 原來의 뜻이 물흐를류 字로서 流水, 溪流, 細流 등 액체의 흐름을 표시하는 文句에 주로 사용되나 때에 따라서는 風流소리니, 流浪身勢니 하는 등 전혀 다른 뜻으로 사용되는 것이며, 따라서 그림화 그을획 그칠획 피할획(畫)字 亦是 도화(圖畫) 자획 字畫等 방향이 다른 뜻으로 불리워짐을 말하는 것으로, 이와같은 글자들을 轉注法의 문자라 하는 것이다.

一. 假借이라함은 일부의 뜻이라든지 音이 같은 글자를 전혀 다른 두세가지 방향으로 사용되는 글자를 말하는데 예를 들면 떠러질락 마을락 하늘락 마지기락(落) 字를 보면 나무잎이 떨어진다 해서 낙엽이 진다 라고 쓰이는가 하면 촌락이니 부락이니 논(畓)과 밭(田)이 몇 두락(斗落)이니 하는 글자, 또 낯면 얼굴면 앞면 보일면 모일면 겉면 방위면(面) 字를 보면 面上(사람의 얼굴), 地面(땅), 面長 등 사람의 얼굴이 평평하다해서 面上인데, 지면은 넓다 평평하다해서 地面, 그 지역 주민들의 代表者라해서 面長으로 사용되는 등 비슷하다해서 전혀 뜻이 다른 방향으로 쓰이느는 글자들을 말하는 것이 假借法의 문자라고 하는 것이다.

이와같이 六義法則에 의거하여 정립되었으며, 그후 수많은 학자들의 연구를 거쳐 변천완성되면서 大篆, 小篆, 隸書, 章草, 行書, 楷書 등으로 書法書體가 점차 변화하여 전래되고 있으나 문자의 本質은 創成이래 절대불변인 것이며, 그 意義 精神은 추호도 변함이 없는 것이다. 따라서 지금으로부터 약 6천년 전에 河圖落書와 數學이 발달됨에 천문학이 연구되었고, 수학을 기초로하여 伏羲가 易學을 세웠든바 이 易學이 얼마나 幽妙深遠하고 위대한 학문인지는 새삼 논술할 필요가 없는 바이거니와 易의 理法이 한자 구조상 많이 應用含蓄되어 있다. 六義法에 이르러서는 실로 움직일수 없는 엄연한 學交的 논리가 확립되어 있는 동시에 그 구성은 不變의 天地法則에 준거하여 一點一畫의 오류도 없고 현대의 과학지식으로도 따를 수 없는 완전함을 구비하고 있는 것이다.

二. 文字의 數意

성명의 數理는 문자의 수의에서 산출되는 것이지만 여기에서 특히 주의를 요하는 점은 형태로서 현출된 획이 아니고 문자 그 자체에 함유되어 있는 數意를 계산하여야 되는 것이다.

　일례를 들면　氵은 3획이지만 본래의 의의는「水」이므로 따라서 그 數意는 당연히 4획이다. 그러므로 深, 淺, 淳, 淸, 淵 등은 12획이 正劃이며 11획이 아니다. 이에 관해서는 물론 한자의 구성법 및 서법의 변천 등을 해설하지 않으면 충분히 양해하기 어려운 우려도 있으나 이것을 상세히 저술한다면 이것만으로 본서의 두 배이상의 大冊이 됨으로 부득이 다만 참고적으로 대략만을 기술한다.

　한자가 중국에서 발명완성된 것은 실로 4천5백여년 전인 황제시대이다. 그 이전에도 벌써 여러가지 문자가 사용되어 왔으나 황제시대에 이르러 대학자 창힐이 指事 象形 會意 形聲 轉注 假借라는 소위 六義의 법칙에 준하여 취사정정통일한 것이다. 후세에 어떤 학자는「蒼詰」의「蒼」은 倉 또는 創과 통하여 창립 창업 창여 등의 뜻이며, 또「詰」은 긁어낸다, 掠除한다는 뜻으로서 정리통일을 표명하여 즉 번잡하였던 그때까지의 문자를 정리한다는 의미이며 결코 인명이 아니고 황제자신이 成遂한 위업이라는 설도 있지만 하여간 그때까지 사용되는 난잡 불완전한 문자가 이 시대에 통일정리되었다는 것은 틀림없는 사실이다.

　원래 중국의 문화가 대단히 옛적부터 발달되었다는 것은 수학의 힘으로 천문학을 연구하고 그것을 기초로 하여서 伏羲氏가 역학의 기본을 창시한 것이 약 6천년 전이라는 사실에서 볼때 잘 알 수 있다. 그러면 역학이 얼마나 幽遠偉大한 학문인가 함은 새삼스럽게 여기에서 진출할 필요조차 없는 일이지만 이 역학의 理法이 한자의 구조상에 대단히 많이 함유되어 있음은 大字에 대한 造詣가 있는 자는 누구나 다 시인하는 바이다. 따라서 근대 일부의 인사가 한자창성시대를 원시적인 것처럼 해석하고 이것을 경시하는 풍조가 있음은 커다란 오류이라고 하여야 될 것이다.

　況且 六書(大義라고도 함)의 법칙에 이르러서는 실로 자연히 변동시킬 수 없는 논리가 있는 동시에 그 구성은 불변의 天則에 준거하여 일점일획도 허실이 없이 전연 현대과학지식으로는 도저히 따를 수 없는 완전성을 구비하고 있다. 그러나 그 書法은 사람에 따라 시대에 따라 혹은 장식적인 면 또는 속기할 필요상 여러가지가 고안되어 예컨대 주나라 선왕시대

에 太史가 「大篆」이라는 서체를 시작하고 태시황때에 李期가 「小篆」을 시작 또는 程邈가 「隸書」 사유가 「章艸」를 고안 또는 후한의 劉德昇이 「行書」를 案出 그리고 魏의 鍾繇가 「楷書」체를 창안했음과 같이 서법서체는 점차 변화하며 世傳된 것이지만 한자 그 자체의 본질은 창성이래 절대불변이며 따라서 그 의의정신은 秩毫도 변천되지 않았다.

즉 草頭는 해서체에서는 「艹」 또는 「艹」形으로 쓰지만 「艸」이며 생성하는 풀 「艸」의 상형자이며, 따라서 그 數意는 당연히 六劃이다. 그러므로 花, 芳, 芝, 芥 등은 십획이 정획이며, 형체대로 보아서 8획이라고 생각함은 잘못이다. 이와같은 의미에서 折 持 등은 「扌」은 형체는 3획이지만 그 뜻은 「手」이며 4획이다.

또 肥 能 修 등의 「月」은 天空에 빛나는 달이 아니고 「肉」의 약자이므로 6획으로 계산하여야 한다. 혹은 朗部와 같은 「阝」와 阿 隆 등의 「阝」은 동형이지만 전자는 「邑」이 본체이며 7획, 후자는 「阜」의 略體이므로 8획으로 계산하여야만 옳은 획수를 얻을 수 있다. 그 계산법은 일견 아주 어렵게 생각되며 혹은 도리어 3획인 「氵」을 4획으로 계산함은 불합리한 것처럼 생각하는 자가 있을지도 모르지만 요컨대 漢字 국문이나 서양문자와 같이 음만을 표현하는 表音文字와는 달리 意義精神을 함유하는 表意文字이므로 形劃에 구애되어서는 아니된다.

알기쉬운 예로 一에서 十까지의 숫자문자에 관해서 고찰하면 가장 명확히 이해할 수 있다. 즉 七, 八, 九, 十은 어느 것이나 形劃은 2획이지만 그 의의는 물론 七은 七, 八은 八, 九는 九, 十은 十이며 각각 상이하다. 절대로 八자나 十자에 2枚란 의의가 함유되어 있지 않다.

따라서 七, 八, 九, 十을 2획으로 계산하거나 四자를 5획, 五자를 4획으로 계산함은 아주 큰 착오이다. 그 數意대로 一일 1획, 二은 2획, 三은 3획, 四는 4획, 五는 5획, 六은 6획 등 七, 八, 九, 十도 각각 그 수의대로 계산하는 것이 당연하다.

다만 百, 千, 萬 등의 문자는 기본숫자와는 달리 그 의의가 전혀 따로 있으며 「萬자는 본래 「벌레(虫)」의 義字이다. 자음이 통하는 관계상 다수를 표시하는 경우에 사용된 假借字이므로 당연히 그 본의에 따라서 「百」은 6획, 「千」은 3획, 「萬」을 艸頭임으로 15획이다.

이 자획산정은 결코 신설이거나 또는 신구로 정한 계산법이 아니고 원래 이것이 정확한 자획이며, 일반적으로 사용되는 康熙사전, 옥편, 기타 著名字典을 조금만 주의하여 보면 何人을 막론하고 양해할 수 있다.

三. 姓名의 組織

성명조직의 數理란 근간된 주동적 실천력을 발휘시키는 작용을 하는 것이니,

1. 名字획수와 名字上字 획수를 합한 수를 元格이라 칭하고 1세에서 22세까지의 초년운로를 보며,
2. 姓字 획수와 名字下字 획수를 합한 수를 亨格이라 칭하고 23~35까지의 장년운세와 일평생 복운을 보며,
3. 姓字획수와 名字下字획수를 합한 수를 利格이라 칭하고 36~47까지의 중년운로와 일평생 主動運을 보며,
4. 姓名三字 전부를 합한 획수를 합한 수를 貞格이라 칭하고 外部助力運과 47세이후부터 임종 때까지의 말년운로를 본다.

解名實例

② 17　① 15

姜9　　明8　　秀7

　　③ 16　　　④ 총 24

① 元　格(초년) 15
② 亨　格(장년) 17
③ 利　格(중년) 16
④ 貞　格(말년) 24

元格(초년) 亨格(장년) 利格(중년) 貞格(말년)의 數理에서 2, 4, 9, 10, 12, 14, 19, 20, 22, 27, 28, 30, 34, 40, 42, 43, 44, 46, 49 등의 數理는 불행이 생기며 질병, 불안, 처자생사별, 실패, 조난, 고독, 빈곤 등을 초래하고 심한 자는 단명, 변사, 피살 등의 비운이 생기고,

26, 36 數理는 영웅시비격이라 칭하여 평범인에는 불합한 수이며 의지 견고하고 奮鬪力이 용감한 자일지라도 수차 사선을 돌파하고 구사일생하

는 자만이 성공할 수 있다.
 1, 3, 5, 7, 8, 11, 13, 15, 16, 17, 18, 24, 25, 29, 31, 32, 35, 37, 38, 41, 45, 47, 48 등의 數理는 대체적으로 행복하고 성공영달 장수하는 길수이며,
 21, 23, 33, 39 數理는 남자는 두령운으로 대성하나 여자는 남편운을 剋하고 孤寡難免이나 職業女性 및 독신생활에는 대성할 수 있다.

◉ 五行相生法
金生水 · 水生木 · 木生火 · 火生土 · 土生金
◉ 五行相剋法
金剋木 · 木剋土 · 土剋水 · 水剋火 · 火剋金
◉ 五行相比法
木比木 · 火比火 · 土比土 · 金比金 · 水比水
◉ 三元五行表

天 干	甲 乙	丙 丁	戊 己	庚 辛	壬 癸
數 理	12	34	56	78	90
五 行	木	火	土	金	水

◉ 音五行表

金	사·자·차	ㅅ·ㅈ·ㅊ	齒音
木	가·카	ㄱ·ㅋ	牙音
水	마·바·파	ㅁ·ㅂ·ㅍ	唇音
火	나·다·라·타	ㄴ·ㄷ·ㄹ·ㅌ	舌音
土	아·하	ㅇ·ㅎ	喉音

◉ 陰陽配置表
奇數는 陽인고로 ○으로 표시하고 偶數는 陰인고로 ●으로 표시한다.

實例

金8　　宰10　　弘5
●　　　●　　　○

○●　　●●○　　○○●　　●○●　　吉配置

●○　○●●　●○○　○●●

질서가 있어 행복하고 天佑神助로 창달발전하여 目的事를 성취한다.

●●　○○○
　　　　　　　불길한 配置
○○　●●●

파란곡절이 심하고 不幸 災禍 孤獨 不具 自殺 被殺 刑禍등 일생 辛苦가 많고 가령 전반기에 행복하였다 할지라도 만년에 대곤란을 면키 어려우니라.

四. 姓名學의 五大原則

```
        ┌─ 뜻 : 성명의 글자 뜻과 卑俗한 글자
        ├─ 사주 : ·생년월일시의 구성
        │         ·영량변화경중(靈量變化輕重)
五大    ├─ 字劃 : ·천지순역(天地順逆)
原則    │         ·음양조화(陰陽調和)
        │         ·자획교수변천(字劃交數變遷)
        ├─ 音韻 : 음령오행(音靈五行) 수리오행(數理五行)
        └─ 別名 : 남의 놀림감이 되어서는 안된다.
```

첫째, 글자의 뜻과 선택

이름을 건물에 비유하면 집을 짓는데 글자는 材木이 된다. 아무리 훌륭한 목수라 할지라도 재목이 없으면 집을 지을 수가 없고, 재목이 나쁘면 좋은 집을 짓지 못한다는 것은 당연한 이치이다.

비록 음령오행과 수리오행이 조화와 상생을 이루고 수리 괘상이 길할지라도 이름을 구성하는 글자의 뜻이 나쁘면 생명력을 잃은 이름이 되어서 불운을 초래하게 된다.

고로 작명에 있어 가장 중요한 것이 글자의 뜻을 선택하여야 한다.

수많은 글자 중에 이름에 쓸 수 있는 글자와 쓸 수 없는 글자가 있는데 그 글자의 뜻과 모양이 길하고 튼튼하면 좋은 이름자로 사용될 수 있고 글자에 담긴 뜻이 비속하여 불길하거나 모양이 허약하면 이름자로 쓸 수가 없다.
　성명이란 그 사람의 인품됨을 상징하는 표의문자임으로 그 글자의 짜임새가 강건하고 實하며 그 뜻이 고상하여야 훌륭한 이름이라고 할 수 있다.

1. 글자를 선택하는 요령
　이름에 쓸 글자를 선택하는데 있어서는 다음과 같은 점을 유의하여 사용하지 말아야 한다.
　① 글자의 획수가 복잡한 것은 피하여야 된다.
〔예〕鑿(깨끗할 착) 鸞(난새 난) 鑰(자물쇠 약) 鑽(뚫을 찬) 穳(벼베어가리칠찬)
　② 비슷한 글자로 잘못읽기 쉬운 글자
　③ 두가지 발음을 내는 글자
〔예〕龜(귀, 구) 丹(단, 안) 宅(택, 댁) 度(도, 탁) 省(성, 생) 識(식, 지) 參(삼, 참) 行(행, 항)
　④ 자기성과 같은 글자
〔예〕자기성이 朴씨인데 朴자를 이름에 넣어서 朴元朴이라고 이름을 지어서는 아니된다.
　⑤ 성자 바로 밑의 이름자가 성자의 발음과 같은 글자
〔예〕이이순(李伊順) 장장수(張章洙) 정정민(丁正敏) 등으로 지으면 부르기가 흉하다.
　⑥ 글자의 뜻이 비속한 것
〔예〕乞(걸) 下(하) 毛(모) 仁(인) 去(거) 奴(노) 凹(요) 占(점) 布(포) 皮(피) 穴(혈) 伏(복) 肉(육) 灰(회) 朽(후) 卑(비) 改(개) 汚(오) 村(촌) 走(주) 凌(능) 浴(욕) 兒(아) 底(저) 垢(구) 醜(추) 没(몰) 侍(시) 乳(유) 卒(졸) 於(어) 佩(패) 垢(구) 祈(기) 姚(요) 盆(분) 育(육) 趾(지) 등, 이 밖에 저속한 글자는 수없이 많으나 이와같은 속된 글자를 이름에 넣어서는 안된다.
　⑦ 허약한 글자

글자의 뜻이 허약하거나 생긴 모양이 허약해 보여도 불길하며, 글자는 뜻이 강건하고 실하며, 그형태도 힘이 있고 실찬한 것이라야 그 사람의 정신력과 운세가 좋아지며 뜻이 허약하거나 모양이 엉성하면 정신력과 운세가 박약한 것이다.

〔예〕 空(공) 虛(허) 雲(운) 風(풍) 消(소) 無(무) 幻(환) 散(산) 分(분) 이같은 글자는 글자의 뜻이 허약하다.

門(문) 行(행) 弓(궁) 八(팔) 二(이) 方(방) 戊(무) 이러한 글자들은 짜임새가 없다.

弱(약) 微(미) 小(소) 幼(유) 柔(유) 流(류) 細(세) 草(초) 이런 글자들은 그 뜻이 약하다.

羊(양) 千(천) 平(평) 斤(근) 年(연) 中(중) 申(신) 幸(행) 帛(백) 市(시) 이러한 글자들은 중심이 허약하여 곧 쓰러질 것 같은 기분이 들어서 항상 불안하게 보인다.

⑧ 새, 짐승, 벌레, 물고이 이름자는 절대로 피해야 한다.

〔예〕 鳥(조) 雁(안) 鳴(명) 鳩(구) 鵑(견) 雉(치) 鵠(혹) 이외에도 많은 날짐승이 있으나 이러한 새의 뜻이 든 이름자를 피해야 한다.

犬(견) 鼠(서) 牛(우) 馬(마) 羊(양) 兎(토) 狼(랑) 獅(사) 虎(호) 龍(용) 猫(묘) 등   수많은 종류의 기어 다니거나 물에서 흘러다니는 글자가 있으나 이름자로는 피해야 한다.

2. 불리한 글자

乭(돌) 福(복) 天(천) 乾(건) 日(일) 東(동) 春(춘) 仁(인) 上(상) 甲(갑) 子(자) 長(장) 起(기) 新(신) 一(일) 宗(종) 先(선) 初(초) 始(시) 元(원) 龍(용) 壽(수) 愛(애) 雲(운) 梅(매) 花(화) 吉(길) 海(해) 九(구) 童(동) 風(풍) 玉(옥) 자 등은 피하여야 한다.

특히 장남이나 장녀에게는 乾 東 春(여자는 불길) 上 甲 長 起 新 一 宗 先 始 元 자 등을 넣을 수 있으며, 이름자의 뜻을 잘 살펴 써야 한다. 장남이나 장녀가 아닌 사람이 이런 글자를 넣으면 장남이나 장녀는 쇠퇴하니 차남이나 차녀 등 그 동생들이 맏 자식의 역할을 하게된다.

3. 글자의 획수
氵는 (水)변이니 4획으로 본다.
忄는 (心)변이니 역시 4획으로 본다.
扌는 (手)변이 되어서 4획이다.
王은 (玉)변이 되어서 5획이 된다.
礻은 (示)변으로 5획이다.
犭는 (犬)변으로 4획이다.
衤는 (衣)변으로 6획이다.
艹는 (艸)변으로 6획이다
月은 (肉)변으로 6획이다.
辶는 (辵)변으로 7획이다.
阝는 왼쪽에 붙이는 경우는 阜의 8획이다.
　　오른쪽에 붙이는 경우 邑변으로 7획이다.

둘째, 사주(생년월일시)의 구성
　작명을 할 때는 먼저 작명할 사람의 사주 네기둥을 뽑아 놓고 일주의 강약과 사주의 한난조습(寒暖燥濕)을 참작하여 용신(用神)을 정하고 그 용신에 따라서 용신을 보강하는 글자와 오행을 보강하여 주어야 한다.
　앞에서도 말한 바와 같이 사람의 사주는 선천운명이고, 성명은 후천운명이 되어 선천운명은 선택의 여지가 없으나 후천운명은 선택의 여지가 있으니 사주의 부족함을 이름을 지을때 그 이름에서 반드시 보충하여 주어야 한다.
　더 쉽게 말하면 사주에 金水가 부족하면 이름에 金水를 넣어주어야 하고 木火가 모자라면 木火를 넣어서 작명을 하여야 한다는 뜻이다.
　그러나 돌림자가 있어 이것이 작명상 불가능 할때는 돌림자를 무시하고 지어야 한다.

셋째, 윗어른 이름자는 피하여야 한다.
　부모나 조부모의 이름자에 저촉되지 않아야 하고 항열(行列)자가 있을 때는 당연히 항열자를 기준하여야 하나 길흉배치가 불길할 때는 무시하고 좋은 자를 골라 넣어야 한다.
 성에 따라 발음이 다르기 마련인데 발음이 분명하고 어휘가 나쁘지 않은 글자를 넣어야 한다.
〔예〕 黃 金 萬 = 어휘와 발음이 분명치 않다.

넷째, 별명이 되는 이름은 피해야 된다.
 남의 놀림감이 되거나 저속한 이름은 그 사람 인품에도 지대한 영향이 미친다.
〔예〕 張建達(장건달) 건달꾼이다
　　　高生文(고생문) 고생문이 열렸다
　　　魚東泰(어동태) 고기의 이름
　　　李索起(이색기) 이새끼 까불지 말라
　　　利錫起(이석기)　 〃
　　　朱正根(주정근) 주정꾼이다
　　　朱吉洙(주길수) 죽일수가 있다.
　　　金治國(김치국) 김치국 마시지 말라
　　　文東姬(문동희) 문동이 같은 놈
　　　羅喆河(나철하) 나쳐라 마음대로 쳐라
　　　高武信(고무신) 고무신 신어라
　　　馬相宰(마생재) 맛 상재란다
　　　李相漢(이상한) 이상한 사람
　•　朴長洙(박장수) 박장수 한대
　　　申長壽(신장수) 산장수 한대
　　　李相武(이상무) 이상없단다
　　　曺知晩(조지만) 좋지만 무엇이 흠이 된다
　　　曺鎭培(조진배) 망가진 배
　　　李貴龍(이귀용) 이 구렁이 같은 사람아
　　　千晩海(천만해) 천만에 말씀하시네
　　　黃千吉(황천길) 황천길 간다
　　　毛蘭姬(모난희) 못난이 같다

元崇姬(원숭희) 원숭이 같다
禹連姬(우연희) 우연히 만났다
高萬斗(고만두) 그만 두어라

위와 같이 예를 들어 보았으나 보는 바와 같이 이름 글자들의 뜻은 좋으나 전부가 별명이 되는 이름이 되고 저속한 이름들이다. 고로 작명할 때는 이런데까지 세심한 관심을 가지고 이름을 지어야 한다.

五. 作名構成

원격은 이름자 두자를 합친 숫자를 원격이라고 하는데 어릴때와 중년전을 말함이니 유년기를 말함이다. 형격은 이름자의 첫째자와 성을 합친숫자를 말하는데, 청년기를 말한다.
이격은 성자와 이름 끝자를 말함이니 장년기를 말함이다. 정격은 성과 이름 두자를 합친 숫자로서 노년기라고 구분한다.

元亨利貞과 天地人 구성방법
〔예〕
　　　　(人格)(형격)一三　　　(地格)(원격)一七

　　　　　음　　　양　　　음
　　　　　六　　　七　　　十
　　　　　朴　　　志　　　恒
　　　　　박　　　지　　　항
　　　　　水木　　金〇　　土火

　　　　　一六(이격)(天格)
　　　　二三(정격)(혹은 총격이라고도 한다)

　　　　　(人格)(형격)二一　　(地格)(원격)二九

　　　　　　음　　　　양　　　　음
　　　　　　八　　　　一三　　　一六
　　　　　　金　　　　聖　　　　勳
　　　　　　김　　　　성　　　　훈
　　　　　　木水　　　金土　　　土火

　　　　　　　　二四(이격)(天格)
　　　　　　　　三七(정격)(총격)

두자 이름의 〔예〕

　　　　　(人格)(형격)二三　　(地格)(원격)一二

　　　　　　　양　　　　　　음
　　　　　　　一一　　　　　一二
　　　　　　　許　　　　　　淙
　　　　　　　허　　　　　　종
　　　　　　　土　　　　　　金土

　　　　　　　　一一(이격)(天格)
　　　　　　　　二三(정격)(총격)

※참고 : 원격은 이름자(종) 하나의 숫자로 하고 이격은 성자 하나의 숫자로 한다.

(人格)(형격)一七　　(地格)(원격)九

八
金
김
木水

九
九
구
木

八(이격)(天格)
一七(정격)(총격)

두글자 된 姓에 외자 이름의 〔예〕

(人格)(형격)三五　　(地格)(원격)一六

양
九+一〇=一九
南宮
남궁
火水木土

음
一六
錫
석
金木

一九(이격)(天格)
三五(정격)(총격)

　　　　　(人格)(형격)三二　　　(地格)(원격)一三

　　　　　　　양　　　　　　　양
　　　　　九+一〇=一九　　　一三
　　　　　　南宮　　　　　　鉉
　　　　　　남 궁　　　　　　현

　　　　　一九(이격)(天格)
　　　　　　三二(정격)(총격)

두 글자로 된 성에 두 글자의 이름〔예〕

　　　　　(人格)(형격)三一　　　(地格)(원격)二二

　　　　　　음　　　　음
　　　　　一七 三　　一一　　　一一
　　　　　　鮮于　　　章　　　　浩
　　　　　　선 우　　장　　　　호
　　　　　　金火 土　　金土　　　土

　　　　　三一(이격)(天格)
　　　　　　四二(정격)(총격)

```
      (人格)(형격)二一      (地格)(원격)一三

           음           양            음
       一七+三=二〇      一            一二
         鮮于           一            善
          선 우         일            선

              三二(이격)(天格)
              三三(정격)(총격)
```

第三章 易　　象

一. 易의 根源과 組織

　易은 周易을 말한다. 주역은 64괘의 대성괘(8괘의 형이 상하로 구성된 것)로 분류된 것으로 이를 기준해서 온갖 命理哲學의 길흉관계를 추리해내는 것이다.

　역이 생성된 원리는 이러하다. 태초(우주가 생겨나기 전)에 太極이 있다. 즉 이 태극이 無인 것이며, 零인데 이 무(無一零)에서 비로소 一氣 始生되고, 一氣가 둘로 나뉘어 兩儀가 되고 양의에서 四象으로 나뉘고, 사상에서 8괘로 나뉘고, 팔괘가 거듭해서 64괘를 이루었으며, 또 64괘마다 六爻의 動이 있어 384爻가 된 것이다.

　다시 말해서 무에서 유(有一氣)를 낳고 一氣에서 陰과 陽의 둘로 나뉘고, 음과 양이 각각 둘로 나뉘어 太陽, 少陰, 少陽, 太陰의 四象이 되고, 사상이 또 둘씩 나뉘어 乾, 兌, 離, 震, 巽, 坎, 艮, 坤의 8괘가 되고 8괘가 종횡으로 거듭 조직되어 64개가 되었다. 그런데 역의 근본원리는 물론 태극에서 비롯되어 음양, 오행, 사상, 팔괘의 象이 조성되었지만 이 원리를 깨달아서 구체적인 논리를 세운 분이 伏羲氏와 周의 文王이라 한다.

복희씨는 龍馬가 河水에서 등에 지고 나온 河圖를 보고 음양, 오행 및 수리의 원리와 周易八卦의 위치 및 天干의 원리를 깨달아서 작성해 놓은 것이 伏羲先天八卦圖인바 그 뒤 黃帝氏가 이를 전수받아 六十甲子를 만들었으며, 여려 성인들이 이 이치를 인용해서 역의 이치를 세상 사람들에게 가르쳤다 한다.

文王은 夏禹氏 때에 神龜가 지고 나온 河圖를 보고 九星八門의 위치와 그 원리를 깨달았으며, 이 하도에 준하여 작성한 것이 文王後天八卦이니 바야흐로 이때부터 주역의 발전이 시작되었다고 한다. 河圖洛書의 원리에 의한 학문은 비단 주역에만 의의가 있는 것이 아니라 모든 인간만사의 길흉화복을 가리는 관건이 되었다 한다.

太極圖   無極   一氣始生   分兩儀

역을 像形한 글자로는 —는 양으로 표시하고 --는 음으로 표시한바 이것이 陰陽像形의 기본표시이다. 그리하여 —은 一陽이라 하고 --은 一陰이라 해서 一陽之上에 一陽生을 태양이요, 一陽之上에 一陰生을 少陰이요, 一陰之上에 一陰生을 少陽이요, 一陰之上에 一陽生을 太陰이라 하였다.

8괘는 사상에서 각각 一陽一陰이 生한 것으로 太陽之上에 一陽生을 乾卦이요, 太陰之上에 一陰生이 兌卦요, 少陰之上에 一陽生이 離卦요, 少陰之上에 一陰生이 震卦요, 少陽之上에 一陽生이 巽卦요, 少陽之上에 一陰生이 坎卦요, 太陰之上에 一陽生이 艮卦요, 太陰之上에 一陰生이 坤卦이다.

그리하여 또 각 괘마다 고유한 수가 있으니 건은 1, 태는 2, 이는 3, 진은 4, 손은 5, 감은 6, 간은 7, 곤은 8이다.

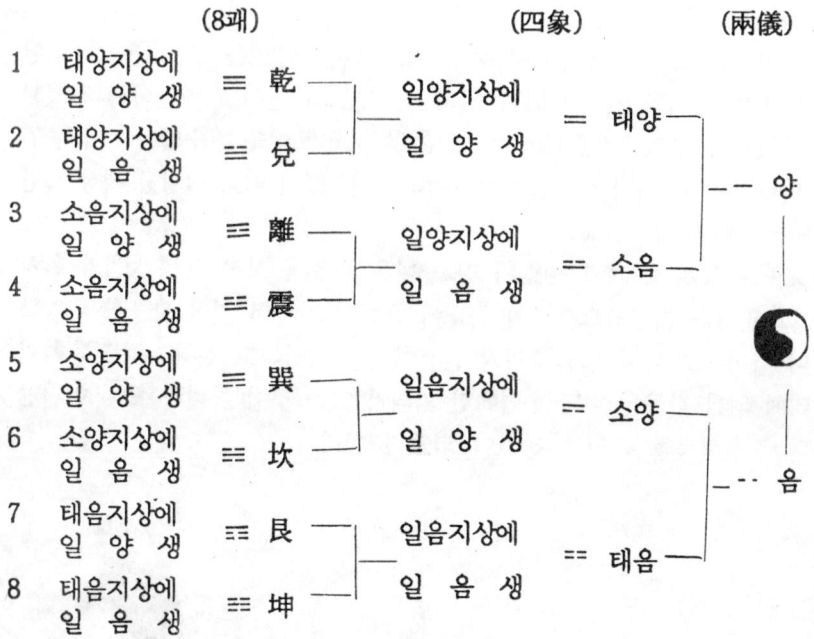

　이상과 같은 원리로써 이루어진 8괘를 少成卦라 한다.
　이 8괘를 또 음양, 오행 및 사물 또는 인간, 방위, 절기 그리고 天干地支 등 속하지 않은 바가 없는 것이니 다음의 표를 참고하면 괘의 屬宮에 대하여 자세히 알게 된 것이다.
　8괘가 소성괘임은 앞에서도 말했거니와 복잡하기 이를데 없는 삼라만상의 자연현상이나 인간만사를 소성괘만으로써는 다 표현할 수 없는 것이다. 그러므로 8괘를 거듭 엮어서 64괘를 만들었는데 이것이 대성괘이다. 이 64괘는 정적상태로써, 미래에 다가올 변화에 대하여 더 구체적으로 나타내게 한 것이 一의 대성괘가 六爻動이 되어 총합 384爻로 분류해서 역의 神妙와 變化莫測한 靈動力을 추리 또는 분석해서 인간만사의 길흉화복을 예지하는데 편리하게 된 것이다.
　사실상 이 역의 이치를 완전히 탐득하려면 무한한 노력과 연구가 있어야 한 것이다.

八卦屬宮一覽

卦順	一	二	三	四	五	六	七	八
卦像	☰	☱	☲	☳	☴	☵	☶	☷
卦名	乾	兌	離	震	巽	坎	艮	坤
正象	天 (하늘)	澤 (못)	火 (불)	雷 (우뢰)	風 (바람)	水 (물)	山 (산)	地 (땅)
陰陽	陽	陰	陰	陽	陰	陽	陽	陰
五行	金	金	火	木	木	水	土	土
干支	戌亥	庚酉辛	丙午丁	甲卯乙	辰巳	壬子癸	丑寅	未申
方位	西北	西	南	東	東南	北	東北	西南
節氣	晚秋初冬	仲秋	仲夏	仲春	晚春初夏	仲冬	晚冬初春	晚夏初秋
九星數	六白	七赤	九紫	三碧	四綠	一白	八白	二黑
卦意	圓滿	和樂	美麗	決斷	柔順	智性	頑固	滋育
人象	老父	少女	中女	長男	長女	中男	少男	老母

二. 64卦의 意義

이 64괘는 앞서 말한 8괘가 거듭해서 조직된 것인데 성명학상 익혀두어야 하겠기로 괘의 이름과 그 대의만을 약술한다.

一乾天 二兌澤 三離火 四震雷 五巽風 六坎水 七艮山 八坤地.

하나의 대성괘가 이룩되려면 우선적으로 數가 있어야 한다. 사주의 괘상을 내는데도 天干地支의 8자를 수로 한정해야 하고 卜術이나 기타의 모든 길흉 관계를 괘로써 풀이하려면 반드시 수를 산정해야 그 수에 의하여 상하의 괘상이 나오게 된다. 앞으로 기록되는 역상에 의한 성명풀이도 당연히 姓名字劃에서 산출된 획수 여하에 따라 그 성명에 해당되는 괘가 나오는 것임으로 8괘의 명칭과 8괘에 따른 수임을 익히 알아두어야 한다.

上卦가 乾(天)으로 된 것
一一 重乾天=이 괘는 하늘을 의미한다.
一二 天澤履=履는 밟는다, 실천한다. 호랑이 꼬리를 밟는 형상.
一三 天火同人=동인은 남과 같이 한다. 남의 협력을 받아야 한다는 뜻.
一四 天雷无妄=아무 욕망이 없이 자연법칙에 순응함을 의미하는 괘.
一五 天風姤=구는 우연히 만난다 또는 생각지도 않은 사건(좋고 나쁘건 간에)이 돌발한다는 뜻.
一六 天水訟=송은 송사를 일으킨다, 싸운다, 시비를 가릴 일이 발생한다는 뜻.
一七 天山遯=둔은 달아난다, 멀리한다, 피한다는 뜻.
一八 天地否=부는 부정의 의미로 무슨 일에나 막힌다는 괘상.

上卦가 兌(澤)으로 된 것
二一 澤天卦=쾌는 결단한다, 決裂하다는 뜻.
二二 重兌澤=태는 못이다. 태는 기쁨, 그리고 말조심을 해야 되는 괘.
二三 澤火革=혁은 개혁, 변혁, 혁명 등의 뜻을 지닌 괘.
二四 澤雷隨=수는 남의 의견에 따른다, 남의 본을 받는다는 뜻.
二五 澤風大過=대과는 지난친다, 너무하다, 심하다의 뜻.

二六　澤水困＝곤은 곤고하다, 따분하다, 가로막힌다의 뜻.
二七　澤山咸＝함은 感과 통하는 느끼다, 깨닫다, 감상적이다의 뜻.
二八　澤地萃＝췌는 모여든다, 무성하다, 만원과 같은 뜻.

　　上卦가 離(火)로 된 것
三一　火天大有＝대유는 크게 소유한다, 많이 가지고 있다와 같은 뜻.
三二　火澤睽＝규는 흘겨보다는 뜻으로 불화, 즉 뜻이 맞지 않음을 상징
　　　　　　　하는 괘.
三三　重離火＝이 괘는 불이다. 불꽃, 타오르는 태양, 정열을 뜻한다.
三四　火雷噬嗑＝서합은 씹는다, 소화를 잘 시킨다는 뜻.
三五　火風鼎＝정은 세 발 달린 솥, 안정, 협력, 기초가 튼튼하다의 뜻.
三六　火水未濟＝미제는 아직 이루어지지 않는다. 부족하다와 통함.
三七　火山旅＝여는 나그네라는 뜻으로 안정을 못하고 허둥대는 모양.
三八　火地晋＝진은 進과 통하는 것으로 나아간다, 발전한다와 같은 뜻.

　　上卦가 震(木)으로 된 것
四一　雷天大壯＝대장은 건강하다, 장하다, 크게 왕성한다의 뜻.
四二　雷澤歸妹＝귀매는 중매한다, 시집간다 또는 정상적인 절차를 밟지
　　　　　　　않고 시집간 여자의 상.
四三　雷火豊＝풍은 풍만, 풍족, 풍년 또는 滿月과 같은 뜻.
四四　重震雷＝진은 우뢰다, 진은 울린다, 공포, 실속보다 소리만 크다
　　　　　　의 뜻.
四五　雷風恒＝항은 한결같다, 오랜간다의 뜻.
四六　雷水解＝해는 모든 일이 잘 풀려나간다의 뜻.
四七　雷山小過＝소과는 조금 지나치다의 뜻으로 잘 잘못간에 정도를 약
　　　　　　　간 벗어났다는 말.
四八　雷地豫＝예는 미리한다, 사전에 방지한다, 기뻐한다의 뜻.

　　上卦가 巽(木)으로 된 것
五一　風天小畜＝소축은 조금 망서리게 한다. 조금 저축한다의 뜻.

五二　風澤中孚＝중부는 성실을 나타냄으로 매사에 충실히 하라는 뜻.
五三　風火家人＝가인은 가족이라는 뜻. 또 사소한 일에도 주의력을 가
　　　　　　　　지라는 말.
五四　風雷益＝익은 이익, 사사로운 일보다 공적인 일의 이익.
五五　重巽風＝손은 바람이다. 바람처럼 흔들리기 쉽고 안정을 못한다는
　　　　　　　뜻.
五六　風水渙＝환은 바뀐다(換), 안에서 밖으로 발산한다는 뜻.
五七　風山漸＝점은 순서를 밟아 차근차근 앞으로 나아간다는 뜻.
五八　風地觀＝관은 밝게 비친다, 살핀다, 즉 탐색의 뜻.

上卦가 坎(水)으로 된 것
六一　水天需＝수는 아직 이르다, 기다린다의 뜻.
六二　水澤節＝절은 절제, 절도, 절약의 뜻.
六三　水火旣濟＝기제는 만사가 이미 이루어졌다는 뜻으로 앞으로는 어
　　　　　　　　둠이 올 기미.
六四　水雷屯＝둔은 막히다, 일에 장애가 많다의 뜻.
六五　水風井＝정은 우물, 약간의 노력이 필요, 남에게 혜택을 입히는
　　　　　　　일에 대길.
六六　重坎水＝감은 물이다. 이 괘를 習坎이라고도 하는데 감은 빠진
　　　　　　　다, 습은 거듭이란 뜻도 되니 四大難卦의 하나.
六七　水山蹇＝건은 절름발이의 뜻. 험한 산과 깊은 물이 앞에 가려서
　　　　　　　있는 상.
六八　水地比＝비는 친근하다의 뜻이니 인화단결을 요구하는 괘상.

上卦가 艮(山)으로 된 것
七一　山天大畜＝대축은 크게 저축한다의 뜻, 앞날을 위해 대비하라는
　　　　　　　　괘상.
七二　山澤損＝손은 언뜻 보아 손해 같으나 회사, 봉사 투자와 같은 뜻,
　　　　　　　나중에 이익.
七三　山火賁＝비는 아름답다, 장식하다의 뜻으로 겉치레라는 말.

七四　山雷頤=이는 본래 덕이라는 뜻이지만 기른다는 뜻도 포함, 또는 말을 조심하고 음식도 조심하라는 뜻.
七五　山風蠱=고는 구더기가 괸 썩은 음식이라는 뜻, 또는 병들다, 벌레먹다의 뜻.
七六　山水蒙=몽은 어리다, 어둡다의 뜻으로 장례를 위하여 덕을 기른다는 뜻.
七七　重艮山=간은 산이다. 산은 움직이지 않는 것, 동요하지 말고 무겁게 일을 처리하라는 뜻.
七八　山地剝=박은 벗긴다, 깎는다, 갉아먹는다는 말로 즉 실패직전에 있음을 의미.

上卦가 坤(土)으로 된 것
八一　地天泰=태는 태평하다는 뜻.
八二　地澤臨=임은 군림 또는 임기응변이라는 뜻.
八三　地火明夷=명이는 밝음을 깨뜨린다, 거짓이 참된 것을 어지럽힌다의 뜻.
八四　地雷復=복은 다시, 되돌아본다, 즉 회복된다의 뜻.
八五　地風升=승은 올라간다, 점진한다의 뜻.
八六　地水師=사는 집단, 군대로 지휘자 또는 윗사람의 고충을 의미
八七　地山謙=겸은 겸손한다, 양보한다, 자중한다의 뜻.
八八　重坤地=곤은 땅이다. 온순, 인내, 덕을 쌓고 순리에 따르면 대성하는 상.

三. 易象과 吉凶

◉ 작괘법의 요령

① 上卦　성명자 합수(總格-貞格)로 八八除之(8로 나누는 것)하여 나머지 수을 가지고 상괘(外卦)를 정한다.

② 下卦　이름자 두자를(單名은 一字로 計之 합한 수를 역시 8로 나누어 나머지 수로 하괘(內卦)를 정한다.

③ **動爻** 성명삼자를 모두 합한 수(總格-貞格)에다 名字를 합한 수(元格)를 총합해서 6으로 나누어 나머지 수로 동효를 정한다.
(상·하괘는 나머지 수가 없으면 8이 되고, 동효는 나머지 수가 없으면 6爻動이다.)

◉ 動爻의 명칭
初九 初爻動에 元爻가 陽爻인 경우(陽動陰)
初六 初爻動에 元爻가 陰爻인 경우(陰動陽)
九二 二爻動에 元爻가 陽爻인 경우(陽動陰)
六二 二爻動에 元爻가 陰爻인 경우(陰動陽)
九三 三爻動에 元爻가 陽爻인 경우(陽動陰)
六三 三爻動에 元爻가 陰爻인 경우(陰動陽)
九四 四爻動에 元爻가 陽爻인 경우(陽動陰)
六四 四爻動에 元爻가 陰爻인 경우(陰動陽)
九五 五爻動에 元爻가 陽爻인 경우(陽動陰)
六五 五爻動에 元爻가 陰爻인 경우(陰動陽)
上九 六爻動에 元爻가 陽爻인 경우(陽動陰)
上六 六爻動에 元爻가 陰爻인 경우(陰動陽)
※九는 陽數이므로 陽爻動을「九」라 하고 六은 陰數이므로 陰爻動을「六」이라 칭한다.

한자 숫자가
一은   (乾·天), 二는   (兌·澤), 三은   (離·火),
四는   (震·雷), 五는   (巽·風), 六은   (坎·水),
七은   (艮·山), 八은   (坤·地)이다.
 또는
一은 乾三連(☰), 二은 兌上絶(☱), 三은 離虛中(☲),
四은 震下連(☳), 五는 巽下絶(☴), 六은 坎中連(☵),
七은 艮上連(☶), 八은 坤三絶(☷)이다.

◉ 八十一數 卦象 早見表

〈아라비아 숫자는 획수요, 한자숫자는 卦順이다.〉

71·七	61·五	51·三	41·一	31·七	21·五	11·三	1·一
72·八	62·六	52·四	42·二	32·八	22·六	12·四	2·二
73·一	63·七	53·五	43·三	33·一	23·七	13·五	3·三
74·二	64·八	54·六	44·四	34·二	24·八	14·六	4·四
75·三	65·一	55·七	45·五	35·三	25·一	15·七	5·五
76·四	66·二	56·八	46·六	36·四	26·二	16·八	6·六
77·五	67·三	57·一	47·七	37·五	27·三	17·一	7·七
78·六	68·四	58·二	48·八	38·六	28·四	18·二	8·八
79·七	69·五	59·三	49·一	39·七	29·五	19·三	9·一
80·八	70·六	60·四	50·二	40·八	30·六	20·四	10·二

81·一(上下卦를 막론하고 同用하라)

◉ 動爻速算表
〈아라비아 숫자는 劃數요, 한자 숫자는 動爻임〉

81·三	71·五	61·一	51·三	41·五	31·一	21·三	11·五	1·一
82·四	72·六	62·二	52·四	42·六	32·二	22·四	12·六	2·二
83·五	73·一	63·三	53·五	43·一	33·三	23·五	13·一	3·三
84·六	74·二	64·四	54·六	44·二	34·四	24·六	14·二	4·四
85·一	75·三	65·五	55·一	45·三	35·五	25·一	15·三	5·五
86·二	76·四	66·六	56·二	46·四	36·六	26·二	16·四	6·六
87·三	77·五	67·一	57·三	47·五	37·一	27·三	17·五	7·一
88·四	78·六	68·二	58·四	48·六	38·二	28·四	18·六	8·二
89·五	79·一	69·三	59·五	49·一三	39·五	29·一三	19·	9·
90·六	80·二	70·四	60·六	50·二	40·四	30·六	20·二	10·四

◉ 上下卦 構成一覽表

上卦＼下卦	一 天乾	二 澤兌	三 火離	四 雷震	五 風巽	六 水坎	七 山艮	八 地坤
一 天乾	重乾天	澤天夬	火天大有	雷天大壯	風天小畜	水天需	山天大畜	地天泰
二 澤兌	天澤履	中重澤	火澤睽	雷澤歸妹	風澤中孚	水澤節	山澤損	地澤臨
三 火離	天火同人	澤火革	重離火	雷火豐	風火家人	水火既濟	山火賁	地火明夷
四 雷震	天雷无妄	澤雷隨	火雷噬嗑	重震雷	風雷益	水雷屯	山雷頤	地雷復
五 風巽	天風姤	澤風大過	火風鼎	雷風恒	重巽風	水風井	山風蠱	地風升
六 水坎	天水訟	澤水困	火水未濟	雷水解	風水渙	重坎水	山水蒙	地水師
七 山艮	天山遯	澤山咸	火山旅	雷山小過	風山漸	水山蹇	重艮山	地山謙
八 地坤	天地否	澤地萃	火地晉	雷地豫	風地觀	水地比	山地剝	重坤地

가령 획수가 56수라면 6으로 나누어(6·9는 54로) 2가 남으니 2爻動, 陽爻면 92, 陰爻면 62이다. 또 動爻算定數가 48이라면 6·8 48로 나머지가 없으니 6효동인데, 6효 즉 상효가 양효면 「上九」요, 음효면 「上六」이라 한다. 기타의 동효 산출하는 요령도 모두 이와 같은 방법에 의한다.

1. 上卦가 乾(一)으로 된 것

一一. 重乾天(중건천)

乾…姤

聰明機略　총명하고 기략이 있으니
功成業就　공업을 능히 성취한다.

身旺財旺　신수 재수가 모두 왕성하니
何羨陶朱　어찌 「도주」를 부러워 하리요.

乾…同人

見龍在田　용이 밭둑에 보이는 상이니
時機未到　시기가 아직 이르다.

先困後吉　먼저 곤하고 뒤에 길한 운이니
終成大器　결국에는 크게 성취하리라.

乾…履

范增奇計　나를 음해하는 자 있으니
擧玦鴻門　항시 근신 조심하라.

人多欺我　사람마다 나를 속이니
辛苦不休　곤액이 떠나지 아니한다.

乾…小畜

繡衣夜行　비단옷 입고 밤길 걷는 격이요
泣蘭改琴　처자의 액이 있도다.

怪變層生　괴이한 일이 자주 일어나니
憂愁不絕　근심 걱정 끊일 날이 없다.

乾…大有

在家心亂　집에 있으면 심란하고
出亦不快　나가도 또한 불쾌하다.

有志未成　뜻을 두고 이루지 못하니
空然歲月　공연히 시간만 낭비한다.

乾…夬

初雖吉祥　처음은 비록 운이 좋으나
後分不可　후분은 그렇지 아니하다.

功成身退　공을 이루고 물러서는 격이니
衰運可知　운이 쇠함을 알겠더라.

一二. 天澤履(천택이)

履…訟

君唱臣和　군신이 뜻이 맞으니
萬物得意　모든 일이 순조롭다.

鍊金成器　금을 단련하여 그릇을 이루니
先困後榮　우선은 곤하나 뒤에 영화롭다.

履…无妄

見魚未釣　고기를 보고도 잡지 못하니
憂心自生　근심이 자연 생긴다.

東馳西驅　동서에 분주히 다니는 운이니
行商得吉　행상으로 생애는 적합하다.

履…乾

足踏虎尾　호랑이 꼬리를 밟은 형상이니
其危可知　그 위태함을 알겠도다.

苦無叩盆　만일 부부 이별수가 아니면
人間一別　다른 인간과 이별하리라.

履…中孚

浪靜波平　풍랑이 고요하게 멈췄으니
順水行船　순조롭게 발전한다.

鑿地得金　땅을 파서 금을 얻으니
勞後成富　수고후에 부자가 되리라.

履…睽

家中不和　집안에 불화가 있으며
財亦不旺　재물 또한 넉넉치 못하다.

東西奔走　동서에 분주하며
虛送光陰　세월만 헛되이 보낸다.

履…兌

家有小憂　집안에 약간의 근심 있으나
漸次消盡　점차로 사라진다.

春色弄花　봄을 즐기고 꽃을 희롱함이니
乃得榮華　마침내 영화를 얻으리라.

- 49 -

一三. 天火同人 (천화동인)

同人…遯

隱士出世　숨어있던 사람이 세상에 나오니
事必紛亂　일에 반드시 어지러움이 있다.

動則不利　움직이면 이롭지 못하니
守靜身安　가만히 있으면 신세가 편하다.

同人…乾

君臣際會　군신이 제회하니
餘慶彬彬　남은 경사가 빈빈하도다.

頭揷桂花　머리에 계화를 꽂았으니
錦衣還鄕　벼슬하여 금의환향 하리라.

同人…无妄

二人各心　두 사람의 마음을 달리 하니
事必紛亂　일에 반드시 어지러움이 있다.

勞而無功　수고하나 공이 없으니
不如不作　시작하지 않음만 못하다.

同人…家人

茫茫大海　망망한 대해에
一片孤舟　한쪼각 외로운 배로다.

事多力盡　일은 많고 기운은 진하니
何免困厄　어찌 곤액을 면하리요.

同人…離

靑山歸路　청산에 돌아가는 길은
步步茫茫　걸음마다 바쁘다.

雖有身困　비록 일신은 곤고하나
衣食不窮　의식은 궁핍하지 않으리라.

同人…革

金榜雁塔　금방안탑에
姓名赫赫　성명이 빛난다.

臥牛草場　소가 풀밭에 누운 격이니
財名雙全　재물과 명성이 같이 높으리라.

一四. 天雷无妄 (천뢰무망)

无妄…否

堂上堂下　부모와 자녀에게
憂患不絕　우환이 끊이지 않는다.

朝得暮散　아침에 얻고 저녁에 잃으니
權道生涯　권도 살림에 불과하다.

无妄…履

一得一失　한번 얻고 한번 잃으니
吉凶難分　길흉을 분간키 어렵다.

貴人暗助　귀인이 암암리에 도와주니
以此揚名　이로써 명성을 드날리다.

无妄…同人

猛虎出林　맹호가 숲에서 나오니
衆人皆驚　뭇 사람이 다 놀랜다.

守分營農　분수를 지키고 농사 지으라
初困後泰　처음은 곤하니 뒤에 태평하다.

无妄…益

磨琢成器　갈고 깎아 그릇이 되니
方成棟樑　바야흐로 큰 인물이 되었다.

夫和婦順　부부가 화목할 것이요
父嚴子孝　부자간에 인륜이 밝으리다.

无妄…噬嗑

種豆得豆　콩 심은데 콩 얻고
種瓜得瓜　오이 심은데 오이 얻는다.

論之吉凶　길흉을 말하건대
勞怠結果　부지런하고 게으른데 있도다.

无妄…隨

智謀超凡　지모가 출중하나
守舊待時　옛것을 지키고 때를 기다리라.

月中桂花　월중계화는
來春得榮　때를 만나 영화를 얻었다.

一五. 天風姤(천풍구)

姤…乾

家神逢空　가신이 공망을 만났으니
變怪將出　변괴가 장차 생기리라.

千金散盡　천금의 재산을 없앨 것이요
不然喪敗　그렇지 않으면 식구가 사망한다.

姤…遯

青山暮雨　청산의 저믄 빗속에
兒子何逝　어린 아이들은 어디 가는고

父子相別　부자간에 이별수요
不然疾患　불연이면 질병이 이르리라.

姤…訟

苦非膝患　자녀들의 근심이 아니면
堂上之憂　부모의 근심이 있다.

莫信誘言　남의 꾀임에 속지 마라
言甘事敗　말은 달고 일은 실패한다.

姤…巽

青氈遺業　부모 조상의 유산은
飄落狂風　갑자기 다 날려 보낸다.

東奔西走　동서에 분주하며
赤手成家　적수성가하는 운이로다.

姤…鼎

犬吠天台　辰戌이 상충하니
上憂難免　부모의 근심이 있도다.

以眞易假　진짜로 가짜를 바꾸니
失神自嘆　실신하고 자탄한다.

姤…大過

心有天台　마음은 높은 곳에 있으나
身居塵土　몸은 진흙속에 있다.

弄千半成　천을 희롱하다 반을 이루니
不如始作　시작 않음만 못하다.

一六. 天水訟(천수송)

訟…履

天功神德 하늘과 신령의 공덕으로
財祿兼備 재록이 겸비한다.

金榜掛掛 문과에 급제하여
得意丈夫 장부의 큰 뜻을 이루었도다.

訟…否

四顧雲塞 사방에 구름이 쌓였으니
明月難見 밝은 달 보기 어렵다.

天地無綠 부모와 인연이 없고
親友欺我 친구는 나를 속인다.

訟…姤

樂山樂水 산수를 벗삼아 세월하니
生涯淡泊 생애가 담박하도다.

畫虎爲狗 범을 그리다가 개가 되었으니
損業可知 사업 손실을 알겠더라.

訟…渙

風打危舟 풍랑이 뱃전을 몰아치니
月落高山 달은 고산에 떨어진다.

以羊易牛 양을 주고 소화 바꾸고자 하니
欲心太過 그 욕심이 지나치도다.

訟…未濟

三龍戱水 세 용이 물에서 노니
弄財千金 천금의 재물을 희롱한다.

厄消福至 액이 사라지고 복이 이르니
富豪之命 부호의 운명이로다.

訟…困

喜神助我 희신이 나를 도우니
順理成功 순조롭게 성공한다.

瀟上雁行 소상강 기러기는 (형제간)
同棲分飛 동서로 분리하리다.

一七. 天山遯(천산둔)

遯…同人

林逡林間　돼지를 숲에서 쫓는 격이니
乘機成功　때를 타서 성공한다.

與人同心　사람과 더불어 마음을 같이하니
大業必成　큰 업을 이루리라.

遯…姤

山中失路　산중에서 길을 잃었으니
不分東西　동서를 알지 못한다.

火中投金　불속에 금을 던지는 격이니
損財之像　손재할 상이로다.

遯…否

家平身健　집안이 평안하고 몸이 건전하다.
家榮自得　부귀영화를 자연 얻는다.

文昌輝煌　문창성이 휘황하게 빛나니
文科及第　문과에 급제하리라.

遯…漸

鳳化爲鷄　봉을 그리다가 닭이 되니
不如前運　그전만 같지 못하다.

夫婦相別　부부간에 이별을 운이요
不然克子　불연이면 자녀를 실패한다.

遯…旅

商山四皓　상산의 네 노인 가운데
一人何歸　한 사람은 어디 갔는고

智足力足　지혜도 있고 역량도 있으나
但缺時機　다만 기회를 만나지 못했다.

遯…咸

渡水逢人　물을 건너 귀인을 만남이요
得金西廂　세상에서 금을 얻은 격이다.

兩順風調　천후가 순조로우니
五穀豊登　오곡이 풍등하리라.

一八. 天地否(천지비)

否…无妄

厄在河伯　액이 하백(물귀신)에 있으니
勿近江海　물에 가까이 말라.

榮而無功　수고하나 공이 없으니
僅僅生涯　근근히 생애하리라.

否…訟

兩人相論　두 사람이 의론함에
一害一得　이해가 반반이다.

前路暗黑　앞길은 캄캄하니
欲進不能　나가고자 하나 나가지 못한다.

否…遯

守分安靜　분수를 지키고 안정하면
小財可取　작은 재물은 얻을 수 있다.

蘭宮秋色　자손궁에 액이 미치니
膝下有憂　슬하의 근심이 있으리라.

否…觀

貴人何在　귀인이 어느 곳에 있는고
往東必逢　동방에 가면 상봉한다.

龍得深澤　용이 깊은 연못을 얻었으니
家和人盛　집안이 화목하고 인구 번성한다.

否…晉

月滿東山　동산에 달이 밝으니
憂患消盡　우환이 자연 사라진다.

初困後泰　처음은 곤하고 뒤에 태평하니
簣土成山　삼태기 흙이 산을 이루었다.

否…萃

東奔西走　동서에 분주하나
一無所得　한가지도 얻은바 없도다.

家敗財散　집안이 패하고 재물이 흩어지니
身多困厄　일신의 곤액이 많으리라.

2. 上卦가 兌(二)로 된 것

二 一. 澤天夬(태천쾌)

夬…大過

二人合心　두 사람이 마음을 합하니
因人成事　사람으로 인해 성사한다.

必成大器　반드시 크게 성공하여
財帛綿綿　재백이 면면하리라.

夬…革

雙月照我　쌍월이 내몸에 비치니
姬在妥郷　기쁨이 타향에 있도다.

十年勤苦　십년을 근고함이
終得成加　마침내 성공을 하였다.

쾌…夬

成敗多端　성패가 다단하니
喜中生憂　기쁜 가운데 근심이 있다.

發矢不中　화살을 쏘아 맞지 않으니
費力無加　힘만 들고 공이 없도다.

夬…需

以女得財　여자로 인하여 재물을 얻으니
偶然之財　우연한 재물이로다.

十中一成　열가지 중에 한가지 이루니
笏多功少　수고는 많고 공은 적도다.

夬…大壯

萬事歸虛　만사가 허사로 돌아가고
家無宜科　집안에 조그마한 벼슬도 없다.

運否身困　운이 막히고 몸이 곤하니
財消人離　재물이 사라지고 인구가 떠난다.

夬…乾

掘地得金　땅을 파서 금을 얻으니
衣食豐滿　의식이 풍만하다.

出入生喜　출입하여 좋은 일이 있으니
人多助我　사람들의 도움이 많도다.

二二. 重兌澤(중태택)

兌…困
佳人一歸　미인이 한번 돌아감에
淚沾春宮　눈물을 춘궁에 적신다.

散金得寶　금을 헤치고 보배를 얻으니
先失後得　먼저는 잃고 뒤에 얻는다.

兌…歸隨
不孝父母　부모에게는 불효하고
但知妻財　다만 아내와 재물을 안다.

難倫字子　인륜을 어지럽히는 자식이니
必受其罪　반드시 그 죄를 받으리라.

兌…夬
門戶不吉　집안에 불길한 일이 있고
口舌是非　구설시비가 분분하도다.

深澤潛龍　깊은 못에 연용이 잠겼으나
未得其珠　구실 얻지 못하여 조화가 없다.

兌…節
水滿恩澤　물이 은택에 가득하니
得財如意　재물 얻음이 여의하도다.

可蒙天思　임금의 은혜를 입게 되니
福祿享受　복록을 누리게 되리라.

兌…歸妹
堂上有憂　부도의 근심이 있으니
失母可畏　모친을 잃을까 두렵다.

水物合一　물과 물이 하나로 합하니
北路得財　북녁에서 재물을 얻는다.

兌…履
逢秋無獲　가을을 만나 수확이 없으니
心多虛脫　마음이 허탈하도다.

足踏虎尾　호랑이 꼬리를 밟은 형상이니
危在其中　위험이 그 가운데 있다.

二三. 澤火革(택화혁)

革…咸

千金一身　천금같은 한 몸이
老來無子　노래에 자식이 없도다.

花根欲移　꽃뿌리를 옮기려 하니
損財可畏　손재수가 두렵다.

革…夬

往東往西　동서로 왕래하나
事不如意　일이 뜻과 같지 않도다.

雖得其財　비록 재물을 얻게 되나
非義之物　의리 아닌 재물이로다.

革…隨

天佑神助　하늘이 돕고 신이 도우니
吉祥有期　길상을 기약하리라.

門戶至慶　문호에 경사가 이르니
喜滿一家　기쁨이 집안에 가득하도다.

革…旣濟

去舊從新　옛 것을 버리고 새 것을 쫓으니
心快身安　마음이 쾌하고 몸이 편하다.

日就月將　날로 나가고 달로 자라니
事事如意　일마다 뜻과 같으리라.

革…豊

來失去失　오나 가나 실 뿐이요
骨肉之害　골육의 피해도 있도다.

雖得財利　비록 재물 얻음이 있으나
兩人分利　두 사람이 나누어 갖는 격이다.

革…同人

秋水動關　추수가 관을 움직이니
悲歌一曲　슬픈 노래 한 곡조로다.

四處無助　사방에 도움이 없으니
獨行險境　홀로 험지에 행하게 된다.

二四. 澤雷隨 (택뢰수)

隨…萃

蛟龍得珠　교룡이 구슬을 얻었으니
造化無窮　조화가 무궁하도다.

功成業就　공업을 성취하니
名振四方　이름을 사방에 떨친다.

隨…兌

兩事有心　두가지 일에 마음을 두니
一得一失　하나는 얻고 하나는 잃는다.

隱盜窺墻　도적이 숨어서 담을 엿보니
損財可畏　손재수가 두렵다.

隨…革

南樓罷兵　남루에 군사를 파하고
講讀兵書　병설르 강독한다.

家內泰平　집안이 태평하니
田庄買入　전장을 사들이게 된다.

隨…屯

商業生涯　상업으로 생애하면
東西聚金　동서에서 돈을 모으리라.

一有不幸　한가지 불행한 일이 있으니
膝下之憂　슬하의 근심이 있도다.

隨…慶

小人得財　소인은 재물을 얻을 것이요
君子得祿　군자는 관록을 얻는다.

進退生喜　진퇴마다 기쁨이 생기니
可知榮華　가히 영화로움을 알겠더라.

隨…无妄

綿綿壽福　수복이 면면하니
可知平生　평생의 행복이로다.

草閣多金　초각에는 재물이 많고
子孫獻慶　자손은 경사를 올린다.

二五. 澤風大過 (택풍대과)

大過…夬

天地交泰　천지가 교태하니
初月如生　초생달 나오는 것 같도다.

淑金逢火　금이 불을 만났으니
乃得成器　단련하여 큰 그릇을 이루었다.

大過…咸

錦衣夜行　비단옷 이복 밤길 걸으니
人不知我　남은 알아주지 않는다.

草嘆初困　처음 곤액을 탄식마라
可得後榮　후분의 영화는 있으리라.

大過…困

吉也凶也　길한 것이냐 흉한 것이냐
難吉難凶　길흉을 분별키 어렵다.

事有兩處　일이 두 곳에 생겼으니
得失相半　득실이 반반이로다.

大過…井

莫嘆運遲　운이 늦음을 탄식마라
春蘭秋菊　간간 그 때가 따로 있도다.

妄動必愼　망녕된 일을 삼가라
其害非輕　그 해가 가볍지 않으리라.

大過…恒

一事二心　한가지 일에 두 마음이니
心緖之難　심서가 지리하도다.

性如火急　성품이 불같이 급하니
每受其害　매양 그 해를 받으리라.

大過…姤

虎入陷穽　범이 함정에 빠졌으니
凶兆可知　흉조를 가히 알겠도다.

勿近是非　시비를 가까이 마라
無罪有厄　죄가 없어도 그 액이 있다.

二七. 澤山咸(택산함)

咸…革

霜前花光　서리 전의 꽃빛이요
望後月色　보름후 달빛이라.

運漸衰退　운이 점차 쇠퇴함이니
新業不吉　새로운 사업은 불길하다.

咸…大過

家憂層生　집안의 우환이 거듭 생기니
他事何就　다른 일인들 어찌 이루이요

先治家事　먼저 집안 일을 다스리고
後榮外事　뒤에 다른 일을 경영하라.

咸…萃

非戰而勝　싸우지 않고 승리하니
機略超凡　기략이 뛰어나도다.

立身揚名　서공에서 이름을 드날리니
壽福無窮　수복이 무궁하리라.

咸…蹇

平生之業　평생의 사업은
得失相半　손해와 이익이 반반이로다.

一有困心　또 한가지 마음이 괴로움은
子孫之患　자손의 근심이 있음이라.

咸…小過

喜星照身　희성이 몸에 비치니
運吉身旺　운이 길하고 몸이 건강하다.

一得一散　얻고 잃음이 반반이다.
衣貧不貧　의식은 가난치 않으리라.

咸…遯

家道不齊　집안이 절도가 없으며
兄弟不睦　형제가 화목치 못하도다.

事多魔障　일에 장애가 많으며
妻悲兒痛　처자의 슬픔이 있도다.

- 61 -

二八. 澤地萃(택지췌)

萃…隨

甘雨一施　단비가 한번 내리니
萬物生光　만물이 생광을 발휘한다.

身登甲榜　몸이 과거에 오르니
文武之材　문무 겸전한 재목이로다.

萃…困

才智聰敏　재지가 총민하나
燈下辛苦　벼슬길이 아득하다.

莫嘆此恨　벼슬 못함을 탄하지 마라.
人在其命　사람마다 맡은 운명이 있다.

萃…咸

才智過人　재지가 뛰어나나
禾斗何遲　벼슬 길은 멀고 멀다.

七顚八起　칠전팔기의 노력을 하면
終德榮華　마침내 영화를 얻게 되리라.

萃…比

魚變成龍　고기가 변하여 용이 되니
閑事得位　한가한 선비가 벼슬을 얻는다.

仰受天恩　임금의 은혜를 우러러 받드니
聲聞一國　그 명성이 일국에 떨친다.

萃…豫

身着玉帶　몸에 옥대를 띠었으니
皇恩罔極　황은이 망극하도다.

錦上添花　비단위에 수를 놓았으니
手弄千金　손으로 천금을 희롱하리라.

萃…否

白楊空山　백양의 공산에
嗚呼其身　그 신세가 처량하도다.

財星雖照　재물은 있으나 자식이 없으니
香火誰傳　조상의 봉사를 뉘게 전하랴.

3. 上卦가 離(三)으로 된 것

三一. 火天大有 (화천대유)

大有…鼎

雷行大成　우뢰를 크게 일으킴에
羣聞四海　무리 소리가 사해에 울린다.

寅卯之年　인묘의 해에
損財必愼　손재수를 조심하라.

大有…離

明月麈亭　달 밝은 정자에서
夫婦相別　부부가 이별한다.

自下克上　아래 사람이 위를 이기니
凌上逢敗　반드시 패가 보리라.

大有…睽

東西奔走　동서에 분주하나
食少事煩　식소사번 하도다.

勞心焦思　노심초사 한공덕이 있으면
晩年得意　만년에 뜻을 세우리라.

大有…大畜

莫誇運盛　운세가 성하다 자랑마라
落葉秋山　때는 이미 지나갔도다.

積德布施　덕을 쌓고 은혜를 베풀으라
庶免橫厄　이러한 횡액을 면하리라.

大有…乾

伊尹耕莘　이윤이 밭을 매는 상이니
日夜勞心　밤낮으로 수고롭기만 하다.

基逢凶星　기지에 흉성을 만났으니
家亂財消　집안이 소란하고 재물은 흩어진다.

大有…大壯

月落空山　달이 공산에 떨어지니
天地暗黑　천지가 암흑이로다.

千里長沙　천리땅 귀양살이에
客愁凄凉　나그네의 신세 처량하다.

三二. 火澤睽(화택규)

睽…未濟

明珠沉海　명주가 바다에 잠겼으니
龍失其力　용이 그 힘을 잃었다.

意高心大　뜻은 높고 마음은 크나
運塞不起　운이 막혀 일어나지 못한다.

睽…噬嗑

到處春風　도처에 춘풍이니
心快身安　마음이 상쾌하고 몸은 편하다.

財官雙美　재물과 벼슬운이 다 좋으니
富名自得　부와 명예를 자연 얻는다.

睽…大有

祖上遺業　조상의 유산은
日消月敗　날과 달로 실패한다.

東西奔走　동서에 분주하며
赤手成家　적수로 성공하리라.

睽…損

東失西得　동에서 잃고 서에 얻으니
一喜一悲　한번 기쁘고 한번 슬프다.

初婚不利　초혼은 이롭지 못하나
再婚偕老　재혼은 해로하리라.

睽…履

緣木求魚　나무에서 물고기를 구하는 격이니
一無成就　하나도 되는 일이 없다.

心煩事違　마음은 번잡하고 일은 어긋나니
有始無終　처음은 있고 끝이 없도다.

睽…歸妹

大人居官　대인은 벼슬에 오르고
小人富足　소인은 부자가 된다.

川流不息　냇물은 쉬지 않나니
漸入佳景　점점 좋은 곳으로 들어간다.

三三. 重離火 (중리화)

離…旅

琴宮論之　금슬궁을 말하건대
夫婦反目　부부 사이가 좋지 못하다.

捨金取沙　금을 버리고 모래를 취하니
以眞易假　참으로 거짓을 바꿈이다.

離…大有

事有東婁　일은 동루에 있는데
心在西窓　마음은 서창에 있다.

三才不合　운과 환경과 실력이 맞지 않으니
都無成就　도무지 성취됨이 없다.

離…噬嗑

生少克多　생은 적고 극은 많으니
凶勝吉祥　흉이 길상을 이긴다.

長男無烟　장남집에 연기가 없으니
損土之數　토지를 손실하는 운수로다.

離…賁

經亂立身　어려움을 겪고 입신하니
大明出東　밝은 태양이 동에 솟는다.

吉中生憂　길한 가운데도 근심이 생기니
進退愼之　나아가고 물러섬을 조심하라.

離…同人

靑雲逢空　벼슬길이 공을 만났으니
大材無用　큰 재목이 쓸곳 없도다.

千里駿馬　천리나 달리는 준마가
閑臥草場　풀밭에 한가히 누웠도다.

離…豊

妖鬼做侵　요귀가 뜰에 침입하니
殃反兒孫　재앙이 자손에게 미친다.

顧頭東面　머리를 동서로 돌리니
一思去定　한가지 생각도 결정 못한다.

三四. 火雷噬嗑(화뢰서합)

噬嗑…晋

黃甲脫床　황갑을 상위에 벗어 놓으니
功成名振　공을 이루고 이름을 떨침이라.

知進無退　나갈줄만 알고 물러섬이 없으니
百事皆宜　백사에 모두 마땅하다.

噬嗑…日癸

初運不好　초년운은 좋지 않으니
田財多損　토재와 재산의 손해 있다.

龍得其珠　용이 구슬을 얻은 격이니
晚成大器　늦게 큰 성공이 있으리라.

噬嗑…離

好事多魔　좋은 일에 마가 많으니
先凶後吉　먼저 흉하고 뒤에 길하다.

傍人猜忌　곁에 사람이 시기하니
暗中損財　모르는 가운데 손재한다.

噬嗑…頤

事必三省　일에 임하여 자세히 살피라
急則必敗　서두르면 실패한다.

忠言甘受　충언을 달게 받아 들이면
前程無難　전정에 어려움이 없으리라.

噬嗑…无妄

災生水火　재앙은 물과 불에 있으니
其物愼之　물과 불을 조심하라.

意志不固　의지가 굳지 못하니
事無頭緒　일에 두서가 없다.

噬嗑…震

性如火急　성품이 불같이 급하나
解如春雪　풀리기는 눈과 같도다.

心本不善　마음이 본래 착하지 못하니
人皆忌我　사람마다 나를 싫어한다.

三五. 火風鼎 (화풍정)

鼎…大有

家道不利　집안에 불리한 일이 있으니
妻憂子患　처자의 근심이로다.

朋友多助　벗의 도움이 많으니
小事可成　사소한 일은 성취하리라.

鼎…旅

平生所悔　평생의 후회되는 일은
養虎爲患　범을 길러 화를 입음이라.

事有歸空　일이 허사로 돌아가나
晩年得安　말년에는 편안하리라.

鼎…未濟

臨事無主　일에 임하여 주장이 없으니
不如不營　경영하지 않음만 못하다

無月廣野　달에는 광야에
歸路難分　돌아갈 길을 분별 못한다.

鼎…蠱

靑山埋兒　청산에 어린이를 묻으니
膝下之厄　슬하의 액이로다.

兩虎相爭　두 범이 서로 싸우니
不知生死　생사를 알지 못한다.

鼎…姤

早失天地　일찍 부모를 이별하고
一身無依　일신의 의지가 없도다.

自手努力　스스로 노력하라
可得致財　가히 재물은 모이리라.

鼎…恒

早苗不雨　가물은 싹에 비가 오지 않으니
承露寄生　이슬을 받아 간신히 산다.

四顧無親　사방을 돌아봐도 친한 이 없으며
事多力盡　일은 많고 힘은 다하였다.

三六. 火水未濟(화수미제)

未濟…睽

臨江無舟　강에 임하여 배가 없으니
欲渡未渡　건너고자 하나 건너지 못한다.

怪變層生　괴변이 거듭 생기니
每哭靑山　매양 청산에 가서 운다.

未濟…晋

澤變爲山　못이 변하여 산이 되니
魚及災變　물고기에게 재앙이 미친다.

堤防生孔　제방둑에 구멍이 생기니
危險將至　위험이 장차 이르리라.

未濟…鼎

蹇脚登山　저는 발로 산에 오르는 격이니
身苦事遲　몸이 곤하고 일은 느리다.

一生論之　일생운을 말하건대
別無喜事　별로 기쁜일이 없으리라.

未濟…蒙

花不得春　꽃이 봄을 만나지 못하니
天地朦朦　천지가 어둡고 어둡다.

良馬伏櫪　재주와 덕망이 있을 지라도
伯樂未顧　알선해 주는 사람이 없다.

未濟…訟

子背其父　아들이 아비를 배반하니
嗚呼人事　인사중에 가장 슬픈 일이로다.

何受風霜　어찌하여 풍상이 많은고
積年安泰　여러해 뒤에는 평안하다.

未濟…解

風雲之場　풍운이 일어나는 곳에
蹇馬渡水　절름발이 말이 물을 건넌다.

誰怨誰仇　누구를 원망하리요
自作之孼　스스로 만든 허물이로다.

三七. 火山旅(화산여)

旅…離

老虎下山　늙은 범이 산에서 내려오니
群兎弄之　무리 토끼가 희롱한다.

家內不睦　집안이 화목치 못하니
東西放浪　동서에 방랑하리라.

旅…鼎

以道守分　도로서 분수를 지키면
生涯無厄　생애중에 액이 없으리라.

晩年得意　만년에 뜻을 얻으며
蘭庭有慶　자손궁에도 경사 있으리라.

旅…晉

意志堅固　의지가 견고하니
金石可透　금석도 가히 뚫는다.

群木茂盛　군목이 무성하니
鬱鬱蒼蒼　울울창창 하도다.

旅…艮

智慧超衆　지혜가 출중하니
事機必成　무슨 일에나 성취한다.

東西出入　동서에 출입하니
一身無暇　일신이 한가할 때가 없도다.

旅…遯

憂在家中　근심이 집안에 있으니
堂上堂下　부모와 자녀의 일이로다.

每事愼之　매사를 조심하라
後悔莫及　후회하나 미치지 못한다.

旅…小過

出耶修耶　산이냐 물이냐
利在其中　이익이 그 가운데 있도다.

營事皆違　경영사가 모두 어긋나니
衣食不裕　의식이 넉넉치 못하리라.

三八. 火地晉(화지진)

晉…噬嗑

秋鼠入庫　가을 쥐가 노적에 드니
衣食豐足　의식이 풍족하도다.

立身揚名　입신양명하여
富貴兼全　부귀를 겸해 누리리라.

晉…未濟

學劍之後　검을 배운 뒤에
睢水得意　수수에서 뜻을 얻었다.

家道漸昌　가도가 점점 창성하니
金銀滿箱　금은이 상자에 가득하리라.

晉…旅

好機不偶　좋은 기회를 만나지 못하여
英雄無功　영웅이 공을 세우지 못한다.

財少命薄　재물이 적고 운명이 박하니
客地徘徊　객지에 나가 배회한다.

晉…剝

病樹近風　병든 나무에 바람을 맞혔으니
倒木直前　쓰러지기 직전이로다.

緣木求魚　나무에 올라 물고기를 구하니
徒費心力　한갓 심력만 소모한다.

晉…否

吳山楚水　산천을 두루 다니려니
行色忙忙　행색이 바쁘다.

事無頭緒　일에 두서가 없으며
因人見敗　남으로 인하여 해를 본다.

晉…豫

家神招禍　가신이 재앙을 일으키니
堂上有厄　부모에게 액이 있도다.

財敗頻煩　재물 패함이 빈번하니
困窮何免　곤궁함을 어찌 면하리요.

4. 上卦가 震(四)으로 된 것

四一. 雷天大壯 (뇌천대장)

大壯…恒
身逢耗星　몸에 손해별을 만났으니
財敗難免　재물 패함을 면치 못한다.

膝下無子　슬하에 자손이 없으니
香火何傳　선조 봉사를 누구에게 전하랴.

大壯…泰
二金相生　두 금이 생해주니
莫憂平生　평생일을 근심치 마라.

速步玉堂　빨리 걸어 옥당에 이르니
卓立高位　높은 벼슬을 오르리라.

大壯…豊
洛城風起　낙양성에 바람이 일어나니
桃花欲落　도화꽃이 떨어지려 한다.

身位居空　신궁이 공망에 거하니
何望貴顯　귀현함을 어찌 바라리요.

大壯…夬
白晝失物　백주에 실물하니
誰怨誰仇　누굴 원망하리요.

物空子空　물도 공이요 자손도 공이니
何多風霜　어찌하여 풍상이 많은고.

大壯…歸妹
親人之害　친한 사람의 해가
及於我身　내 몸에도 미친다.

出帆海上　해상을 출발하니
風浪突起　풍랑이 돌연 일어난다.

大壯…大有
兩人合心　두 사람이 합심하니
因人成事　남으로 인하여 성사한다.

二金逢火　두 금이 불을 만났으니
必成大器　반드시 큰 그릇을 이루리라.

四二. 雷澤歸妹 (뇌택귀매)

歸妹…解

自扳恩人　스스로 은인을 배반하니
一乞空門　한번 공문에 의지한다.

改過遷善　잘못을 고치고 착한 일 하면
可保平安　가히 평안함을 보전하리라.

歸妹…震

貪財好色　재물을 탐하고 색을 좋아하니
多致四怨　은원관계를 많이 맺으리라.

蘭宮受剋　자궁에 극을 받으니
子女之禍　자녀의 재앙이로다.

歸妹…大壯

莫嘆困厄　곤액을 탄식마라
自作之孼　스스로 만든 과실이로다.

功業未成　공업을 이루지 못하니
災變漸至　재변이 점차 일어난다.

歸妹…臨

妻憂子患　처자의 우환이 있으니
心思混亂　심사가 혼란하다.

碌之浮生　녹록한 부생이
不知安分　안분을 알지 못한다.

歸妹…兌

上敬下愛　위를 공경하고 아래를 사랑니
其德咸頌　그 덕을 다 칭송한다.

天佑神助　하늘이 돕고 신이 도우니
家昌身榮　집안이 창성하고 일신을 영귀한다.

歸妹…睽

才智超凡　재주와 지혜가 비범하니
身登兩榜　문무과에 급제한다.

家神亂動　가신이 발동되니
怪變突起　괴변이 돌연 일어나리라.

四三. 雷火豊 (뇌화풍)

豊…小過

龍劍出匣　용검이 칼집에서 나오니
領壓邊疆　변강을 진압한다.

功業成就　공업을 성취하니
名振四方　이름을 사방에 떨치리라.

豊…大壯

先難後易　먼저는 어렵고 뒤에 쉬우니
努而後成　수고한 뒤 성공한다.

祥雲照家　상서가 집에 비치니
喜慶滿堂　기쁨이 집안에 가득하다.

豊…震

勢窮力盡　운세가 궁하고 기운이 진하니
天何不顧　하늘은 어찌 돌보지 않는고.

莫貪過慾　지나친 욕심을 탐하지 마라
知分則安　분수를 알면 편안하리라.

豊…明夷

材劍入蜀　칼을 집고 촉나라에 들어가니
沛公善遇　패공이 잘 대우한다.

天祿隨身　천록이 몸에 따르나
先困難免　초년 곤액은 면치 못하리라.

豊…革

臥龍耕田　와룡이 밭을 가는 격이니
上通上達　천문지리를 통달하였다.

財官雙美　재관이 쌍미하니
人間快事　인간의 쾌한 일이로다.

豊…離

親人操心　친한 사람을 조심하라
笑中藏刀　웃음속에 칼을 감추었다.

苦非自薦　자신이 천거하지 않으면
奇才無用　기묘한 재주가 쓸데 없도다.

四四. 重震雷 (중진뢰)

震…豫
一得二失　하나를 얻고 둘을 잃으니
損財之數　손재할 운수로다.

是非爭起　시비가 다투어 일어나니
勿貪虛慾　허욕을 탐하지 마라.

震…歸妹
初年之數　초년의 운수는
雨後竹筍　비 온 뒤에 죽순같도다.

運漸衰退　운이 점차 쇠퇴하니
欲起不能　일어나고저 하나 일어나지 못한다.

震…豊
一門不睦　한 집안이 화목치 못하니
不信他事　다른 일은 말해 무엇 하리요.

東西奔走　동서에 분주할 것이요
身病可畏　신병도 두렵도다.

震…復
老龍得水　늙은 용이 물을 얻었으니
名利晚成　명리를 늦게 이룬다.

以文得財　글로써 재물을 얻으니
安過平生　평생을 편안히 지내리라.

震…隨
老鼠入庫　늙은 쥐가 창고에 든 격이니
雖多不取　비록 많으나 취하지 못한다.

偶然東人　우연히 동쪽 사람을 만나
中道害我　중도에 해를 입으리라.

震…噬嗑
田宅逢空　전택이 공을 만났으니
東西奔走　동서에 분주한다.

心煩身困　마음은 괴롭고 몸은 곤하며
堂上有憂　부모의 근심도 있으리라.

四五. 雷風恒 (뇌풍항)

恒…大壯

有財無孫　재물은 있으나 자손이 없으니
家庭寂寞　가정이 적막하도다.

勞而無功　수고하나 공이 없으니
風霜重重　풍상이 중중하리라.

恒…小過

鳳得其雛　봉이 그 새끼를 얻어
飛入雲天　하늘에 나는 격이다.

春花已發　봄 꽃이 이미 피었으니
秋實欲圓　가을 열매가 둥글고자 한다.

恒…解

濟江無艓　강을 건너려니 배가 없음에
憂心自生　근심이 자연 생기도다.

事多不成　일에 이루지 못함이 많으니
衣食不足　의식도 부족하다.

恒…升

求謀不得　꾀를 구하나 얻지 못하고
好戰無功　싸움을 좋아하나 공이 없도다.

其心大拙　그 마음이 크게 졸하여
得財易失　재물을 얻어도 잃기 쉬우리라.

恒…大過

身進榮閣　몸이 영각에 나가니
別有榮光　별로히 영광이 있도다.

財帛豊登　재백이 풍등하니
生計有通　생계가 통달함이 있으리라.

恒…鼎

驟雨東至　소나기가 동으로 이르니
凶事可知　흉함을 가히 알겠도다.

官運雖好　관운은 비록 좋으나
無得有失　얻는건 없고 잃는 것만 있다.

四六. 雷水解(뇌수해)

解…歸妹

家神逢空　가신의 공을 만났으니
吉變爲凶　길이 변하여 흉이 된다.

口舌是非　구설과 시비가 많고
身厄重重　신액도 중중하리라.

解…豫

動則不利　움직이면 불리하고
靜則平安　안정하면 편안하다.

中後之運　중년후의 운수는
小得橫財　약간의 횡재 있으리라.

解…恒

以馬換牛　말을 주고 소를 바꾸니
損益不分　손해와 이익을 구분 못한다.

事多心煩　일은 많고 마음은 번잡하니
欲休未休　쉬고자 하나 쉬지 못한다.

解…師

天地相生　천지가 상생하니
非貴則富　귀가 아니면 부자로다.

文書發動　문서가 발동하니
買入田庄　전장을 사들이게 되리라.

解…困

莫遊東方　동방에 가지마라
是非口舌　시비와 구설이로다.

初困後泰　처음은 곤하고 뒤에 태평하니
白首榮華　백수에 영화 있으리라.

解…未濟

擇山擇水　산을 찾고 물을 가리나
運非於斯　운수는 좋지 못하도다.

不息努力　쉬지 않고 노력하면
營事可成　경영지사가 성공하리라.

四七. 雷山小過 (뇌산소과)

小過…豐

累次遷墓　여러번 무덤을 옮기니
必成其禍　반드시 그 화를 당한다.

經營四方　사방에 경영하는 바는
一無成事　하나도 되는 일이 없다.

小過…恒

到處是非　도처에 시비가 일어나니
累見血光　여러번 피빛을 본다.

在家守分　분수를 지켜 집안에 있으라
庶無此厄　무릇 이러한 액을 면하리라.

小過…豫

出入無碍　나가나 들어오나 장애가 없으니
事事如意　일마다 여의하다.

金入爐中　금이 용광로에 들어가니
必成大器　반드시 큰 그릇을 이룬다.

小過…謙

初運不利　초년운은 불리하니
田宅有損　전택의 손해가 있도다.

得失相半　얻고 잃은 것이 반반이다.
衣食不窮　의식은 궁하지 않으리라.

小過…咸

行於世間　세간에 행세함에는
藝術生涯　예술로 생애한다.

外財何得　바깥 재물을 어찌 얻을고
得處還失　얻는 곳에서 다시 잃는다.

小過…旅

好運未到　좋은 일이 이르지 않으니
事事耗散　일마다 손해로다.

身有疾病　몸에 질병이 있을 것이요
不然子敗　불연이면 자손을 실패한다.

四八. 雷地豫(뇌지예)

豫…慶

若非身病　만일 신병이 아니면
火人可畏　화재수를 조심하라.

策謀不實　책모가 견실치 못하니
終無所得　종내 소득이 없으리라.

豫…解

喜對大顏　기쁘게 임금을 대하니
可知立身　벼슬 얻음을 알겠더라.

功成業就　공업을 성취하니
家道中興　가도를 중흥시키리라.

豫…小過

上下和睦　상하가 화목하니
一家泰平　집안이 태평하도다.

田宅漸增　전택이 점점 증진되니
家道隆昌　가도가 융창한다.

豫…坤

不顧富貴　부귀를 돌아보지 않는데
何事垂淚　눈물 흘림은 웬일인고.

幸免子厄　다행히 자액(子)을 면하면
晚有子慶　늦게 자손의 경사 있으리라.

豫…萃

利在何處　이익이 어느 곳에 있는고
田土增進　전토가 증진된다.

勿近是非　시비를 가까이 마라
意外困厄　의외의 곤액을 당하리라.

豫…晋

日月失光　일월이 빛을 잃었으니
早失父母　조실부모할 운이로다.

身遊他關　몸이 타관에 노니
空拳得財　빈손으로 재물을 얻으리니.

5. 上卦가 巽(五)로 된 것

五一. 風天小畜(풍천소축)

小畜…巽

喜事在家 기쁜일이 집안에 있으니
田土有光 전토의 영광로다.

子女滿堂 자녀들이 집안에 가득할 것이요
衣風豊餘 의식이 풍족하리라.

小畜…家人

踰山涉水 산을 넘고 물을 건너니
風霜重重 풍상이 중중하다.

橫厄可畏 횡액수가 두려우니
每事愼之 매사를 조심하라.

小畜…中孚

陰衰陽長 음은 쇠하고 양은 성하니
夫婦反目 부부가 불화하도다.

運漸衰退 운이 점차 쇠퇴하니
妄動不可 망동함은 불가하다.

小畜…乾

一進一退 한번 나가고 한번 물러서니
非凶非吉 길도 아니요 흉도 아니다.

三人合心 세사람이 합심하여
欲奪人物 남의 물건을 뺏는다.

小畜…大畜

二人同居 두 사람이 같이 거하나
意不相合 뜻이 서로 맞지 않는다.

石中蘊玉 돌가운데 서린 옥을
誰能琢之 누가 능히 쪼으리요

小畜…需

身旺財旺 몸이 왕하고 재물이 왕하니
一家太平 일가가 태평하도다.

舍己從人 남의 뜻을 따르면
得而不失 얻어도 잃지도 않는다.

五二. 風澤中孚(풍택중부)

中孚…渙

有吉無吉　길함이 있는 듯하나 길한 것 없고
見利不利　이로운 듯하나 이로움이 없다.

意雖得合　뜻이 비록 합하나
二心徘徊　마음이 한결같지 않도하.

中孚…益

一得一泄　한번 얻고 한번 잃으니
心緖多亂　심사가 산란하다.

淫謀雖成　음모는 비록 이루었으나
所望難得　소망을 얻기 어렵다.

中孚…小畜

初無風景　처음에 풍경이 없으나
終見春光　마침내 봄빛을 보리라.

以小生財　작은 것으로 재물이 생기니
小旬力大得　작은 힘으로 크게 얻는다.

中孚…履

楚漢相爭　초나라 한나라가 싸우니
各心有力　각각 심력 있도다.

若不知足　만일 족함을 알지 못하면
得失相半　득실이 반반이로다.

中孚…損

如鳥焚巢　새가 둥우리에 불사름 같으니
進退維谷　나가지도 못한다.

外人納財　외인의 재물을 드리니
堂憂必起　부모의 근심이 있으리라.

中孚…節

鷰豈登天　쥐꼬리라 어찌 하늘을 오르리요
折翼且凶　날개가 부러지고 흉하리라.

守分安靜　분수를 지키고 안정하라
不然逢厄　불연이면 액을 만나리라.

五三. 風火家人 (풍화가인)

家人…漸

深林日昏　깊은 숲에 날이 저무니
飢虎下山　주린 범이 산에서 내려온다.

以下克上　아래로서 위를 극하니
人必下成　일을 반드시 이루지 못하리라.

家人…小畜

紛紛世事　세상일이 분분하니
可惜無光　생광 없는 것이 아깝도다.

散金東西　동서에 재물이 흐를 것이요
一切莊盆　한번 상처수 있으니라.

家人…益

夫婦不和　부부간의 불화하니
凡事皆違　범사가 다 어긋난다.

暗窺人財　가만히 남의 재물을 엿보면
反損我物　도리어 내 물건을 잃는다.

家人…同人

風雲相會　풍운이 서로 모으니
聚山無常　모이고 흩어짐이 무상하다.

莫近外人　타인을 가까이 마라
黃金散盡　황금을 모두 없앤다.

家人…賁

堂上堂下　부모와 자녀에게
憂心悼悼　근심과 슬픔이 있도다.

莫近女色　여색을 가까이 마라
事有失敗　일에 실패가 있으리라.

家人…旣濟

官祿臨身　관록이 몸에 임하니
人多仰視　사람마다 우러러 본다.

如干財數　약간의 재물은
或聚或散　혹 모이고 혹 흩어진다.

五四. 風雷益(풍뢰익)

益…觀

家道雖創　가도는 비록 창립하나
蘭庭可憂　자손의 근심이 있도다.

平生産業　평생의 산업은
先損後成　먼저 손실하고 뒤에 이루리라.

益…中孚

名利雙全　명생과 재물이 쌍전하니
此外何望　이밖에 무엇을 바라리요.

重到喜事　기쁜 일이 거듭 이르러
家道有昌　가도가 창성하리라.

益…家人

玉石難辨　옥석을 가리기 어려우니
事無踪跡　일에 자취가 없다.

未得科慶　벼슬에 오르지 못하니
安中有災　평안한 가운데 재앙이 있다.

益…无妄

燈下辛苦　근고하게 공부하면
終得科名　마침내 과거에 합격한다.

以行正道　바른 도리를 행하나
雖損無益　손해만 있고 이익이 없다.

益…噬嗑

如狂如醉　미친 것 같고 취한 것도 같으니
善計不出　좋은 계교가 나오지 않는다.

失匪南城　좋은 기회를 놓쳤으니
學劒無用　배운 역량이 무용이다.

益…屯

渭水罷釣　위수에 낚시를 그만두니
己成功名　이미 공명을 성취한다.

進退逢吉　나가며 물러서며 길함이 있으니
田宅有先　토지도 널리 장만하리라.

五五. 重巽豊 (중손풍)

巽…小畜
虎榜雁塔 무과에 급제하니
姓名赫赫 성명을 빛낸다.

一振武名 한번 무예를 떨치니
四海安泰 사해가 평안하리나.

巽…漸
僧道行商 중이 장사하는 격이니
不知分守 분수를 알지 못함이라.

先察其機 먼저 그 기틀을 살피면
可保安樂 가히 안락함을 보전하리라.

巽…渙
智窮力盡 지혜가 궁하고 힘이 진하니
欲起不能 일어나고자 하나 일어나지 못하다.

桂月高明 계월이 높이 밝으니
厄消福至 액이 사라지고 복이 이른다.

巽…姤
在家生憂 집에 있으면 근심이요
出外心快 밖에 나가면 마음이 즐겁다.

有志四方 사방에 뜻을 두었으니
井魚出海 우물고기가 바다에 나가는 격이다.

巽…大過
初志未成 처음 뜻을 이루지 못하니
有意兩處 뜻이 두 갈래로 나뉜다.

身厄可畏 신액이 두려우니
勿近水邊 수변을 가까이 마라.

巽…井
上佑下輔 위와 아래에서 도와주니
足過平生 족히 평생을 지낸다.

二人合心 두 사람의 마음을 합하니
萬物結實 만물이 열매를 맺는다.

五六. 風水渙(풍수환)

渙…中孚

老龍失珠　늙은 용이 구슬을 잃었으니
造化不施　조화를 부리지 못한다.

志高事違　뜻은 높고 일은 어긋나니
可知困苦　가히 곤고함을 알리로다.

渙…觀

鑿地千丈　땅을 천장이나 뚫어도
黃金不出　황금이 나오지 않는다.

運本不好　운이 본래 좋지 않으므로
碌碌生涯　녹녹한 생애를 마치리라.

渙…巽

發失不中　화살을 쏘아 맞지 않으니
事多失敗　일마다 실패한다.

以下克上　아래로서 위를 극하니
家內紛亂　집안에 분란이 생기리라.

渙…訟

牛耕春田　소는 봄 밭을 갈고
池魚弄珠　연못 고기는 구슬을 희롱한다.

貴人來助　귀인이 와서 도우니
祥福一至　상서로운 복이 날로 이르리라.

渙…蒙

捕風捉月　바람을 잡고 달을 잡으니
立名乘世　때를 타서 출세한다.

靑山暮雨　청산의 저무는 비에
飢狗難吠　주린 개가 짖기 어렵다.

渙…坎

北虎入穽　북호가 함정에 드니
巨海難濟　큰 바다를 거느리기 어렵다.

東食西宿　동에 먹고 서에 자니
僅僅生涯　근근히 생애하리라.

五七. 風山漸 (풍산점)

漸…家人

平地得玉　평지에서 옥을 얻으니
營事順成　경영하는 일이 순조롭다.

門戶平安　문호가 평안하니
優遊度日　넉넉히 놀며 세월을 보내리라.

漸…巽

積少成大　적은걸 쌓아 큰걸 이루니
衣食豊足　의식이 풍족하도다.

一有不快　한가지 불쾌한 것이 있으니
家患間有　집안의 우환이 간간 있음이라.

漸…觀

狂風吹東　광풍이 동에서 불어오니
落花紛紛　낙화가 분분하도다.

意外怪變　의외의 괴변이 있으니
獨坐長嘆　홀로 앉아 길게 탄식하리라.

漸…遯

病松枝上　병든 소나무 가지 위에
杜鵑哀鳴　두견새가 슬피운다.

子孫之事　자손의 일로
費物無窮　재물 낭비가 많으리라.

漸…艮

運不通泰　운이 통태하지 않으니
前程漸塞　전정이 점차 막힌다.

雙眉一顰　두 눈섭을 한번 쨍그리니
淚沾靑山　눈물을 청산에 적시리라.

漸…蹇

有志未行　뜻을 두고 행하지 않으니
一事難成　한가지 일도 이루지 못한다.

人生難百　인생은 백년을 살기 어려운데
何多風霜　풍상은 어이하야 많은고

五八. 風地觀(풍지관)

觀…益
財失兒失　재물도 잃고 자손도 잃으니
嗚呼身世　신세가 슬프도다.

是非如雲　시비는 구름같이 일어나고
口舌紛紛　구설도 분분하리라.

觀…渙
他人之事　타인의 일로
無端得談　무단히 득담을 듣느다.

於南於北　남북으로 어지럽게
亂走無得　왕래하나 얻는 것은 없도다.

觀…漸
莫嘆時晚　때가 늦음을 탄식마라
先否後泰　앞은 비색하나 뒤에 태평하다.

鵲報喜信　까치가 기쁜 소식을 전하니
膝下之慶　슬하의 경사 있으리라.

觀…否
求財利成　재물을 구함에 이익을 이루니
田土何論　전토는 말해 무엇하리요.

科星難照　벼슬은 얻기 어려우나
財祿豊盈　재물은 풍족하리라.

觀…剝
楚漢相對　초한이 상대하니
范增虛老　범증이 헛되이 늙었도다.

他人之害　타인의 해가
及于我子　내 자식에게 미친다.

觀…比
青山歸路　청산 돌아가는 길이
隨彼白雲　저 구름을 따른다.

若無人敗　만일 사람 실패가 없으면
古家難守　옛집을 지키기 어렵다.

6. 上卦가 坎(六)으로 된 것

六一. 水天需(수천수)

需…井

南西兩鳥　남·서 두마리 새가
爭柀一枝　한가지에 다투어 앉는다.

金爐水滿　금로에 물이 가득하니
何成大器　어찌 큰 그릇을 이루리요.

需…旣濟

平生所營　평생의 경영하는 바는
事事遲鈍　일마다 더디고 느리다.

靑雲無光　청운에 빛이 없으니
白衣難免　벼슬을 얻기 어렵다.

需…節

寂寞孤月　적막하고 외로운 달빛 아래
獨坐凄凉　처량히 홀로 앉았다.

世上萬事　세상 만사는
皆歸空虛　모두 공허로 돌아간다.

需…夬

秋山月暗　가을 산에 달이 어두우니
雁影難分　기러기 그림자를 분별키 어렵다.

何好富貴　어찌 부귀를 좋아하리요
其祿歸虛　그 녹이 허사로 돌아간다.

需…泰

身否名泰　신수는 비색하고 이름만 크니
閑坐求財　한가히 앉아 재물 구하는 격이다.

萬事歸虛　만사가 헛된 것으로 되니
所業難就　사업을 성취키 어렵다.

需…小畜

寶号士号　보배와 토지로
欲換文章　문장을 바꾸고자 한다.

只信財帛　다만 재물만 믿고
凌人逢敗　남을 능멸하면 실패한다.

六二. 水澤節(수택절)

節…坎

春水滿澤　봄물이 못을 가득 채웠으니
必受天恩　반드시 벼슬에 오르리라.

身旺財旺　몸이 왕성하고 재운도 왕성하니
何事憂之　무엇을 근심하리요.

節…屯

世事浮雲　세상일이 뜬구름 같으니
東西徘徊　동서로 배회한다.

鳳失其雛　봉이 그 새끼를 잃었으니
憂心不離　근심이 떠나지 않으리라.

節…需

吉神來助　길신이 와서 도우니
小物必得　작은 재물은 반드시 얻는다.

榮華到門　영화가 문에 이르니
子孫昌盛　자손도 창성하리라.

節…兌

萬里登程　만리길을 등정하여
僅取小物　간신히 조금 얻는다.

一身雖煩　일신이 비록 번고로우나
有始無終　처음만 있고 끝맺음이 없다.

節…臨

平生論之　평생 운을 말하건대
碌碌終身　별수 없이 생애한다.

大志未成　큰 뜻은 이루지 못하나
小物可取　작은 물건은 얻으리라.

節…中孚

人情相違　인정이 서로 어긋나니
欲成不成　이루어자 하나 이루지 못한다.

兄弟之事　형제간의 일로
財散土空　재물과 토지를 손실한다.

六三. 水火旣濟 (수화기제)

旣濟…蹇

夫婦之間　부부 사이에
再娶難免　재취함을 면키 어렵다.

蘭宮秋色　자손궁에도 액이 미치니
膝下有患　슬하의 근심이 있으리라.

旣濟…需

小憂在堂　작은 근심이 부모에 있으나
衣食不貧　의식은 가난치 않도다.

菊花秋開　국화는 가을에 피나니
晩年小成　만년에 작은 성취 있으리라.

旣濟…屯

天與其祿　하늘이 그 녹을 주니
早年登科　일찍 등과할 수로다.

春回再三　봄이 두세번 돌아오니
家滿祥瑞　집안에 상서가 가득하리라.

旣濟…革

春入園中　봄이 꽃동산에 들어오니
桃李開花　도화 이화에 꽃이 핀다.

身帶文券　몸에 문권을 대었으니
田庄廣置　토지를 널리 장만하리라.

旣濟…明夷

勞多無功　수고는 많으나 공이 없으니
虛度歲月　헛되이 세월만 보낸다.

是非爭訴　시비와 쟁송으로
損財不少　손재도 적지 않으리라.

旣濟…家人

若非登科　만일 벼슬에 오르지 못하면
困厄臨身　곤액이 몸에 임한다.

田土之事　전토의 일로
文書相爭　문서로 소송한다.

六四. 水雷屯(수뢰둔)

屯…比
古木花殘　고목에 꽃이 쇠잔하니
身病可畏　신병이 두렵도다.

物散難防　물건 흩어짐을 막기 어려우니
財上有意　손재수를 주의하라.

屯…節
運逢天地　운이 천지에 만났으니
生道莫門　생활하기가 순조롭다.

功名事業　벼슬이나 사업은
雖遲可成　비록 늦으나 성취하리라.

屯…旣濟
身陷險中　몸이 험한 곳에 빠지니
求財不成　재물 구하나 이루지 못한다.

名利未就　명리를 성취 못하니
恒有不快　항상 불쾌한 마음 있으리라.

屯…隨
見喜不喜　기쁨을 보고 기뻐할 모르니
離妻喪子　처자를 이별한 탓이다.

缺月復滿　이그러진 달이 다시 동그니
損後多得　손해 뒤에 많이 얻으리라.

屯…復
小利難得　적은 이익도 얻기 어려운데
大謀何言　큰 뜻은 일러 무엇하랴

陰陽約合　음향이 서로 합하니
晚年有光　만년은 영광이 있다.

屯…益
運如回春　운이 봄 돌아옴 같으니
百草生光　매초가 생광을 얻었다.

財官俱吉　재관이 같이 길하니
求則可得　구하면 가히 얻으리라.

六五. 水風井(수풍정)

井…需

家中無憂 집안에 근심이 없으니
清福咸至 청복이 모두 이른다.

佳娘作配 어여쁜 여인과 짝을 지었으니
百年之樂 백년의 즐거움이로다.

井…蹇

以土成山 흙으로 산을 이루니
勞後成富 노력한 뒤에 부자 된다.

春鳥閑鳴 봄 새가 한가롭게 우니
可知其樂 그 즐거움을 알겠더라.

井…坎

莫近酒色 주색을 가까이 마라
損財得病 재물을 잃고 병을 얻는다.

東西四方 동서 사방에
四顧無親 사방을 봐도 친한이가 없다.

井…大過

東得西失 동에 얻고 서에 잃으니
不知其足 그 족함을 알지 못한다.

吝財小用 재물을 아끼고 적게 쓰며
終也成富 마침내 부자가 된다.

井…升

百矢一中 백번쏘아 하나를 맞추니
成功至難 성공이 지극히 어렵도다.

散之千金 천금이나 흩어지니
仰天大笑 하늘을 보고 크게 웃는다.

井…巽

玉堂欲頹 옥당이 무너지고자 하니
哀淚南飛 슬픈 눈물이 남에 날은다.

有聾聾啼 조화를 부리지 못하니
身守空林 만사 허사가 되리라.

六六. 重坎水 (중감수)

坎…節

深海採薪　깊은 바다에서 나무를 케고
陸地行舟　육지에서 배를 젓는다.

東西有急　동서에 급변이 있으니
狼敗忽起　낭패수가 홀연 생긴다.

坎…比

身涉重灘　몸이 거듭 여울을 건너니
財消身厄　재물이 사라지고 신액이 있다.

祖業雖敗　조업은 비록 실패하나
自手成家　자수성가 하리라.

坎…井

車破船敗　수레가 깨지고 배가 부서졌으니
欲進不能　나가려 하나 나가지 못한다.

比厄不輕　이러한 액도 가볍지 않은데
子厄何事　자손의 액은 웬 일인고.

坎…困

十年經營　십년이나 경영해도
眼前無成　눈앞에 성취를 보지 못한다.

莫嘆初困　초년의 곤고를 탄식마라
終得平安　마침내는 평안을 얻으리라.

坎…師

運勢否塞　운수가 비색하니
春夢不成　봄 꿈을 이루지 못한다.

雖無成就　비록 성취는 없으나
守靜身安　가만히 있으면 편하리라.

坎…渙

利見山水　이로움을 산수에 봄에
秋月春風　가을달과 봄바람 같도다.

莫失時機　시기를 잃지 마라.
去則不來　지나면 다시 오지 않는다.

六七. 水山蹇(수산건)

蹇…旣濟

蹇脚登山　저는 다리로 산에 오르려 하니
徒費努力　한갓 노력만 허비한다.

莫出他關　타관에 나가 살지마라.
散之千金　천금의 재산을 손실한다.

蹇…井

身否力盡　신운이 비색하고 힘이 다하니
困厄可知　곤액을 알리로다.

蘭枝秋色　자손궁에 액이 이르니
多産多敗　많이 낳고 많이 실패한다.

蹇…比

暗中抱釰　모르게 칼을 품은자 있으나
愼之其厄　그 액을 조심하라.

是非口舌　시비와 구설수도 있으며
不然水火　불연이 물과 불로 놀래리라.

蹇…咸

大成難望　큰 성공은 바라기 어려우니
守分則吉　분수를 지키며 길하다.

聚散無常　모이고 흩어짐이 무상하다.
衣食不乏　의식은 궁핍치 않으리라.

蹇…謙

有聲無功　소리만 있고 공이 없으니
名大實少　이름만 크고 실속이 적다.

勿貪外財　밖의 재물을 탐내지 마라
反爲損失　오히려 손실이 있으리라.

蹇…漸

水變爲地　물이 변하여 토지가 되었으니
田土有利　전토에 이익이 있도다.

友人助我　친구가 나를 도우니
財利可得　재물을 가히 얻으리라.

六八. 水地比(수지비)

比…屯

狂風忽起 광풍이 홀연 일어나니
營事多魔 경영사에 마가 많도다.

若無官厄 만일 관액이 없으면
損財可畏 손재수가 두렵다.

比…坎

身登玉堂 몸이 옥당에 오르니
五福兼全 오복을 겸전한다.

貴人必助 귀인이 나를 도와주니
手弄千金 손으로 천금을 희롱하리라.

比…蹇

平生之厄 평생의 액은
口舌劒難 구설과 검난이로다.

雖曰忠良 비록 충량한 사람이나
失志奈何 뜻을 잃었으니 어찌하리요.

比…萃

無端風雨 무단한 풍우로
花落紛紛 꽃떨어짐이 분분하도다.

憂在荊宮 근심은 아내궁에 있고
厄及膝下 액은 슬하에 미친다.

比…坤

雲鶴齊飛 운학이 날으니
必受恩澤 반드시 은택을 받으리라.

平生所業 평생의 소업은
僅僅自生 근근히 생애하리라.

比…觀

花堂우生 화당에 티끌이 일어나니
一淚裒淚 한번 눈물을 더한다.

雖云正心 비록 마음은 바르다 하나
赤手奈何 적수로 어이하리요.

7. 上卦가 艮(七)으로 된 것

七一. 山天大畜(산천대축)

大畜…蠱
勞以無功 수고하나 공이 없으니
心身困苦 마음과 몸이 곤고할 따름이다.

偏愛子孫 자손을 편벽되이 사랑하면
反誤其子 오히려 아들을 그릇친다.

大畜…賁
平生所憂 평생의 근심하는 바는
落眉之厄 눈섭밑에 떨어진 액이로다.

事事不利 일마다 불리하니
可憐身世 신세가 가련하다.

大畜…損
因緣相遇 인연이 서로 만나니
位尊祿大 벼슬이 높고 녹이 크도다.

功名富貴 공명과 부귀로
可得志機 가히 뜻을 얻음이라.

大畜…大有
春深玉樹 봄이 옥수에 깊었으니
可期功名 가히 공명을 기약하리라.

往東得物 동으로 가서 재물을 얻으니
手弄千金 손으로 천금을 희롱한다.

大畜…小畜
功高德重 공이 높고 덕이 중하니
可輔士民 가히 백성을 도우리라.

事君以忠 임금을 섬기되 충성을 다하니
位臨三公 지위는 삼공에 이른다.

大畜…泰
一月不長 일월이 길지 못하니
堂上之憂 부모의 근심이로다.

祖業難守 조업은 지키기 어려우니
赤手成家 적수성가 할 운이로다.

七二. 山澤損(산택손)

損…蒙

天涯涕淚 천애에 눈물을 흘리니
一身無後 일신의 뒤가 없도다.

心神未定 심신을 안정 못하니
東西漂流 동서에서 표류한다.

損…頤

靑氈世業 청전의 세업은
飄落狂風 광풍에 표락함과 같도다.

意在兩處 뜻이 두 곳에 있으니
分子之像 아들을 나눌 상이라.

損…大畜

臨船白江 배를 백강에 임함에
時雨順風 좋은 비와 순한 바람이로다.

東風吹花 동풍이 꽃에 부니
必受其澤 반드시 그 혜택을 받는다.

損…睽

殘花枯木 고목에 꽃이 쇠잔하니
不知春風 춘풍의 좋은 것을 모른다.

憂心日生 근심된 마음이 날로 생기니
不得其失 그 잃은 것을 얻지 못한다.

損…中孚

僅避狼危 간신히 이리의 위험은 피하나
更踏虎尾 다시 범의 꼬리를 밟는다.

每事違心 매사에 마음을 어기니
家空無物 집안에 재산이 궁핍하다.

損…臨

難欲求財 재물을 구하고자 하니
事不穩當 일이 온당치 못하도다.

用之何處 어느 곳에 쓰는고
恒在憂中 항시 근심가운데 있으리라.

七三. 山火賁(산화비)

賁…艮

龍澤水渴　용의 못에 물이 마르니
造化難施　조화를 부리기 어렵다.

奔走四方　사방에 분주하며
劵劵小得　수고롭게 약간 얻으리.

賁…大畜

畵鳳畵虎　범을 그리고 용을 그리니
金蘭有香　금난초는 향기 있다.

揚名天下　이름을 천하게 드날리니
門戶多慶　문호에 경사가 많으리라.

賁…頤

雨順風調　비가 순하고 바람이 곱게부니
四海平安　천하가 모두 평안하다.

天寵我才　임금이 내 재주를 아껴주니
立志成功　뜻을 세워 성공하리라.

賁…離

百事不成　백사를 이루지 못하니
空手搖扇　빈손으로 부채질 한다.

在家不快　집에 있으면 불쾌하나
出外有利　밖에 나가면 유익하다.

賁…家人

一事皆口　한 일이 입에 있으니
臨事不然　일을 당하여 말과 다르다.

雖有家憂　비록 집안에 근심 있으나
明有更圓　명월이 다시 둥글어진다.

賁…明夷

立志成功　뜻을 세워 성공하니
揚名四海　이름을 사해에 드날린다.

日就月將　일취월장하니
喜滿一家　가정에 기쁨이 가득하리라.

七四. 山雷頤(산뢰이)

頤…剝

觀光落魂　관광하다 혼이 빠지고
探化損神　꽃을 탐하다 정신을 잃는다.

歲月如流　세월은 멈추지 않는 법인데
何日成就　어느날 성취하랴.

頤…損

進退無常　진퇴가 무상하니
紅塵虛步　홍진에 헛걸음 친다.

分花東西　꽃을 동서에 나누니
一身勞碌　일신이 노록하도다.

頤…賁

好運不通　좋은 운수가 통하지 않으니
馬脚多病　말 다리에 병이 많은 것 같다.

四方徘徊　사방으로 배회하니
事必無期　일에 기약이 없다.

頤…噬嗑

錦衣夜行　비단옷 입고 밤길 걷는 격이요
榮財未得　재물을 경영하나 얻지 못한다.

家庭不安　집안이 불안하니
骨肉四散　골육이 사방으로 흩어진다.

頤…益

所恨未就　소한을 성취 못하니
見喜不喜　좋은 것을 봐도 기쁜줄 모른다.

一無生意　하나도 살 뜻이 없으니
棄世入山　세상을 버리고 산에 들어간다.

頤…復

臨山臨水　산을 임하고 물을 임하니
萬物始生　만물이 비로소 생한다.

功名可成　공명을 가히 성취하니
名利雙全　명예와 재물이 쌍전하다.

七五. 山豊蠱(산풍고)

蠱…大畜
採花東風　동풍에 꽃을 따니
美哉春風　아름답다 추풍이여

受人恩澤　나의 혜택을 입으니
財福豊盈　재복이 풍영하리라.

蠱…艮
平生所畏　평생의 두려운
橫厄之數　횡액을 당할 운이로다.

不顧家産　집안을 돌보지 않고
奔走四方　사방에 분주하리라.

蠱…蒙
生平勞碌　일생을 노록하나
終無成富　마침내도 부자가 안된다.

白玉無光　백옥이 빛이 없으니
白髮有愁　백발이 되도록 근심이 있다.

蠱…鼎
弱馬駄重　약한 말에 짐이 무거우니
何渡長江　어찌 장강을 건느리요.

聰明不足　총명이 부족하매
事機難察　일의 기틀을 살피기 어렵다.

蠱…漸
早失萱堂　일찍 부모를 이별하고
自手成家　자수성가 할 운이로다.

膝下多慶　슬하에 경사가 많으니
晩年得安　만년에는 편안하리라.

蠱…升
印物傷我　인물이 나를 상하니
可知刑厄　형액임을 알겠도다.

月色未明　월색이 밝지 못하니
閨房有愁　부부궁의 근심이 있으리라.

七六. 山水蒙(산수몽)

蒙…損

杜鵑啼血　두견새의 피눈물이
月枝空梁　부질없이 달 가지에 물든다.

周遊四方　사방에 두루 다니며
損財頻繁　손재만 빈번하리라.

蒙…剝

心無主官　마음에 주관이 없으니
營事多虛　경영사가 허망하다.

飛鳥傷翼　날으는 새가 날개를 상했으니
欲飛不能　날고자 하나 날지 못한다.

蒙…蠱

背明向暗　밝음을 등지고 어둠을 향하니
不見好日　좋은 날빛을 보지 못한다.

在內心亂　집에 있으면 심란하고
出外生喜　밖에 나가면 기쁨이 생긴다.

蒙…未濟

父母之事　부모의 일로
一哭靑山　한번 청산에 운다.

晩年之數　만년의 운수는
財滿倉廩　재물이 창고에 가득하리라.

蒙…渙

財物之事　재물로 인하여
一門不睦　친척과 화목치 못하리라.

虛名遠聞　허명만 멀리 들리니
外富內貧　밖은 부자요 안은 가난하다.

蒙…師

善養父母　부모를 잘 봉양하니
名聞隣近　이름이 인근에 들린다.

平生所業　평생의 소업은
家道平平　가도가 평평하리라.

七七. 重艮山 (중간산)

艮…賁

重水連疊　물이 첩첩이 연했는데
無舟難行　배가 없어 건너지 못한다.

雖有得財　비록 재물이 얻으나
風波忽起　풍파가 갑자기 일어난다.

艮…蠱

莫恃藝術　재무만을 믿지 마라.
時事遲遲　세상일은 더디고 느리다.

吉凶相半　길흉이 상반한 운인데
食少事煩　식소사번 하리라.

艮…剝

兩虎一兎　두범에 토끼 하나이니
一觸則發　일족즉발의 판세로다.

每事讓步　매사에 양보하면
庶免身厄　신액은 면하게 되리라.

艮…旅

月落三更　달이 삼경에 떨어지니
天地暗黑　천지가 암흑이로다.

男則喪配　남자는 상처수요
女命離夫　여자는 남편과 이별하리라.

艮…漸

功名有機　공명은 기회가 있으니
磨劍待時　칼을 갈고 때를 기다린다.

莫嘆初中　초·중년의 운을 탄식마라
末分威振　말년은 위엄을 떨치리라.

艮…謙

早知出處　일찍 나갈 곳을 아는 것은
英雄好事　영웅의 좋은 일이로다.

快脫紅塵　즐겁게 홍진을 벗어나니
得意洋洋　득의양양 하리라.

七八. 山地剝 (산지박)

剝…頤

商山石果 상산의 석과는
逢秋難摘 가을에도 따기 어렵다.

諸營之事 경영하는 일마다
有頭無尾 머리만 있고 꼬리가 없도다.

剝…蒙

死地得生 사지에서 생을 얻음은
父母之恩 부모님의 은혜로다.

東方不吉 동방은 불길하고
西方成就 서방은 성취한다.

剝…艮

初雖散敗 처음은 비록 실패하나
終得好運 마침내는 좋은 운을 얻는다.

人多助我 사람이 나를 도와주니
立志成功 세운 뜻을 성공하리라.

剝…晋

赤壁火功 적병강 화공으로
曹操大敗 조조가 대패한다.

心神未定 심신을 안정치 못하니
徘徊四海 사해를 배회하리라.

剝…觀

世事如夢 세상일이 꿈결 같으니
精神昏迷 정신이 혼미하도다.

田土日散 전토를 날로 없애는데
疾病何故 질병은 또 웬일인고.

剝…坤

以下剋上 아랫 사람이 위를 극하니
必見災殃 반드시 재앙을 만나리라.

順理無害 이치를 순히 하면 해가 없고
逆理則亡 도리를 거스리면 망한다.

8. 上卦가 坤(八)으로 된 것

八一. 地天泰(지천태)

泰…升
千里江湖　천리 강호에
無得徘徊　배회하나 얻는 것은 없다.

謀事不成　꾀하는 일은 이루지 못하는데
口舌何事　구설은 웬일인고.

泰…明夷
寂莫孤月　적막한 외로운 달에
與子徘徊　친구와 더불어 배회하는 격이다.

古林風歇　고림에 바람이 개이니
落花無聲　떨어지는 꽃이 소리 없도다.

泰…臨
先靈夢格　선령이 꿈에 이르니
更見舊墓　다시 구묘를 찾으리라.

和風三月　화풍 삼월에
離子他鄕　아들을 타향에서 이별한다.

泰…大壯
暗雲蔽月　어둔 구름이 달을 가리니
天地未明　천지가 밝지 못하다.

如干財物　약간의 재물은
皆歸虛地　모두 허지로 돌아간다.

泰…比
名大實小　이름만 크고 실속이 적으니
心恒不滿　마음에 항상 불만이 있다.

萬物歸虛　만물은 헛된 것으로 돌아가니
所業難望　소업을 이루기 어려우리라.

泰…大畜
財祿隨身　재록이 몸에 따르니
求則必得　구하면 반드시 얻는다.

只信財物　다만 재물만 믿고
悛人逢敗　사람을 업신여기면 실패한다.

八二. 地澤臨 (지택임)

臨…師

一身否塞 일신이 비색하니
未得其意 그 뜻을 얻지 못한다.

若非身病 만일 신병이 아니면
膝下有厄 슬하의 액이 있으리라.

臨…復

居家則富 집에 거하면 부지의 운명이요
居官則貴 벼슬에 나가면 귀히 된다.

積巧乃用 공 쌓은 것을 이에 쓰니
名利雙全 명망과 재물이 쌍전하리라.

臨…泰

洋洋春水 양양한 봄결은
變作哀淚 슬픈 눈물로 변하였다.

在家愁心 집에 있으면 근심이 있고
出外生喜 밖에 나가면 기쁨이 생긴다.

臨…歸妹

智謀雖足 지모가 비록 족하나
誹謗操心 남의 비방 듣는 것을 조심하라.

雖曰成財 비록 재물은 모인다 하나
損多生少 손해는 많고 생기는 것은 적다.

臨…節

登身科甲 몸이 벼슬길에 오르니
其慶入門 그 경사가 집안에 들어온다.

雖曰巧名 벼슬 공명은 누린다 하나
隱厄間間 숨은 액은 간간히 있으리라.

臨…損

落木迎春 마른나무가 봄을 만났는데
風雨何事 비바람은 웬일인고

産業盡散 산업이 모두 흩어지니
萬事無心 만사에 마음이 없다.

八三. 地火明夷 (지화명이)

明夷…謙

困鳥沾雨　곤한 새가 비에 젖었으니
有翼難飛　날개는 있으나 날지 못한다.

人生難百　인생은 백년을 살기 어려운데
何多風霜　풍상은 어이하여 많은고.

明夷…泰

有事障碍　일마다 장애가 있으니
心急意忙　마음이 조급하다.

菊花秋開　국화가 가을에 피는 것같이
晚年安泰　만년에야 편안하리라.

明夷…復

駿馬傷足　준마가 발이 상했으니
何達千里　어찌 천리길을 갈 수 있으리요.

古基無益　옛터는 이익이 없으나
他鄕遂意　타향에서 뜻을 이루리라.

明夷…豊

七縱七擒　일곱번 잡아 일곱번 놓아주니
諸葛之德　제갈공명의 덕망이로다.

雖有官貴　비록 벼슬은 귀히 되나
哀傷未免　슬픈 상처는 면치 못한다.

明夷…旣濟

與人同心　사람과 더불어 마음을 같이하니
財利必得　재물을 반드시 얻는다.

雖無巧名　비록 벼슬은 못할지라도
生平安樂　일생동안 안락하리라.

明夷…賁

一足登船　한쪽 발로 배에 오르니
其危可知　그 위험함을 알겠더라.

經營之事　경영하는 일에는
有損無益　손해만 있고 이익이 없다.

八四. 地雷復(지뢰복)

復…坤

家有怪變　집에 괴변이 있으니
哀淚不絕　슬픈 눈물이 끓기지 않는다.

身運否塞　신운이 비색하니
都無成事　도무지 되는 일이 없다.

復…臨

玉堂金谷　옥당과 금곡이니
晚年得意　만년에 뜻을 얻는다.

東西往來　동서로 왕래하며
以商爲業　장사로 업을 삼으리라.

復…明夷

秋風古林　가을바람이 옛 수풀에 부니
先破後得　먼저 실패하고 뒤에 얻는다.

厄年去後　액년이 지난 뒤에는
靑雲有路　벼슬길도 있으리라.

復…震

厄有初年　액이 초년에 있으니
早子難養　이른 아들은 기르기 어렵다.

龍失其珠　용이 여의주를 잃은 상이니
靑雲難登　벼슬에 오르기 어려우리라.

復…屯

直針釣魚　곧은 바늘로 낚시질하니
終日無得　종일토록 얻음이 없다.

偶失其志　우연히 그 뜻을 잃고
南歸一笑　남방에 돌아가 한번 웃는다.

復…頤

中心未定　중심을 안정 못하니
晝思夜夢　밤낮으로 번민한다.

欲求難得　구하고자 하나 얻기 어려우니
運何否塞　운이 어찌 비색한고.

八五. 地風升 (지풍승)

升…泰

立功揚名　공을 세우고 이름을 날리나
泣雨蘭庭　슬픔이 자손궁에 있도다.

一喜一悲　한번 기쁘고 한번 슬프니
吉凶難分　길흉을 분별키 어렵다.

升…謙

千里有光　천리까지 광채가 있으니
得意春風　춘풍에 뜻을 얻는다.

上下和樂　상하가 화락하니
一家泰平　일가가 태평하리라.

升…師

莊子叩盆　장자가 동이를 두드리는 격이니
己酉難偕　부부간에 해로하기 어렵다.

有志四方　뜻을 사방에 두었으니
虛度光陰　헛되이 세월만 보낸다.

升…恒

舊江魚躍　구강에는 고기가 놀고
黃鳥爛色　꾀꼬리는 빛이 찬란하다.

以小成大　작은 것으로 큰 걸 바꾸니
田庄廣置　토지를 넓게 장만한다.

升…井

殘木逢秋　쇠잔한 나무에 가을을 만났으니
明春遼遼　새봄이 멀고 멀다.

千斤壓身　천근 무게가 몸을 누르는 것 같으니
欲起不能　일어나려 해도 일어나지 못한다.

升…蠱

於東於西　동이건 서이건
無往不利　가는 곳마다 이롭다.

如此好運　이와 같이 좋은 운이라 하나
一有心苦　한가지 마음의 괴로움이 있다.

八六. 地水師 (지수사)

師…臨

堯舜之心　요순의 마음으로
大澤觀魚　큰못의 고기를 보는 격이로다.

邊疆敵侵　변강에 적이 침범하니
一戰不避　한번 싸움을 피치 못하리라.

師…坤

春夢一驚　봄꿈이 한번 놀래니
方察己身　드디어 자신을 살펴본다.

蛇得其穴　뱀이 그 구멍을 얻은 격이니
平生無事　평생 무사하게 지내리라.

師…升

進退皆憂　나가나 물러서나 근심이요
吉變成凶　길함이 변하여 흉액이 된다.

心無定處　마음을 정할 곳 없으니
何日功就　어느날 공을 이루이요.

師…解

帶劒出征　칼을 차고 출정하니
蠻卒皆驚　오랑캐가 모두 놀랜다.

功成威振　공을 이루고 위엄을 떨치니
丈夫快事　장부의 쾌한 일이로다.

師…坎

井魚出海　우물 고기가 바다로 나가니
先困後泰　먼저는 곤하고 뒤에 태평하다.

東西兩方　동서 두 방위에서
以文得物　글로써 재물을 얻는다.

師…蒙

若無知足　족한 줄을 알지 못하여
吉變爲凶　오히려 흉액이 있다.

勞心努力　몸과 마음을 수고하라
衣食足足　의식은 족족하리라.

八七. 地山謙(지산겸)

謙…明夷

以商爲業　장사로 업을 삼으면
衣食不貧　의식은 궁하지 않다.

一有家憂　한가지 집안의 근심 있으니
早子難養　이른 아들은 기르기 어렵다.

謙…升

高山植木　높은 산에 나무를 심었으나
逢風自枯　바람을 만나 말라 버린다.

琴宮有厄　부부궁에 액이 있으니
生離死別　생이·사별하게 되리라.

謙…坤

驥逢伯樂　준마가 백락을 만났으니
豈不美哉　어찌 아름답지 않으랴.

雖吉官位　비록 벼슬길은 길하나
家亂難免　집안의 분란은 면키 어렵다.

謙…小過

初年不好　초년은 좋지 못하니
一身無依　일신의 의지 없도다.

風霜多年　풍상을 많이 겪은 뒤
小得平安　조그만한 안정은 얻는다.

謙…蹇

非義勿貪　의가 아닌 것을 탐하지 마라
得而招災　얻으나 재앙을 초래한다.

守分知足　분수를 지키고 족함을 알면
何憂厄難　어찌 액난을 근심하리요.

謙…艮

本無祖德　본래 조상의 덕이 없으니
幼年困窮　초년은 곤궁하도다.

身雖多困　몸은 비록 곤함이 많을지라도
努力成財　노력하면 재물을 모으리라.

八八. 重坤地(중곤지)

坤…復

君前受命 임금 앞에 명을 받으니
棟樑之材 국가의 동량재목이로다.

以德敎化 덕으로 교화하니
萬人稱頌 만인이 칭송하리라.

坤…師

滿月欲虧 둥근 달이 이그러지려 하니
運數漸退 운수가 점차 물러간다.

老將力衰 노장의 힘이 쇠진하니
功業何成 공업을 어찌 이루리요.

坤…謙

事在兩處 일이 두 곳에 있으니
一事未決 하나도 해결짓지 못한다.

人多欺我 사람이 나를 속이니
其害不少 그 해가 적지 않도다.

坤…豫

天地無德 부모의 덕이 없을 것이요
雁飛東西 형제간도 이별하리라.

先吉後凶 먼저 길하고 뒤에 흉한 격이니
田土散敗 전토를 산패하리라.

坤…比

上下不睦 상하가 화목치 못하니
事亦不順 일도 또한 순조롭지 않다

隱厄來侵 숨은 액이 침노하니
欲避不能 피할래야 피하지 못한다.

坤…剝

身帶官祿 몸에 관록을 띠었으니
早揷桂花 일찍 과거에 합격한다.

長安大道 장안 대도에
意氣洋洋 의기가 양양하리라.

第四章 數理의 原理

一. 數의 本質

「數는 天地의 대원인이다」라고 설파한 그리스 고대의 철학자 피타코라스의 말을 꺼낼 것도 없이 우주간 일체의 萬有는 모두 數로서 창작되고 수에 의하여 지배되고 있는 것이라는 것은 再論이 필요없는 明明白白한 대사실이다.

즉 기술한바와 같이 우주의 大元靈에서 분기된 靈體二元素는 그 결합하는 수량여하에 따라서 萬有가 모두 각각 그 형태, 소질, 종류 등에 相異가 생기는 것은 이 사실을 입증하는 바이지만 혹시나 數는 인간이 만든 단순히 계산상의 하나의 가정에 불과한 것처럼 오해하는 자가 있을지도 모르므로 다시 여기다 설명을 첨가해둔다.

무릇 수는 우리들 인간이 사고하거나 않거나에 불구하고 절대적인 靈的實任이다. 지구가 매초 속력 18哩 3백 65日 5시간 48분 46초로서 태양의 주위를 공전하고 있는 살은 가령 인간이 이것을 모르거나 산정 못한다 할지라도 그 속력과 시간에는 추호도 변동이 없는 것이다. 이것으로써 數가 인간과 관계없는 실재임이 수긍될 줄로 믿지만 더욱 沙芒無涯 천공에 빛나는 幾億萬賴의 大星群이 영원에서 영원으로 무한에서 무한으로 간단없이 운행을 계속하면서 일점의 어긋남도 없고 사소한 혼란도 없이 정연한 數理的 통제가 확보되어 있는 대사실을 우러러 볼때 실로 대우주의 자연 그 자체가 벌써 수 그 자신이라는 단정에 상달될 것이다. 더구나 수가 인간에 의하여 설정된 것이 아닐뿐만 아니라 수를 표현하는 音도 또한 결코 인간이 조작한 것이 아니다.

여하간 수가 인간의 조작물이 아니고 우주의 본질 그 자체가 수라는 옳은 이해를 터득하면 그 수를 기반으로 하여 생성된 삼라만상이 그 수에 의하여 離合集散 생사존망에 지배됨이 당연지사임은 물론 人事의 성패길흉 등 소위 운명의 변전도 이를 數理로서 추정예단할 수 있음도 진실로 당연하고도 당연한 이치임을 충분히 양해할 것이다.

數는 말할 것도 없이 1에서부터 9까지가 기본이 되고 10이라는 盈數에서 그치는 것이다. 따라서 幾千萬億의 大數라 할지라도 요컨대 이 기본수의 집적이며 연장된 大衍數에 불과하다. 그러므로 1에서 9까지의 기본수를 알면 자연히 모든 수를 알 수 있다. 예컨대 여기에 4백 56이라는 수가 있다고 하면 4백은 基數「4」의 大衍數이고 50도 기본 5「의 建長數이다. 즉 4백 56은 단지 4, 5, 6이라는 기수로서 알아낼 수 있는 것이며 소위「知一覺十」하기는 아주 용이하다.

더구나 이 수는 우주의 본질 그 자체인 성질상 시대의 고금양의 동서에 의하여 상이되는 일이 없고 즉 시간공간을 초월하여 영구히 불멸불변의 성능을 갖고 하인을 막론하고 절대로 변동시킬 수 없는 절대적 진리이다. 따라서 역학을 위시하여 기타 운명학이 어느 것이나 모두 이 수를 根基로 하여 조성되어 있는 것도 당연한 일일 것이다.

즉 역학의 기초가 河圖洛書이며 이 河圖洛書는 1에서 9까지의 數이며, 또 이 역학에서 파생한 九星學干支術 혹은 家相方位學 등이 모두 1에서 9까지의 基數로서 조직되어 있음은 너나할 것 없이 잘 알고 있는 周知의 사실이다.

우리가 성명학에 응용하는 81數의 수리도 전연 이 基數 9와 9의 交錯數이며 우주의 만유일체가 모두 이 81수의 논리 중에 포함되어 있는 것이다. 다음에 洛書와 81數配當元圖를 게시하니 참고하라.

洛書는 중국의 夏나라시대(약4천여년전)에 우왕이 大洪水를 다스렸을 때 洛水에서 잡은 神龜의 잔등에 怡似 折文字書처럼 연이은 점의 수를 보고 만든 것이기 때문에 洛書라 한 것이다. 그림 1은 그 原圖이며 그림 2는 문자로 고쳐서 표시한 것이다. 1379의 陽水가 동서남북 四正에 위치하고, 2468 음수가 乾坤巽艮 四維에 퇴치하여 그 對方數는 어느 것이나 10이 된다. 그리고 5가 중앙에 위치하여 팔방의 수를 통솔하는 현상이 되어 있음은 이 5라는 수가 역학에서 參天兩地라고 하듯이 三陽二陰으로 된 중심수인 때문이다. 또 역학은 우왕때부터 약 1천년 후인 주시대의 문왕에 의하여 이 洛書를 기초로 하고 5천년 후인 주시대의 문왕에 의하여 이 낙서를 기초로 하고 오행의 법칙에 준하여 완성된 것이며, 금일 주역이라 함은 그 원인이 여기에 있다.

洛書第一圖

6	1	8
7	5	3
2	9	4

81數 配當元圖

71	8	53	64	1	46	69	6	51
26	44	62	19	37	55	24	42	60
35	80	17	28	73	10	33	78	15
66	3	48	68	5	50	70	7	52
21	39	57	23	41	59	25	43	61
30	79	12	32	77	14	34	79	16
67	4	49	72	9	54	65	2	47
22	40	58	27	45	63	20	38	56
31	76	13	36	81	18	29	74	11

위의 그림은 기본수 9와 9의 교착 81수를 基本九靈界에 배당한 그림이다. 전술한 바와 같이 우주의 만유는 물론 아직 과학으로서 解得치 못한 모든 신비도 모두 이 그림 중에 포용되어 있다. 따라서 이것을 상세하게 설명한다는 것은 至難之事이며 또한 그 범위가 대단히 광범하게 되므로 여기서는 한두가지의 예를 제시하여 참고로 삼게 하는데 그치고 나머지는 熱心家의 自究에 일임한다.

우측 그림 중앙상단에 있는 一位의 靈界를 예로 들어서 해설하면 縱으로 1, 37, 73을 합산하면 111이 된다. 다음에 橫으로 64, 1, 46의 합도 여전히 111이 된다. 또 좌상에서 좌하로 비스듬히 64, 37, 10을 합산하여도 같은 111이 된다. 이와같이 1의 영계는 종횡사 어느 줄이나 모두 그 합수가 똑같은 111이 된다. 또 2의 영계는 종횡사 어느줄이나 모두 그 합수가 114가 되고, 3의 영계는 117, 4의 영계는 120, 5의 영계는 123, 6의 영계는 126, 7의 영계는 129, 8의 영계는 132, 9의 영계는 135가 된다. 즉 각 영계의 合數를 도표로 표시하면 옆과 같이 된다.

洛書第二圖

126	111	132
129	123	117
114	135	120

다음으로 이번에는 각 영계의 합수를 같은 방법으로 縱橫斜로 합산하면 어느 것이나 똑같은 369가 된다.

또 元圖의 각 영계의 총수를 같은 방법으로 합산하면 이것도 역시 똑같은 1,107 되며, 따라서 그 총합수는 3321이 된다. 이것이 즉 우주만유의 영적 원소수이다.

二. 數理의 陰陽五氣

대저 대우주는 沙茫無窮하며 星宿은 비록 그 수가 幾億萬인지 알수 없으나 年年歲歲 여태까지 그 운행을 틀린 적이 없다. 이처럼 정연한 천지운행의 이치에 순응하느냐 또는 역행하느냐에 따라 만상가가 흥망성쇠 길흉화복으로 구분됨은 자연의 섭리이다.

즉 우주의 본질이 되는 수는 無限悠久히 만물을 창조화육함과 동시에 또 반드시 이것을 制剋腐滅시키는 것도 어쩔 수 없는 대자연의 원칙이다. 이 수리순행 생성제극의 이법을 운명학적으로 분류기표한 것이 즉 木火土金水 소위 五氣五行이다.

오행의 기원 및 원리 등은 周子通書에 「無極而太極 太極動而生陽 陽極而靜 靜而生陰 靜極復動 一動一靜互爲其根 分陰分陽兩儀立焉 陽變陰合而生水火木金土(天一生水地二生火天三生木地四生金天五生土) 五氣順布四時行焉(四時者春夏秋冬也)」라 설파되었음과 같이 태극이 활동하여 天地兩儀로 양분되고 천지음양의 靈氣의 교합하여 여기에 춘하추동 사계절의 순환이 생김과 동시에 만상계의 生成利剋도 동시에 창생될 것은 재론을 요구하지 않는다.

이 천지음양의 交靈交情을 물상적으로 말하면 즉 양기가 모여서 雨情이 되어 땅에 내리고 地氣는 수증기가 되어 상승하여서 雨氣가 합하여 여기에 春陽을 창생하여 초목을 발아시킴과 같이 만상이 모두 이치에 기인하여 창조된 것이다.

즉 만상발생의 시작인 春季의 表徵은 초목의 발아로서 시작하는 고로 五行初頭에 木性이 배치되며 火性은 물론 夏季의 表徵이며 土性은 즉 土用土王을 말하며 金性은 秋季의 表徵木性은 물론 冬季陰氣의 표징이다. 만상일체 모든 것이 음양으로 갈리지 않음이 없으며 그 갈려진 陰 중에도 陽이 있고 陽 중에도 陰을 함유함은 이 역시 불멸의 진리이며, 數에도 一陽二陰 三陽四陰 五陽六陰 七陽八陰 九陽十陰의 구별이 있음과 같이 오행중에도 각각 음양이 있음은 당연지사이다.
즉 이것을 분류한 것이 甲乙丙丁戊己庚辛壬癸의 十干이다.
이 十干과 五行 및 一에서 十까지의 기본수리는 삼위일체라고도 할만큼 대단히 밀접한 인과관계가 있으며 後章에서 상설하지만 알기 쉽게 도표로써 표시하면 다음과 같다.

一 二	三 四	五 六	七 八	九 十
甲 乙	丙 丁	戊 己	庚 辛	壬 癸
陽 陰	陽 陰	陽 陰	陽 陰	陽 陰
木	火	土	金	水
春	夏	土用(土王)	秋	冬

이 도표로서 이해되겠지만 수리의 一二는 十干의 甲乙이 되고 오행의 木氣의 음양이 되며 이하같은 식이다.

그리고 오행의 순환이 순서적으로 운행되는 것은 「相生」이라 하며 즉 木生火 火生土 土生金 金生水 水生木한다. 이것을 자연순응의 理라 하며 萬象 생성하는 氣인 고로 「生氣」라고도 한다.

이와 반대로 木土剋 土剋水 水剋火 火剋金 金剋木 이것을 「相剋」이라 하며 자연운행에 背馳하는 逆理이여서 萬物制剋하는 氣인 고로 「剋氣」 또는 「殺氣」라고도 칭한다.

三. 81數理 解說

1. 紀本格(始頭運)　三陽回春 萬物蘇生 之象
   有意有德하고 巨勒한 인물을 陶冶하며 건전한 발전과 고귀한 명예를 헌달하는 吉數.
2. 分散格(孤獨運)　東西分裂 諸象各班 之象
   難有貴班이나 원기쇠약하고 終無所成하며 난관한 역경에 陷入하여 辛苦를 초래한다.
   가정운이 불행하고 처자를 생사별하며 타향생활을 면하기 어려운 격이다.

3. 發展格(福祿運)　陰谷回春 萬物姓生 之象
   자질이 준수하고 도량이 如海라 능히 입지출세에 소년등과하는 격이다.

4. 風破格(破壞運)　平日風波 東西各飛 之象
   인품이 油斷하고 근본 성품이 昏昧하며 의지가 약하여 成事難望이라 家財蕩敗하고 執秋千里 登程格이라.

5. 振興格(名財運)　四通五達 到處有權 之象
   본질이 온후견실하고 智德을 兼融하니 道學文章이라 早達官門하여 善治內外하니 名振四海之格이라.

6. 順成格(德厚運)　左輔右弼 萬事順成 之象
   外柔內剛하여 한 謀事成就하니 可期榮達이라 확고한 신념과 인내력이 강하여 대업을 성취하는 격이라.

7. 獨立格(發展運)　龍成頭角 必是登天 之象
   장부의지가 如鐵斯石이라 정신일치에 하사불성이리오, 능히 萬難을 극복하여 목적사를 달성하니 萬人仰高之格이라. 단 고집을 억제하여 타인과 융화하면 萬事好轉하리라. 여자는 內主長을 삼가하면 好家庭하리라.

8. 開拓格(剛成運)　創意勤勉 自力發展 之象
   근본 성품이 秋節如霜이라 諸障을 극복하여 목적사를 성취하며 사회의 名望과 지위를 획득하니 만인이 추종하리라.

9. 極難格(時艱運)　待時不逢 大材無用 之象
   大智大謀와 민첩한 수완은 대업을 완수할 수 있으나 중도에서 좌절되어 비참을 초래한다.

10. 空虛格(歸空運)　執事不成 萬盤空虛 之象
    만능의 才智와 신규적 계획은 잘 수립하나 有頭無尾라 당시 好時를 면하는 격이라.

11. 新盛格(再興運)　應時能起 必是有終 之象
    근본 성품이 온량하고 추리함이 묘하여 自進榮貴하리라. 사회적으로 상당한 지위를 독점하고 타인의 신망을 얻어 富貴榮樂하리라.

12. 薄弱格(孤愁運) 麻衣過冬 前功可惜 之象
    此數를 俱有하는 時는 善計를 不能自立하니 成功難望이라. 夫婦
    相別, 失子女, 실패, 병약 등을 초래한다.
13. 聰明格(達通運) 萬事通曉 大振揚名 之象
    본 수는 資成이 명철하고 지략이 出象하며 世事를 간파하여 만사를
    順成하는 才士라 赤手空拳으로 대성하는 격이라.
14. 離散格(破壞運) 四分五裂 運虛微弱 之象
    온순한 근본 성품은 천하지사를 通曉할 수 있으나 不意之禍로 중도
    에서 실패하니 가정적 파란이 惹起하고 부부 생사별, 고독, 병약과
    六親不德하는 불길한 격이라.
15. 統率格(福壽運) 旭日昇天 正照萬里 之象
    此數를 俱有하는 시는 고귀한 근본 성품과 지혜와 덕망을 겸비하여
    자립대성한다. 특히 下意陳述과 下意上達의 신망이 돈독해서 대공
    을 수립하여 명성이 四海에 떨치는 대길수이다.
16. 德望格(裕財運) 溫和柔順 萬人仰視 之象
    賢良한 성품은 上下의 신망을 得하여 입신하며 才智深遠하니 부귀
    공명하리라. 특히 여자는 현숙하여 好庭家事하고 夫運을 내조하며
    오복을 초래시키는 길수이다.
17. 健暢格(勇進運) 立志暢達 萬事如意 之象
    성품이 강직하여 支障을 극복하고 자립독립하여 대업을 완수하여 특
    이한 두각을 발휘하리라. 인내적 노력과 지조가 강하여 赤手成家하
    는 격이니 此數에 주의할 점은 고집과 독단을 要省하면 대성한다.
18. 發達格(隆昌運) 落花結實 自來成功 之象
    有能有才한 장부라 사회적으로 비상한 발전이 있으며, 목적을 완수
    하여 공명창달하고 고귀한 지위에 오르는 길수이니라.
19. 苦難格(病惡運) 傷翼鳳鶴 欲飛不起 之象
    爲人은 용모 화려하고 지혜가 출중하여 立志을 관철할 수 있으나 우
    연히 중도실패하니 六親無德과 부부인연이 박약하고 遭難, 刑禍,
    孤獨, 가정운이 불행하다. 단 군인과 정치가는 대성하리라.
20. 虛夢格(空虛運) 秋草逢霜 有志無力 之象

지혜는 있으나 심신이 허약하고 六親無德하며 중병과 諸厄을 초래하며 부부상별과 終無所成하는 격이며, 본 수는 단명과 조실부모하는 大凶數이다.

21. 頭領格(自立運)   遍踏帝城 天門其開 之象
    百夫之長이라 資重無比之格으로 지략과 용맹은 천하지대업을 수행하여 治外治内하니 만인이 追從하고 名振四海하는 격이라. 匹夫라 할지라도 일개 부락을 지휘할 수 있는 자질을 가지고 있는 격이라. 단, 여자는 독신생활은 대길하나 夫運을 剋하여 孤寡難免하리라(직업여성이면서 사회활동을 하는 경우 貞格에는 상관없다).

22. 中折格(短命運)   虎尾足踏 身上危變 之象
    온유한 근본 성품은 의기충천이나 作障魔來하여 善計가 불능자립하고 건강을 저해하니 중도좌절되는 격이라. 천신만고와 부부생사별 본 수는 자연사 못하는 불길한 격이라.

23. 功名格(旺盛運)   正心積功 名振天下 之象
    근본 성품이 영특하고 지덕과 文武를 겸비하여 천질적으로 領導의 기지를 俱有하니 만능대업하리라. 제반의 통솔력은 天導之師가 되니 부귀공명하며 중인이 仰視하는 격이라. 단 여자는 불길수이니라 (단 직장여성이면서 사회활동을 하는 경우 貞格은 상관없음).

24. 出世格(蓄財運)   潛龍頭角 必是登天 之象
    본 수로 因해서 泰를 창성하는 不屈之象으로 立志大業을 완수하여 명성이 四海에 떨치고 財福의 혜택이 커서 大富大貴하는 길수이다.

25. 健全格(財祿運)   立志貫徹 無所不成 之象
    근본 성품이 민란하고 智謀가 深遠하니 대사를 성취하여 自手治家하고 권위와 위풍이 크고 재물의 혜택이 크고 向上發展術이 지대하여 食祿이 크니 안락건강하는 호길수이다. 특히 남자에 한하여 여성을 삼가하면 만사무패하리라.

26. 英雄格(晩達運)   九死一生 百折不屈 之象
    본 수는 일종의 영웅수로서 대정치가, 대발명가, 대철학가, 대문호가 등 極貴한 인걸을 배출한다. 그러나 지조가 如徹如石한 자는 칠전팔기하여 死線을 돌파하므로서 대성하나 身運이 如是하면 풍전등화격이라. 파란과 골절이 심하고 가정운이 불행하고 자연사를 못하는 흉수이다.

27. **中斷格**(大人運)　有弓無矢　來賊未防 之象
　　본 수는 英明有徹하고 才智는 능히 용모비상하여 善計를 곧잘 수립하나 장애물이 출현하여 중도 혹은 성공시에 좌절되니 徒勞無功이라. 본 수는 행복자는 단명이요, 장수자는 노고가 많으나 여장부일때는 길수이니라.

28. **破亂格**(風波運)　萬頃蒼波　一葉片丹 之象
　　풍랑과 濃霧로 항해불능하니 遇風孤棹之格이라. 一身에 榮貴하면 가정풍파가 생기고 가정이 무고하면 一身에 재화가 속출하니 幸運不逢이라. 부부인연이 박약하고 遭難에 이르는 불길한 수이다.

29. **成功格**(亨福運)　十年勤苦　磨身作鏡 之象
　　자질이 현출하고 英智가 고상하여 立志出世하고 향상발전 조기관문에 도달하고 腰帶金榜하니 到處有權이라 부귀장수하는 길수이다. 여자는 남편을 보필하여 행운가정하리라.

30. **浮夢格**(不安運)　虛榮過大　愁心不絕 之象
　　爲人은 공상이 많아 中無所主하고 매사를 확정치 못하고 유의한 지위와 가계를 수립한다 할지라도 일정한 기초를 세우지 못하고 전전이 동하여 객지에서 고독을 면키 어려운 격이며, 허영을 삼가하고 일정한 직업에 전공하면 일생은 태평하리라.

31. **隆昌格**(興家運)　泰平安席　日益榮華 之象
　　근본 성품이 원만하고 才智가 秀英하니 대업을 성취하는 기상이다. 應期用術은 四海에 無比할 격이므로 赤手空拳으로 대사를 진흥시키고 부귀공명, 장수, 자손창성하여 오복을 구비하는 길수이다.

32. **登龍格**(旺盛運)　湯龍得水　造化無窮 之象
　　본 수는 天佑神助하는 격으로 의외에 재물이 생기며 명예과 지위를 얻으며 기초를 무난히 세우고 만사형통, 壽福康寧하는 대길수이다. 여자는 德和하여 治庭家事하고 夫運을 相助하는 길수이다.

33. **旺盛格**(隆昌運)　腰佩金榜　到處有權 之象
　　爲人이 才格이 출중하여 幼時로부터 흉중에 대망을 포부하고 성장하여 특이한 두각을 발휘하며 대공을 수립하니 만인의 존경과 중인의 領首가 되는 격으로 대공을 수립하는 길상수이니라. 단 여자는 여장부는 되나 남편운을 剋한다. 그러나 직업여성인 경우 정격에는 상관없음.

34. 破滅格(變亂運) 走馬石山 力盡不進 之象
본 수는 椎車山頂하니 불의에 山君이 출현하여 避身不能이라 災禍短命과 비운을 면키 어려운 大凶惡數이다.

35. 安全格(泰平運) 三陽回春 萬物皆成 之象
본 수는 柔和한 성격으로 忠職誠心하며 有爲한 현직과 사업에 변함이 없이 종사하여 일생을 행복, 장수, 부귀하며 토대를 반석위에 세운 대길수이다.

36. 英雄格(波瀾運) 大人英雄 小人沒落 之象
본 수를 具有하는 때는 명철한 두뇌와 深淵한 지략으로서 능히 웅지를 달성할 수 있다. 투기심이 강하여 큰 사업을 경영할 수 있고 패할 수 있다. 의지가 강한 자는 수차의 사선을 돌파하여 대성공할 수 있으나 의지가 약한 자는 풍전등화격이다. 생애에 곤란과 파란이 심하고 재화에 陷入하는 대흉수이다.

37. 仁德格(出世運) 施恩布德 左輔右弼 之象
본 수는 智謀와 재략이 풍부하며 담대한 과단성으로 큰 사업을 달성하여 만인에 布恩하니 그 명성이 四海에 떨치고 일종의 英俊과 千種의 영예로서 부귀장수하는 대길수이다.

38. 福祿格(學士運) 福祿自來 時泰平 之象
본 수는 才智가 賢哲하여 文學藝技에 長足을 期하는 선진적인 인물이 되어 立身揚名한다. 일단 결의하여 감행하는 기질이 있어 최후의 승리를 획득하는 길수이다.

39. 安泰格(指揮運) 才革一技 一幼千丈 之象
본 수는 상당한 인격을 소유하고 만사를 잘 操縱攝政하는 有才幹인 才士라 능히 대업을 성취하고 亨樂을 초래하며 名振四海한다. 본 수는 度數가 있으니 此点을 요성하면 만사무패한다. 단 여자는 불길하다(직업여성의 경우 정격에는 상관업없음).

40. 無功格(空虛運) 十年榮苦 徒勞無功 之象
   임기응변의 才智는 풍성하다. 도시 운기가 虛하니 有頭無尾격이라. 육친무덕하고 조업을 難守하며 일평생 永無所得하니 大富難成이나 일정한 직업에 종사하면 길한 수이다. 단 여자는 대길수이다.

41. 大功格(齊衆運) 百人之事 單獨處理 之象
   爲人이 준수하며 英名하고 大貴大富를 득달하고 遺名千秋하며 특히 선견지명은 만민의 師로서 중인을 領導하는 대길수이다.

42. 苦行格(受難運) 夜雨行人 進退苦孤 之象
   특별한 思想을 암시하고 편견과 暗昧한 성격으로 伸長性을 저해하여 自取苦路에 함입하여 難家族하여 변동적인 생애를 보내게 되니 병고, 조난, 刑禍 등을 면하기 힘든 불길수이다.

43. 迷惑格(散財運) 骨肉相爭 六親無德 之象
   본 수는 妄想過大로 應來作障하며 호사다마이다. 有一時 성공이나 지속성이 없고 백전백패, 어찌 敗軍之將이 無面渡江하리. 富運은 계획불성하는 대흉수이다.

44. 磨碍格(破滅運) 好事多魔 謀事不成 之象
   본 수는 禮智的인 기품은 어느 정도 世事를 달관하고 입지성공을 기할 수 있으나 대개는 일생을 파란 중에서 辛苦하게 되며 심지어는 정신병 환자까지 생길 수 있는 불길한 수이다.

45. 大知格(顯達運) 科星最吉 終得登龍 之象
   天下之事를 經倫할 수 있는 才略을 抱有하고 대업을 성취하니 一世에 榮冠의 명성을 비할 곳 없다.
   정치, 문화, 교육, 산업, 경제 등 각 분야에서 대공을 세울 수 있는 길수이다.

46. 不知格(悲愁運) 修身齊家 好時不逢 之象
   有志才能이나 세상이 알지 못하고 蓋世의 英俊이라 할지라도 不運之恨이나 大成難望이라. 만사가 不如意하니 深夜空房에 불면증이 생기는 불길수이다.

47. 立身格(得時運) 陰陽配合 天地合德 之象
   英明俊達하여 만사가 如意하고 지략이 출중하며 대공을 세우니 그

權度가 四海에 떨치며 매사가 무난히 해결되고 부귀영달을 초래하는 격으로 만인이 仰視하는 대길수이다.

48. 有德格(榮達運)　度置田庄　食祿有餘　之象
四通八達의 大智覺者로서 天下之事를 通曉하고 만민을 지도한다. 苦有其富이면 水中大月이요, 鏡中之花라 평생 안일태평지수이니라.

49. 隱退格(盛財運)　深山獨座　立佛寺庵　之象
비상한 재지와 수완을 가지고 자수성공 하였으나 성공에 도취되어 실패를 초래한다. 성공후에 은퇴하여 永在安過하는 운격이다.

50. 不幸格(相半運)　有始無終　終無成事　之象
爲人이 暗昧愚痼하여 불능자립하니 조난을 초래한다. 身病과 家庭 蕩敗하는 불길수이다.

51. 春秋格(成敗運)　秋風野花　蜂蝶無勢　之象
인간의 성패는 비단 인간의 노력 여하에 기인한 것 뿐은 아니다. 모든 일에 순리로 행하면 무사한 생애를 영위한다.
중년운 까지는 盛運이요, 만년에 衰運이다. 일찍 천부적인 행복과 名利를 얻게 되나 만년에 몰락 실패의 곤경에 처한다. 평소(盛運時)에 겸손하고 은덕을 베풀어 두라. 비록 운이 불길해도 일신의 안정은 누릴 것이다.

52. 能通格(時乘運)　正心謀事　前進亨通　之象
機略이 출중하고 기교가 있으며 의지가 견고하다. 모험, 投機를 좋아하고 선견지명으로 세상의 물정에 밝다. 그리고 남녀가 모두 호색적이고 성욕이 강하다.
無에서 有를 창조하니 일약 성공 발전한다. 앞일을 미리 내다 볼줄 아는 선견지명으로 기회를 포착하여 행동하니 일에 그릇침이 없다. 더욱이 세간에 드문 재간으로 적시에 投資해서 계획을 잘 이루어 나감으로 남이 능히 하지 못하는 일에도 용이하게 성취 큰 뜻을 관철하여 명예와 富를 함께 누리는 대길한 수리이다.

53. 衰退格(半吉運)　每事多魔　心身多逆　之象
투기적이고 모험심이 강하며 思考力이 결핍이다.

외면상으로는 吉祥이나 내적으로는 재난과 우환이다. 전반년 행복하면 반드시 후반년에 불행한 수로서 파가, 人亡 재산탕진 등 비참한 운명에 놓인다. 타격에 양호한 수리를 만나면 무해하다.

54. 敗亡格(敗家運) 骨肉相爭 手足多險 之象
완고한 성격에 보수적이며 世情에 어둡다.
세상 물정에 밝지 못하여 진취성이 없는데다가 장애가 따르고 운이 불리하니 실패, 손재 등으로 破家 지경에 이르러 궁핍을 면키 어렵다. 더욱이 가정불화 刑厄 병약, 단명, 비명횡사 등의 흉조를 암시하는 수리이다.

55. 大幸格(不安運) 淘沙成金 面謀成就 之象
총명하고, 예민하며 급하고 인내력이 부족하다.
외면은 부귀하나 실속이 빈곤하다. 이 수는 선박이 산에 오르는 격, 얼토당치도 않은 일이 돌발해서 손실이 막대하고 사업의 실패 정신착란등 불행이 연속되다가 늦게야 모든 난관을 극복하고 소성(小成)하여 안락하게 지낸다.

56. 秋霜格(財亡運) 寂寞旅窓 空然自嘆 之象
인내심이 없고 실행력 결핍으로 매사에 有頭無尾格이다.
의지박약으로 마음은 있으나 이루어지지 않으며 매사에 머리만 있고 꼬리가 없으니 한갓 수고만 있을 뿐이다. 일생 장애가 따르고 삼재, 재화, 망신, 병액등 곤고가 막심하다. 더욱 만년에는 가사탕진에 孤立無依한 凶格이다.

57. 慈善格(剛盛運) 善德布施 大事多成 之象
資性剛毅하고 의지가 굳으며 인내력이 있어 끈기있게 노력하는 성격이다.
찬눈속에 푸른 소나무는 홀로 푸르고 푸르다. 세상의 풍파에 온갖 고난속에서 불굴의 의지로 노력한 보람이 있어 후분은 開運이 된다. 그러므로 만사여의하고 순리 발전하여 행복을 누리게 되는 순리이다. 타격의 수리가 양호하면 중년부터 성공한다.

58. 幸惠格(後福運) 幸惠自來 身旺財旺 之象
총명하고 지략이 비범하나 소극적이므로 추진력이 부족하다.

재앙이 백단으로 일어나고 운이 침체되어, 중반 이전은 곤고막심하다. 혹 실패후에 성공, 또는 파산 뒤에 興家하는 운명인데 일단 흉운에 돌립하면 파산지경에 도달한다. 大器는 晩成이는 간난신고를 겪은뒤 晩年에 대성하여 행복을 누리게 되는 수리이다.

59. **不振格(不成運)　事之多逆　徒榮無力　之象**
    의기소침하고 용기와 인내력이 없으며 활동성이 결핍 되었다.
    일을 경영함에 핵심과 主宰力이 없고 결단성이 부족하여 성사의 전망이 피박하다. 그러므로 한번 지앙을 만나면 쉽게 일어나지 못하고 의기소침해서 절망에 빠지고 만다. 역경, 조난, 병액, 또는 非命之厄의 우려가 있는 흉격이다.

60. **虛夢格(災難運)　世事浮運　淚酒滄波　之象**
    총명부족으로 智謀와 계획성이 없다.
    정신이 착난하여 목표 결정이 어려움에 매사에 無謀無算으로 한가지도 성취됨이 없다. 실패는 물론이요 곤고 재액이 따르고 비참한 운명에 처한다. 심지어는 형벌, 살상, 변사, 단명을 초래하는 흉격이다. 혹 당초에 목적을 확립해서 경영하면 약간의 성취는 얻는다.

61. **更生格(財利運)　乾天逢雨　更多喜慶　之象**
    오만불손하고 이기심이 강하다.
    天賦의 길운으로 명성과 財利를 같이 얻어 부귀행복을 누린다. 단 이기심과 오만불손으로 가정불화, 형제 투쟁으로 고독에 처하기 쉽고 또는 형옥수가 있다. 일생을 덕을 쌓고 修身 人和에 힘쓰면 영화가 무궁할 것이다.

62. **狂想格(衰退運)　失業浮生　一生辛苦　之象**
    신용이 없고 同化力이 부족으로 사회에서 따돌림을 받기 쉽다.
    艱難辛苦가 떠나지 않는다. 특히 신용이 없고 人和에 결핍으로 대인 상대에 의한 사업 등은 하나도 이뤄지지 않으며 운이 점차 쇠퇴함은 물론 의외의 재난이 이른다. 신용을 주의하고 기초를 견실히 닦을 것이며 인화에 노력하면 평온할 것이다. 불연이면 가정불화, 따돌림 등으로 孤立無依한다. 여자는 입이 가볍고 말이 많아서 이로 인해 망신하는 경우가 많다.

63. 光輝格(發展運)　花發千里　一輝大慶　之象
　　창의력이 있고 의지가 굳다.
　　만사에 심신의 노력이 적게 들고 잘 이루어 진다. 명예와 재물을 얻고 자손이 창성하며 우환이 따르지 않는 대길수 이다. 널리 인간을 구제한 덕이 있으며 수한이 길고 복록에 무궁할 것이다.
64. 逢霜格(衰滅運)　有信無德　謀事多兇　之象
　　매사 침체되고 골육이 사방으로 흩어진다.
　　마음이 산란하고 계획성이 없어 한가지의 발전이 없으며 부모, 형제, 처자와 이별이요 병액, 재변 등으로 신고가 막심하다.
65. 達成格(興家運)　春日桃花　艶紅五常　之象
　　용모가 단정하고 품행이 바르다.
　　기운이 충창하고 복록이 만당하니 일생 부귀영화를 누리고 장수한다. 단 자녀운의 혜택이 없는 것이 결점이다.
66. 艱難格(失燈運)　聰明不足　進退兩難　之象
　　감정이 둔하고 고집이 세다.
　　천성이 우둔하고 계획성 부족으로 창의적인 일을 성취하지 못하고 항시 빈곤과 역경에 처한다. 또는 진퇴유곡에 처하여 변통을 못하는 상이며 결국은 패가망신 하는 흉격이다.
67. 通達格(榮達運)　四通八達　萬祥雲集　之象
　　민감하고 활동적이며 인내력이 강하다.
　　自立獄行의 능력이 있어 자수성가의 운이다. 매사여의, 목적달성, 부귀영달의 길격인데 단지 지나친 욕망을 부리면 큰 실패가 있으니 주의하라.
68. 昴進格(發明運)　勤勉興家　名實相符　之象
　　지혜가 총명하고 신용이 두터우며 창의력 연구력이 강하다.
　　사물에 대한 궁리가 밝고 연구심이 강하여 창의력 발명적인 소질이 있음에 大成을 기약하며 전진달성하는 길운이요, 가정에도 충실함으로 확고한 기반을 세워 행복을 누리는 길한 수리이다.
69. 窮迫格(停止運)　前進不能　諸事終末　之象
　　정신적 발달이 결핍된다.

운이 참체되어 欲起不能으로 더 이상의 전진이 없다. 병약, 정신이
상, 단명등의 흉조가 있다.

70. 寂寞格(暗夜運)　空虛江山　萬事諦念　之象
厭世的 관념이 농후하다.
지략도 없고 욕망도 없다. 공허적막한 수리로서 만사를 체념하는 수
밖에 없다. 가족이산 질병 형벌 등의 흉맥이 있는 수리이다.

71. 離散格(後盛運)　吉凶相半　先苦後甘　之象
의지가 박약하나 집념은 강하다.
성폐수가 많아 半生을 성공하지 못하고 곤궁하게 지낸다. 그러나 吉
祥이 내재되는 數로 장차 향상발전 할수 일은 동시에 착실히 뜻을
이루어 명성을 떨친다. 대체로 이 격은 만년에 대성하는 예가 많다.

72. 相半格(平吉運)　喜悲相半　陰雲覆月　之象
성격이 柔弱하고 결단성이 없다.
외면은 길상이나 내면은 흉화가 있다. 대개 전반생 행복하면 후반생
이 비참인데 곤고중에 편안함을 얻고 행복중에 곤액이 발생하는 운명
이다.

73. 平凡格(安過運)　志高無勇　盛衰交來　之象
포부는 원대하나 지략과 力量이 부족하다.
실력과 인내력의 부족으로 큰 사업은 이루기 어려우나 운세의 혜택을
받고 있으므로 小成하여 무난하고 순조로운 생애를 누리게 된다.

74. 不遇格(遇昧運)　出世不能　草木逢秋　之象
지혜가 우둔하고 활동력도 결핍이다.
세상에 無用之人의 운명으로 한갓 衣食만 소모할 뿐이다. 일생 貧
賤을 못 면하고 재액과 괴변이 속출하여 곤경을 벗어나지 못할 뿐
아니라 부모처자와도 이별하고 孤獨無依하니 그야말로 生不如死의
운명이다.

75. 平吉格(安康運)　守分安身　知命安泰　之象
자기의 능력과 분수를 잘 지킴으로 위험에서 몸을 지키는 능력이 있
다.
길흉을 단정하기 어려운 운세이다. 너무 過해도 안되고 부족해도 마

땅치 않은 운이니 타고난 총명으로 自量해서 나아가고 물러감을 때 맞추어 행하면 일생 큰 굴곡없이 평안을 지킬 수 있는 수리이다.

76. 離散格(後盛運)　敗財傾家 東手無策 之象
정신력과 肉體가 모두 박약하다.
부모·조상의 유업은 단풍잎의 낙엽 같이 흩어지고, 괴변, 우환, 손재 등이 속출하며 파산지경에 이르며 골육이산, 처자이별, 병약, 단명 등의 불상사가 발생하는 大凶數이다.

77. 相半格(悲哀運)　樂極生悲 虛花無實 之象
계획성이 없고 매사에 有始無終이다.
한때는 부모·조상 및 長上의 혜택으로 富足한 생활을 누리나 자신의 경영력 결함과 운세의 부진으로 몰락하여 곤경의 참상에 이른다. 재산의 궁핍, 처자의 우환 신병 등 근심이 떠날 날이 없다.

78. 平吉格(後困運)　晚年不幸 功成後退 之象
지능이 발달하고 추진력이 강하다.
뛰어난 재능과 노력으로 일찍 대업을 성취해서 명망과 재리를 쌍으로 얻는다. 그러나 만년은 衰運이니 자손이나 아랫사람에게 일체를 양도하고 물러나면 만수을 누릴 수 있지만 계속 사업을 경영 하거나 직위를 지키고 있으며 불의의 실패, 봉변을 면치 못한다. 성공후 은퇴하면 安逸한 수리이다.

79. 不伸格(終末運)　因之不幸 窮極不伸 之象
감정이 극단적으로 흐르고 인내력이 부족하다.
모래알로 둑을 쌓는 격이나 한갓 정신과 힘만 수고할 뿐 결실이 없다. 용기 있으나 피가 없다. 그리고 이 수는 만사 만물의 극단을 의미하는 수로써 앞에 泰山峻嶺이 가로 막히듯이 나갈레야 나갈 수 없는 궁극에 도달한 운명이다.

80. 陰遁格(終止運)　萬事終止 九死一生 之象
총명과 愚昧가 극단으로 작용한다.
이 수는 모든 이치의 종말이다. 陰凶 암매한 기류가 감돌고 있는 일점의 生氣도 보이지 않는다. 따라서 파란중중, 파산, 파혼, 실직 궁핍 등 생활상 곤난과 형액, 다병, 단명 등 일신상의 흉액이 따르는 홍수이다. 혹 속세를 떠나 佛家에 기거하면 命을 보존한다.
81. 還喜格(更喜運)   還元復始 草木逢春 之象
   百折不屈의 의지와 독립심이 강하다.
   最極數에서 다시 一로 환원하는 수로서 九九 八十一의 마지막 수인 동시에 천지개벽의 元素인 一로 환원하는 수이니 만물이 始生하는 數意가 있음에 작용력은 一數와 거의 비슷하다.
   사업의 재기 등 부흥에 가장 적합한 수이다.
   이상 八十一數는 數理靈動力에 있어서 그 암시력의 강약이 부위에 따라 다르다. 즉 亨格에 있어서는 十의 작용력이 전부 발휘되고 利格에는 七, 八의 힘이요 貞格에는 五・六할의 영향력이 미치는 것이니 수리 감정에 있어서 각 수리가 차지하고 있는 위치를 참작해야 한다.

第二編   作名實際論

第一章   五行의 原理

一. 三元五行

  姓字五行法은 天이며 陽이므로 加一을 하고 姓字 획수와 名上字 획수를 합한 수로 중간오행을 잡고 名二字劃을 합한 수로 아래의 오행을 잡으니 이를 三元五行이라 칭한다. 十을 초과한 숫자는 十을 제하고 나머지 수로 계산한다(성자에다 한 획을 더하는 방법은 일본식임).

(金)	(火)	(水)
9=8+1	11=3+8	19=3+16
林	大	龍

그러나 비록 金火水라 할지라도 그 내면의 음양의 대조관계에 따라서 厚薄強弱의 차이가 있음은 물론이다. 즉 같은 水木水에도 8종의 변화가 있다.

九一九. 九一十. 九二九. 九二十. 十一九. 十一十. 十二九. 十二十

이렇게 세분하면 그 배합의 변화는 무려 1천종이나 되게 된다. 그러나 이것을 독특한 요약법으로서 百二十五種으로 단축하고 그것으로서 쉽게 성공운의 유무, 경우의 안위 혹은 부모형제처자와의 관계, 심지어는 病災病名에 이르기까지 모든 발생사를 명세정확하게 알 수 있도록 한 것이 三元五行法이다.

무릇 사람의 운명 길흉은 그 사람의 실질 지위, 경우 등의 여하에 따라 大小輕重의 차별이 있고 따라서 타인의 객관과 본인의 주관에는 큰 차이가 생기는 수가 있다.

예컨데 富豪長者의 집안에서 태어나 모든 신교육을 받은 자로 더욱 부모의 七光(惠澤)으로 사회상 상당한 지위를 점유한다 할지라도 이것을 대성공이라고 할 수 없을 뿐 아니라 도리혀 不成功을 의미할 경우가 있을지도 모른다.

또 貧寒한 농가에서 출생하여 만족한 교육도 받지 못하고 조금의 물질적 후원도 없는 자가 공장을 경영하는 주인이 되고 혹은 어떤 단체를 주재하는 長이 됐다고 하면 이것은 대단한 대성공이라고 하지 않을 수 없다. 장관이 되어 지위가 人臣이 極일지라도 가정에 冷冷한 反目이 있고 또는 항상 병자가 끊이질 않는다면 결코 행복한 생활이라고 할 수 없다. 그 반대로 비록 사회적 지위는 낮을지언정 일가의 糊口平安하고 처자 화목하여 평화롭게 살고 있는 자가 진실로 행복하다고 할 수 있을 것이다.

요컨대 행복·불행 또는 성공·실패를 단언하여도 실지로 적중여부를 아는 자는 다만 본인 한사람 뿐이며 타인은 절대로 큰 진의를 정확하게 알 수 없는 것이다.

타인의 운명을 감정할 때에는 결코 외관에 구애되지 말고 피상적 견해를 가하지 않을 것이며, 어디까지나 성명이 제시하는데로 直言하여야 될 것이며, 공연한 孤疑逡巡은 도리어 오관의 기인이다.

二. 五行六神法

主從五行에 있어서 양과 음이 서로 다르다. 오행이 음목이라면 卯이 되고, 양목이라면 寅자가 된다. 예를 들면 金씨는 八획이니 음이 되며, 主音「ㄱ」가 오행으로 볼때 木이되며, 金의 主五行은 卯목으로 변하고 「ㅁ」은 水가 되는고로 從水는 음水이니 亥수가 된다. 따라서 金은 主가 寅木이 되고 從水는 亥수로 육신이 표출된다.

主從五行이 육신으로 변할때 특히 유의하여야 할 점은 辰戌丑未土가 문제로서 양 土가 둘, 음 土가 둘일때 어느 土로 쓸 것인가가 문제가 된다.

이것을 구별하면 六까지의 음 土는 未土가 되고 양 土는 辰土가 되며, 七 이상의 양 土는 戌土, 음 土는 丑土가 된다.

이밖의 다른 오행은 음양별로 六神을 보면 된다. 육신의 포출 방법은 다음과 같다.

음	음	양
八	八	一五
金	昌	樂
김	창	락
木水	金土	火木
卯亥	酉丑	午寅

(1) 六親

육친이라 함은 가족 관계를 말하는데 즉 부모 형제 처자 남편 등으로 성명학상으로 가장 중요하다. 육친간의 생사 이별 단명 건강관계와 부귀 영화를 지배해 나가는 운의 힘을 가지고 있다.

육친표출방법으로 생년地支를 기준한다. 예를 들면 庚申生이라면 年支 申자를 중심으로 하여 金씨는 音靈五行 상으로 볼때 「ㄱ」는 木과 「ㅁ」은 水로 되는데 주오행 木은 年支 申금이 金극土木하니 財가 되고, 水는 金생水로서 자손이 된다. 즉 年支 "띠"를 기준으로 하여 상생 상극을 가려서 육친을 뽑으면 된다.

(2) 六獸

이 육수라 하는 것은 周易을 기준으로 하여 보는 육효(六爻) 점술 방법인데 이것을 작명상 활용하는 법이다.

육수라고 하는 것은 靑龍, 朱雀, 句陳, 螣蛇, 白虎, 玄武를 말하는데, 이 육수의 길흉을 간단하게 설명하면 다음과 같다.

청용(기쁨), 주작(구설시비), 등사(놀랄 일),
백호(급하다, 피흘린다), 현무(비밀, 도적)

※참고 : 이 육수 붙이는데 간편하게 하기 위해 靑자를 쓰면 청룡으로, 朱자는 주작으로, 句자만 쓰면 구진으로 알게 된다. 즉 이 육수 붙이는 법은 아래서 부터 위로 붙혀 올라간다.

유효를 칠때는 그날 일진 천간을 기준으로 하고 大定作卦를 할때는 日主 천간을 기준으로 하나 성명학에서는 생년 天干을 기준하여 붙이며, 數理易象에서는 일주 천간을 기준하는데 가령 庚申生이라면 庚辛은 白虎가 되므로 성명 끝자로부터 白자를 써 올라가면 된다.

※참고 : 사주에서는 부모를 印綬라고 하나 육효나 성명학상에서는 父자 하나를 가지고 父母로 본다.

	음	음	양
	八	八	一五
	金	昌	樂
	김	창	락
音靈五行	木水	金土	火木
	卯亥	酉丑	午寅
六親	財孫	兄父	官財
六獸	蛇句	朱靑	玄白

그리고 길흉신과 모든 살을 성명학에 붙이는 방법은 사주와 같다. 성명으로 사주를 만든다면 다음과 같다.

庚申生을   乙亥   사주와 다른 점은 生年干支를 月柱로 정하
  ↓   庚申   는 것이다. 그 이유는 성명학에서는 三柱
月柱로   辛丑   밖에 나오지 않기 때문에 生年을 月柱로
         丙寅   삼는다.

(3) 數理易象法
 이것은 사주오행상 필요로로 하는 육친관계를 보강할 것은 보강하고 뺄 것은 빼는 등 성명학에서 즉 후천운명을 조정하는 한편 流年 앞으로 다가올 길흉을 알 수 있는 방법인데, 이것은 육효를 배운자는 간단하게 추리할 수가 있다.
 그 방법으로는 元格을 八로 나누어 그 남은 숫자를 內卦로 하고, 貞格을 八로 나누어 남은 숫자를 外卦로 하며, 원격과 정격수를 합하여 六으로 나누고 남은 숫자로 動爻로 정한다. 그리고 나누다가 남은 숫자가 없을 때는 그 나눈 숫자로 사용하면 된다.

　　　　　一六(형격)'　　　二三(원격)

　　　　八　　　　八　　　一五
　　　　金　　　　昌　　　樂
　　　　　　　二三(이격)　　三一(정격)

 원격 二三 ÷ 八이면 남은 수가 七이 되어 즉 七이 내괘이다.
 정격 三一 ÷ 八이면 남은 수가 七이니 七이 외괘가 된다. (원격 二三 + 정격 三一 = 五四) ÷ 六이 되면 六九 = 五四로 딱 맞으니 六이 동효가 된다.
 고로 내괘도 七, 외괘도 七이니 卦象은 艮爲山괘가 된다.
 괘상내역
 사주 일진이 甲子日이라면 一효가 청용이 된다.

庚申生　　　　　　　　외괘　　　　　　　　　내괘
　　　　　　玄　白　蛇　　　　句　朱　青

	十世	11	11		1應	11	11
	寅	酉	子	戌	申	午	辰
	才兄	孫	父		兄	官	父
	6효	5효	4효		3효	2효	1효(初)효

三. 字源五行과 先天運

　字源五行의 운세를 책정함에 있어서는 먼저 성명 三字中 姓字는 제외하고 이름자(名字)의 上字와 下字를 명확하게 구별하여야 한다. 이름자(名字)의 上下字란 예를 들면 金春子라는 姓名이 있다고 가정하고 姓인 金字는 제외하고 春字를 이름자(名字)의 上字라하며 子字를 이름자(名字)의 下字라 한다.
　따라서 字源 呼聲五行의 경우도 동일한 것으로 춘(春) 발음은 이름(名) 上字의 呼聲이며, 자(子) 발음은 이름(名) 下字의 呼聲인 것이다.
　다음은 字源을 찾아보는 방법을 명확하게 알아야 하는데 앞에서도 언급했거니와 字源五行의 운세판단에 대하여서는 언제나 姓은 제외하는 것으로 알아두어야 하는 것이다.
　가령 金春子의 경우에 春字는 春字 해설 맨 끝에 火字가 있는데 그가 다음장(章)에서 太歲와의 조화여하에 따라 나타나는 운세를 열거해 나갈 字源五行이며 子字를 보면 해설 맨 끝에 水字가 있으니 그가 곧 이름(名) 下字의 字源五行인 것이며 太歲와 조화되는 운세를 열거해 나가게 되는 것이다. 따라서 呼聲五行은 가나다순 발음에서 「春」 바로 밑에 木字가 있는데 그가 呼聲五行이며, 가나대順에서 자 발음을 찾아보면 子字로 밑에 水字가 있는데 그가 子발음의 呼聲五行이며, 다음 章에서 이름(名) 上下字의 字源五行과 呼聲五行 上下字의 운세를 개별적으로 동시에 열거해 나가게 되니 명확히 알아두어야 할 것이다.
　字源五行이나 呼聲五行이 운세의 전부가 아니기 때문에 운세의 比律을 상세히 관찰하여야 할 것이다. 따라서 太歲(先天運)는 그 사람의 연령에 의한 太歲(띠)를 子(쥐) 丑(소) 寅(범) 卯(토끼) 辰(용) 巳(뱀) 午(말) 未(양) 申(잿나비) 酉(닭) 戌(개) 亥(돼지띠) 등으로 표현하게

- 133 -

된다.
상례

金　　春　　子
　　　（이름上字）　　（이름下字）

木의 경우

寅生이나 **卯生**이 이름 上字에 木에 속하는 문자를 사용했을 경우에는 확고부동한 이념과 타산적인 처세는 사업가, 공무원 등 **諸事亨通**하는 吉祥運으로 된다.

下字에 木의 문자가 있을 경우에도 上字의 운세와 동일한 것이다.

辰戌丑未生이 上字에 木에 속하는 문자를 사용했을 경우에는 위장병, 간장, 신경계통, 요통 등으로 辛苦하게 되며 불의의 **損財**와 낭비가 많다.

下字에 木에 속하는 문자를 사용했을 경우에는 하체신경, 각기병등 하체가 부실하며 금전상에도 낭비가 많다.

巳生이나 **午生**이 上字에 木에 속하는 문자를 사용했을 경우에는 상업이나 기타의 개인사업을 영위할 때에는 불의의 손실과 **損財** 낭비가 심하며 결국은 적자를 보게되고 봉급생활이나 기술업으로 일시적인 성공은 期할 수 있으나 말로에는 **損財요, 蓄財難**이라. 심장, 간장, 위장 등 병약한 운세며 世應이나 世運과 선천운이 불조화하면 불구 단명 등의 불운을 초래한다.

名下字에 木에 속하는 문자를 사용했을 경우에는 사업은 봉급생활로서 어느 정도 유지할 수 있으나 개인사업은 **損財** 실패운이요, 하체가 약하고 하체신경, 부상, 수술 등 손발에 상처를 입게되며 世應이나 世運과 선천운 조화가 불길하면 이동이 심하며 행방불명 교통사고 불구 단명 등의 불운으로 유도된다.

申生이나 **酉生**이 名上字에 木에 속하는 문자를 사용했을 경우에는 신경계통, 간장병, 부상 등의 辛苦가 있으며, 世應과 선천운의 조화가 불길하면 수술을 하게되며 신상에 불운을 초래한다.

名下字에 木에 속하는 문자를 사용했을 경우에는 하체신경, 각기병, 손발에 부상을 입는 수가 많고, 심하면 불구내지 단명에 致하는 불운을 초래한다(世應과 선천운 참조).

亥生이나 子生이 名上字에 木에 속하는 문자를 사용했을 경우에는 문관, 법관, 기타의 대기업가로서 대성하여 衆人을 領導하며 財權壽全하는 대길운으로 된다.

名下字에 木에 속하는 문자를 사용했을 경우에도 上字의 운세와 동일한 대길상운으로 富豪가 된다.

火의 경우

寅生이나 卯生이 名上字에 火에 속하는 문자를 사용했을 경우에는 명철한 두뇌와 민첩한 처세는 무난히 발전하여 財權壽全의 대길운으로 된다.

名下字에 火에 속하는 문자가 있을 경우에도 名上字우 운세와 동일한 것으로 길상운이 되는 것이다.

辰戌生이나 丑未生이 名上字에 火에 속하는 문자를 사용했을 경우에는 내유외강의 성품으로 인정손해 소모와 낭비가 심하며 필요이상의 손실이 많다. 개인사업이나 기타의 상업을 損財中斷이요, 봉급생활이나 기술업으로 일시적 성공은 기할 수 있으나 건강상 불길한 운수로 폐, 심장, 신경계통, 위병, 뇌신경 등으로 실패 辛苦하게 되며 世應이나 世運과 선천운 조화가 불길하면 腦病, 중풍 등 불구, 단명운으로 유도된다.

名下字에 火에 속하는 문자를 사용했을 경우에는 개인사업에는 손해와 손실이 많으며, 필요이상의 소비가 심하며, 봉급생활이나 기술업에는 어느 정도의 성공을 기할 수 있으나 하체 신경통으로 辛苦하게 되며 손발에 부상, 수술 등의 불운을 초래하게 된다.

巳生이나 午生이 名上字에 火에 속하는 문자를 사용했을 경우에는 다소 急性的인 일면은 있으나 천재적인 소질과 활동성이 있는 처세는 소기의 목적을 달성하여 입신양명하고 권세와 명성이 진동하는 대길운으로 된다.

申生이나 酉生이 名上字에 火에 속하는 문자를 사용했을 경우에는 고집은 강하나 명철한 두뇌와 왕성한 활동력은 소기의 적을 달성하여 官公吏 기타의 기업가로서 40대까지는 성공을 기할 수 있으나 世應이나 世運

과 선천운 조화가 불길하면 사업 실패, 폐심장 뇌신경 病災 손실 등 말로에는 불운을 면하기 어렵다.

名下字에 火에 속하는 문자를 사용했을 경우에는 이동성이 많고 사업변동 손실과 낭비가 심하며 하체신경 등으로 辛苦하게 된다.

亥生이나 子生이 名上字에 火에 속하는 문자를 사용했을 경우에는 운세의 발전성이 부족하며 불만불평 不絶이요, 심장병, 뇌신경 등으로 辛苦하게 되며, 世應이나 선천운 조화가 불길하면 중풍, 수술, 官災, 불구, 단명 등의 불운으로 유도된다.

名下字의 火에 속하는 문자를 사용했을 경우에는 하체신경 사업변동 이동 등으로 辛苦가 있으며 世應이나 世運에 선천운 조화가 불길하면 손발에 부상, 수술 등으로 불운을 초래한다. 단, 世應이나 世運과 선천운 조화가 양호하면 무난하다.

土의 경우

寅生이나 卯生이 名上字에 土에 속하는 문자를 사용했을 경우에는 사업부진 위장병 신경통 등의 辛苦가 있으나 世應이나 世運과 선천운 조화가 양호하면 大禍없는 것이다.

名下字에 土에 속하는 문자를 사용했을 경우에는 하체신경, 각기병 등의 辛苦가 있으며, 世應이나 世運과 선천운 조화가 불길하면 부상 수술 중풍 등의 불운을 초래한다.

辰戌生이나 丑未生이 名上字에 土에 속하는 문자를 사용했을 경우에는 아량과 同和力이 풍부하고 원만한 처세는 衆人을 지도 통솔하며 무난히 성공하여 부귀번창하는 財權壽全의 대길운으로 된다. 名字에 土에 속하는 문자를 사용했을 경우에는 名上字의 운세와 동일한 運에 數로서 부귀번창을 향유하는 大吉으로 된다.

巳生이나 午生이 名上字에 土에 속하는 문자를 사용했을 경우에는 명철한 두뇌와 아량있는 통솔력은 교육계, 법조계, 軍警, 기타의 공직에 대성하며, 기업가로서도 大志大業을 수행하여 부귀번창와 명성이 진동하는 대길운으로 된다.

名下字에 土에 속하는 문자를 사용했을 경우에는 名上字의 운세와 동일한 運에 數요, 富貴壽福이 무궁한 대길운으로 된다.

申生이나 酉生이 名字에 土에 속하는 문자를 사용했을 경우에는 고집은 있으나 아량과 同和力이 풍부하며 인정많은 사람으로 인정손해가 많고 낭비와 필요이상의 손실이 심하며 개인사업운 적자요, 損財中斷이다. 봉급생활이나 기술업에 종사하며 일시적인 성공은 기할 수 있으나 말로에는 損財貧困이라. 위장병, 정력부족, 신체병약 등의 辛苦가 있으며, 世應이나 世運과 선천운과의 조화가 불길하면 부상, 수술, 불구, 단명 등의 불운으로 유도된다.

名下字에 土에 속하는 문자를 사용했을 경우에는 개인사업은 손해와 필요이상의 손실 등으로 損財가 심하며 봉급생활이나 기술업에 종사하면 일시적 성공은 기할 수 있으나 말로에는 損財貧困運으로 된다. 하체가 약하며 하체신경, 정력부족 등의 辛苦가 있으며, 世應이나 世運과 字源五行의 조화가 불길하면 부상, 수술, 불구, 단명 등의 불운으로 유도된다.

亥生이나 子生이 名上字에 土에 속하는 문자를 사용했을 경우에는 世應이나 世運과 선천운 조화가 양호하면 諸難을 극복하고 목적을 달성하여 교육계 행정관 기타의 공직에서나 기업가로 大誤없이 성공을 기할 수 있으나 世應이나 世運과 선천운 조화가 불길하면 성공운에 방해가 많고 위장병, 신장병, 기타 病災運으로 辛苦하게 된다.

名下字에 土에 속하는 문자를 사용했을 경우에는 하체신경, 신장, 치질 등으로 辛苦하게 된다.

金의 경우

寅生이나 卯生이 名上字에 金에 속하는 문자를 사용했을 경우에는 개인사업은 손실과 필요이상의 손해와 소비가 심하여 損財와 실패가 많고 봉급생활이나 기술사업에 종사하여 어느 정도의 성공을 기할 수 있으나 世應이나 世運과 선천운 조화가 불길하면 신경통, 중풍, 부상 등의 辛苦가 있으며, 말로에는 고독 빈곤의 비운으로 유도된다.

名下字에 金에 속하는 문자를 사용했을 경우에는 世應이나 世運과 선천운 조화가 양호하면 무난히 성공하는 운수이며, 不然이면 하체신경으로

辛苦하게 된다.

 辰戌生이나 **丑未生**이 名上字에 金에 속하는 문자를 사용했을 경우에는 확고부동한 처세와 인내불굴의 꾸준한노력은 萬難을 돌파하고 목적을 달성하여 衆人을 통솔하며 부귀영달하고 정력이 왕성하나 到處春風이라 官公吏나 사업계에도 一世에 풍운아 격이요, 剛柔兼全하고 財權壽全의 대길운의 운수인 것이다.

 名下字에 金에 속하는 문자를 사용했을 경우에도 名上字의 운세와 동일한 運의 數이며, 富貴壽福이 무궁한 대길운인 것이다.

 巳生이나 **午生**이 名上字에 金에 속하는 문자를 사용했을 경우에는 만사에 자신은 있으나 事不如意하니 불만불평이며, 不伸不足이요, 進取不能이라. 世應이나 世運과 선천운 조화가 양호하면 무관하되 世運과 선천운 조화가 불길하면 사업실패, 官災, 폐병, 심장병, 뇌신경, 기타 病災運으로 불운을 초래한다.

 名下字에 金에 속하는 문자를 사용했을 경우에는 世應이나 世運과 선천운 조화가 양호하면 성공운에 장애는 없으나 하체신경, 부상 등 하체에 지장이 발생하게 된다.

 申生이나 **酉生**이 名上字에 金에 속하는 문자를 사용했을 경우에는 강한 고집과 확고부동한 처세는 萬難을 돌파하고 목적을 달성하며, 官公吏 기타의 기업가로서도 諸事가 형통하니 日益발전하여 부귀와 명성이 진동하는 財權壽全의 대길운으로 된다.

 名下字에 金에 속하는 문자를 사용했을 경우에는 名上字의 운세와 동일한 運에 數이며, 만사가 如意하고 富貴雙全의 대길운으로 된다.

 亥生이나 **子生**이 名上字에 金에 속하는 문자를 사용했을 경우에는 고집은 있으나 인정많고 그 人間性이 양호하여 선심은 항상 베푸나 善無功德이라. 인정손해, 소모, 소비와 자연의 낭비가 많고 개인사업은 불가능한 운수로서 손해와 적자운영이요, 損財 등으로 중단되며 봉급생활이나 기술업에 종사하여 일시적 성공은 기할 수 있으나 뇌신경, 기관지, 위장병, 정력부족 등으로 辛苦하게 되며 결국은 散財數요, 世應이나 世運과 선천운 조화가 불길하면 폐병, 뇌병, 수술, 부상, 불구, 단명 등의 불운으로 유도된다.

名下字에 金에 속하는 문자를 사용했을 경우에는 개인사업은 손해와 소비가 심하여 蓄財難이요, 봉급생활이나 기술업에 종사하여 일시적 성공은 기할 수 있으나 말로는 불운이라 하체가 약하며, 하체신경, 정력부족 등의 辛苦가 있으며 世應이나 世運과 선천운 조화가 불길하면 부상, 수술, 교통사고, 행방불명 등의 불운으로 유도된다.

水의 경우

寅生이나 卯生이 名上字에 水에 속하는 문자를 사용했을 경우에는 順直, 溫良한 성품과 순진하고, 인정있는 처사는 世人의 존경을 받으며 학자, 종교가, 技藝방면에 소재가 있으나 大成難望이라. 소모, 소비가 심하며, 개인사업은 損財難免이요, 적자중단이라 봉급생활이나 기술업에 종사하면 일시에 성공은 기할 수 있으나 말로에는 病災貧困에 운수로서 뇌신경, 위장병, 신장병, 정력부족 등의 辛苦가 있으며, 世應이나 世運과 선천운 조화가 불길하면 불구 단명 등의 불운으로 유도된다.

名下字에 水에 속하는 문자를 사용했을 경우에는 봉급생활이나 기술업에 종사하여 일시적인 성공을 기할 수 있으나 개인사업은 자연의 損財와 필요이상의 소모, 소비 등으로 적자사업의 결과가 되며, 하체가 약하고 하체신경으로 辛苦하게 되며 世應이나 世運과 선천운 조화가 불길하면 부상, 手傷, 교통사고, 행방불명 등의 불운으로 유도된다.

辰戌生이나 丑未生이 名上字에 水에 속하는 문자를 사용했을 경우에는 성공운에 장애가 많고 개인사업은 불신불만이요, 봉급생활이나 기술사업은 어느정도 유지하되 世應이나 世運과 선천운 조화가 불길하면 귓병, 위장병, 신장병 등의 辛苦가 있으며 病災運으로 불운을 초래한다.

名下字에 水에 속하는 문자를 사용했을 경우에는 하체와 足脚에 지장이 생기게 되며 신장병, 치질 등으로 辛苦하게 된다.

巳生이나 午生이 名上字에 水에 속하는 문자를 사용했을 경우에는 世應이나 世運과 선천운 조화가 양호하면 무난히 성공하되 世應 또는 世運과 선천운 조화가 불길하면 심장병, 뇌신경, 官災와 구설 등의 波瀾不絶이요, 봉급생활이나 기술사업에 종사하여 일시적인 성공은 기할 수 있으나 말로에는 불운을 不免이라.

名下字에 水에 속하는 문자를 상요했을 경우에는 世應이나 世運과 선천운 조화가 양호하면 무난히 성공하나 世應이나 世運과 선천운 조화가 불길하면 동서이동으로 基礎難立이요, 사업 실패, 하체신경, 부상, 수술, 교통사고, 행방불명 등의 불운으로 유도된다.

申生이나 酉生이 名上字에 水에 속하는 문자를 사용했을 경우에는 剛柔兼全하고 확고부동한 처세와 꾸준성있는 노력으로 소기의 목적을 달성하여 교육계, 행정계, 기타의 官公吏나 대기업가로서 諸事가 형통하니 衆人을 領導하며 부귀번영하는 대길운으로 된다.

名下字에 水에 속하는 문자를 사용했을 경우에는 名上字의 경우와 동일한 운세의 길상운으로 財權壽全의 대길운으로 된다.

亥生이나 子生이 名上字에 水에 속하는 문자를 사용했을 경우에는 大陸的인 처세와 인내불굴의 꾸준한 활동력은 萬難을 극복하고 初志를 관철하여 목적을 달성하니 諸事順成이라. 교육, 정계, 기타의 대기업가로서 海內海外에 입신양명하고 부귀영달하며, 家門隆昌하는 대길운으로 된다.

名下字에 水에 속하는 문자를 사용했을 경우에도 名上字의 운세와 동일한 길상운으로 富貴壽福이 무궁한 대길운이요, 해외에 진출하는 등 子孫余慶하는 대길운인 것이다.

字源五行과 선천운 또는 字源呼聲五行과 선천운이 동시에 수록되어 있고 五行은 동일하게 보아야 한다. 즉 예를 들면 字源五行에서 「植」字는 木이요, 呼聲五行에서 「춘」발음도 木이니 선천운(太歲)과의 조화를 감정할 때에는 다같은 木의 경우를 갖고 선천운과의 조화를 대조해야 한다는 것이다.

다음에는 초보자들이나 가정에서 슈兒들의 작명함에 앞서 字源五行이나 呼聲五行과 선천운(太歲)과의 길흉을 명확히 하고 다음을 설정한다.

一. 寅生이나 卯生의 作名上 五行 참조
大吉五行　　木　　火는 大吉
半吉半凶　　金　　土는 世應이나 世運과 선천운 조화에 따라 길흉이

　　　　　　　　　　좌우됨.
大凶五行　　水　　는 大凶

一. 辰戌生이나 丑未生의 作名上 五行 참조
大吉五行　　土　　金는 大吉
半吉半凶　　木　　水는 世應이나 世運과 선천운 조화에 따라 길흉이
　　　　　　　　　　좌우됨.
大凶五行　　火　　는 大凶

一. 巳生이나 午生의 作名上 五行 참조
大吉五行　　火　　土는 大吉
半吉半凶　　水　　金는 世應이나 世運과 선천운 조화에 따라 길흉이
　　　　　　　　　　좌우됨.
大凶五行　　木　　는 大凶

一. 申生이나 酉生의 作名上 五行 참조
大吉五行　　金　　水는 大吉
半吉半凶　　火　　木는 世應이나 世運과 선천운 조화에 따라 길흉이
　　　　　　　　　　좌우됨.

一. 亥生이나 子生의 作名上 五行 참조
大吉五行　　水　　木는 大吉
半吉半凶　　土　　水는 世應이나 世運과 선천운 조화에 따라 길흉이
　　　　　　　　　　좌우됨.
大凶五行　　金　　는 大凶

　이외에 辰生은 술(戌) 발음을 사용해서는 불운을 초래하며, 丑生은 미(未) 발음을 사용해서는 불운을 초래한다.

四. 字源五行과 劃數의 使用法

우주만물은 春夏秋冬과 風寒暑濕의 대섭리 위에 상대성 원리가 있는 것이다.
　동식물을 막론하고 微立子까지라도 逆天者亡이요, 順天者生이라. 天理 즉 陰陽之道는 거역할 수 없을 것이다. 더구나 인생의 앞길에는 人道를 脫線할 수 없을 것이며, 나침반 없는 항해란 중심없는 인생이요, 방향을 잃은 선박이나 다를바 없을 것이다. 아무리 數萬頓級의 크고 힘센 선박이라도 나침반이 없으면 목적지를 향하여 항해할 수 없을 것이며, 방향을 잃고 방황하게 될 것은 물론 표류 끝에 거센 파도에 못이겨 급기야는 破船의 위기에까지 이르를 수 있을 것이다. 우리 인생운로 역시 상대성 원리에 의한 內外 表裏가 있는 것이다. 四柱는 先天運路요, 姓名은 後天運路임에 틀림없는 것이며, 인체에는 뼈(骨)를 先天運으로 본다면 살(肉)은 後天運으로 보아야 한다. 따라서 인체를 선천운으로 본다면 衣服을 후천운으로 보아야 할 것이다. 아무리 골격이 튼튼한 몸이라 할지라도 심한 外傷이나 심한 腫氣疾患으로 장기간 고생하며 수술 등으로 신체가 쇠약해진다면 강한 골격도 약하여 쓸모없는 육체가 될 것이요, 엄동설한에 의복없이 작업할 수 없을 것이며, 알몸으로 자유롭게 활동할 수도 없을 것이다. 선천적인 四柱가 아무리 량호하다해도 후천운이 약하면 그 運路가 長久하지 못할 것이며, 파란많고 불안정하여 平溫을 보존할 수 없는 것이다. 따라서 우주만상은 강약과 장단, 고저, 생사 등의 모든 理法이 數로서 표시되고 數로서 좌우된다. 그리하여 우리들의 육체를 대신하는 명칭, 즉 성명 역시 數로써 量을 그리고 음양으로써 강약을 책정하여 선천운과(太歲月建) 상대성 원리에 의하여 損益을 鑑定 評論하게 되는 것이다. 인생운명의 성패와 장단이라는 彼我間의 得이냐 失이냐 益이냐가 과제인 것이다. 이것을 책정하는 것 역시 수학이요, 숫자인 것이다. 그렇기 때문에 성명문자의 畫數가 가장 중요한 것이다. 그럼에도 불구하고 아직도 성명문자의 字畫使用法에 대하여 筆畫과 義畫의 분별을 못하고 六義法則이나 字源法則을 망각한채 삼수변(氵)을 三畫이니 임금왕(王)이 四畫이니 하는 경우가 있는듯하나 원칙적으로 성명학은 실존철학이요, 과학적인 哲理에 속하므로 六義法則과 易理로써 구성된 한자의 字義를 數學(河圖洛書)으로 되풀이하여 추리하는 학문이기 때문에 象形畫으로

풀이하면 우선 과거와 현재의 **運勢**부터 비현실적으로 적중되지 않는다. 반드시 **表意**문자임을 **再三覺省**하여 삼수변(氵)은 물수(水)字이니 四畫으로 임금왕(王)은 구슬옥(玉) **五畫**으로 풀초밑(艹)은 六畫으로 **義畫**을 사용해야 한다. 그러나 六爻点나 기타의 点星法에는 삼수변을(氵) 三畫으로 임금왕(王)을 四畫으로 **筆畫法**을 사용해야 하는 것이다. 왜냐하면 点은 점복(卜)이다. 어느 물체 「|」에 점 「丶」이 찍힌 것을 보고(점은 나타난 것) 卜 입(口)으로 말한다. 「占」는 것이 점점 字이다. 六義法의 해설에서 설명한 바와 같이 더할익(益)字는 그릇(皿) 위에 물(水)을 부으니 그릇이 가득찬다하여 더할익 字라 했는데 여기에서 다시 넘칠일(溢) 字를 보면 그릇 위에 물을 담는데 그 옆에 삼수변(氵) 물을 加하면 그릇에 물은 넘칠 것이다. 그리하여 넘칠일 字(溢)가 되는 것이다. 正字로 (水益) 이와같이 쓸수 있는 불편을 덜기 위하여 내천(川) 字를 본따서 삼수변(氵) 석점물수(水)字로 한 것이다.

삼수변(氵)을 四畫으로 義畫法을 적용해야 한다는 것은 재언의 여지가 없는 것이다. 그렇기 때문에 삼수변(氵)에 속하는 한자는 어떠한 글자든지 액체의 뜻으로 되어 있는 문자들이요, 쇠금(金), 임금왕(王)(玉) 돌석(石)변에 속하는 한자는 모두가 고체의 뜻으로 되어 있는 문자들이다. 이와같이 영구불변의 字源이 있음으로 그에 속한 五行이 정해지는 것이다. 字畫의 사용법에 대하여 第一章初에 기록이 있기는 하나 변부의 義畫法과 筆書法으로 인하여 변동되는 畫數를 명확히 하기 위하여 義畫別로 기술해 보기로 하겠다. 단 附言해두고자 하는 것은 姓名學에 있어서는 性字가 천(하늘)의 위치에 속하는 것이요(天王), 祖上이요, 父(아버지)에 속하는 것이기 때문에 姓氏에서 王氏(王某氏 등의 경우)에 사용되는 문자의 경우에는 四畫으로 계산하는 것이다. 즉 王(임금왕)字가 單獨으로 쓰이면서 「왕」發音을 적용할 때를 말하는 것이다. 한자는 상형이나 發音문자와는 다른 그 義意精神을 함축하고 있는 문자이므로 形畫에 사로잡혀서는 안된다.

이해를 촉구하기 위하여 기본수리의 중요성을 다음과 같이 설명하여 본다.

元圖의 數理   元圖의 가장 중앙에 위치하고 있는 수 41은 소위 1靈4魂(4魂이라함은 인간이 具有하고 있는 4대영혼(幸魂, 和魂, 荒魂, 可魂))으로서 되는 중심 중에서도 대중심수이며, 태극이라고 칭할 수 있는 가장 귀중하고도 중요한 수이다.

지금 그 응용의 일례를 들면 1에서 100까지 중에서 41만은 태극임으로 합산하지 않는 것을 원칙으로 하여 전기 369 중의 300백 중에 있는 41, 141, 241 이상 3數의 3을 빼면 366이 되며 다시 69에 대하여 그 비례로 1의 약 4분의 3 强을 빼면 이것이 1년 365일 5시간 48분 46초와 딱 합치되는 것이다.

이와같이 지구의 운행까지도 계산할 수 있는 81수의 靈力을 인간의 성명에 응용하여 그 운명을 측정하고 혹은 善用하여 운명을 호전케 할 수 있음이 당연지사임은 이 일례로서도 수긍할 수 있을 것이다.

그리고 이 81수에는 각각 일정불변의 영력이 구비되어 있다. 알기 쉽게 환언하면 각수가 갖고 있는 절대적인 의의가 있는 것이다. 예를 들면 일은 만사의 기초이며 일체사물의 시초이며 영구불변하고 절대부동한 근본수이다. 따라서 이 수에는 당연히 시작 두수, 집합, 증가 등의 의의가 구유되고 자연히 독립, 두령, 발전, 부귀, 명예 등의 암시력이 생기는 것이다.

2는 1과 1의 합치이며 즉 陽과 陰의 집합으로서 완전히 화합하는 힘이 결여되어 따라서 분리되기 쉽다는 의의가 있다. 결국 이 수는 불완전, 불철저, 분리, 불구 등의 유도력이 생기고, 3은 1陽2陰이 합한 확정수이며, 일절겸비의 의의가 있으므로 자연히 권위, 지달, 부영 등의 영력을 발휘한다. 4는 불완전수 2가 두개 합한 수이며 또는 1과 3의 합수로 보아도 陽陽이 되어 化合天理에 역행하므로 더한층의 兇意를 양성하여 破壞衰滅之象이 되어서 困苦病難 혹은 逆境變轉 등의 암시력이 발생하고, 5는 2陰3陽이 同化하여 생성되고 基數의 중심에 위치하여 상하좌우를 統轄하는 수이므로 그 암시는 당연히 尊敬有德 榮譽圓滿 등의 吉祥力이 되어서 발현되는 것이다.

다음 6에 관해서는 약간 복잡한 의의가 함유되어 있다. 즉 1에서 10까지의 기본수 개개의 음양은 물론 1陽 2陰 3陽 4陰 5陽 6陰 7陽 8陰 9陽 10陰이 되지만 이 陽中에도 陰이 있고 陰中에도 陽을 함유하는 것이 우주조화의 진리이다. 이런 의미에서 기본수를 총괄적으로 양과 음으로 대별하면 1에서 5까지가 양이 되고 6에서 10까지가 음에 속하게 된다. 따라서 총괄적으로 볼때 5基 本數中 양의 極이며 5은 음의 初라고 하게 된다.

여기에서 6은 음덕이 있으며 또 두수란 의의를 함유하게 되지만 반면에 3과 3 2의 4 혹은 1과 5 등 어느 것의 합수로 보더라도 음양화합이 결여되므로 분리파괴의 흉의도 함유하게 된다. 따라서 6과 16은 길조의 암시력을 발휘하나 26 이하는 破亂變經의 유도력을 발생하기에 이른다.

7은 5의 盛運에 2의 破運이 합하고 또는 3의 성수에 4의 대흉수가 부가되어서 생성한 수인 관계상 내면에 있어서 이 吉凶兩極端의 靈意가 서로 극제하여 서로 화성하는 결과 당연히 權威剛頑의 암시력이 생기고 강렬한 정력불굴의 기력이 발생되는 것이다.

8은 4의 파멸수를 겹친 수인 동시에 5의 성덕과 3의 지력이 합친 수이다. 따라서 이 수 역시 각종의 영력이 화합하여 강고한 의지를 조작하고 강건진취의 기력이 양성되어 노력매진의 암시력이 발생되는 것이다.

9는 양수의 끝 수이며 또 기본수 중의 궁극수이나 陽德으로 인하여 智力活動은 있으나 終極의 뜻이 깊은 관계로 窮迫不遇, 孤獨, 徒榮의 유도력을 발현하여 흉화를 被蒙함도 難免한 數理의 歸結이다.

10은 기본수 終數이고 음의 최극이며 零의 위치에 있는 수이다. 따라서 그 의의는 공허 멸망이 됨은 진실로 당연하며 각 數中 가장 피하는 흉암시가 되어서 발생하는 것도 불가피한 수리적 약속이다. 연이나 數理順還이 우주의 법칙이며 死輪은 또다시 태생의 시초가 되는 것도 또한 자연의 순서이므로 이 空虛零位의 10수가 겹칠 경우에도 의외의 轉回를 양성하는 수도 드문드문 있는 일이다.

11이상 각수가 합유하는 의의영력도 기본수가 갖는 영의의 離合化育에 의하여 발휘되는 것이 여기에 일일히 설명하려면 대단히 번잡하므로 생략하지만 81수에는 어느 것에나 후술과 같이 확실한 유도력이 있어서 그것이 성명의 각 부분에 함축되어 주야로 언제든지 간단없이 암시를 부여하고 있다. 결국 설령 당사자가 그것을 자각하였거나 말았거나를 불구하고 不知不識간에 數意대로 심신이 지배되고 혹은 운명을 좌우당하는 것이다.

五. 五行解說

木 水 木 ● 성공이 순조롭고 希望平達하며 향상발전하여 隆昌한다. 基礎安泰하고 심신이 건전하여 장수하는 吉配置이다.

木 木 火 ● 성공이 순조롭고 지장이 없으며 향상발전하고 기초운과 경우가 다 安泰하여 평생 행복 번영하고 장수를 향유하는 길배치이다.

木 火 土 ● 성공이 순조롭고 지장이 없으며 향상발전하고 경우에는 强固하여 磐石위에 섰음과 같이 대단히 安泰하여서 장수 행복을 향유한다.

木 木 水 ● 일시적으로 난관은 있다하나 순조로히 성공발전하며 칠전팔기하여 晩器大成 할수 있는 길배치이다(혹자는 불길이라 하나 무지에서 하는 말이다).

木 木 金 ○ 성공운은 있으나 박해가 많고 전전이동하게 되어 평안하지 못하다. 手下者로 인하여 손실있음. 뇌 또는 흉부에 질환이 발생한다.

木 火 木 ● 上位者의 후원이 두터워 순조로히 성공발전하며 기초가 强固하고 경우 安泰하여 자손번영하며 심신이 건강하여 장수행복을 얻는 길배치이다.

木 火 火 ○ 순조로히 성공발전을 하나 내구력이 부족한 결점이 있으므로 방심하여 실패를 초래하여 실의와 병약에 陷入할 우려있음.

木 火 土 ● 상위자의 후원을 받아 순조로히 성공발전하며 기초운이 强固不動하고 심신이 다 평안하며 장수행복을 향유하는 이상배치이다.

木 火 金 ○ 일시 순조로히 성공발전을 하나 기초가 불안정하여 가정적 불행이 많으며 또 뇌 및 호흡기 질환이 발생하기 쉬운 惡배치이다.

木 火 水 ○ 일시적 성공은 하나 불안정하며 불시의 災厄있음. 의외의 厄禍로 急變急死가 발생하는 대단히 위험한 흉배치이다.

木 火 木 ● 음양이 화합하여 家道暢達할 것이며 부모의 덕은 없다하나

필히 자수성가하는 길배치이다(혹자는 불길오행이라하나 오행에는 반드시 뜻이 있으므로 土가 중심이고 天은 木이니 土에서 木이 生하고 또 地는 木이니 根이 生하므로 吉오행이다).

木土火 ● 上位者와 후배의 후원이 두터워 순조로히 상승발전하여 경제 명예를 득하니 길배치이다. 木은 土를 만나 뜻을 이루고 土는 아래로 火를 맞아 거름을 만났으니 天地의 조화를 이룬 오행배치이다.

木土土 ○ 성공운이 억압되어 발전하지 못하며 불평, 불만이 생기고 호흡기 또는 복부의 病難을 초래하며 혹은 가정의 불화, 불행으로 고뇌한다.

木土金 ● 赤手空拳으로 사업 또는 실업방향에 발전향상하여 여러사람으로 존경과 덕망을 얻어 貴人之格의 길배치이다. 단 배우자가 여자인 경우 觀骨이 산봉오리와 같이 높으면 주권을 빼길 염려가 있다.

木土水 ○ 성공운이 억압되어 不信難晩 특히 急變轉落遭難을 발생하고 불의의 변사 초래할 수 있음. 輕하면 복부질환을 발생한다.

木金木 ○ 성공운이 희박하고 고심곤란하게 된다. 심신이 과로하며 혹은 뇌를 침범당하고 또는 조난·불구가 될 위험성이 있음. 가정으로도 불행, 재액이 많다.

木金火 ○ 성공운이 희박하며 기초 또한 불안정하여 신경쇠약, 호흡기 질환을 발생하며 심하면 발광, 자살 혹은 조난, 변사하는 兇禍를 발생한다.

木金土 ○ 성공운이 희박하나 노력으로서 어느 정도의 발달을 할 수 있다. 그러나 심신이 과로하여 불평과 병난을 초래할 수 있다. 境遇는 안정하다.

木金金 ○ 성공운이 희박하고 頑迷過剛하여 不和爭論을 발생하고 혹은 비난, 조난, 고독에 陷入하고 심하면 腦를 침범당하여 家庭破亂이 생긴다.

木金水 ○ 성공운이 희박하고 항상 번민과 불안이 있음. 특히 급변,

몰락의 비운을 발생하고 혹은 뇌출혈 기타 病·遭難으로 급사하기도 한다.

木水木 ● 성공운이 순조롭고 경우 역시 안전한 길배치이다. 數理가 흉하면 病難, 단명 혹은 가정에 불행번민이 생기기도 한다.

木水火 ○ 일시적 성공발전은 있으나 기초가 불안정하여 急變, 急禍가 생기고 병조난, 변사 등의 우려가 있으며 또는 처자에 불행이 생기는 흉배치이다.

木水土 ○ 일시 성공안정되는 수도 있으나 점차 붕괴실패하게 되고 기초 역시 돌변급변이 생겨 조난, 병난, 不慮의 재액 입기 쉽다.

木水金 ○ 성공 순조롭고 기초가 안정되어 財命을 얻는 배치이지만 數理가 흉하면 불평불만이 생기고 뇌를 상하여 병약하게 된다.

木水水 ○ 일시 성공이 순조로우나 파란이 생기고 변전을 양성하며 혹은 병난, 가정의 불행이 있음. 우연이나 비상한 豪富長壽者가 되는 수도 있다.

火木木 ● 향상발전 현저하고 목적사를 쉽게 관철, 성공하며 기초경우가 다 安泰하여 장수, 행복을 향유하는 길상배치이다.

火木火 ● 성공이 순조로워 향상발전 현저하여 목적을 수행관철하며 기초경우 安泰하고 심신이 건전하여 장수 富榮을 향유하는 길배치이다.

火木土 ● 향상발전 현저하고 용이하게 성공부귀하게 되며 기초운 역시 반석위에 섰음과 같이 不動安泰하고 심신이 健和하며 장수하는 길배치이다.

火木金 ○ 일시적 성공하나 경우가 불안정하여서 전전이동이 생기고 박해가 많아서 심신이 과로하여 뇌 또는 흉부의 질환이 생기기 쉽다.

火木水 ● 天人地를 겸비하고 다소의 풍파는 있다하나 不動安泰하고 심신이 健和하여 목적을 달성하여 積小成大할 길배치이다. 오행도 木이 중심이며, 이 木은 火를 맞아 태양의 덕을 보아 왕성하고 木은 水를 맞아 生하리라.

火火木 ● 盛運隆昌 助力者 또는 공동자를 얻어 순조로히 成功發伸하

고 기초가 强固安定하여 심신이 건화하며 장수, 榮譽하는 길배치이다.

火火火 ○ 급진적 盛運을 얻어 성공발전하나 기초가 薄弱하여 내구력이 부족하므로 방심하여 실패실의를 초래할 염려가 있으니 경계심이 필요하다.

火火土 ● 향상과 발전의 의의는 충천하다. 성품이 급하면 만사에 불길하니 침착성 있는 태도를 수양하면 대길하리라. 단 배우자가 여자인 경우 觀骨이 높으면 성공에 박해가 많고 단명할 염려가 있다.

火火金 ○ 일시적 성공발전하나 내면에 불안이 있어서 심신이 과로하여 뇌 또는 호흡기 등을 침범 당하고 혹은 처자를 극하는 흉배치이다.

火火水 ○ 대단히 불안전한 운명으로서 의외의 변사가 생겨서 財命을 상실할 우려가 있다. 특히 뇌출혈, 심장마비 등으로 급사하기도 한다.

火土木 ○ 上位者의 후원 또는 夫祖의 餘德을 받아 성공 발전할 수 있으나 기초가 불안정하여 변동이 많고 복부, 위장 등에 질환이 생긴다.

火土火 ● 父祖의 餘德 또는 상위자의 후원을 얻어 성공발전하며 기초가 安泰하여 災厄을 모면하며 심신이 건화하여 장수, 행복을 향유하는 길배치이다.

火土土 ● 上位者의 후원 또는 父祖의 여덕으로 순조로이 향상발전하고 경우 역시 安泰하며, 심신이 다 건화하여 장수, 행복을 향유한다.

火土金 ● 祖父의 餘德, 친지와 上位者의 후원, 처가의 협조로 익익발전하여 정치의 대망을 이룰 수 있는 호길배치의 오행이다. 평소 덕을 쌓으면 일층 향유할 것이다.

火土水 ○ 父祖의 餘德 또는 上位者의 후원으로 일시 성공안정을 얻으나 급변몰락할 우려가 있으며 또 病遭難이 생기고 급사하기도 한다.

火金木 ○ 운명이 억압되어 불성공하며 不遇失意를 초래하고 처자를 喪夫며 호흡기가 상하고 혹은 발광, 변사 또는 조난, 불구가 되는 흉화가 있는 악배치이다.

火金火 ○ 운명이 억압되어 不伸하며 기초가 불안정하다. 뇌를 상하고 혹은 폐를 침범당하며 심하면 발광, 조난, 不慮의 변사 등을 초래하는 흉배치이다.

火金土 ○ 억압불신하여 항상 煩心困難하다. 심신이 과로하여 腦患 또는 肺疾이 생기고 또는 조난이 있다. 경우에는 약간 안정하게 될 희망성이 있음.

火金金 ○ 성공운이 압박되어 발전못하며 불평불화가 생기고 뇌 또는 폐를 손상하며 혹은 조난하며 처자를 상실하고 고독 불우하게 되는 흉배치이다.

火金水 ○ 성공운이 억압되어서 불신불우하고 뇌출혈, 심장마비 혹은 조난 등으로 급사를 초래할 우려가 있고 破亂兇禍가 많은 악배치이다.

火水木 ○ 운명이 억압불신하여 亂離困苦가 생기고 급변적 불상사를 초래할 우려가 있다. 그러나 드물게 비상한 성공자가 나는 배치이다.

火水火 ○ 絕對不伸 불안정하며 급변급사하는 재액이 생기고 가정에 亂離, 病遭難있음. 심하면 발광, 자살의 불상사를 발생하는 흉배치이다.

火水土 ○ 운명이 억악불신하여 불성공하며 항상 고심곤란있음. 병조난이 생기며 혹은 가정에 불행있음. 破亂災禍가 많고 평안을 얻기 어려운 흉배치이다.

火水金 ○ 운명이 抑壓不伸하며 고심곤란있음. 병약, 단명하거나 혹은 조난 변사를 발생하고 경우에 몰락을 초래하는 흉배치이다.

火水水 ○ 절대 不伸하여 불성공하며 亂離困苦에 빠지고 병난 급사, 가정에 불행있음. 그러나 드물게 비상한 성공자가 나온 일이 있는 배치이다.

土木木 ○ 외견상 운기가 강하고 양호한 것 같으나 고심곤란이 많으며,

희망목적사의 달성이 대단히 늦은 결점이 있다. 경우에는 약간의 평안을 얻는 배치이다.

土木火 ○ 외견상 운기가 강함 감이 있으나 성공에는 고심곤란이 있다. 그러나 數離가 특히 길하면 발전을 얻어서 경우 역시 평안할 수 있다.

土木土 ○ 성공운이 희박하며 고심곤란을 수반하여 희망달성이 늦은 결점이 있다. 경우 안정함을 얻으나 신경쇠약 기타 병난을 주의할 필요가 있다.

土木金 ○ 성공운이 희박하며 항상 手下者의 압박으로 불안을 느끼며 신경쇠약, 호흡기 질환을 발생할 염려가 있거나 경우 역시 전전이동을 초래한다.

土木水 ○ 성공운이 희박하고 번뇌와 곤란이 있다. 특히 유전파란이 생기고 병난을 초래하며 심하면 급변의 재액으로 財命을 상실할 우려도 있음.

土火木 ● 희망이 平達하여 발전성공하며 기초역시 안정 심신평안하고 행복장수하는 배치이다.

土火火 ● 희망과 목적을 달성하여 순조로운 성공을 기약할 수 있으나 평소 의지가 약할 우려가 있으므로 일층 노력하면 대성할 수 있는 배치이다. 단 夫婦主義者가 되면 더욱 길할 것이다.

土火土 ● 희망목적이 평달하고 용이하게 성공발전하며 기초운 強固安泰하여 심신이 다 건전하고 장수, 행복을 향유하는 완전 길배치이다.

土火金 ○ 성공운이 강하고 희망목적달성이 용이하나 심신이 과로하여 병약하게 되며 또 기초가 불안정하여 가정의 불행이 생기는 악배치이다.

土火水 ○ 일시적 성공발전하나 기초가 불안정하여 돌발적 변사를 발생하기 쉬우며, 특히 병난 조난으로 급사를 초래할 우려가 있는 흉배치이다.

土土木 ○ 성공운이 있으며 발전하나 기초운이 불안정하여 변화이동이 생기기 쉬우며, 또 복부위의 질환 신경쇠약증 등을 초래하기

土土火 ● 의외의 성공발전을 하고 名利를 얻는 運氣가 있다. 기초역시 安泰平靜하여 재액을 모면하여 행복 장수하는 길배치이다.

土火土 ● 이 오행의 배치는 명예와 貴를 떠난 완전한 재벌가로서 사회에 명망이 높을 격으로서 소년시절에는 고생하나 중년이후 대기만성의 길배치이다.

土土金 ● 순조로운 성공운을 발현하여 목적평달하고 재액을 잘 모면하고 경우 安泰, 심신건전하며 행복 장수를 향유하는 완전 길배치이다.

土土水 ○ 성공발전이 일시적이며 기초가 불안정하기 때문에 붕괴실패를 초래하고 심하면 急變急禍를 발생하여 財命을 상실할 우려가 있는 악배치이다.

土金木 ○ 上位者의 후원이 있어 발전성공하나 기초가 불안정하여 처자를 剋하며 혹은 조난, 외상 또는 腦疾이 생기는 위험을 함유한다.

土金火 ○ 상위자의 후원이 두터워 성공발전하나 경우에는 불안정하여 폐 혹은 뇌를 침해당하고 가정적으로도 파란이 많은 흉배치이다.

土金土 ● 상위자의 후원으로 평이하게 성공발전하며 기초운 또한 强固하고 경우 安泰, 심신의 건화를 얻어 장수 幸慶을 보전하는 길배치이다.

土金金 ○ 성공이 순조로운 편이며 가운이 재기하여 일익향상 사회에 명성이 있으나 應品이 너무 강하여 고집에 치우치는 경향이 있으므로 각별히 유의하면 좋다. 단 配置者가 여자인 경우 이마에 큰 흉터가 있으면 단명할 수 있다.

土金水 ● 無一分의 신분으로 대성공하여 衆人仰視하며 자손만대에 餘慶을 전할 뿐더러 장수와 오복을 누리는 길배치이다.

土水木 ○ 운명이 억압되어 不伸하고 徒勞無功하며 심신이 과로 병약하게 되고 항상 불만이 있으며, 또 가정적 불행이 생기고 심하면 단명하기도 한다.

土 水 火 ○ 성공운이 억압되어 불행하며 破亂變動이 많고 처자를 剋하며 혹은 돌발 급변적 재액이 생기고 財命을 상실할 위험이 있는 배치이다.

土 水 土 ○ 성공운이 억압되어 不伸하며 徒榮無功, 경우 역시 불안정하여 不測之災禍가 있다. 특히 뇌출혈, 심장마비 등이 생기기 쉽다.

土 水 金 ○ 성공운이 억압되어 不伸不滿하게 되고 病難 혹은 가족의 생사별이 있다. 경우에는 약간 안정을 얻으나 때로는 急變할 염려있는 흉배치이다.

土 水 水 ○ 성공운이 억압되어 不伸不滿하게 되고 병난 혹은 가족의 생사별이 있으며, 가정에 不幸事 있다. 드물게 비상한 發展者를 내기도 하는 배치이다.

金 木 木 ○ 성공운이 억압되어 不伸하며 불평불만이 있으며 신경쇠약 또는 병약하게 되고, 가정의 불행이 심하면 조난, 불구가 되는 배치이다.

金 木 火 ○ 운명이 억압되어 不伸하고 불평불만한 결과 腦를 침범당하여 발광 또는 폐병이 되고 혹은 단명, 변사하는 兇禍가 생기는 흉배치이다.

金 木 土 ○ 억압되어 불성공하며 심신이 과로하여 신경쇠약, 병난을 발생하여 不遇不滿에 빠진다. 그러나 경우에 따라서 비교적 안정한 배치이다.

金 木 金 ○ 운명이 억압되어 不伸하고 박해가 많으며 항상 불평불만 불안하다. 腦를 상하고 혹은 폐병이 되기도 한다. 경우는 變轉破亂이 많은 흉배치이다.

金 木 水 ○ 운명이 억압되어 不伸하여 失敗流轉하며 불우병약하게 되며 심하면 단명하든가 난치의 질병이 생기는 흉배치이다.

金 火 木 ○ 성공운이 극도로 억압하여 불신불만한 결과 뇌를 상하거나 또는 폐병이 되며 단명, 변사, 자살 등 불상사를 유발한다.

金 火 火 ○ 운명이 억압되어 불성공하여 불안하다. 특히 폐병이 되거나 뇌를 상한다. 심하면 발광, 변사 등 災禍가 생기는 배치이

金火土 ○ 抑壓不伸하여 성공이 곤란하다. 경우에는 약간 안정함을 얻으나 腦 또는 肺를 침범당하여 단명, 발광하는 불행을 초래하는 흉배치이다.

金火金 ○ 운명이 억압되어 불성공하며 심신이 과로하여 병난이 생기고 肺患, 발광 혹은 조난 변사하는 불행이 있으며, 처자를 剋하여 난리가 심한 흉배치이다.

金火水 ○ 운명이 억압되어 불신불성공하며 뇌출혈 발생 혹은 조난 변사 등 극도의 불행을 초래하며 不遇不安에 극심한 대흉배치이다.

金土木 ○ 성공이 순조롭고 희망목적을 달성하기 쉬우나 기초가 불안하여 이동성이 많고 또 위장병이 생기고 가정불화가 되는 우려가 있다.

金土火 ● 의외의 성공발전하에 名利를 달성하고 경우역시 强固平安한 배치이다.
단 數理가 흉하면 뇌출혈 기타 질환을 초래한다.

金土土 ● 순조로운 성공운을 발현하여 목적평달 名利를 얻으며 境遇安泰 재액을 잘 모면하여서 심신이 건화하여 장수, 행복을 보전하는 길배치이다

金土金 ● 순조로운 성공운이 있어서 희망목적을 달성하며 기초가 强固不動하며 심신이 건전하여 장수, 행복, 번영, 융창을 향유하는 길배치이다. 단 배우자의 이마에 흉터 또는 觀骨이 높으면 단명할 염려가 있다.

金土水 ○ 성공운이 있어서 향상발전하고 名利를 얻으나 기초가 불안정하여 돌발적 재화가 많으며 혹은 조난, 외상, 급사가 발생할 우려가 있다.

金金木 ○ 성공발달운은 있으나 過剛함으로 不和爭論이 생기기 쉽고 또 처자를 상실하거나 혹은 조난으로 불구가 될 위험성을 함유한다.

金金火 ○ 성공발달한 운기는 있으나 頑述過剛하여 腦疾 또는 肺疾이

생기고 경우역시 불안정하여 난리, 재액, 변동많은 흉배치이다.

金金土 ○ 성공이 순조롭고 목적달성하며 境遇安固 심신이 건전하나 過剛과 無理를 不愼하면 의외의 조난을 받을 염려도 있다.

金金金 ○ 성공발달의 運氣있으나 頑迷過剛하여 不和爭論이 생기고 고독, 가족의 생사별 혹은 조난하며 禍亂많은 흉배치이다.

金金水 ○ 성공운 있으며 기초역시 한편으로 강한 것 같이 보이나 過剛하기 때문에 不和 고독에 빠지며, 특히 급변몰락을 초래하며 또는 조난의 위험성을 내포한다.

金水木 ● 자력으로 입신출세하여 錦衣歸鄕하여 부모처자와 여생을 안락할 수 있는 길배치이다. 단 배우자가 여자인 경우 觀骨이 높으면 단명할 수 있다.

金水火 ○ 上位者의 후원 혹은 부모의 餘德을 얻어 일시 성공발전하나 기초가 불안하며 처자를 剋하며 돌발급변의 재화가 있는 흉배치이다.

金水土 ○ 성공운 있어 향상발전하나 일시적이어서 점차 붕괴하며 또 병약 단명하거나 혹은 急禍 遭難의 위험성이 있는 흉배치이다.

金水金 ● 상위자의 후원 또는 부모의 餘德으로 의외의 성공발달을 성취하고 기초안전하여 幸慶하며 좋으나 단 數理가 흉하면 약간의 禍災가 있다.

金水水 ○ 부모, 상위자의 혜택으로 향상발전하며 특히 비상한 성공자를 내기도 하나 파란을 양성할 염려 있다.

水木木 ● 상위자의 후원이 두터워서 순조로히 성공발달하며 기초역시 安泰하며 심신이 건전하며 번영, 융창, 장수, 행복한 길배치이다.

水木火 ● 功名榮達하며 주위의 도움과 心德이 양호하여 심히 상위의 원조로 家道興旺할 길배이다. 단 배우자가 여자인 경우(水星) 입술이 풍만하면 일층 榮達이 드높을 것이다.

水木土 ● 상위자의 후원이 두터워 순조로히 향상발전 성공하며 기초운

역시 반석위에 슴과 같이 극히 安泰하여 장수 행복한 길배치이다.

水木金 ○ 성공운이 강하여 항상발전하나 경우 불안정하여 이동을 발생하며 手下者의 박해가 있고 심신이 과로하여 병난 혹은 조난의 재액이 있다.

水木水 ○ 순조로히 성공발달하기도 하나 종말은 流亡失敗하며 困苦心勞가 생기고 경우 역시 이동이 있으며 위험성을 내포한다.

水火木 ○ 운명이 억압되어 성공이 곤란하며 돌발적 재액이 있고 뇌출혈, 심장마비 혹은 조난으로 급사를 초래할 위험성있는 災禍가 많은 배치이다.

水火火 ○ 성공운이 억압되어 불신불성공할 뿐만 아니라 급변적 재화를 입거나 처자 사별 혹은 단명하고 심하면 살상, 변사 기타 극도의 불상사를 발생하는 흉배치이다.

水火土 ○ 억압 不伸 불성공하는 운명으로서 불평불만이 있으며 병난 단명하거나 심하면 돌발 급변적 재화를 입어 변사하기도 한다.

水火金 ○ 운명이 억압되어 不伸하며 기초역시 불안하여 심신을 과로하고 병난을 초래하고 처자를 헨하며 심하면 발광 급사 등의 불행을 발생하는 흉배치이다.

水火水 ○ 最兇配置로서 불신 불성공할 뿐만 아니라 뇌출혈, 심장마비 등을 발생하며 심하면 발광, 살상, 변사 등 극도의 불상사가 생긴다.

水土木 ○ 향상운이 억압되어 곤란 장해많으며 경우역시 불안정하여 위장을 손상하고 혹은 肺患이 되며 파란, 불우, 단명하는 흉배치이다.

水土火 ● 향상발달하여 소기의 목적을 달성하여 強固平安하며 심신이 건화하고 장수와 행복을 향유한다. 이 오행은 土가 主가 되므로 土는 水를 맞아 건조된 土은 생기가 생기고 또 土는 肥인 火를 맞아 생하므로 삼위일체의 조화를 이룬 오행이다. 길배치이다.

水土土 ○ 향상발전에 장해가 많아서 항상 심신이 곤란하며 경우는 약간 안정하나 腸部疾患을 발생하기 쉬우며 혹은 급변적 재액을 발생한다.

水土金 ○ 비상한 대성공을 기약할 수 있으나 過榮와 上位者의 박해가 있을 수 있다.

水土水 ○ 향상발전이 곤란하고 장해가 많으며, 기초역시 불안정하여 급변적 재화있고 急病 急死 또는 조난 변사 등의 위험성있는 흉배치이다.

水金木 ○ 성공이 순조롭고 향상발전하나 기초운이 불안정하여 변동있으며, 처자를 剋하고 혹은 조난, 외상, 불구 등의 위험성을 함유한다.

水金火 ○ 성공운은 있으나 기초가 불안정하여 手下者의 추해있고 過榮하여 폐를 침범당하고 혹은 급병 급사를 발생하기도 하는 흉배치이다.

水金土 ● 순조로운 성공운을 발현하여 희망목적을 平建하고 기초역시 強固平安하여 심신이 건화하고 장수와 행복을 향유하는 길배치이다.

水金金 ○ 소행이 단정하며 부모에 효성이 지극하여 필히 人和合心하며 만기대성한다. 단 남녀를 막론하고 배우자의 손가락이 짧은 경우 농사나 실업종사하면 길하다.

水金水 ● 의외의 성공을 약속할 수 있으나 투기사업을 피하면 반드시 壽福圓滿하여 자손이 成하여 貴子를 둔다.

水水木 ○ 비상한 성공을 하며 경제풍부하나 경우에 따라 不和爭論이 있을수도 있다.

水水火 ○ 방종하고 소행이 불량하여 실패困苦를 발생하며 병약 단명하게 되거나 혹은 돌발 급변적 재화가 있으며, 처자를 상실하고 고독 불우하게 된다.

水水土 ○ 일시적 발전있으나 放縱荒亡을 초래하고 경우 불안정하여 불시적 재액이 많고, 조난, 병난, 가정적 불행이 있으며 혹은 단명한다.

水水金 ● 上位者와 手下者의 후원으로 순조로히 향상발전하여 금의귀 향하여 一家暢達하여 화목할 길배치이다.

水水水 ● 소행이 아주 불량하여 荒亡 流轉 不遇하며 병약 단명 고독한 비운이다. 그러나 가끔 비상한 豪富長壽者 名望家가 나기도 한다.

　이상이 三元五行의 靈動力이며 전술한 바와 같이 1천종이나 되는 배합의 변화를 응용의 편의상 125종으로 요약한 것이며, 특히 먼저 기술한 것은 난해한 점을 피하여 그 대요만을 약술한 것이므로 실제응용에 있어서는 다음에 기재하는 各五行이 표시하는 사상을 참조하여 고려 연구할 필요가 있다. 특히 病감정에 있어서는 의문을 품을 경우가 있을지도 모르므로 一言 주의하여 둔다.

　본래 此種의 학술은 보통 과학과는 달라서 단순히 상식이나 이론만으로는 측정할 수 없다. 따라서 이것을 학습함에 있어서 생리학이나 의학과 같은 식으로 생각하면 반드시 실패하고 만다.

　이 학술의 특질은 과학을 초월한 신비학이며 이론을 떠난 靈術이다. 고로 그 실제의 진가는 이를 수련하고 체득한 자만이 처음으로 확지할 수 있는 것이며, 단순히 책자를 일독하고서 당장에 복잡한 病患까지 적확하게 지적하기는 좀 곤란하다.

　모든 것을 동일한 學理로 교육받은 의학자들도 같은 환자를 진찰할때 그 판정하는 병명이 전연 판이한 예가 있듯이 직접 신체에 접촉하여 진찰하는 의사로 수련여하에 따라 잘알고 못하고가 있다. 하물며 本學과 같은 靈術은 더욱 상당한 능력과 수련이 필요함은 물론이다. 이 점을 오해없도록 충분히 연구가 있기를 바란다.

　다음의 두 표를 참조하여 판정하면 병환의 판단은 반드시 백발백중한다. 즉 三元五行을 인체의 上, 中, 下 삼부분으로 대별하고 그 상극하는 오행이 표시하는 기관을 참조하여 종합적으로 推考하면 절대로 감정을 그릇칠 우려는 없다.

　다만 이 법칙은 한편으로는 복잡한 것 같으나 실제는 五行生剋의 理만 충분히 양해하면 그 응용은 극히 용이하며 또한 흥미진진한 理法이다.

오행이 표시하는 사상

五行	五氣	四季	五方	十干	十二支	五色	八卦	九星	五官	五臟	五味	五音
木	風	春	東	甲乙	宙卯	青	震巽	三碧四綠	眼	肝	酸	牙
火	熱	夏	男	丙丁	巳午	赤	離	九紫	舌	心	苦	舌
土	濕	土用	中央	戊己	丑辰未戌	黃	艮	二黑五黃八白	身	脾	甘	喉
金	燥	秋	西	庚辛	申酉	白	乾兌	六白七赤	鼻	肺	辛	齒
水	寒	冬	北	壬癸	亥子	黑	坎	一白	耳	腎	醎	唇

人體諸機關과의 關係

木	一	筋節, 血管, 肝臟, 神經痛, 眼, 左腹, 手足, 胃腸
	二	筋骨, 呼吸器, 肝臟, 眼, 左肩, 手足, 胃腸
火	三	心臟, 腦, 神經, 頭部, 面部, 眼, 血液
	四	
土	五	脾臟, 腰部, 掌, 指, 左足, 皮膚
	六	脾臟, 胃腸, 右手, 右肩, 節肉, 子宮
金	七	骨格, 背柱, 頭部, 腦, 肺, 皮膚, 右足
	八	口, 齒, 胸部, 肺, 胃, 右腹, 眼, 鼻
水	九十	腎臟, 腰部, 耳

第二章 姓名實際

一. 姓名의 運命作用

흉한 數理의 이름으로 피살되거나 사형 등 극형을 받은 사람들의 실례를 들어본다.

너무나 엄청난 이름의 위력! 왜 이들이 억울하게 살해 당하여야 하였으며, 왜 이들이 엄청난 일을 순간적으로 저질렀고, 극형을 당하고, 젊은 나이에 세상을 떠났는지? 또한 민주화 운동을 하다가 억울하게 젊은 청춘을 등지고 세상을 하직하였는지를 규명하기 위하여 60명의 수리오행상 음령오행상 혹은 글자의 뜻을 규명하여 보았다.

사형수 9명과 5명 그리고 파렴치범, 소위 정치범(민주화운동 학생), 존속 살임범(尊屬殺人犯) 등 각양각색의 형사범을 신문지상을 통하여 자료를 얻어 그 원인을 살펴 보았다.

과학이 아무리 발전한들 조물주의 섭리를 알 수 없으며, 또 불가사의한 자연(自然-이것이 곧 힘이다)의 힘을 능가할 수 있겠는가. 사람의 평균연령을 80이라 한다면 이것은 애당초 조물주가 인간을 창조할때 80의 한계를 기준해서 창조된 것이지 과학적으로 인간은 반드시 80 정도를 살 수 있다는 증거를 제시할 수 있겠는가.

과학은 과학으로서의 한계가 분명한 이상 철학을 과학적인 근거 유무에 신불신(信不信)을 판가름해서는 안될 것이다. 그러나 역(易)은 또 자연현상계의 변화법칙으로 증명하는 과학의 학문이기도 한 것이다.

이 현 부
李 賢 夫
(제七군단장(중장), 50세)

```
貞格      利格      亨格      元格
二六(土)   一一(木)   二二(木)   一九(水)
```

```
         七        一五       四
         李        賢        夫
         土        土        水
              ――(利格)
```

元格 = 一九   成敗格 病惡運
亨格 = 二二   中折格 短命運
利格 = 一一   更新格 再興運
貞格 = 二六   晩達格 英雄運

七군단장의 헬기추락사고 순직

1992年 2月 14日 李賢夫 중장 등(제七군단장) 7명이 헬기의 추락사고로 순직한 바 있는데 그의 작명을 자세히 살펴보면 다음과 같다.

　李賢夫 중장의 성명인 원격 一九수리, 형격 二二수리는 중절격 단명운으로 되어 있고, 정격 二六수리는 만달격 영운으로 좋을 것 같으나 크게 불길하다.

　그 내용을 자세히 살펴보면 많은 사람을 지휘 통솔 한다고는 하나 불운이 사작되면 말년에 조난, 형액, 변사나 흉화 등의 큰 화난을 당하는 격이다. 고로 작명가들은 二六수리는 특별한 경우를 제외하고는 쓰지 않는 것을 원칙으로 한다.

　특히 중년운인 利格의 갱신격 재흥운이 있어 다행히 중장까지는 순조롭게 진급되고 모든 군인들의 선망의 대상이 되기도 하였다.

　특히 수리오행은 水木으로 상생이 되나 음령오행은 두 土가 土극수로 상극을 이루었으니 불길한 작명으로 비참한 최후를 맞이하였으니 작명이 가장 중요한 것임을 새삼 두렵게 느끼게 된다.

조 근 해
趙 根 海
(공군 참모총장)

貞格	利格	亨格	元格
三五(土)	二五(土)	二四(火)	二一(木)

一四	一〇	一一
趙	根	海
金	木	土

二五(利格)

元格 = 二一	自立格 頭領運
亨格 = 二四	出世格 蓄財運
利格 = 二五	安康格 財祿運
貞格 = 三五	泰平格 安康運

공군 참모총장의 순직(고개숙여 명복을 빕니다)

1994년 3월 4일 오후 2시 헬기추락사고로 순직한 조근해 공군참모총장의 성명을 간단하게 추리하여 보면 원격, 형격, 이격, 정격은 흠잡을 것이 없이 잘 지어서 군입대후 승승장구 출세하여 모든 공군들의 선망과 존경의 대상이 되었었다.

수리오행은 木火土로 서로 상생이 되어 있음이 아름답다.

그러나 音靈五行은 金剋木 木剋土로 성명 삼자가 다 서로 상극이 된다.

그리고 성명 석자의 뜻을 보면 조씨의 뿌리가 깊은 바다에 빠져 없어진 형상이다.

※참고 : 그러니 작명을 할때는 수리오행(상생상극)도 중요하겠으나 이름의 깊은 뜻을 더 깊이 생각하여야 한다.

꼭 바다뿐만 아니라 높은데서 추락할 수라고 판단한다.

住民들 불타는 機體서 死體 꺼내

空軍총장 헬機참사 주변

○…공군헬기가 추락한 지점 일대의 백여평 조삼조창리 주민2백여명은 헬기추락직후 폭발위험을 무릅쓰고 소화기 삽 곡괭이등을 들고 올라가 진화작업을 벌였다. 한 주민은 『불길이 채 꺼지지도 않은 기체사이에 낀 시체를 꺼내는데 생존자가 없었다』며 못내 아쉬운 표정. 사고현장은 반경 1백여 m까지 널려 있으며 프로펠러등은 모두 떨어져 나가 기체는 형체만 갖추고 있었다.

군부대 요원들은 마을 주민들이 꺼낸 시체 3구를 앰뷸런스에 실어 일군부대로 옮겼다.

○…대전계룡대공군본부는 3일 오후 「체육의 날」을 맞아 대부분의 직원들이 대운동장에서 체육행사를 갖던중 참사소식을 듣고 믿어지지 않는듯 모두들 사무실에 들어가 자세한 소식을 기다리는 모습이었다.

이날 참사소식이 첫 공군본부에 전해진 시간은 오후 2시경이었다. 공군본부의 한 영관급 장교는 『이날 공군사관학교졸업식에 참관하기 위해 오후 3시경 헬기편으로 철수에 도착할 예정이었으나 도착하지 않았다는 연락을 받고 탑문에 나섰다』며 『사고현장 주민으로부터 산불신고를 받고 이상한 예감이 들어 구조대를 현장에 출동시킨 결과, 참사현장임을 확인했다』고 설명.

○…공군총장의 헬기사고와 관련, 이날 오후 3시 학교연병장에서 열기로했던 제42기 졸업및 임관식 예행연습과 오후 6시로 예정된 졸업축하연을 모두 취소.

○…사고직후 헬기의 프로펠러부분은 추락지점에서 50 m 떨어진곳에 뒹굴어 있었고 몸체는 40도각도로 비스듬히 누워있었다.

리부근은 추락지점에서 50 m 떨어진곳에 뒹굴어 있었고 몸체는 40도각도로 비스듬히 누워있었다.

수습된 시체는 일단 인근부대로 옮겨졌다가 오후 6시 5분경 헬기편으로 계룡대로 출발.

- 163 -

탁 명 환
卓 明 煥
(신흥종교 연구가)

貞格	利格	亨格	元格
二九(水)	二一(木)	一六(土)	二一(木)

　　　八　　　　八　　　一三
　　　卓　　　　明　　　　煥
　　　火　　　　水　　　　土

　　　　　　二一(利格)

　　元格 = 二一　　自立格 頭領運
　　亨格 = 一六　　德望格 裕財運
　　利格 = 二一　　自立格 頭領運
　　貞格 = 二九　　成功格 亨福運

종교문제 연구가 보복 피살

신흥종교 문제를 연구해오며 사이비 종교의 비리를 폭로 비판해 오던 탁명환씨가 1994년 2월 19일 집으로 귀가하다가 아파트 2층 집앞에서 괴한들에게 피살당했다.

二一수리는 자립격 두령운으로 대업을 완수하여 부귀공명에 명진사해하는 대길운으로 탁월한 지모와 덕량은 만인의 신망을 한몸에 집중하여 많은 사람을 영도하는 지도적인 지위에 오르게 된다고는 하나

수리오행을 겉으로 보기에는 좋은 수리로 생각되나 二一수리가 둘로 중복될 때는 너무나 수리가 강렬하여 결과적으로 형액 요사 흉사하는 것을 볼 수가 있다.

그리고 수리오행으로 볼때 두 木과 土가 서로 상극을 이루고 있는 점이 불길하다.

또한 밝을 明자와 불꽃 煥자가 둘로 되어 있으니 이름의 火氣가 너무 강렬함이 더욱 흉하여 비명횡사한 것으로 본다. 고로 작명가는 이름을 지을때 불을 뜻하는 글자를 두자씩 넣어서는 안된다.

특정敎 卓明煥씨 피습 死亡 아들과 함께 귀가길 "TV출연말라" 협박

신흥종교문제를 연구해오며 사이비종교의 비리를 폭로, 비판해오던 卓明煥씨는 피습을 당한 이날도 민주당 姜秀淋의원등과 함께 의정부에 다녀와 헤어진뒤 아들과 함께 귀가하다 로 집앞에서 변을 당했다.

卓씨를 보호하며 귀가하던 아들 지원씨(23)는「아파트앞에 차를 주차시키고 2층으로 올라오니 먼저 들어가셨던 아버지가 목과 머리가 칼에 찔린채 신음하고 있었으며 계단으로 올라오는동안 수상한 사람을 보지못했다」고 말했다.

김 중 철
金 重 撤
(전과 6범)

貞格	利格	亨格	元格
三三(火)	二四(火)	一七(金)	二五(土)

八　　　九　　　一六
金　　　重　　　撤
木　　　金　　　金

三四(利格)

元格 = 二五　　安康格　財祿運
亨格 = 一七　　勇進格　暢達運
利格 = 二四　　出世格　蓄財運
貞格 = 三三　　登龍格　隆盛運

병원장 부인 폭행 통정(通情) 폭로 위협

　이 사람의 친구가 경영하는 무허가 복덕방을 출입하다가 친구인 박모씨로부터 모병원장 부인을 소개받아 정을 통한 후에 거액의 돈을 뜯어내고도 또 금품을 요구하다가 피해자인 병원장의 부인 고발로 형사입건 되었다.
　수리오행은 모두 잘 배치 되어 있으나 음향오행 木 하나가 두 金으로부터 상극됨이 불길하다.
　성명 석자를 해석하여 보면 무거운 金(성을 말함)을 세상으로부터 거두어 드린다는 점이다. 다시 말하면 황금의 진가와 빛남을 보여주므로써 많은 사람으로부터 선망의 대상이 되어야 하는데 이와 상반되게 금을 거두어 드려서 창고에 넣는다는 뜻이 작명상 크게 잘못되어서 부득이한 환경과 처세로 전과 6범이란 멍에를 거머쥐게 되었다.
※참고 : 작명하는데는 수리오행과 음향오행도 중요하지만 그 글자와 이름의 뜻을 고려하여 작명을 해야 한다는 교훈을 주고 있다. 차라리 맑을 철자를 썼으면 이렇게 불운을 겪지는 않았을 것이다.

복덕방 출입 病院長부인 폭행

"通情폭로" 금품뜯어

서울시경은 무허가부동산 중개소를 차려놓고 이곳에 드나들던 병원장부인과 정을 통한뒤 폭력을 휘두르며 돈을 뜯어온 金重撤(35·전과 6번·京畿도 議政府시 議政府 3동)朴鎭國씨(36·전과 10번· 서울瑞草구瑞草3동)등 2명을 7일 폭력행위등처벌에관한법률위반혐의로 구속했다.

경찰에 따르면 金씨는 지난 1월 朴씨가 瑞草洞에차린 한진개발이란 무허가 부동 산중개업소에 드나들던 복부인 (43·서울모병원장 부인) 朴씨로부터 소개받은뒤 미국에서 박사학위를 딴 성형외과의사라고 속이고 접근, 수차례에 걸쳐 정을 통해왔다는 것이다.

金씨등은 이를 미끼로 두차례에 걸쳐 3천3백만원을 뜯어냈으며 자기들의 요구를 거절하는 피해자를 5008차례 태워 끌고다니며 담뱃불로 허벅지를 지지는등 폭행까지 해왔다는 것이다.

金씨는 또 간통사실을 자기 부인이 알게됐다며 이혼 위자료명목으로 줄 50억원을 요구하며 계속 협박하다 견디다 못한 피해자의 신고로 경찰에 붙잡혔다.

사업실패 비관 飮毒

一家 4명 동반자살

19일 京畿果川시別양동 주공아파트 3단지 310동407호 姜用熙씨(36·보험대리점 경영)집에서 姜씨와 姜씨의 아내 金義順씨(31), 아들 宇信군(5)등 일가족 4명이 숨져 있었다.

姜씨 일가족은 모두 입에 거품을 물고 있는 채 숨져 있는 것을 姜씨의 숙부 姜丞源씨(50·果川시文原동15의114)가 발견했다. 상처는 전혀 발견되지 않았다.

姜씨에 따르면 이날 이 옷 주민들이「姜씨 집에 전화를 해도 받지를 않는다」고 연락해와 조카 姜씨집으로 가 안으로 잠겨있는 문을 뜯고 들어가보니 姜씨 일가족이 모두 숨져 있었다는 것이다. 姜用熙씨는 거실 소파에서 머리를 뒤로 젖히고 앉아 있었으며 金씨는 남편 姜씨옆에 앉아 모로 쓰러져 숨져 있었다.

주변사람들의 말에 따라 종류를 알수 없는 약물을 함께 마시고 동반자살한 것으로 보고 수사를 벌이고 있다.

- 167 -

김 의 순
金 義 順

<table>
<tr><td>貞格
三三(火)</td><td>利格
二〇(水)</td><td>亨格
二一(木)</td><td>元格
二五(土)</td></tr>
</table>

八　　　一三　　　一二
金　　　義　　　順
木　　　土　　　金

二〇(利格)

元格 = 二五　　安康格 財祿運
亨格 = 二一　　自立格 頭領運
利格 = 二〇　　空虛格 虛妄運
貞格 = 三三　　登龍格 隆盛運

　남편사업 실패로 한가족 4명이 자살한 사례(앞의 것과 같음)
　수리오행으로 볼때 水火 상극에 木剋土로 전부 좌충우돌격이고, 음령오행도 말년이 木剋土로 두 오행이 상극으로 구성되어 있다.
　중년 二一수리로서 자립격과 두령운이다. 이 수리는 남자에 한하여 쓸 수 있는 아주 강렬한 수리이다. 특히 여자가 二一수리를 쓸때는 99%가 과부가 되는 것을 볼 수가 있다.
　역시 중년 二〇수리도 작명대상자인 남녀를 막론하고 작명학자들은 이 수리는 절대로 쓰지 않는 것을 원칙으로 하고 있다.
　이 수리는 공허격 허망운으로서 매사가 뜻대로 성사되지 않고 운세가 空虛하며 심신이 허약하고 육친이 무덕하며 부부 자녀간에 생사 이별하거나 고질병 혹은 형액, 변사 등의 작용을 하게 된다.
　특히 三三수리도 세 남편과 생별 사별을 거듭하는 수리이다.

강 용 희
姜 用 熙

貞格	利格	亨格	元格
三二(木)	二二(木)	一四(火)	一八(金)

九 姜 木
五 用 土
一三 熙 土

二二(利格)

元格 = 一八   發展格 隆昌運
亨格 = 一四   離散格 破壞運
利格 = 二二   中折格 短命運
貞格 = 三二   順風格 旺盛運

한집안 식구 4명이 동반자살

1992년 4월 19일 사업실패(보험대리점)를 비관하여 일가 4명이 음독 동반 자살하였다.

특히 수리오행과 음령오행이 전부 상극으로 되어 있고 또한 수리오행으로 볼때 二二수리는 중절격 단명운으로서 가족이 전부 흐터지거나 중도에 좌절하지 않으면 실패, 곤고, 형액, 조난, 육친무덕하고 심지어는 중병으로 고생을 하거나 단명하는 흉한 수리이다.

一四수리는 이산격 파괴운으로서 일시적인 성공을 거둘 수도 있으나 가정적인 혹은 사업적인 불운을 초래하여 부부 자녀와 서로 이별하거나 사별할 수도 있고 혹은 타향에서 천신만고로 고생하는 수리이다.

그러나 말년운이 三二수리로서 순풍격 왕성운으로서 일시적인 역경을 참고 이겨 냈더라면 부귀영화를 누렸을 것이다.

※참고 : 이름을 지을때는 二二, 一四수리는 절대로 넣어서는 안된다는 사실을 실증한 예이다.

김 홍 한
金 烘 漢
(제二군사령관, 54세)

```
  貞格      利格      亨格      元格
  三三(火)   二三(火)   一八(金)   一五(土)
```

```
     八         一〇        一五
     金         烘          漢
     木         土          土
              二三(利格)
```

元格 = 一五   聰明格 智達運
亨格 = 一八   發展格 隆昌運
利格 = 二三   革新格 旺盛運
貞格 = 三三   順風格 旺盛運

제二군 사령관의 헬기추락사고 순직사고
 1984년 7월 12일 헬기를 타고 대간첩 작전 태세를 확인하러 가던 제二군 사령관 김홍한 대장이 기상악화로 헬기가 추락하는(추풍령) 바람에 애석하게 순직하였다.
 金烘漢이란 성명을 해석하여 보아도 작명의 기본법인 원격, 형격, 정격, 이격 이 네가지가 잘 구성되어 있는 관계로 군입대후 순조롭게 진급하여 대장이란 四星將軍에 올라 제二군 사령관이 되었다.
 이름자체 수리오행이 두 火가 金과 서로 상극이 되어 있으니 강렬한 불로 쇠를 녹이는 형상이다.
 음령오행으로 보면 성명삼자가 木剋土 전부 상극으로 이루어져 있음이 불길하고, 이름자 글자체를 보면 水극火 상극으로 되어 있음이 애석하다. 金이 불과 물로 인하여 피해를 당하는 형상이다.
 ※참고 : 그러니 이름지을 때는 이름 글자의 뜻을 다시 한번 살펴보고 작명할 때는 세심한 주의가 필요하다.

이 명 진
李 明 眞

貞格	利格	亨格	元格
三三(火)	二五(土)	一五(土)	二六(土)

		二六
七	八	
李	明	鎭
土	水	金

二五(利格)

元格 = 二六　　晩達格 英雄運
亨格 = 一五　　統率格 福壽運
利格 = 二五　　安康格 財祿運
貞格 = 三三　　登龍格 隆盛運

성폭행 범인이 보복 살인

　강간치상 등 전과 3범 朴炯澤은 이명진 여사의 딸(17세)를 야산으로 끌고가 강제로 성폭행하고 고발당하여 3년간 옥고를 치루고 이명진씨를 찾아가 살해하였다.
　二六수리는 만달격 영웅운이라고는 하나 특히 여자의 경우는 이 수리를 넣어서 작명하는 것이 아니다.
불운이 시작되면 조난 형액 변사 被禍되며 또한 가정운이 불운으로 남편과 자식 등을 생이별하거나 죽어서 헤어지는 불길한 수리이다.
　그리고 여자의 경우 남편을 세 사람이나 사별하는 큰 재난을 당하는 흉한 수리이기도 하다.
※참고 : 글자의 뜻을 보아도 복숭아 나무가 쇠로부터 찍히는 형상이므로 작명할 때는 세심한 주의를 하여야 한다.

박 형 택
朴 炯 澤

貞格	利格	亨格	元格
三四(火)	二三(火)	一七(金)	二八(金)

六　　　　一　　　　一七
朴　　　　炯　　　　澤
水　　　　土　　　　火

二三(利格)

元格 = 二八　　風波格　波瀾運
亨格 = 一七　　勇進格　暢達運
利格 = 二三　　革新格　旺盛運
貞格 = 三四　　變亂格　破滅運

고발당한 성폭행범으로 보복살인

朴炯澤은 파렴치 3범으로 여고생을 성폭행하고 고발되어 3년간 형무소 생활을 마치고 1988년 12월에 출옥하여 이와같은 사고를 저지른 자이다.

수리오행상으로 火火, 金金으로 전부상극이 되어 있고, 水土, 水火로 음령오행도 상극으로 구성되었다.

원격, 형격, 이격, 정격도 네가지가 너무나 강렬하다.

二八수리는 풍파격 파란운으로 사회적으로도 파란곡절이 많고 가정운도 부부 자녀와 상별하고 형액, 광중, 패가망신 등의 흉운이다.

三四수리는 변란격 파멸운으로서 매사가 순조로이 되는 일이 없고, 二八수리와 비교할때 더 불길한 수리이다.

※참고 : 작명을 할 때는 이와같이 너무 지나치게 강렬한 이름을 지어서는 안된다는 것을 교훈삼아야 한다.

性폭행범이 보복殺人

출옥후 피해 女高生어머니 난자

경찰에 따르면 朴씨는 지난 8일낮 12시반경 李씨집에 침입, 빨래를 하던 李씨를 흉기로 난자해 숨지게 하고 뒤 당시 복역, 88년 12월 출소한 朴씨의 친구 金모씨(61·여)와 앞집 石모씨(25·대학4년)에게도 30cm를 입히고 달아났다.

朴씨는 86년9월24일 길가에서 우연히 만난 李씨의 딸 石모양(당시 17세·여고1년)을 京畿道富川시 驛谷洞 야산으로 끌고가 강제로 욕보였다가 李씨의 고소로 수사를 펴던 朴씨를 유력한 용의자로 지목, 행적을 추적해오다 幕았다.

法務部인살해사건을 계기로 검찰과 경찰이 피해자와 증인의 신변보호및 안전대책 마련에 부심하고있는 가운데 여고생 성폭행범이 출옥후 피해자 가족을 보복 살해한 사실이 뒤늦게 밝혀졌다.

지난8일 발생한 서울銅雀구 鷺梁津2동270 李明眞씨(56·여·보험대리점대표)피살사건을 수사중인 서울노량진경찰서는 朴阿澤씨(30·강간치살등전과3범)를 이사건의 범인으로 구속, 25일 살인 혐의로 구속영장을 신청했다.

다우연히 만난 李씨의 딸 경찰은 범행수법이 잔인해 보복살인 가능성이 큰 것으로 보고 李씨주변을 중점으로 수사를 펴던중 朴씨를 유력한 용의자로 지목, 행적을 추적해오다 幕았다.

朴씨는 당시 李씨에게 『합의만 해주면 고소를 취하해 달라』고 욕구했으나 거절당해 3년형을 선고받고 복역, 88년12월 출소한 뒤 당시 石양이 다니던 安養시내고교에 찾아가 질주소 이사간 李씨를 동사무소등을 통해 계속 추적했다는 것.

朴씨는 출소후 石양이 이사간 李씨를 동사무소등을 통해 계속 추적했다는 것.

분신자살 기도

勞組委員長 숨져

분신자살 기도, 중화상을 입고 慶北清道郡華陽邑 대남병원에서 치료중이던 清道郡清道邑無等동3336의4 메리야스제조업체 (주) 주신기업(사장 金성환)노조위원장 崔泰九씨(22)가 임원 7일만인 14일 새벽2시5분경숨졌다.

회사측이 노조결성을 이유로 자신을 비롯한 노조간부 8명을 해고한데 항의 옥상에서 너를 붓고 분신자살을 기도했었다.

최 태 구
崔 泰 九
(분신 자살)

貞格	利格	亨格	元格
二九(水)	二〇(水)	二〇(水)	一八(金)

　一　　　　九　　　　九
　崔　　　　泰　　　　九
　金　　　　火　　　　木

二〇(利格)

元格 = 一八　　發展格 隆昌運
亨格 = 二〇　　空虛格 虛妄運
利格 = 二〇　　空虛格 虛妄運
貞格 = 二九　　成功格 亨福運

노조위원장으로 분신자살한 사람

　메리야스 제조업체에서 노조위원장으로 일하다가 뜻대로 계획이 추진되지 않고 또한 회사로부터 해고당한데 항의하다가 전신에 기름을 뿌리고 분신 자살하였다.

　수리오행에 三水(물셋)가 있어 水旺한데 金 하나로 되어 있으니 金沈水底로 되어 있음이 불길하고, 음령오행도 火金 상전을 이루고 있어 설상가상로 불행한 수리이다.

　형격 二〇, 이격 二〇은 공허격 허망운으로서 최악의 불운을 초래하는 수리이다.

　이 내용을 보면 모든 일이 쇠퇴하고 심신이 허약하며, 육친이 무덕하고 부부 자녀간에 생별 사별을 거듭하며 형액, 변사, 단명할 수리이다.

　이 불길한 중년을 참고 지냈더라면 말년에 성공격 형복운으로 부귀영화를 누리었을 것인데 애석하다.

김　　하　　진
金　　河　　珍

貞格　　利格　　亨格　　元格
二七(金)　一八(金)　一七(金)　一九(水)

八　　　　九　　　　一〇
金　　　　河　　　　珍
木　　　　土　　　　金

一八(利格)

元格 = 一九　　成敗格 病惡運
亨格 = 一七　　勇進格 暢達運
利格 = 一八　　發展格 隆昌運
貞格 = 二七　　大人格 中折運

삼강실업 영업조장인 김하진의 살인사건
　원격 一九수리는 성패격 병악운으로 매사가 중도에 실패하게 되고 부부의 인연이 박약하며 육친의 덕이 없고 형액, 조난, 불구, 廢疾, 단명 등의 흉운을 초래하게 된다.
　특히 二七수리는 대인격 중절운으로서 매사가 중도에서 좌절되고 실패, 곤고, 조난, 형액 또는 불구, 단명, 부부간에 생사 이별 등 파란만장하게 살아가는 최고의 흉한 수리이다. 그리고 음령오행도 木剋土로 상극을 이루고 있다.
　이름의 뜻도 김하진은 보배와(珍) 쇠(金)가 깊은 물에 빠져 버리는 형상이다. 그러나 작명에는 그 이름 자체의 뜻도 신중하게 심사숙고 하여야 한다는 교훈이다.

崔 信 九
최 신 구
(피살자)

貞格	利格	亨格	元格
二九(水)	二〇(水)	二〇(水)	一八(金)

```
 ―          九          九
 崔          信          九
 金          金          木
```

二〇(利格)

元格 = 一八   發展格 隆昌運
亨格 = 二〇   空虛格 虛妄運
利格 = 二〇   空虛格 虛妄運
貞格 = 二九   成功格 亨福運

구포 관광나이트클럽 영업부장 피살사건
1990년 3월 6일 조직폭력배 3명으로부터 피살되었다.
　형격 二〇, 이격 二〇 수리는 일시적인 성공이 있을지라도 불운이 시작되면 매사가 성사되지 않고 부부자녀간 생별 사별을 거듭하고 고질병이 있거나 형액, 변사, 단명 등 극히 흉한 수리이다.
　수리오행은 金 하나가 三水에 빠져 가라앉아 있는 형상이며, 바로 이것이 물에 빠져서 다시는 나올 수 없는 이치로 예기치 않은 사고를 저질러 극형을 당하게 된 것이다.
※참고 : 작명을 할때는 二〇수리는 절대로 써서는 안되고, 수리오행도 상생을 원칙으로 하여 오행의 균형을 이루어야 함은 물론 사주의 구성으로 보고 오행의 부족함을 보충하여야 함을 명심하여야 한다.

서 제 홍
徐 濟 弘
(살인범)

```
    貞格      利格      亨格      元格
    三三(火)   一五(土)   二八(金)   二三(火)

      一〇      二八      二三
      徐        濟        弘
      金        金        土
              一五(利格)
```

元格 = 二三　　革新格　旺盛運
亨格 = 二八　　風波格　波瀾運
利格 = 一五　　統率格　福壽運
貞格 = 三三　　登龍格　隆盛運

식당주방에 종사하는 서제홍 사건

　서제홍씨는 1990년 6월 24일에 돈에 쪼달리자 옆집에 사는 정지숙에게 돈을 요구하다가 거절 당하자 살인을 저질렀다.
　二三수리는 불의의 中折 遭難 상부지운으로서 여자는 절대로 피하여야 할 점이다.
　二八수리는 풍파 파란운으로서 부부 자녀간의 서로 이별하거나 형액, 변사, 불구 등의 흉운을 초래하며 특히 육친의 덕이 없고 단명운이기도 하다.
　수리오행도 두 火가 쇠(金)를 녹이는 상극운으로서 불행을 암시하고 있다.
　그러나 중년만 매사를 참고 기다렸다면 말년운으로는 부귀영화를 누리었을 것인데, 순간적으로 불의의 사고를 저지르고 二四세의 젊은 나이에 극형을 받았음이 애석하기도 하다.

<pre>
            김   정   선
            金   正   善

     貞格   利格   亨格   元格
     二五(土)   二〇(水)   一三(火)   一七(金)

          八   五   一二
          金   正   善
          木   金   金

                  一五(利格)

       元格 = 一七   勇進格 暢達運
       亨格 = 一三   聰明格 智達運
       利格 = 二〇   空虛格 虛妄運
       貞格 = 二五   安康格 財祿運
</pre>

택시 운전기사가 여승객 살해

김정선씨는 여자 승객이 여관동행을 거절한다고 흉기로 찔러 숨지게 한 뒤 사체를 유기하였다. 6일후 의정부 경찰서에 체포되었다.

수리오행의 二〇수리는 공허격 허망운이다. 二〇수리의 내용을 보면 한때 성공하더라도 모든 일이 쇠퇴하고 육친이 무덕하며 부부 자녀간에 생별 사별을 거듭하고 고질병이나 모든액이 일어나고 형액, 변사 등의 가장 흉한 수리이다.

음령오행은 金剋木 金剋木으로 전부 상극으로 되어 있어 **좌충우돌**하니 매사를 순리로 풀지 않고 극과 극을 달리는 형상으로 예기치 않은 사고를 저질러 서른살의 젊은 나이에 극형을 받은 이름이다.

※참고 : 김정선의 이름 내용을 보면 바를 정, 착할 선자로서 이름의 자의(字意)는 좋으나 음령오행과 수리오행이 불길하여 결과적으로 불행한 최후를 맞이하게 되었다.

폭력배 칼부림

조직끼리 보복유혈극 4명負傷

△6일 오후 6시경 釜山市 南區廣安4동 세강병원앞길 에서 조직폭력배로 보이는 20 대청년 10여명이 회칼을 휘 두르며 패싸움을 벌여 3명 이 칼에 옆구리등을 찔려 상 처를 입은채 모두 잠적했다.

지난 5일 공기총을 찔려 부에 맞고 숨진 崔仁九(24·구포 관광나이트클럽 영업부장)를 조문하러온 같은 중업원 朴 희진(21) 金상묵(27)등 3 명이 崔씨를 쏘아 숨지게한 金河珍씨(34·삼갈실업현장소 장)의 동료들로 보이는 10여 명 에게 불려나간후 도날에서 칼에 찔려 1주간의 상처를 입 었다는 것이다.

이들은 영안실을 찾아와 『너희들 때문에 형님이 구속 당하게 됐다』며 朴씨등에게 잠시 얘기합자을 요구, 朴씨 등이 따라나가자 갑자기 처럼 에서 길이 30cm 가량의 칼을 꺼내 옆구리 엉덩이들을 마 구 찌르고 대기해있던 스텔 라와 프레스토 600승용차를 타 고 달아났다.

부상한 朴씨등 3명은 세 광병원에서 응급조치한후 동 대대동병원을 거쳐 백병원 에서 최종 치료를 받고 이날 부1시반경 행방을 감췄다.

택시운전사 가살해

서울노량진경찰서는 택시 운전사 金正 善씨(30·京畿道高陽郡神道邑 梧琴리)를 붙잡아 6일 의정 부경찰서로 넘겼다.

金씨는 지난 2일새벽 4시 경 서울龍山區梨泰院동에서 朴英蘭씨(28·술집종업원·서 울銅雀區黑石3동)를 태운뒤 하기위해 흉자 집에있던 鄭 씨를 위협, 『돈을 내놓으라』 고 욕구했으나 鄭씨가 이란 함께 여관을 갔것을 욕했 로 찌르려 위협, 朴씨를 흉기 했다.

옆집主婦 대낮殺害

서울瑞草구瑞草동 금성빌라 집 102호에 세든 徐寅弘씨 (24·식당 방장)가 침입, 강 도를 하려다 반항하는 李씨 의 부인 鄭池淑씨(35)의 목 과 배등 여섯군데를 흉기로 찔러 숭지게 했다.

徐씨는 이날 용돈을 마련 하기위해 흉자 집에있던 鄭 씨를 위협, 『돈을 내놓으라』 고 욕구했으나 鄭씨가 이란 비명을 지르자 鄭씨를 살해 했다.

李모씨(36·토목기사)집에 옆 집 102호에 세든 徐寅弘씨

- 179 -

정 지 숙
鄭 池 淑
(피살자)

貞格	利格	亨格	元格
三六(土)	二九(水)	二四(火)	一九(水)

一七　　　　七　　　　一二
鄭　　　　　池　　　　　淑
金　　　　　金　　　　　金

二九(利格)

元格 = 一九　　成敗格　病惡運
亨格 = 二四　　出世格　蓄財運
利格 = 二九　　成功格　亨福運
貞格 = 三六　　英雄格　波瀾運

　정지숙 주부가 20대 강도에서 피살된 사건
　옆집에 사는 徐濟弘씨로부터 돈을 내노라는 말을 거역하자 35세의 짊은 나이에 흉기로 찔려 피살되었다.
　一九수리는 성패격 병악운으로서 육친이 무덕하고 뜻하지 않는 형액, 조난, 부부 생사이별, 불구, 단명운이다.
　三六수리는 불운이 시작되면 급병, 피살, 과부 등의 역경에 처하게 된다.
　수리오행은 土剋水 水剋火 등으로 상극이 되어 있고, 음령오행으로는 전부가 세 金으로 되어 있어 극과 극을 달리는 흉한 배치이다.
※참고 : 이와같이 성명의 구성상으로 볼때 글자의 뜻은 흠잡을 것은 없으나 이름 전체가 너무나 상극되는 구성이다.

박 영 란
朴 英 蘭

貞格	利格	亨格	元格
四〇(水)	二九(水)	一七(金)	三四(火)

```
    六        一        二三
    朴        英         蘭
    水        土         火

         二九(利格)
```

元格 = 三四　　出世格 蓄財運
亨格 = 一七　　勇進格 暢達運
利格 = 二九　　成功格 亨福運
貞格 = 四〇　　變化格 空虛運

　　택시운전기사에게 피살당한 사건
　1990년 6월 2일 새벽 4시경 술집 종업원 일을 마치고 귀가길에 金正善의 택시를 타고 가던 도중 여관으로 가자고 하는 말을 거절하였다가 피살당하였다.
　三四수리의 변란격 파란운이 되고 四〇수리는 변화격 공허운으로서 이 내용을 보면 매사가 뜻대로 되지 않고 부부이별, 자녀상별, 형액, 패가망신과 夭死할 팔자로 修道하면 큰 화는 면할 수이다.
뜻하지 않은 욕망을 거절당하다가 이와 같은 큰일을 당하여 28세의 꽃다운 젊은 나이에 세상을 떠나게 되었다.
※참고 : 이름의 뜻은 꽃부리 영자와 난초 란자로서 뜻은 좋으나 수리오행과 음령오행이 상극된 점이다. 그러나 이름의 字意도 좋아야 함은 물론이다. 두 오행을 가벼이 여겨서는 안된다.

문 익 환
文 益 煥

貞格	利格	亨格	元格
二七(金)	一七(金)	一四(火)	二三(火)

```
     四            一〇           一三
     文            益             煥
     水            土             土
```

一七(利格)

元格 = 二三   革新格 旺盛運
亨格 = 一四   離散格 破壞運
利格 = 一七   勇進格 暢達運
貞格 = 二七   大人格 中折運

민주투사 70년 징역 확정

문익환 목사님은 일찍이 종교에 귀의하여 명성을 떨쳤으며, 특히 군사정부통치하에서 민주국가 건설을 위한 민주투사로서 여러번 형사입건되어 옥고를 치루기도 하였으며,

또한 밀입국사건 15개월만에 7년 징역을 확정받기도 하였고, 결국 기다리던 통일을 보지 못하고 이세상을 떠났음이 애석하다.

이와같이 자기주의 주장관철을 위하여 과감하게 행동하였던 원인은 二三수리 혁신격 왕성운과 一七수리 용진격 창달운으로 인함이다.

그러나 이와같이 여러번 옥고를 치른 것은 一四수리 이산격 파괴운이 작용함이고 二七수리 대인격 중절운으로 인하여 크게 민주투사로 전세계를 알리게 됨이다.

또한 수리오행도 火剋金 火剋金으로 좌충우돌함이고 음령오행도 土剋水로 상극됨이 더욱 부채질한 원인으로 본다.

文益煥씨 징역 7년

「밀입북」 15개월만에 사법처리 마무리

밀입북사건과 관련해 국가보안법위반혐의로 구속기소된 文益煥(72)에게 각각 징역 7년 자격정지 7년이 확정됐다.

대법원 형사3부(주심 金容俊대법관)는 8일 오후 대법원 1호법정에서 열린 文목사등의 국가보안법위반사건 상고심 고공판에서 피고인들과 검찰의 상고를 모두 기각, 원심을 확정했다.

이로써 文益煥목사 입북사건은 사건발생 15개월만에 사법처리가 마무리됐다.

이번 판결은 정부의 허락없이 북한을 다녀온 徐敬元의원 林秀卿양등 일련의 밀입북사건에 대한 대법원 관례로서 주목된다.

재판부는 판결문에서 「아직도 북한이 막강한 군사력으로 우리와 대치하면서 자유민주체제를 전복할 것을 포기했다는 명백한 징후를 보이지 않고 있는 상황에서 국가보안법이 북한을 반국가단체로 본다고 해서 우리 헌법이 천명한 국제평화주의나 평화통일원칙에 모순되는 법률이라고는 볼 수 없어 국가보안법의 위헌이라는 피고인들의 주장은 이유없다」고 말했다.

재판부는 또 「국가보안법의 지령목적 잠입·탈출 죄에 있어서 반드시 반국가단체나 그 구성원으로부터 직접 지령을 받는 경우뿐아니라 그 지령을 받은 자로부터 다시 지령을 받는 경우에도 이에 해당하며 그 지령은 지위와 명령을 포함하는 개별으로 반드시 상명하복의 지배관계가 있을 필요로 하지 않는다」며 「따라서 밀입북한 것은 특수잠입 및 탈출죄에 해당한다」고 말했다.

임 수 경
林 秀 卿

貞格	利格	亨格	元格
二六(土)	一九(水)	一五(土)	一八(金)

　　　八　　　　七　　　十一
　　　林　　　　秀　　　　卿
　　　土　　　　金　　　　木
　　　　　　一九(利格)

元格 = 一八　　發展格 隆昌運
亨格 = 一五　　統率格 福壽運
利格 = 一九　　成敗格 病惡運
貞格 = 二六　　晩達格 英雄運

대학생으로 북한에 밀입국 사건
　대학생으로서 북한에 밀입국하여 세계를 놀라게 하였고 귀국후 형사입건 되었다.
　여학생의 신분으로 북한에 밀입국하게 된 것은 一五수리 통솔격의 영향으로 과감한 행동을 저질르게 되었고,
　一九수리 성패격 二六수리 영웅운으로 인하여 연약한 여성의 몸으로 과감성과 영웅심이 발로(發露)하여서 세상 사람이 예기치 못한 일을 감행했고, 그 결과 국가보안법 위반으로 옥고를 치루게 되었다.
　특히 一九수리는 부부의 인연이 박약하고 刑厄, 과부 등의 흉수리로써 여성은 작명할때 이 수리를 피하여야 하며, 二六수리는 형액, 변사, 조난, 생별, 사별할 흉한 수리이다. 또한 여자는 벼슬 경(卿)자를 쓰지 않아야 한다.

趙 鼎 根
조 정 근

貞格	利格	亨格	元格
三七(金)	二四(火)	二七(金)	二三(火)

一四 　　　 一三 　　　 一〇
趙 　　　　 鼎 　　　　 根
金 　　　　 金 　　　　 水

二四(利格)

元格 = 二三　　革新格 旺盛運
亨格 = 二七　　大人格 中折運
利格 = 二四　　出世格 蓄財運
貞格 = 三七　　政治格 出世運

유부녀와 간통하다가 피살

1990년 7월 9일 이영환(미화원)의 처 지순애씨와 같통하다가 본부에게 들켜서 피살되었다.

조정근씨가 피살되던 해는 38세였는데 바로 이때는 중년에 해당하는 二七수리이다.

二七수리는 모든일이 중도에 좌절되고 실패, 곤고, 조난, 형액, 불구, 단명, 부부간에 생사별, 성쇠흥망이 교차되는 불길한 수리이다.

또한 수리오행은 火剋金 火剋金으로 중복되어 있을 뿐만 아니라 음령오행도 두 金이 물에 빠져 있는 극히 흉한 직명이다.

※참고 : 수리는 말년이 二四, 三七로 가장 좋은 수리로 아무리 음령오행과 수리오행이 나쁘다하더라도 중년 二七수리만 잘 참고 넘겼더라면 다복하였을 것인데 이와같이 극히 흉한 二七수리와 상극을 못견디어 끔찍한 사고를 당하였다.

양 동 환
梁 東 煥

貞格	利格	亨格	元格
三二(木)	二四(火)	一九(水)	二一(木)

一	八	一三
梁	東	煥
土	火	土

二四(利格)

元格 = 二一　　自立格 頭領運
亨格 = 一九　　成敗格 病惡運
利格 = 二四　　出世格 蓄財運
貞格 = 三二　　順風格 旺盛運

義警 살해범 自害傷
　1890년 6월 1일 밤 경찰의 불심검문을 받고 도주하다가 自害行爲로 인하여 29세의 젊은 나이로 사망하였다.
　二一수리는 작명학상 너무나 강령한 운세로 남의 우두머리가 되거나 이것이 안되면 오히려 범죄의 소굴로 빠져 들어가는 수리이다.
　중년운 一九수리는 성패격 병악운으로서 매사가 중도의 실패하거나 부부의 인연이 박약하고 형액, 조난, 생별, 사별 등의 불의의 사태가 발생하고 불구나 폐질, 단명의 극히 흉한 수리이다.
　수리오행의 중년운도 水火 상극으로 불길한 수리이다.
※참고 : 작명가는 一九수리나 수리오행의 상극되는 작명은 피해야 한다.

이 영 환
李 英 煥

貞格	利格	亨格	元格
三一(木)	二〇(水)	一八(金)	二四(火)

七	一一	一三
李	英	煥
土	土	土

二〇(利格)

元格 = 二四　　出世格 蓄財運
亨格 = 一八　　發展格 隆昌運
利格 = 二〇　　空虛格 虛妄運
貞格 = 三一　　世察格 興家運

불륜의 아내 情夫 살해

　이영환(46세)씨는 미화원으로 종사하고 있던 중 1990년 7월 9이 자기의 아내 지순애(39세)씨가 다른 남자와 정을 통하는 장면을 보고 이에 격분하여 간부인 조정근(38세)씨를 미리 준비한 흉기로 살해하게 되어서 극형을 받은바 있다.

　사람이 46세라면 중년말로 보게 되는데 46세는 수리오행 二〇수리로 공허격 허망운이다. 고로 이와같은 순간적으로 불의의 큰 사건을 저질르게 되었다.

　그리고 초년운은 二四수리로서 길한 작명으로 볼 수가 있으나 수리오행이 火剋金으로 상극되어 있는 관계로 초운이 불행하여 불우한 환경에서 교육도 제대로 받지 못하게 된 점이다.

※참고 : 아무리 좋은 수리라도 오행이 이와같이 서로 상극 되어서는 안되고, 음령오행도 土土土로 강경일변도로 지어서는 안된다는 점을 명심하여야 한다.

김 오 랑
金 五 朗

```
 貞格      利格      亨格      元格
二七(金)   二二(木)   一三(火)   一九(水)

   八        五       一四
   金        五        朗
   木        土        火

          二二(利格)
```

元格 = 一九　　柔弱格 孤愁運
亨格 = 一三　　聰明格 智達運
利格 = 二二　　中折格 短命運
貞格 = 二七　　大人格 中折運

김오랑 특전사령관 비서실장 피살사건
　1979년 12월 12일 구테타사건 당시 특전사령관 비서실장 김오랑 소령이 피살되었는데 一九수리의 유약격 고수운과 二二수리 중절격 단명운의 영향이 입증하고 있다.
　一九수리로 인하여 소년시절을 불우하게 성장하였으나 22세 이후 총명격 지달운으로 인하여 군에서 진급을 거듭하여 소령에 이르러 많은 군인들의 羨望의 대상인 특전사령관 비서실장으로 등용되었다.
　그러나 중년 二二수리로 인하여 중절격 단명운이 작용하여서 아까운 나이에 신군부에 의하여 구테타 사건으로 인하여 피살되고 말았으니 작명의 중요성을 느끼게 한다.
※참고 : 작명상 一九수리와 二二수리, 二七수리는 극히 흉한 수리로써 절대로 사용해서는 안된다.

義警 살해범 自害사망

검문하던 경찰을 흉기로 찔러 숨지게 하고 검문했다가 일원 중인 병원에서 도주했던 梁東煥씨(29·전과3범·서울 龍山구 西部二村동 한강아파트 2동311호)가 발추 6일만인 1일 밤 경찰의 불심검문을 피해 도주하다 자해행위를 해 병원으로 옮겨졌으나 숨졌다.

1일 밤11시 5분경 서울麻浦구老姑山동 신촌로터리에서 梁씨가 마포경찰서 노고산파출소 소속 朴南圭순경(33)의 검문을 받고 도주하다가 갖고있던 과도로 자신의 목과 배를 차례로 찌르고 쓰러져 인근 세브란스병원으로 옮겨졌으나 2일 새벽 1시20분경 숨졌다.

梁씨는 이날 밤11시경 지하철 2호선 신촌역 지하 플랫폼의 의자에 누워 있다가 야간 순찰중인 朴순경이 신분증 제시를 요구하자 갑자기 일어나 갖고 있던 길이 19cm의 과도를 휘두르며 지하철 계단을 통해 연구내과 빠져나가 크리스탈 백화점 쪽으로 도주했다.

梁씨는 크리스탈 백화점앞에서 신촌시장 쪽을 향해 차도를 가로질러 뛰어가다 뒤따르던 朴순경이 가스총 한발을 쏘자 중앙선 부근에서 넘어지면서 자신의 목과 배를 찔렀다.

의식을 잃고 쓰러진 梁씨는 朴순경에 의해 병원에 옮겨져 응급처치를 받았으나 15분만에 숨졌다.

不倫아내 情夫살해

金五郞소령 미망인

정부를 흉기로 찔러 숨지게 한 李英煥씨(46·청구시청 미화요원·淸州시 生岩동 393의 1)를 살인혐의로 구속했다.

경찰에 따르면 李씨는 7일 밤9시10분경 하청업체인 보성전기(대표 趙晴根·38)2층의 17 전기설비 보수실에서 정부인 池順愛씨(39)가 정부인 보성전기 대표 趙씨와 정을 통하고 있는 현장을 목격, 이에 격분해 미리 준비한 흉기로 池씨와 趙씨의 등과 얼굴 머리등 온 몸을 난자해 숨지게 한 혐의다.

損賠訴

鄭柄甲특전사령관 비서실장으로 근무하다 신군부세력의 충격으로 숨진 金五郞소령(90년1월30일 중령추서)의 미망인 白英玉씨(42·여·釜山시影嶼구瀛仙동1가21)가 국가를 상대로 손해배상청구소송을 내기 위해 2일오후 상경했다.

白씨는 「서울로 가 변호사(47·전국회의원)등 변호사들과 의논해 늦어도 오는 12일전에는 소장을 법원에 제출할 것」이라고 말했다.

白씨는 소송○으로 보상금을 받게되면 불우한 사람들○위해 쓰겠다고 말했다.

손　　오　　순
孫　　五　　淳

貞格	利格	亨格	元格
二八(金)	二三(火)	一六(土)	一七(金)

十一　　　　五　　　　十二
孫　　　　　五　　　　　淳
金　　　　　土　　　　　金

二三(利格)

元格 ＝ 一七　　勇進格 暢達運
亨格 ＝ 一六　　德望格 裕財運
利格 ＝ 二三　　革新格 旺盛運
貞格 ＝ 二八　　風波格 波瀾運

흉악범 사형 집행

1987년 11월 17일 공범 7명과 함께 데이트중인 두남녀를 숲속으로 납치한 뒤 남자는 살해하고 여자를 윤간하는 등 십여차례에 걸쳐 강도 강간을 일삼다가 체포되어 23세 젊은 나이에 1993년 교수형을 당하였다.

수리오행 二三수리는 혁신격 왕성운으로서 너무 강렬하여 매사가 뜻대로 되지 않으면 뜻하지 않은 큰 사고를 저르게 된다.

二八수리는 풍파격 파란운으로서 가정파탄이 심하고 부부 자녀간에 서로 이별하며 형액, 변사, 불구 등의 흉운을 초래하는 수리이다.

※참고 : 이름자를 보면 사람이 순박한 마음이 꽉 찼다는 뜻으로 字意는 매우 좋으나 수리오행이 불길하고 음령오행도 상극으로 구성되어 있음이 이 흉한 범죄를 범하게 된 원인이기도 하다. 고로 二八수리는 절대로 넣어서는 안된다.

흉악범 5명 死刑집행

올들어 2번째…교수刑으로
一家 생매장 求刑

법무부는 강도 강간 살인 낙태되며 이들은 모두 사형 죄 등으로 사형이 확정된 孫五淳(22)등 흉악범 5명에 대한 사형을 4일 오전 10시 서울구치소 釜山구치소 光州교도소에서 각각 교수형으로 집행했다.

이날 사형집행은 지난 4월 浦項연쇄강도 강간 살인사건의 주범 崔畯坤등 사형수 9명에 대한 사형집행이 있은지 7개월만이며 올들어 두번째다.

이날의 사형집행으로 사형이 확정된 사형수는 16명이 남녀를 상대로 13차례에 걸쳐 강도 강간들을 저지름.

△孫五淳(22·강도살인강도강간)=87년 11월 17일 공법 7명과 함께 富川시陶唐동 독 위에서 데이트중인 남녀를 숲속으로 낫치한뒤 남자를 몽둥이로 낫치한뒤 때려 살해하고 여자를 윤간하는등 데이트하는 남녀를 상대로.

△宋才弘(35·존속살인등)=83년 12월 8일 사망보험금 6천만원을 받아내기위해 버지를 택시에 태워 濟州도 西歸浦시廻水동 숲으로 끌고 가 돌로 머리를 찍어 살해한 첫 공판에서 모두 사형 구형했다.

△田京淑(26·강도 살인등)=86년 11월 28일 서울 西大門구 弘濟동 모치과의원에 환자로 가장해 침입, 병원장을 칼로 찔러 살해하는등 치과원만을 대상으로 네차례에 걸쳐 강도 상해.

△林天澤(42·강도 살인등)=89년 10월 13일 釜山시東萊

水原지검 강력부 楊朱일가족 살해 임매장사건 범인 朴泰煥(32·전과5범·仁川시酉구佳佐1동143)尹鏞弼피고인(31·전과6법·仁川시南구朱安3동867)등 2명에 대한 첫 공판에서 모두 사형을 구형했다.

오 태 환
吳 泰 煥

貞格	利格	亨格	元格
二九(水)	二〇(水)	一六(土)	二二(木)

　　　七　　　　九　　　　一三
　　　吳　　　　泰　　　　煥
　　　土　　　　火　　　　土

　　　　　　二〇(利格)

元格 = 二二　　中折格 短命運
亨格 = 一六　　德望格 裕財運
利格 = 二〇　　空虛格 虛妄運
貞格 = 二九　　成功格 亨福運

한집안 두사람 생매장 사건

　오태환은 32세 나이에 전과 5범으로 범죄사실을 고발하여 옥고를 치루게 하였다고 앙심을 가지고 한가족 두사람을 생매장하였다.
　수리오행 二二수리와 二〇수리는 극히 흉한 수리로서 가정환경이 불우하여 매사가 뜻대로 되지않자 여러번 옥고를 치루게 되었고 마침 사형구형을 받았다. 이는 사람이 아무리 본성이 착하다고 하더라도 작명의 영향을 받아서 이와같은 끔찍한 사고를 저지르게 되었다.
　사주는 선천운명이고 작명은 후천운명이다. 고로 사주의 부족함을 작명으로서 보충하는 것이 원리인데, 아무리 사주가 좋아도 후천운명을 좌우하는 이름을 이렇게 불길한 수리를 넣어서 작명을 하여서는 안된다.
※참고 : 중년운에서 모든 것을 참고 매사를 착실하게 만족하고 살아갔더라면 이 액운을 면하였음은 물론 말년에 성공하여 복록을 누렸을 것이다.

윤 용 필
尹 鏞 弼

貞格	利格	亨格	元格
二七(金)	一六(土)	二三(火)	二一(木)

```
   四          一九         一二
   尹          鏞          弼
   土          土          水
```

一六(利格)

元格 = 二一   自立格 頭領運
亨格 = 二三   革新格 旺盛運
利格 = 一六   德望格 裕財運
貞格 = 二七   大人格 中折運

一家 두사람 매장사건

 윤용필은 오태환과 같이 應報가 무엇인가를 가르쳐 주겠다고 한집안 식구 두사람을 생매장하여 죽게한 큰 사고를 저질러서 역시 사형이라고 하는 극형을 구형받았다.

 나이 31세의 젊은 나이에 전과 6범으로서 또 이와같은 끔찍한 사건을 저즈르고 말았다. 이는 二七수리의 대인격 중절운으로 인함이다.

 二七수리의 내용을 보면 매사가 중도좌절에 가정적인 파란이 많고 자녀간의 서로 이별하고 형액, 변사, 불구 등 흉운을 받게 된다.

 특히 二一수리는 자립격 두령운으로 이는 너무 강령한 수리이다. 큰 사람은 큰 옷을 입어야 하고 작은 사람은 작은 옷을 입어야 하는 것과 같은 이치로 큰 사람이 작은 옷을 입어도 안되고 작은 사람이 큰 옷을 입어도 안된다. 다시 말하면 큰 사주에는 큰 이름을 지어주어야 하고 작은 사주에는 작은 이름을 지어서 균형을 잡아야 한다.

이 근 호
李 根 湖

貞格	利格	亨格	元格
三〇(水)	二〇(水)	一七(金)	二三(火)

七　　　一〇　　　一三
李　　　根　　　湖
土　　　木　　　土

二〇(利格)

元格 = 二三　　革新格 旺盛運
亨格 = 一七　　勇進格 暢達運
利格 = 二〇　　空虛格 虛妄運
貞格 = 三〇　　不測格 不安運

內緣의 여자 남편 살해

1994년 1월 22일 자기와 정을 통한 후 동거생활을 하는 유부녀가 만나주지 않는다고 여자의 집으로 찾아가 애인 김하만과 그의 남편 최성복씨를 차례로 살해하는 끔찍한 범죄를 저질렀다.

중년, 말년의 수리가 二〇과 三〇으로 구성되어 있다.
즉 二〇수리는 공허격 허망운이며, 三〇수리는 불측격 불안운이다.
이 수리의 내용을 요약하여 보면 육친의 덕이 없고 부부 자녀간에 생별이나 사별하고 고질병이나 형액, 변사 등의 가장 흉한 수리이다.
이름 글자의 내용도 복숭아 나무가(뿌리가) 호수에 떠내려 가는 형상이며, 음령오행도 木 하나가 좌우의 土와 서로서로가 상극되어 있음이 가장 불길하다.

内緣-남편 殺害

새벽 침입 칼로찔러 10代 아들도 重傷

40대남자가 함께 내연의 관계에 있던 여자가 만나주지 않는데 앙심을 품고 새벽에 이 여자집에 찾아가 여자와 남편을 흉기로 찔러 숨지게 하고 아들에게도 중상을 입혔다.

22일 새벽 2시 40분경 서울 冠岳구 新林2동 120의 96 현대연립 반지하 102호 崔成福씨(41·노동)집에 李根湖씨(40·노동·全北益山郡鹽城面新龍里)가 속에 취해 화장실창문을 뜯고 들어가 집에 있던 흉기를 들고 최씨와 부인 金下方씨(38)의 목과 어깨등 온몸을 마구 찔러 숨지게 하고 아들 球學군(19·工員)의 목을 찔러 중상을 입혔다.

이때 球學군의 어머니 金씨가 이를 제지하자 범인은 흉기로 金씨의 왼쪽어깨와 목등을 마구 찔러 쓰러뜨렸다.

범인은 경찰에서 『5년전 서울蘆原구 上溪동 건축공사장에서 金씨와 같이 노동일을 하면서 金씨를 알게돼 정을 통했고 작년 12월초 金씨가 가출, 동거까지 해왔으나 이들초 집으로 들어간뒤 주지않아 이같은 일을 저질렀다』고 말했다.

흘리며 뒤따라 가보니 범인이 안방에서 아버지를 흉기로 찔르고있었다는 것이다.

球學군은 범인을 향해 벌이등을 던지다 부엌으로 가 식칼을 들고나와 범인의 왼쪽어깨등을 찔렸다.

30代여인 被殺體 묘지등 2곳발견

道峰구放鶴2동산69 공동묘지에서 李蘭波씨(36·여·주민등록원·서울道峰구雙門1동 수창빌라)가 피살체로 발견됐다.

묘지관리인 尹明烈씨(49)는 이날 묘지안에 변사체가 있다는 신고를 받고 가보니 李씨가 묘지사이에서 관목에 화가 벗겨진채 반듯이 누워있었고 얼굴은 알아볼수 없을정도로 심하게 부패돼 있었다는 것.

京畿도高陽군花田邑女리앞 한강에 安東선씨(32·여·서울冠岳구 奉川동)가 숨진채 있는 것을 徐정民씨(28·서울永登浦구堂山동)가 발견, 경찰에 신고했다.

이 난 숙
李 蘭 淑

貞格	利格	亨格	元格
四三(火)	二〇(水)	三〇(水)	三六(土)

```
   七        二三       一三
   李        蘭        淑
   土        火         金
```

二〇(利格)

元格 = 三六   英雄格 波瀾運
亨格 = 三〇   不測格 不安運
利格 = 二〇   空虛格 虛妄運
貞格 = 四三   成衰格 散財運

30대 여인 피살

지난 봄 도봉구 방학동 천주교 공동묘지에서 이난숙(36세)씨가 피살체로 발견되었다.

저자는 30년간 역학에 몰두하면서 많은 사람의 작명을 검토하여 보았으나 이렇게 불길한 작명은 처음 보았다.

수리오행 네가지가 이처럼 흉하게 구성된 것은 후천운명의 파란만장함을 예견케 한다. 그리고 수리오행도 土剋水 水剋火로 좌충우돌 있다는 점이다.

성명의 글자 뜻은 어디하나 흠잡을 것이 없으나 성장과정이 불우하고 결혼후도 넉넉치 못하여 주방종업원으로 일하다가 이날도 누군가에 납치되어 폭행당한 후 피살되었다는 점이다.

안 옥 선
安 玉 仙

貞格　　利格　　亨格　　元格
一六(土)　一一(木)　一一(木)　一〇(水)

　　六　　　　五　　　　五
　　安　　　　玉　　　　仙
　　土　　　　土　　　　金

　　　　　一一(利格)

元格 = 一〇　　歸空格 空虛運
亨格 = 一一　　更新格 再興運
利格 = 一一　　更新格 再興運
貞格 = 一六　　德望格 裕財運

32세 여인의 피살

지난봄 경기도 고양군 화전읍 현처리 앞 한강변에 안옥선(32세)씨가 시체로 떠있는 것을 발견하게 되었다.

원격 一〇수리는 귀공격 공허운으로서 그 내용을 보면 매사가 중도에 좌절되고 육친의 덕이 없으며 타향객지에서 수심으로 허송세월을 보내게 되고, 부부 자녀간에 이별, 질병, 조난, 중년에 夭折하거나 형액을 당하게 되는 불길한 수리이다.

그리고 이름 내용을 보면 옥선으로 구슬옥자를 넣은 사람의 80%는 단명할 수이고 신선선(仙)자는 이름에 넣지 않는 것이 상례이다.

※참고 : 또한 형격과 이격이 똑같은 一一수리인바 작명상 똑같은 수리를 넣게 되면 너무 강렬하여 불길한 징조가 생긴다는 것을 명심하여야 한다.

양 동 환
梁 東 煥

貞格	利格	亨格	元格
三二(木)	二四(火)	一九(水)	二一(木)

十一	八	一三
梁	東	煥
土	火	土

二四(利格)

元格 = 二一　　自立格　頭領運
亨格 = 一九　　成敗格　病惡運
利格 = 二四　　出世格　病惡運
貞格 = 三二　　順風格　旺盛運

검문중인 義警 살해범

1983년 봄 양동환(30세)씨는 상해치사 혐의로 수배를 받은 상태에서 시내버스를 타고 가다가 관악검문소에서 성창훈 상경(21)이 버스에 올라 검문하자 창문을 열고 도주, 뒤쫓아간 성경장의 목을 과도로 찔러 숨지게 하여 30세의 꽃다운 나이로 극형을 받았다.

양동환 성명의 뜻을 보아도 흠잡을 곳이 없으나, 형격 一九수리는 성패격 병악운으로서 그 내용을 보면 모든 일이 중도에 실패하고 부부간의 인연이 박약하고 처자 생별이나 사별할 수요, 심하면 형액, 조난, 불구자가 되거나 폐질, 단명할 수리이다.

이 중년만 모든 것을 참고 성실하게 살았더라면 중년이후 二四, 三二수리는 다복할 인생살이가 보장될 이름인데 一九수리를 넘기지 못하여 이와 같은 비극을 저지르게 되었다.

검문義警살해범 도주

自害치료중 警官조는 틈타

광태의원 입원치료중이던 의경살해범 梁東煥씨(30·무직·전과3범·서울龍山區西部二村동 한강아파트E동)가 어제 남부경찰서 형사계소속 경찰관 1명과 의경 2명의 감시를 피해 달아났다.

梁씨는 이날 감시중이던 河商基경장(38)에게 "수갑때문에 손목이 아프다"며 통증을 호소해 河경장이 손과 발에 채워졌던 수갑을 풀어주고 경찰서로 돌아가자 병실에 남아있던 金永植순경(29)

과 의경 2명이 병실안에서 조는 사이 병실문을 몰래 열고 달아났다.

梁씨는 병실안에 있던 의경의 흰색운동화를 신고 자화장실로 가 병원환자복을 갈아 입은뒤 사복으로 갈아입고 달아났다는 것.

梁씨는 상해치사혐의로 수배를 받는 상태에서 지난 19일밤 8시40분경 시내버스를 타고가다 서울九老區始興3동 관악검문소에서 서울시경제4기동대소속 成昌敷상경

(21)이 버스에 올라 검문하자 창문을 열고 도주, 뒤쫓아간 成상경의 목을 과도로 찔러 숨지게한뒤 2백여m쯤 떨어진 권의원○로 옮겨져 경찰의 감시속에 치료를 받아왔다.

梁씨는 달아날 당시 박수경외과 격투끝에 붙잡힌 당시 자신의 배를 8차례나 찔리는등 자해행위를 해 중상을 입었다.

梁씨는 체포된직후 永登浦구大林동 강남성심병원○로 옮겨져 복부수술을 받은뒤 2주간의 치료가 필요하다는

병원측의 진단에따라 지난 25일 남부경찰서에서 2백여m 떨어진 권의원○로 옮겨져 치료를 받아왔다.

梁씨는 달아날 당시 밤색 티셔츠에 국방색 바지를 입었으며 수술부위가 완쾌되지않아 허리를 굽히고 걸어야할 정도로 보행이 불편한 상태 라는것.

신　장　호
申　章　好

貞格	利格	亨格	元格
二二(木)	十一(水)	一六(土)	一七(金)

　　五　　　　十一　　　六
　　申　　　　章　　　　好
　　金　　　　金　　　　土

　　　　　　十一(利格)

　　元格 = 一七　　勇進格 暢達運
　　亨格 = 一六　　德望格 裕財運
　　利格 = 一一　　更新格 再興運
　　貞格 = 二二　　中折格 頭領運

열차에서 추락하여 사망한 성남대유공전 학생사건

　1992년 가을 全大協에 참석코저 열차를 타고 광주로 가던 중 열차에서 추락하여 사망한 신장호(20)군은 성남시 성남대유공업전문대생으로 전남도청 앞 광장에서 전대협장으로 치르고 망월동 묘역에 안장되었다.

　수리오행 형격과 이격이 土剋水로 서로 상극되어 있고 정격 二二수리는 중절격 두령운으로 극히 흉한 수리이다.

　내용을 보면 일시적인 성공을 계획도 하나 매사가 중도에 좌절되고 실패, 곤고, 형액, 조난, 사고, 처자이별 또는 단명하는 수리이다.

　성명 석자의 내용은 흠잡을 것이 없으나 수리오행의 상극됨과 二二수리의 작용으로 이와같은 비운을 맞이하게 된 것이다.

※참고 : 이름을 지을 때는 二二수리는 절대로 피해야 한다.

임신아내·두살난 딸 이불씌워 질식殺害

말다툼 남편, 강도위장 현장 조작까지

 동래경찰서는 8일 가정불화로 임신 3개월의 부인과 두살난 딸을 이불로 덮어씌워 숨지게한 黃榮鎭씨(31·부산시 동래구연산6동 178의 1)를 살인혐의로 구속영장을 신청했다.

 경찰에 따르면 黃씨는 7일 출근하기 전인 오전 7시쯤 셋방에서 부인 金點心씨(27)와 말다툼을 하다 홧김에 부인 金씨와 딸 恩暎양(2)을 이불로 덮어 질식, 숨지게 하고 방안에 있던 서랍장과 옷장 책장 문갑들을 열어놓고 옷가지와 가방들을 어지럽게 늘어 놓은 후 출근했다는 것.

 숨진 金씨와 딸 恩暎양의 시체는 이날 오후 5시 40분쯤 옆방에 세들어 사는 金外淑씨(28·여)에 의해 발견됐다.

 S실업 운전사인 黃씨는 87년 이 회사에 입사, 88년 10월 동료공원이던 숨진 金씨와 결혼했는데 金씨는 임신3개월이다.

列車추락 工專生 23일에 全大協葬

 宋甲錫의장(24·전남대총학생회장)은 20일오전 전남대학 생회관에서 城南대유공업전문대생 申章鎬군(20)의 사망과 관련, 기자회견을 갖고 유족과 협의해 申군의 장례식을 오는 23일오전 전남도청앞 광장에서 전대협장으로 치르기로 결정했다고 밝혔다.

 이에앞서 전대협 光州 全南민주연합 민가협관계자들은 20일새벽「애국학생고 申章鎬열사장례준비위원회」를 구성하고 위원장에 宋甲錫전대협의장을 선임했다.

황 영 진
黃 榮 鎭

```
   貞格       利格       亨格       元格
  四四(火)   三〇(水)   二六(水)   三二(木)
```

```
   一二      一四      一八
    黃        榮        鎭
    土        土        金
          三〇(利格)
```

元格 = 三二   順風格 旺盛運
亨格 = 二六   晩達格 英雄運
利格 = 三〇   不測格 不安運
貞格 = 四四   侵磨格 破滅運

임신아내-두살난 딸을 이불씌워 질식살해

　1991년 여름 황영진씨(운전기사)는 부부간에 말다툼을 하다가 임신한 아내(27)와 딸 은경(2)이를 이불을 씌워 질식살해하고 강도사건으로 위장하기 위하여 현장까지 조작하였다가 발각되어 형사입건되어 31세 나이에 극형을 받았다.

　첫째 二六수리는 만달격 영웅운으로 좋음을 뜻하나 작명가들은 이 수리를 극히 흉하다고 하여 쓰지 않는다.

　三〇수리 四四수리는 매사가 중도좌절되고 불굴, 발광, 피살, 가족 생사별, 단명, 형액 등 불측의 재난이 발생하게 된다.

　그리고 수리오행도 중년과 말년운 水火 상극으로 구성되어 있음이 이와 같은 끔찍한 사고를 저질르게 되었다.

※참고 : 작명할 때는 二六 三〇 四四수리는 절대로 피해야 한다. 성명 글자의 뜻이 아무리 좋다고 하더라도 수리오행이 불길하면 극히 흉한 결과를 부르게 된다는 사실을 명심하여야 한다.

우　양　배
禹　亮　培

貞格　　利格　　亨格　　元格
二九(水)　二〇(水)　一八(金)　二〇(水)

九　　　　九　　　　一一
禹　　　　亮　　　　培
土　　　　土　　　　水

二〇(利格)

元格 ＝ 二〇　　空虛格　虛妄運
亨格 ＝ 一八　　發展格　隆昌運
利格 ＝ 二〇　　空虛格　虛妄運
貞格 ＝ 二九　　成功格　亨福運

외박 잦다고 처에게 피살된 사건

　인천시 중구 도원동 우양배(회사원, 30)씨 집으로 귀가하자 처로부터 외박이 잦다고 말다툼 끝에 자기방에서 잠을 자던 중에 처 강경순으로부터 피살되었다.

　성명학상 제일 피하는 二〇수리가 원격과 이격으로 각각 중복되어 있다.

그 내용을 보면 육친의 덕이 없고 부부 자녀간에 생별 사별하거나 형액, 변사, 단명할 수리이다.

　수리오행으로 볼때 金 하나가 三水에 가라앉은 형상이며, 음령오행도 두 土가 水와 土剋水로서 서로 상극되어 있어 작명학상 도저히 편안하게 살아갈 수 없는 성명이다.

※참고 : 작명학상 원격, 형격, 이격, 정격에 흉한 수리가 아니더라도 똑같은 수리를 둘씩이나 써서 작명하는 것은 피하여야 한다.

신 철 용
申 徹 用

貞格	利格	亨格	元格
二五(火)	一〇(水)	二〇(水)	二〇(水)

五　　　　一五　　　　五
申　　　　徹　　　　用
金　　　　金　　　　土

一〇(利格)

元格 = 二〇　　空虛格 虛妄運
亨格 = 二〇　　空虛格 虛妄運
利格 = 一〇　　歸空格 空虛運
貞格 = 二九　　安康格 財祿運

신발노점상 귀가길 참변사건

서울 구로동에서 신발노점상을 하다가 밤 12시경 귀가길에 강도에게 지갑을 빼앗기고 구타당해 장파혈로 44세 나이에 사망하였다.

원격 二〇, 형격 二〇, 이격 一〇수리는 최대 흉한 수리이다. 그 내용을 보면 일시적인 성공이 있을지라도 매사가 중도에 패하고 부부 자녀간 생별하거나 사별할 팔자요, 또한 질병으로 고생하거나 형액, 병사 등 단명할 수리이다.

一〇수리도 질병, 조난, 중년 요절, 형액 등 불운을 초래하는 수리이다.

※참고 : 二〇수리나 一〇수리가 하나만 있어도 참변을 당하는 것인데 세 개씩이나 넣었으니 이러한 불운을 피할 길이 없다. 고로 작명상 절대로 사용하여서는 아니된다. 그리고 수리오행도 三水 一火가 水火 상극된 점이 더욱 흉한 작용을 부채질 한 것이다.

「지친 몸」 慘變

한밤 귀가 40代 신발露店商
萬원 털리고 집단폭행 숨져

이 발을 걸어 쓰러뜨린 뒤 또 다른 범인이 달려들어 주먹으로 때리고 발로 막 차 현금 1만원이든 돈지갑을 빼앗아 달아났다」고 말했다.

申씨는 사건직후 가족들에 의해 고려대 구로병원에 옮겨져 응급치료를 받은뒤 오후 8시반경 한강성심병원으로 옮겨 수술을 받았으나 이날오후 숨졌다.

서귀중이던 이동네 申徹用씨(44·신발노점상)는 20대 강도 4명에게 오른쪽 어깨와 장파열을 일으켜 병원에 육겨져 수술을 받았으나 이날 오후 3시 40분경 숨졌다.

九老4동 764 골목길에서 뒤따라 오던 범인중 1명 후 숨졌다.

洋酒도매상 살해
2명에 無期선고

서울형사지법 합의 23부(재 판장 朴在允부장판사)는 13일 서울瑞草구瑞草동 양주도 매업체 (주)진원유통사장 鄭全植씨를 살해한 혐의로 구속기소돼 사형을 구형받은 「神里배차장과」행동대원 徐南泰피고인(25) 등 2명에게 살인죄를 적용, 무기징역을 선고했다.

재판부는 판결문에서 「피 고인들이 조직폭력단체에 가 담해 치밀한 범행계획을 세웠 고 흉기로 鄭씨를 30여회나 난자한 점은 엄벌을 받아 마 땅하다」고 밝혔다.

張玲子씨 제주목장
법원 경매결정

咸範洙판사는 28일 성 북지원에 대한 근저 당권을 설정해 놓은 채권 자 徐모(57·경기성남시)와 車모(55·서울강북구청답동)등 2명의 부동산임의 경매 신청을 받아들여 경매 결정을 내렸다.

徐씨등은 지난해 12월 4일 성曙牧場에 대해 근저 당권을 설정하고 지난 2월중순까지 채무액을 변제토록 요구했으나 張씨 등이 이를 이행하지 않아 지 난 19일 「변제기일을 어 겼다」며 경매신청을했다.

정 전 식
鄭 全 植

貞格	利格	亨格	元格
三五(火)	二九(水)	二三(木)	一八(金)

　一七　　　　六　　　　一二
　鄭　　　　全　　　　植
　金　　　　金　　　　金

二九(利格)

元格 = 一八　　發展格　隆昌運
亨格 = 二三　　革新格　旺盛運
利格 = 二九　　成功格　亨福運
貞格 = 三五　　泰平格　安康運

양주도매상 피살사건

　서울 서초구 서초동에서 양주도매업을 경영하는 정전식씨가 조직폭력배에게 피살당했다.
　수리오행은 전부 흠잡을 것이 없다. 특히 二三수리는 혁신격 왕성운은 사람의 성질이 너무 강경하여 남과 원수를 지고 있는 것을 많이 볼 수 있다. 고로 작명가들도 이와같은 二一수리나 二三수리는 피하는 경향이 있다.
　수리오행이 원격과 형격인 金剋木으로 상극되고 이격과 정격이 水火 상극되었으니 좌충우돌의 불길한 결과를 가져올 형상이다.
　그리고 음령오행도 전부 金으로 되어 있으니 사람이 융통성과 이해성이 없고 남에게 양보하거나 이해시키는 힘이 없으니 극과 극을 달리는 형상으로 원수를 맺게 된다. 또 한가지는 全자는 성씨가 되는 글자인데 남의 성자를 이름자로 쓰는 것은 피해야 된다 .
※참고 : 아무리 원, 형, 이, 정격이 좋다고 하더라도 오행이 상극되면 불길한 참변을 당하게 된다.

장 영 자
張 玲 子

貞格	利格	亨格	元格
二四(火)	一四(火)	二一(木)	一三(火)

十一 　　一〇 　　三
張 　　　玲 　　　子
金 　　　土 　　　金

一四(利格)

元格	=	一三	聰明格	智達運
亨格	=	二一	自立格	頭領運
利格	=	一四	離散格	破壞運
貞格	=	二四	出世格	蓄財運

제주목장 법원 경매 결정

남제주군 성읍목장을 소유하고 있는 장영자씨는 근저당권을 설정한 뒤 지난 2월 채무액을 변제치 못하여 채권자가 법원에 경매신청을 한 사건으로 제주지방 법원에서 경매결정을 내렸다.

장영자 이름의 내용은 흠잡을 곳이 없다. 一三수리 원격은 사람이 총명하고 지혜가 남다르게 발달하여 많은 사람과 사교성이 좋으며, 二一수리의 자립격 두령운은 비록 여자이나 남자를 능가하는 사업능력이 뛰어나다.

그러나 一四수리의 이산격 파괴운으로 가정적 파란을 야기하고 부부자녀와 서로 이별수가 있으며, 고독, 번뇌, 곤고, 병약 등의 흉운을 초래하며 형액, 조난 등 만난의 어려움을 당하게 된다.

또한 수리오행이 三火, 一木으로 전부 타버리는 흉한 배치이다. 고로 오행도 상극을 피하고 상생을 위주로 하여야 한다.

강 경 대
姜 慶 大

貞格	利格	亨格	元格
二七(金)	一二(木)	二四(火)	一八(金)

<table>
<tr><td>九</td><td>一五</td><td>三</td></tr>
<tr><td>姜</td><td>慶</td><td>大</td></tr>
<tr><td>木</td><td>木</td><td>火</td></tr>
</table>

一二(利格)

元格 = 一八　　發展格 隆昌運
亨格 = 二四　　出世格 蓄財運
利格 = 一二　　柔弱格 孤愁運
貞格 = 二七　　大人格 中折運

명지대생 데모중 사망 사건

명지대생 姜慶大군은 민주화 투쟁을 앞장섰다가 참사를 당하였다.

一二수리는 유약고수운으로 매사가 중도에 실패하고 부부간에 서로 이별하고 자녀를 상실하거나 병액, 불구, 변사, 형액 등 흉운을 초래하게 되는 수리이다.

二七수리는 대인격 중절운으로 영명투철한 큰 인물로서 큰일을 진행함에 영웅심이 많고 그 이름을 떨치는 일이 있으나 중도에 좌절하며 실패, 곤고, 조난, 형액, 불구, 단명, 부부생사별 등 흥망성쇠의 파란이 중첩하는 운세이다.

또한 원격과 형격이 火金상전이며, 정격과 이격도 金木 상전을 이루고 있다.

※참고 : 이름의 뜻은 참으로 좋으나 수리오행과 네가지 격이 서로 상극되고 있으니 아까운 나이에 참변을 당하였다는 사실을 작명가는 명심하여야 한다.

박　승　회
朴　勝　熙

貞格	利格	亨格	元格
三一(木)	一九(水)	一八(金)	二五(土)

```
    六        一二       一三
    朴        勝        熙
    水        金        土
```

一九(利格)

元格 ＝ 二五　　安康格 財祿運
亨格 ＝ 一八　　發展格 隆昌運
利格 ＝ 一九　　成敗格 病惡運
貞格 ＝ 三一　　世察格 興家運

전남대생 분신자살

　박승희(20) 전남대생은 민주화 투쟁에 앞장섰다가 뜻대로 되지않자 자기의 젊은 청춘도 버리고 분신자살하는 참사를 내고 이 세상을 떠났다.
　一九수리는 성패격 병악운으로 내용을 보면 부부의 인연이 박약하고 형액, 조난, 처자의 생별 사별을 할뿐만 아니라 단명의 흉운을 초래할 수리이다.
　수리오행과 음령오행도 허물잡을 것은 없다. 그러나 이름자가 너무 강렬하다.

※참고 : 작명할 때는 사주원국의 선천운명을 잘 살펴서 오행의 모자람을 후천운명인 이름을 지을 때 선천운명의 부족함을 보충하여야 하는 것이다. 그러나 勝熙의 이름은 두 글자가 너무나 강렬하다. 이와같은 경우에 해당하는 자는 매사에 너무 과격함이 흠이 된다는 점을 염두에 두어야 한다.

김 영 균
金 暎 均

貞格　　　利格　　　亨格　　　元格
三〇(水)　一五(土)　二三(火)　二二(木)

　　八　　　一五　　　七
　　金　　　暎　　　均
　　木　　　土　　　木

　　　　　　二〇(利格)

元格 ＝ 二二　　　中折格　短命運
亨格 ＝ 二三　　　革新格　旺盛運
利格 ＝ 一五　　　統率格　福壽運
貞格 ＝ 三〇　　　不測格　不安運

안동대생 데모중 분신자살

　안동대생 김영균은 학교에서도 모범생이며 친구간에 우의와 정감있는 사람으로서 정평이 났었다.
　二三수리가 혁신격 왕성운으로서 **不義**를 싫어하고 정의감이 강한 소유자로서 데모로서 모든 민주화운동이 어렵다는 자기판단 아래 나이 20에 분신자살하는 참사를 일으켰다.
　이 직접적인 작용은 二二수리 중절격 단명운과 三〇수리 불측격 불안운의 원인이다. 그리고 음령오행이 木剋土로 서로 상극을 이룬점이 부채질한 것이다.
　二二수리 내용은 실패, 곤고, 형액, 조난, 처자이별, 단명할 수리이다.
　三〇수리는 불운이 닥치면 좌왕우왕하다가 예기치 못한 큰 일을 저지르게 된다.
※참고 : 二二, 三〇수리는 어느 하나만 넣어도 불길한 운세를 초래하게 되는데 이것이 중복되었으니 애석한 일이 아닐 수 없다.

"분신 말라" 눈물의 호소

명지대생 姜慶大군이 경의 폭력에의해 숨진이후 하나뿐인 생명을 극단적인 방법으로 끊어버리는 젊은 대학생들의 분신자살 행위 가 잇따르자 국민들은 충격과 함께 깊은 우려를 나타내고있다.

이번 사건의 희생자 부모와 희생자가 다녔던 대학의 총학생회 교수 운동권학생단체 및 재야야 단체에서 조차 『더 이상의 죽음은』 있어서는 안된다 자살했다.

『하나뿐인 생명은 자기만의 것이 아니라 부모형제 이웃 친구들 공동의 몫』임을 잃어서는 안된다"고 호

소하고 나섰다.

이들은 또 『순간적인 격정에 움직여 죽음을 선택하는 것보다 의와 싸우며 참고 인내하는 것이 더 용기』라며 자제를 당부하고있다.

지난달29일 분신한 전남대생 朴勝熙양(20)이 사경을 헤매고있는 가운데 2일오후에는 안동대 金映均군(20)이 분신 하루만에 숨졌고 3일오후에는 경원대생 千世용군(20)이 분신 자살했다.

안동대 金映均군의 아버지 金元泰씨(51·공무원)는

비통한 표정을 감추지못하자 金泰蒼씨의 어머니 李小仙씨가 회장으로 있는 전국민주화운동유가족협의회는 4일 성명을 발표, 『이제 우리에게는 더 이상의 열사가 필요치 않다. 젊은 이들의 계속되는 죽음은 민주세력 전체의 손실』이라며

『희생은 내 자식에서 끝내야 한다』며 『映均이를 열사라 부르고 영웅시하면 또 다른 비극을 부를수 있다』고 말했다.

전남대생 勝熙양의 아버지 朴心培씨(45)는 『이런 일이 다시 일어나서는 안된다』며 『죽을 용기로 살아서 싸우라』고 말했고 大군의 아버지 姜琪祚씨도 勝熙가 마지막 희생자이기를 바란다는 것이 간절한 심정』이라고 말했다.

전대협은 이 호소문에서 『학생들이 스스로 목숨을 끊어 조국의 민주화를 위해 헌신하고자 하는 열정은 충분히 이해하지만 한 사람이라도 더 살아가는 것이 무엇보다 요하다』며 분신자살한 근로

자 金泰蒼씨의 어머니 李小仙씨가 회장으로 있는 전국민주화운동유가족협의회는 4일 성명을 발표, 『이제 우리에게는 더 이상의 열사가 필요치 않다. 젊은 이들의 계속되는 죽음은 민주세력 전체의 손실』이라며

전대협은 이 호소문에서 『학생들이 스스로 목숨을 끊어 조국의 민주화를 위해 헌신하고자 하는 열정은 충분히 이해하지만 한 사람이라도 더 살아가는 것이 무엇보다 중요하다』며 분신투쟁자제를 평화시장 근로자들의 권호소했다.

- 211 -

김 태 일
金 太 壹

貞格	利格	亨格	元格
二七(金)	一八(金)	一五(土)	二一(木)

六　　　　九　　　　一二
金　　　　泰　　　　壹
木　　　　火　　　　土

一八(利格)

元格 = 二一　　自立格 頭領運
亨格 = 一五　　統率格 福壽運
利格 = 一八　　發展格 隆昌運
貞格 = 二七　　大人格 中折運

평화시장 근로자 분신자살 사건

　평화시장에 근로자로서 근근히 생활유지를 해 오면서 근로자의 권익을 위한 운동을 하다가 자기들의 뜻대로 성사되지 않자 분신자살 하였다.
　二一수리는 그 수리가 너무 강렬하여 자신에 처한 위치에서 항상 앞장서서 나가는 투지력이 있고 남을 통솔하는 힘이 있다. 그러나 二七수리가 작용하여 젊은 나이에 이와같은 참사를 일으켜 세상을 떠났다.
　二七수리의 내용을 보면 매사가 중도에 좌절되고 실패, 곤고, 조난, 형액, 불구자가 되거나 부부생별 사별수가 있고 단명할 운세이다.
※참고 : 고로 아무리 이름자의 내용이 좋다고 하더라도 二七수리를 넣어서 작명을 하여서는 안된다. 二七수리는 정격이니 말년에 해당되는데 어찌하여 중년에 당하느냐고 의문점이 있을 것이나 사주의 중년운이 불길할 때는 이 二七수리의 흉한 운세가 부채질 한다는 점을 유의하여야 한다.

강 경 순
姜 敬 順

貞格	利格	亨格	元格
三四(火)	二一(木)	二二(木)	二五(土)

九　　　　一三　　　一二
姜　　　　敬　　　　順
木　　　　木　　　　金

二一(利格)

元格	=	二五	安康格 財祿運
亨格	=	二二	中折格 短命運
利格	=	二一	自立格 頭領運
貞格	=	三四	變亂格 破滅運

외박잦다고 싸우다가 잠자는 남편을 살해

　인천시 도원동 강경순(29)씨가 회사에서 귀가한 남편 우양배(30)씨와 외박이 잦다고 말다툼끝에 잠자는 남편을 살해하였다.
　이 이름은 원격 二五수리를 제외하고는 전부 불길하다. 二二수리는 중절격 단명운이며 二一수리는 과부가 되거나 이별할 수요, 三四수리는 변란격 파멸운으로 극히 흉하다.
　수리오행도 두 木이 土와 木剋土로 상극되었고, 음령오행도 金剋木으로 상극되었다.
　특히 二一수리는 자립격 두령운은 남자의 이름도 너무 강렬하여 작명상 피하는 학자들도 있는데 여자에게 절대로 넣어서는 안된다.
※참고 : 順자는 눈물격으로서 부부지간에 이별수가 있는 관계로 順자는 여자의 이름을 지을 때는 피하여야 한다.

최 경 수
崔 敬 洙

貞格	利格	亨格	元格
三四(火)	二一(木)	二四(火)	二三(火)

一　　　　一三　　　　一〇
崔　　　　敬　　　　洙
金　　　　木　　　　金

二一(利格)

元格 = 二三　　革新格 旺盛運
亨格 = 二四　　出世格 蓄財運
利格 = 二一　　自立格 頭領運
貞格 = 三四　　變亂格 破滅運

중학생이 교실에서 급우에게 피살된 사건

　광명중학교 3학년생으로 李모군 발을 최경수(14)가 밟았고, 시비가 벌어져 李모군으로부터 맥가이버 칼에 찔려 피살되었다.
　三四수리는 변란격 파멸운으로서 부부자녀와 서로 이별하거나 형액, 광중, 패가망신 또는 불측의 화난을 당하는 수리이다.
　수리오행의 木이 三火에 전부 타버리는 형상일 뿐만 아니라 음령오행도 木 하나가 두 金으로 부터 서로 상극을 당하는 형상이다.
　그리고 二三수리나 二一수리는 너무나 강렬하여 남에게 지기 싫어하고 끝까지 싸워 이긴다는 강한 자존심과 극언을 피하지 않는 단점이 있다. 이날 사건만 하여도 미안하다는 아량을 친구에게 베풀었더라면 이런 끔찍한 횡액을 당하지 않았으리고 생각한다.

중학생 교실서 殺人劇

아침 자율학습시간에 교사가 없는 교실에서 급우를 흉기로 찔러 숨지게 한 사건이 발생했다.

12일 오전 7시 50분쯤 경기광명시 광명중학교 3학년 13반교실에서 李모군(14)이 자신의 발을 밟은 같은반 崔敬洙군(14)과 시비를 벌이다 갖고있던 길이 8cm 가량의 맥가이버칼로 崔군의 가슴 복부등 9군데를 찔러 숨지게 했다.

광명경찰서에 따르면 崔군은 경찰에서 『李군이 지나가다 발을 밟아 「X새×야」라고 욕설을 했더니 먼저 얼굴을 때리는 바람에 순간적으로 화가 나 나도 모르게 칼을 휘둘렀다』고 말했다.

칼 찔러

공사장 붕괴 壓死
2층천장 무너져…8명 부상

강동구 고덕2동 고덕빗물펌프장 신축공사장에서 2층 천장이 무너져 내리면서 공사중이던 인부 金榮萬씨(39·서울용두창신동 640)와 李相德씨(36)등 2명이 콘크리트더미에 깔려 숨지고 崔봉선씨(45)등 8명이 중경상을 입었다.

시공업체인 세양산업의 현장소장 朴龍洙씨(35)에 따르면 2층옥상에서 콘크리트를 붓는 작업을 하던 중 직경10cm 길이 10m가량의 철제버팀목이 차례로 쓰러지면서 천장이 무너져 내렸다는 것이다. 부상자들은 인근 강동성모병원과 강동성심병원에 입원, 치료를 받고있다.

이 상 덕
李 相 德

貞格	利格	亨格	元格
二一(木)	一二(火)	一六(土)	一四(火)

七　　　　　九　　　　　五
李　　　　　相　　　　　德
土　　　　　金　　　　　火

　　　　　一二(利格)

元格 = 一四　　離散格　破壞運
亨格 = 一六　　德望格　裕財運
利格 = 一二　　柔弱格　孤愁運
貞格 = 二一　　自立格　頭領運

공사장 붕괴로 압사

앞의 김영만씨와 같이 공사장에서 공사중 2층이 무너져 압사하였다.

一四수리는 이산격 파괴운으로서 가정의 파란곡절이 많아서 부부 자녀와 생별 사별할 운세일뿐만 아니라 타향에서 천신만고하며 고독, 번뇌, 실패, 곤고, 병약, 단명할 수리이다.

一二수리는 유약격 고수운으로 매사가 주도에 실패하고 심신이 허약하며 부부간의 이별, 자녀상실, 병액, 불구, 고독, 역경, 변사, 형액 등 흉운을 초래하는 수리이다.

一四수리만 하나만 있어도 비명횡사할 수리인데 一二수리까지 가중되어서 36세 젊은 나이에 비참한 참사를 당하게 되었다.

※참고 : 이름 글자의 뜻이 아무리 좋아도 수리오행이 흉하면 이와같은 참사를 당하게 된다.

전　　경　　숙
田　　京　　淑

貞格	利格	亨格	元格
二五(土)	一七(金)	一三(火)	二〇(水)

　　五　　　　八　　　一二
　　田　　　　京　　　　淑
　　金　　　　木　　　　金

　　　　　一七(利格)

元格 = 二〇　　空虛格 虛妄運
亨格 = 一三　　聰明格 智達運
利格 = 一七　　勇進格 暢達運
貞格 = 二五　　安康格 財祿運

흉악범 사형 집행

1986년 11월 28일 치과환자로 가장 침하여 치과의사를 칼로 찔러 살해하는 등 치과의원만을 대상으로 네차례에 걸쳐서 강도를 하여 역시 사형이란 극형을 26세 꽃다운 젊은 나이로 집행 당하였다.

　二〇수리는 공허격 허망운으로 극히 흉한 수리인데 그 내용을 보면 부부 자녀간에 서로 이별하거나 매사가 뜻대로 되지 않고 부부 자녀간에 생이별 사별 또는 형액, 변사, 단명을 재측한 수리이다.
그리고 형격과 이격이 火剋金으로 서로 상극되는 수리이고 음향오행도 木 하나를 좌우에서 金이 상극되는 이치이다.

　고로 이 이름은 작명상 삼위일체(이름글자, 수리오행, 음령오행)가 전혀 원칙에 어긋난다는 점이다.

문 경 한
文 京 漢

貞格	利格	亨格	元格
二六(土)	一八(金)	一一(木)	二三(火)

```
    三         八        一五
    文         京         漢
    水         木         土
```

一八(利格)

元格 = 二三 　革新格　旺盛運
亨格 = 一一 　更新格　再興運
利格 = 一八 　發展格　隆昌運
貞格 = 二六 　英雄格　波瀾運

어린이를 유괴 살인후 부모에게 몸값을 요구

　1990년 9월 경기도 수원에서 5세의 어린이를 유인하여 물에 빠트려 살해한 후 부모에게 몸값 3천만원을 요구하다가 발각, 형사입건되어서 30대 젊은 나이에 사형을 집행당한 사건이다.

　二六수리는 만달격 영웅운으로서 일방적으로 볼때 좋은 수리로 볼 것이나 사주원국이 大局자는 천신만고 끝에 세상에 이름을 떨치는 수도 있으나 이것은 극히 드문 일이다. 십중팔구는 형액, 변사, 被禍를 면하기가 어려울 뿐만 아니라 처자와 생별, 사별을 거듭하는 수리이다.

　그리고 二三수리도 너무 강렬하여 사람의 성격이 잔인함을 많이 볼수가 있어 二三수리는 사주원국이 財殺太旺 자는 피하는 것이 좋다.

　수리오행도 金木 상전이요, 음령 木土 상극으로 불길함도 가세한 것으로 본다.

김　삼　중
金　三　中

貞格　　利格　　亨格　　元格
一五(土)　一二(木)　一一(木)　七(金)

八　　　三　　　四
金　　　三　　　中
木　　　金　　　金

一二(利格)

元格 ＝ 七　　　剛成格　發展運
亨格 ＝ 一一　　更新格　再興運
利格 ＝ 一二　　柔弱格　孤愁運
貞格 ＝ 一五　　統率格　福壽運

강간 치사죄로 사형

김삼중(37)은 1990년 6월 충북 진천군에서 부녀자(60)를 쇠망치로 때려 살해하고 강간 치사죄로 형사입건되어 형장에서 최후를 마쳤다.

강간이란 것은 사람으로서는 절대로 행할 수 없는 일이다. 사람이 동물과 다른 점은 인(仁) 의(義) 예(禮) 지(智) 신(信)과 삼강오륜을 지키려고 노력한다는 점이다. 더욱이 대상도 60세가 된 할머니를 강간하기 위해 살해했다는 점에서 사회상규상 도저히 용납할 수 없는 일이다.

작명학상 一二수리는 넣지 않은 것을 원칙으로 하고 있다. 이 내용을 보면 심신이 허약하고 부부 자녀와 이별, 자녀상실, 병액, 불구, 고독, 역경, 변사, 형액 등의 흉운을 초래하는 수리일뿐만 아니라 객지에서 천신만고로 타향살이에 天壽不完의 흉운을 가져온다.

특히 수리오행도 金木土로 서로 상극되고 음령오행도 두 金과 木 하나가 서로 상극됨이 이 파렴치 사건에 가세한 것으로 본다.

심 영 구
沈 英 求

貞格	利格	亨格	元格
二五(土)	一四(火)	一九(水)	一七(金)

八　　　　十一　　　六
沈　　　　英　　　　求
金　　　　土　　　　木

一四

元格 = 一七　　勇進格 暢達運
亨格 = 一九　　成敗格 病惡運
利格 = 一四　　離散格 破壞運
貞格 = 二五　　安康格 財祿運

노상에서 부녀자를 흉기로 찔러 살해한 사건

심영구(32)는 1986년 6월 서울 남영동 노상에서 부녀자(42)를 칼로 찔러 금품을 탈취하는 등 강도살인 5회범으로 형사입건되어 마침내 젊은 나이에 형장의 이슬로사라졌다.

이에 직접적인 작용은 후천운명인 성명학상 제일 피하는 一九수리와 一四수리가 중복되었을 뿐만 아니라 음령오행상 木土로 상극되었고 수리오행도 중년부터 水火로 상극된 점이 더욱 부채질하고 있다.

특히 一九수리와 一四수리의 공통된 흉한 점은 가정적인 파란이 심하고 객지에서 천신만고로 고생하며 부부 자녀간에 생별, 사별을 거듭하고 형액, 조난, 난치병, 단명, 요사할 흉한 수리가 중복된 점이다.

김　영　호
金　榮　浩

貞格	利格	亨格	元格
三三(火)	一九(水)	二二(木)	二五(土)

```
   八           一四          一一
   金           榮           浩
   木           土           土
```

一九(利格)

元格 = 二五　　安康格 財祿運
亨格 = 二二　　中折格 短命運
利格 = 一九　　成敗格 病惡運
貞格 = 三三　　登龍格 隆盛運

의붓 아버지와 생모를 살해한 사건

1989년 10월 경기도 강병군에서 중풍환자인 의붓아버지(78세)와 생모(56)를 살해하였다.

이 끔찍한 사건의 직접적인 원인은 二二수리와 一九, 三六수리의 이름이며, 설상가상격으로 음령오행상 두 土가 木 하나와 서로 상극된 점이 더욱 부채질한 후천운명의 결과로 본다.

三三수리는 등용격 융성운이며 一九수리는 성패격 단명운이 되고, 三六수리는 영웅격 파란운 등이다.

이 두가지 수리의 공통된 흉한 점은 부부간 생별 사별을 거듭하고 조난, 병난, 형액, 피살, 단명 등 파란만장의 극히 흉한 수리로서 34세의 젊은 나이로 이와같이 끔찍한 사고를 저지르고 형장의 이슬로 사라지고 말았다.

※참고 : 이름을 보면 글자의 뜻이나 부르기 좋고 잘된 작명으로 보게되나 수리오행상 이와같이 흉한 두가지 수리가 중복되었으니 어찌 이것을 피할 수 있으랴.

김 용 운
金 龍 雲

貞格	利格	亨格	元格
三六(土)	二〇(水)	二四(土)	二八(金)

八	一六	一二
金	龍	雲
木	土	土

二〇(利格)

元格 = 二八   風波格 波瀾運
亨格 = 二四   出世格 蓄財運
利格 = 二〇   歸空格 虛妄運
貞格 = 三六   英雄格 波瀾運

13세 소녀 폭행 강도 살인 다섯번이나 저지른 사건

　김용운은 1987년 10월 서울 강동구 노상에서 13세 소녀를 폭행 살해하고 강도살인 5회를 범행하는 등 천인이 공노할 범죄를 범하여 형사입건 사형을 집행당했다.

　이와같은 끔찍한 사건을 저질르고 40세 젊은 나이에 형장의 이슬로 살아지게 된 원인은 후천운명이 二八수리, 二〇수리 등 극히 흉한수리로 작명된 결과이다.

　二八수리는 풍파격 파란운으로서 모든 성공도 수포로 돌아가고 가정적인 파란곡절이 심할뿐만 아니라 부부 자녀간에 이별, 형액, 변사 등을 당한 흉한 수리이다.

　二〇수리도 수차에 걸쳐서 예를 든 바와 같이 귀공격 허망운으로 부부 자녀가 생별, 사별할뿐 아니라 형액, 변사, 단명 등의 수리이다.

　三六수리도 희비쌍곡이 교차하는 운명으로 객지로 유랑하고 처자와 이별, 급병, 변란, 조난, 피살되는 등 극히 흉한 수리이며 음령오행과 수리오행도 상극된 점이다.

권 갑 석
權 甲 石

```
 貞格      利格      亨格      元格
三二(木)   二七(金)   二七(金)   一〇(水)
```

```
   二        五        五
   權        甲        石
   木        木        金
```

二七(利格)

元格 = 一〇   歸空格 空虛運
亨格 = 二七   大人格 中折運
利格 = 二七   大人格 中折運
貞格 = 三二   順風格 旺盛運

자기처 살해범

1984년 9월 권갑석(42)씨는 부산 영도구에서 내연의 처와 공모하여 내연의 처남(당시 37세)과 자신의 처(당시 41세)를 살해하여 1992년 12월 사형을 당한 사건이다.

一〇, 二七, 二七 수리는 최고의 흉수리이다. 이중 하나만 있어도 비참한 결과를 가져오게 되는데 항차 셋씩이나 넣고 이름을 지었으니 어찌 무사하랴.

一〇수리의 내용을 보면 귀공격 공허운으로서 매사가 중도에 좌절이요, 육친의 덕이 없고 처자이별, 고질병, 조난, 중년 요절, 형액을 당하게 되며 수리오행도 二金 一木이 서로 상극이며, 음령오행도 金木 상극으로 극히 흉하다.

二七수리는 대인격 중절운으로 실패, 곤고, 조난, 형액, 불구, 단명, 부부간에 생별이나 사별을 하는 등 파란만장한 한 많은 세월을 보내다가 결국 요절하는 운으로 42세 젊은 나이에 평생반려자인 자기처를 죽이고 나이 50도 못되어 형장의 이슬로 사라지고 말았으니 이것은 후천운명의 작용이다.

윤 용 필
尹 鏞 弼

貞格	利格	亨格	元格
三五(土)	一六(土)	二三(火)	三一(木)

　　四　　　一九　　　一二
　　尹　　　鏞　　　弼
　　土　　　土　　　水

　　　　　一六(利格)

元格 = 三一　　世察格　興家運
亨格 = 二三　　革新格　旺盛運
利格 = 一六　　德望格　裕財運
貞格 = 三五　　泰平格　安康運

고종형수를 살해(전과 5범)

윤용필(33)은 1990년 경기도 양평군 국도상에서 일가족 4명을 암매장한 바 있어 1992년 11월 29일에 사형 집행했다.

수리오행은 무리가 없고 이름의 뜻도 흠잡을 곳은 없다. 그러나 음령오행이 두 土와 水 하나가 서로 상극된 점이 흉하다.

음령오행상 상극됨 점만 가지고는 사형에 당할 비극은 가져오지 않고 40%가 흉함을 차지한다고 필자는 생각한다.

이것은 선천운명(사주)이 대운에서 극히 흉할때 후천운명(성명) 40%가 차지하여 이러한 비참한 결과를 가져온 것으로 본다.

※참고 : 고로 항상 작명을 할때는 반드시 선천운명(사주)의 오행이 부족함을 작명할때 보충하여 주는 편리한 점을 우리는 가지고 있다. 작명을 할 때는 이것을 유의하여야 한다.

흉악범死刑집행

강력범죄에 대한 嚴罰의지 반영

법무부는 지난 90년 12월 흉악범 9명의 사형집행후 약 1년만에 이뤄진 것으로 해 △權甲石(42)=84년 9월 부산 영도구에서 내연의 처와 곰로, 내연의 처의 남편(당시 37세)과 자신의 편(당시 41세)를 살해 △金龍雲(40)=87년 10월 서울 강동구 노상에서 13세 소녀를 살해하는 등 강도살인 5회 △金영浩(34)=89년 10월 경기도 가평군에서 중풍환자인 부父아버지(당시 78세)와 생모(56)를 살해 △沈英求(32)=89년 6월 서울 남현동 노상에서 부녀자(당시 42세)를 흉기로 찔러 살해한뒤 금품을 터는 등 강도살인 5회 △金中(37)=90년 6월 충북 진천군에서 부녀자를 타내기 위해 공범들과 함께 자신의 부인(당시 42세)을 교통사고로 위장살해 타내기 위해 공범들과 함께 자신의 부인(당시 42세)을 교통사고로 위장살해 타내기 위해

이뤄진 것으로 해 타내기 공범들과 자신의 부인(당시 42세)을 교통사고로 위장살해 타내기 위해 5세 소녀를 살해하는 등 강도살인

이는 지난해 12월 흉악범 9명의 사형집행후 약 1년만에 이뤄진 것으로 6명으로 들어 다섯번째이며 이로써 사형대기자수는 41명으로 줄었다.

△尹鏞弼△張孝相(65)=84년 9월 경북 의성군에서 고종형수를 살해 △柳忠男(47)=84년 9월 경남 창녕 군 부곡면에서 보험금을 타내기 위해 공범들과 함께 자신의 부인(당시 42세)을 교통사고로 위장살해

도 양평 국도상에서 일가족 4명을 살해, 암매장한 尹鏞弼(33·전과5범)등 사형이 확정된 흉악범 9명의 사형을 29일 집행했다고 밝혔다.

이날 사형집행은 오전 10시부터 서울구치소(7명) 대구교도소(2명)에서 각각 이뤄졌다.

최 성 묵
崔 成 默

貞格	利格	亨格	元格
三四(火)	二七(金)	一八(金)	二三(火)

一一	七	一六
崔	成	默
金	金	水

二七(利格)

元格 = 二三 革新格 旺盛運
亨格 = 一八 發展格 隆昌運
利格 = 二七 大人格 中折運
貞格 = 三四 變亂格 破滅運

회사전무에 석유붓고 위협하다가 2명 소사

경기도 평태시 평택종합터미널 2층 여개가무실에서 이 회사 운전사 최성묵씨(41)가 석유통을 가지고 들어가 전무인 최옥씨에게 석유를 뿌리고 협박하다가 불이나서 최전무는 그 자리에서 타 숨지고 최성묵씨는 병원으로 옮겨져 치료를 받다가 숨졌다.

이것은 二七수리의 대인격 중절운과 三四수리 변란격 파멸운이 작용되어서 41세의 젊은 나이에 두 사람의 목숨을 앗아가게 된 비참한 사건이다.

그리고 수리오행도 두 金과 두 火가 서로 상극된 점이 더욱 흉하여 불길한 두 수리에 가세한 결과로 본다.

※참고 : 앞에서도 언급한 바와 같이 아무리 이름의 뜻과 내용이 좋다고 하더라도 수리와 수리오행과 음령오행이 불길하면 비참한 결과를 가져온다는 사실을 작명가는 유의하여야 한다.

임 홍 천
任 弘 天

貞格	利格	亨格	元格
一五(土)	一〇(水)	一一(木)	九(水)

六　　　　　五　　　　　四
任　　　　　弘　　　　　天
土　　　　　土　　　　　金

一〇(利格)

元格 = 九　　　 終國格 時虧運
亨格 = 一一　　 更新格 再興運
利格 = 一〇　　 歸空格 空虛運
貞格 = 一五　　 統率格 福壽運

탁명환(종교문제연구가) 살해혐의 단독범행 주장

종교문제연구가 탁명환씨를 단독 범행으로 살해했다는 임홍천(26)씨의 성명을 보면

원격 九수리는 종국격 시휴운으로서 일시적인 성공도 중도에 좌절당하며, 비참한 환경에 빠지게 되고 부부간에 생별 사별을 당하거나 조난, 형액, 질병, 불구 등의 흉운을 초래하게 된다.

一〇수리는 귀공격 공허운으로 좋은 기회를 상실하게 되고 부모덕이 없으며 객지에서 고생으로 수심하고 처자이별, 조난, 중년에 요절하거나 형액 등의 불운을 초래하게 되었다.

九수리 하나만 있어도 80% 이상의 적중율이 있거늘 一〇수리까지 가세하였으니 아까운 젊은 나이에 이와같은 비참한 일을 저질르게 되었다.

※참고 : 작명할 때는 이와같은 흉한 수리는 절대로 써서는 아니되고 돌림자를 쓸때 이와같은 흉한 수리가 나올 때는 돌림자를 써서는 안된다.

황 용 삼
黃 龍 三

貞格	利格	亨格	元格
三一(木)	一五(土)	二八(金)	一九(水)

```
   一二        一六         三
   黃          龍          三
   土          土          金
```

一五(利格)

元格 = 一九　　成敗格 病惡運
亨格 = 二八　　風波格 波瀾運
利格 = 一五　　統率格 福壽運
貞格 = 三一　　世察格 興家運

국민학생 상습추행 운전사

국민학교 여학생을 건물옥상으로 끌고가 추행하려다 건물에서 떨어져 숨지게 하는 등 상습적으로 10대 소녀를 추행하다가 결국 형사입건되어 극형을 받게 되었다.

一九수리는 성패격 병악운으로 일시적인 성공도 중도에 좌절되고 부부간에 인연이 박약하고 형액, 조난, 처자와 생별하거나 사별하게 되는 등 흉운을 초래하게 된다.

二八수리는 풍파격 파란운으로 가정의 파란이 많고 부부 자녀와 이별, 형액, 변사, 불구 등의 흉운을 당하는 수리이다.

이름의 뜻과 글자는 흠잡을 것이 없으나 一九, 二八 등 흉한 수리가 중복되어 24세의 아까운 젊은 청춘을 암흑의 구렁텅이로 떨어지게 된 것이다. 중년운만 매사를 참고 견디었다면 말년에는 다복하게 여생을 마쳤을 것인데 애석하기 짝이 없다.

불붙어 2명 모두 燒死

석유붓고 위협 회사전무에

崔성복씨(41)가 석유통을 가지고 들어가 전무 卞모씨(62)의 몸에 석유를 뿌리고 협박하다 불이 나 전무 卞씨가 그 자리에서 숨지고 운전사 崔씨는 중상을 입어 평택박애병원으로 옮겨져 치료를 받던중 이날 밤11시 50분경 숨졌다.

경리사원 朴모씨(22·여)에 따르면 운전사 崔씨가 술에 취한 채 플라스틱통을 들고 崔전무 방에 들어간 뒤 곧바로 왜 이런 식으로 일을 처리하느냐는 고함소리와 함께 불길이 치솟았다는 것.

경찰은 운전사 崔씨가 이 회사 노조 대의원으로 선출되는 과정에서 회사측에 비협조적이라는 이유로 전무 卞씨의 방해를 받았다는 운전사들의 말을 토대로 崔씨가 卞전무에게 앙심을 품고 석유를 뿌리면서 崔전무를 협박하는 과정에서 옆에 있던 석유난로에 인화돼 불이 난 것으로 보고 정확한 화인등을 조사중이다.

卓明煥씨 살해혐의 任弘天피고 첫공판

대성교회 운전사 任弘天피고인(26)등 卓씨살해 사건 관련피고인 3명에 대한 1심 첫공판이 14일 서울형사지법 합의21부(재판장 朴松夏부장판사 주심 韓勝憲판사)심리로 열려 검찰측과 변호인측 신문이 진행됐다. 이날 공판에서 任피고인은 「평소 대성교회 설립자인 朴潤植목사를 이단으로 규정, 비난해 卓씨를 제거해야겠다는 결심을 했다」며 「그러나 卓씨를 살해한 것은 교회와 상관없이 혼자 계획한 것이었다」고 단독범행을 주장했다.

국교생 상습추행 20대운전사 영장

여학생을 건물옥상으로 끌고가 추행하려는등 상습적으로 10대소녀를 추행해온 黃龍三씨(24·운전사·陽川구新月4동)에 대해 2일 강간치상등혐의로 구속영장을 신청했다.

黃씨는 지난3월21일 밤10시경 서울陽川구新月4동 동네 卞모양(11·국교5년)에게 「음료수를 사주겠다」고 속여 1백50여m쯤 떨어진 3층건물옥상으로 卞양을 강제추행하려다 숨지게한 혐의를 받고있다.

송　재　홍
宋　才　弘

貞格	利格	亨格	元格
一五(土)	一二(木)	一〇(水)	八(金)

七　　　三　　　五
宋　　　才　　　弘
金　　　金　　　土

一二(利格)

元格 ＝ 八　　　發展格 前進運
亨格 ＝ 一〇　　歸空格 空虛運
利格 ＝ 一二　　柔弱格 孤愁運
貞格 ＝ 一五　　統率格 福壽運

尊屬殺人 사건으로 사형 집행

1983년 12월 8일 사망보험 6천만원을 받아내기 위해 자기 부친을 숲속으로 유인 돌로 머리를 쳐서 살해하고, 또한 여자택시 운전사를 살해하기 위해 돌로 쳐서 실신시킨후 차안에 밀어넣고 석유를 뿌려 불을 질렀으나 미수에 그친 채로 결국 35세 꽃다운 청춘에 사형을 집행 당하였다.

　이와같은 끔찍한 사건을 저질르고 사형당한 원인은 수리오행의 一〇수리 귀공격 공허운과 一二수리의 유약격 고수운이 작용한 점이다.

　이 중년운을 매사에 참고 인내하여 성실하게 생업에 열중하여 50이 넘었더라면 많은 사람을 통솔하고 수복을 누리었을 것인데, 一二수리와 一〇수리가 기어코 살인범으로 극형에 처하도록 작용하였다는 것을 볼때 새삼 작명의 중요성을 다시 한번 느끼게 한다.

<pre>
        임   천   택
        林   天   澤

   貞格   利格   亨格   元格
   二四(火) 二〇(水) 一二(木) 一六(土)

       八   四   一二
       林   天   澤
       土   金   火

              二〇(利格)
</pre>

元格 = 一六   德望格 裕財運
亨格 = 一二   柔弱格 孤愁運
利格 = 二〇   空虛格 虛妄運
貞格 = 二四   出世格 蓄財運

강도살인사건

1989년 10월 13일 부산시 동래구 복천동 가정집에 들어가서 남자 1명을 살해하고 폭력절도 등 전과 16범으로 42세 한참 나이에 사형을 집행 당했다.

중년 十二수리는 유약격 고수운(외로운 운)이고 二〇수리는 공허격 허망운으로서 十二수리는 매사 중도에서 실패하고 부부이별, 자녀상실(죽거나 다치거나) 또는 병액, 불구, 변사, 형액을 당하게 되고, 二〇수리는 부부 자녀간 이별하고 형액, 변사 등을 당할 수리이다.

음령오행도 火剋金을 서로 상극이 되어 있는 가장 불길한 작명이다.
※참고 : 선천운명(사주)이 아무리 좋다고 하더라도 후천운명(작명)이 이렇게 잘못되어 있으면 형액을 면치 못하게 되고 글자 뜻도 숲(林)속의 나무들이 물에 떠내려 가는 형상이다.

이 재 철
李 在 哲

貞格	利格	亨格	元格
二三(火)	一七(金)	一三(火)	一六(土)

```
    七        六        一〇
    李        在        哲
    土        金        金
              一七(利格)
```

元格 = 一六   德望格 裕財運
亨格 = 一三   聰明格 智達運
利格 = 一七   勇進格 暢達運
貞格 = 二三   革新格 旺盛運

살인 강간 치상에 여중생 폭행 살인

강간 치상으로 3년간 복역한 뒤 출소후 약수터에서 여중 1년생을 산속으로 끌고 들어가서 강간후 노끈으로 손발을 묶어 살해하였다.

수리 오행상으로는 별다른 하자는 없으나 중년이 一七(金), 一三(火) 수리로 火金 상전이 되고 말년 二三(火), 一七(金)수리도 서로 火金으로 상극이 되어 있다.

다시 말하면 金 하나를 사이에 두고 두 火(불)가 金을 녹이는 형상이니 어찌 평탄하게 세상을 보낼 수 있으리요.

결과적으로 金이 녹아서 형태가 없어지는 이치로 29세 꽃다운 나이에 형장의 이슬로 살아지고 말았다.

※참고 : 고로 수리오행의 위력이 인생의 운명을 좌우한다는 사실을 염두에 두고 작명에 임하여야 한다는 것을 명심하여야 한다.

황 은 경
黃 恩 暻

貞格	利格	亨格	元格
三八(金)	二八(金)	二二(木)	二六(土)

一二　　　一〇　　　一六
黃　　　　恩　　　　暻
土　　　　土　　　　木

二八(利格)

元格 = 二六　　晩達格 英雄運
亨格 = 二二　　中折格 短命運
利格 = 二八　　風波格 波瀾運
貞格 = 三八　　文藝格 學士運

엄마와 더불어 아버지에게 피살

　부모 싸움에 휘말려 어머니와 더불어 아버지에게 피살당했다.
　이름의 字意는 흠잡을 때가 없다. 그러나 二六, 二二, 二八수리는 작명상 절대로 피하여야 한다.
　二六수리는 겉으로 보기에는 만달격 영웅운으로 길할 수리로 보이나 특히 여자에게 피하여야 할 수리로 극과 극을 달리는 형상인데, 불운이 시작되면 조난, 형액, 변사, 조난, 처자와 생별 사별을 당하는 불길한 수리이다.
　二二수리는 중절격 단명운으로 실패, 곤고, 형액, 단명하는 수리이다.
二八수리는 가정파란이 심하여 부부자녀간에 이별, 형액, 변사, 불구, 부모덕이 없는 수리이다.
※참고 : 이 이름은 수리오행도 木剋土 金剋木으로 서로 상극되는 오행이고 이것을 종합하여 볼때 작명에 상식이 전혀 없는 사람이 지은 것으로 보는데 결과적으로 후천적인 운명, 즉 이름의 불길한 수리와 오행으로 인하여 두살이란 어린 나이에 피어보지도 못하고 떨어졌다.

김 점 심
金 點 心

貞格　　利格　　亨格　　元格
二九(水)　一二(木)　二五(土)　二一(木)

八　　　一七　　　四
金　　　點　　　心
木　　　金　　　金

一二(利格)

元格 = 二一　　自立格 頭領運
亨格 = 二五　　安康格 財祿運
利格 = 一二　　柔弱格 孤愁運
貞格 = 二九　　成功格 亨福運

남편 황영진과 말다툼하다가 딸과 피살

　같은 회사에서 근무하던 남편(운전기사)과 1988년 10월 결혼 딸 은경(2)이를 낳고 임신 3개월만에 가정불화로 싸우던 중에 갑작이 남편이 자신과 딸을 이불로 덮어 씌워 질식케하여 살해 당했다.
　二一수리는 남자에 한하여 쓰게 되는데 만약 여자에게 이 수리를 이름에 넣게되면 너무 수리가 강렬하여 과부가 되거나 파란만장한 세월을 보내게 되고,
　一二수리는 유약격 고수운으로서 부부간에 이별, 자녀 상실, 병액, 불구, 역경, 변사하거나 형액을 당하는 등의 극히 흉한 수리로 27세의 젊은 나이에 딸과 더불어 피살당하는 비극의 결과를 가져왔다.
　초·중년의 수리오행도 木剋土로 중복배치되어 서로 상극된 불길한 오행배치이다.


```
            서    남    태
            徐    南    泰

   貞格      利格     亨格     元格
   二八(金)  一九(水) 一九(水) 一八(金)

     一〇        九       九
     徐         南       泰
     金         火       火

              一九(利格)
```

元格	= 一八	發展格	隆昌運
亨格	= 一九	成敗格	病惡運
利格	= 一九	成敗格	病惡運
貞格	= 二八	風波格	波瀾運

조직폭력배로 무기형을 구형받은 사건

조직폭력배로 사업관계로 시비가 생겨서 정전식씨를 살해하고 25세의 젊은 나이로 무기형이란 구형을 받았다.

형격 一九수리, 이격 一九수리, 정격 二八수리는 최악의 불길한 수리이다.

그 내용을 보면 一九수리는 매사가 중도에 실패하고 부부의 인연이 없고 육친의 덕이 없으며, 형액, 조난, 처자와 생별 사별할 뿐만 아니라 단명할 수리이다.

二八수리 풍파격 파란운은 가정적 파란이 심하고 자녀간에 이별 또는 형액, 변사 등의 흉운을 부르는 흉한 수리이다.

음령오행도 金 하나가 두 火에 녹아나며 서로 상극되는 흉한 오행이다.
※참고 : 이름의 뜻은 좋으나 형격, 이격, 정격이 극히 흉한 수리로 이러한 참변을 저지르게 되었다.

김　영　만
金　榮　萬

貞格	利格	亨格	元格
三七(金)	二三(火)	二二(木)	二九(水)

八　　　一四　　　一五
金　　　榮　　　萬
木　　　土　　　水

二三(利格)

元格	= 二九	成功格	亨福運
亨格	= 二二	中折格	短命運
利格	= 二三	革新格	旺盛運
貞格	= 三七	政治格	出世運

공사장 붕괴 2명 압사

　서울 강동구 고덕동 고덕빗물 펌프장 신축공사장에서 2층 천장이 무너져 내리면서 공사중이던 인부 김영만(39)씨와 이상덕씨가 콘크리트 더미에 깔려 숨졌다.

　원격 二九수리 형격, 二二수리가 극히 위험한 수리이다. 二二수리의 내용을 보면 매사가 중도에 좌절하는 운으로서 실패, 곤고, 형액, 조난 또는 가정을 등지거나 처자 이별, 난치병 등으로 단명하는 수리이다.

　二二수리는 一九수리와 같으며, 육친의 덕이 없고 신병, 불구, 단명수리로서 흉운을 초래하게 되며 음령오행도 木剋土, 土剋水로서 서로 상극됨이 이와같은 큰 사고를 부채질한 것이다.

※참고 : 작명상 一九, 二二수리는 절대로 써서는 안되고 수리오행이나 음령오행도 상극되지 않는 방향으로 작명하여야 한다.

방 현 재
方 賢 在

貞格　　利格　　亨格　　元格
二五(土)　一〇(水)　一九(水)　二一(木)

　　四　　　一五　　　六
　　方　　　賢　　　在
　　水　　　土　　　金

　　　　　一〇(利格)

元格 = 二一　　自立格 頭領運
亨格 = 一九　　成敗格 病惡運
利格 = 一〇　　歸空格 空虛運
貞格 = 二五　　安康格 財祿運

情婦의 남편 살해사건

　자신과 내연의 관계를 맺어오던 여자의 남편을 살해한 방현재(27)씨가 형사입건되었는데 그 성명의 내용을 분석하여 보면 다음과 같다.
　一九수리는 성패격 병악운으로 육친이 무덕하고 형액, 조난, 처자와 생별하거나 사별하게 되며 신병, 불구, 廢疾, 단명 등의 흉한 일이 일어나게 된다.
　一〇수리는 귀공격 허망운으로 매사가 有頭無尾로 일시적인 성공이 중도에 좌절되고 처와의 이별, 조난, 중년 요절, 형액 등 불운을 초래하게 된다.
　흉한 수리 하나만 하여도 그 흉한 작용력이 80% 이상인데 항차 一九, 一〇수리의 흉함이 중복되어 있어 이와같이 예기치 못한 끔찍한 사고를 내게 된 것이다.

정 몽 우
鄭 夢 禹

貞格	利格	亨格	元格
四〇(水)	二六(土)	三一(木)	二三(火)

一七　　一四　　九
鄭　　　夢　　　禹
金　　　水　　　土

二六(利格)

元格 = 二三　　革新格 旺盛運
亨格 = 三一　　世祭格 興家運
利格 = 二六　　晩達格 英雄運
貞格 = 四〇　　變化格 空虛運

모재벌의 아들 몽우씨가 자살 사건

　모재벌 회사의 아들 정몽우씨가 우울증에 시달려 몇차례에 걸쳐서 자살 기도를 하다가 미수에 그친 일이 있었는데 드디어 모호텔에서 음독한 나머지 결국 세상을 등지고 사망하였다.

　수리오행이 초년은 木生火로 상이 되어서 다복하게 살았으나 중년 말년에 걸쳐서 木剋土 土剋水로서 서로 상극을 이루고 설상가상격으로 정격 四〇수리의 작용으로 이와같은 비극을 낳고 말았다.

　四〇수리는 변화격 공허운으로 일시적인 성공을 얻을 수 있으나 모든일이 허사로 돌아가고 패가망신하는 운이다. 망신이라는 것은 결국 몸을 망친다는 뜻으로 결과적으로 죽는다는 표현이다.

※참고 : 작명상 꿈 몽(夢)자는 피하는 경향이 있는데 결국 모든 일이 꿈과 같다는 뜻이기 때문이다.

二. 號, 字의 有來와 必要性

아득한 옛날부터 동양 삼국(중국, 한국, 일본)에서는 부모님이나 혹은 조부모님께서 지어주신 이름밖에 號나 字를 두세개씩 지어서 부르는 것을 품위있게 또는 자랑스럽게 여겨왔다.

5세기 전의 인물인 百結 선생으로부터 비롯된 것으로 추측되는 한국인 號史에서 최초의 일이며, 근세에 와서는 지위고하를 막론하고 널리 이용하고 있다.

사람이 출생하면 누구나 성명 삼자는 지어받게 되는데, 이 이름을 부르지 않고 호나 자를 지어 받아 자연스럽게 부르는 것은 부모님께서 지어주신 이름을 가장 귀하고 소중하게 생각하고 남들이 부르는 것은 불경스럽게 여겨서 함부로 부르지 않도록 하려는데 뜻이 있다고 본다.

호는 자기 자신이 지어서 부르게 하는 自號와 집안의 어른들이나 스승이나 친한 친구들이 지어서 부르게 되는 雅號와 堂號가 있고, 이 밖에도 別號, 宅號, 諡號, 法名 등이 있다.

호를 지을때 유의사항
1. 그 사람의 환경과 인품이나 직업에 알맞게 하여야 하며,
2. 그 사람의 성장지와 특별하게 인연이 있는 지명의 글자를 따서 짓는 방법.
3. 그 사람의 嗜好, 德行, 취미를 택하여 짓는 방법.
4. 너무 지나치게 고상하지 않는 자기의 위치에 걸맞게 지어야 한다.
5. 또한 저속하거나 자기를 비하 하여서도 안된다.
6. 부르기가 편안하고 실증이 나지 않도록 하여야 한다.
7. 별명이 되는 글자를 넣어서도 안된다.
8. 어려운 글자를 피하고 쉬운 자를 쓰는 것이 좋다.

옛날 유명한 분들의 號를 지은 글자를 보면 堂, 亭, 軒, 山, 蘭, 谷, 雲, 竹, 雲, 圓자 등을 많이 볼수가 있고, 특히 天文, 草木 등의 글자를 따서 짓는 방법도 있다.

海月 崔時亨 선생님께서도 사랑하는 제자들에게 庵字를 붙여서 義庵, 龜庵 등으로 아호를 지어서 부르도록 하여 同門임을 암시토록 하였다.

也山 李達 선생님께서도 제자들에게 山, 岡, 峰자를 따서 아호를 지어서 부르도록 하였다는 고사가 전해지고 있다.

字나 號를 통하여 同志나 同門임을 뜻하는 동시에 결속을 다짐하면서 어떠한 道를 같이 지향한다는 것을 암시하는 뜻도 있다.

그리고 많은 사람들의 호나 자를 보면 한없이 깊은 뜻이 담겨져 있으며 그 사람의 인생관이나 도덕과 도학 등의 관념을 알수가 있다.

옛날에는 號나 字를 지어서 부르는 것은 특권층의 점유물로 혹은 사치스러운 것으로 생각되고 하였으나 근래에 와서는 지위고하나 부귀빈천을 막론하고 字나 號를 자기가 짓거나 윗어른들이나 은사 또는 친구들로부터 지어받아서 부르기 때문에 대중화되어 있는 현실이다. 또한 호를 짓는데 있어서도 작명원칙을 지켜야 한다.

다음의 많은 호를 예시하였으니 호를 짓는데 참고하시기 바란다.

三. 號字屬別 實例

岡(강)	花岡(화강)	謙(겸)	後庚(후경)	
青岡(청강)	華岡(화강)	以謙(이겸)		谷(곡)
雲岡(운강)	和岡(화강)	利謙(이겸)	溪(계)	仁谷(인곡)
柏岡(백강)		又謙(우겸)	東溪(동계)	壯谷(장곡)
文岡(문강)	崗(강)		月溪(월계)	日谷(일곡)
日岡(일강)	日崗(일강)	耕(경)	玉溪(옥계)	松谷(송곡)
一岡(일강)	雲崗(운강)	雲耕(운경)	小溪(소계)	
南岡(남강)		日耕(일경)	清溪(청계)	觀(관)
小岡(소강)	江(강)	一耕(일경)	嵐溪(람계)	何觀(하관)
東岡(동강)	文江(문강)	耕學(경학)	月溪(월계)	貞觀(정관)
利岡(이강)	一江(일강)		石溪(석계)	靜觀(정관)
白岡(백강)		景(경)		一觀(일관)
蘭岡(난강)	乾(건)	慧景(혜경)	皐(고)	
同岡(동강)	日乾(일건)		青皐(청고)	光(광)
春岡(춘강)		庚(경)	一皐(일고)	泰光(태광)

後光(후광)	仁堂(인당)	東(동)	秀山(수산)	德山(덕산)
星光(성광)	有堂(유당)	東橋(동교)	文山(문산)	乙山(을산)
道光(도광)	衍堂(연당)		奇山(기산)	茅山(모산)
惠光(혜광)	模堂(모당)	蓮(련)	觀山(관산)	離山(이산)
秋光(추광)	受堂(수당)	白蓮(백련)	兎山(토산)	伊山(이산)
文光(문광)	晩堂(만당)	錦蓮(금련)	仁山(인산)	智山(지산)
東光(동광)	離堂(이당)	蓮淨(연정)	寅山(인산)	志山(지산)
晴光(청광)	晤堂(오당)		蕙山(혜산)	履山(이산)
清光(청광)	錦堂(금당)	里(리)	日山(일산)	桂山(계산)
雲光(운광)	壽堂(수당)	珂里(가리)	靜山(정산)	賁山(비산)
文光(문광)	厚堂(후당)		白山(백산)	曉山(효산)
	智堂(지당)	梅(매)	晩山(만산)	萃山(취산)
琴(금)	悟堂(오당)	庭梅(정매)	柏山(백산)	訝山(아산)
月琴(월금)	浩堂(호당)		敦山(돈산)	芽山(아산)
琴韻(금운)	萬堂(만당)	民(민)	老山(노산)	明山(명산)
	元堂(원당)	白民(백민)	佳山(가산)	咸山(함산)
南(남)	又堂(우당)	惠民(혜민)	韶山(소산)	眉山(미산)
日南(일남)	利堂(이당)		昭山(소산)	彌山(미산)
佳南(가남)	美堂(미당)	明(명)	謙山(겸산)	陽山(양산)
南球(남구)	芝堂(지당)	啓明(계명)	心山(심산)	亨山(형산)
南樵(남초)	蕙堂(혜당)		浩山(호산)	炯山(형산)
南洲(남주)	銀堂(은당)	峰(봉)	維山(유산)	逈山(형산)
	琳堂(임당)	雲峰(운봉)	壽山(수산)	如山(여산)
潭(담)	克堂(극당)	月峰(월봉)	松山(송산)	尼山(이산)
荷潭(하담)	伊堂(이당)	玉峰(옥봉)	嘉山(가산)	華山(화산)
		秀峰(수봉)	智山(지산)	宜山(의산)
堂(당)	塘(당)		能山(능산)	義山(의산)
恩堂(은당)	蓮塘(연당)	山(산)	斗山(두산)	東山(동산)
琴堂(금당)	芝塘(지당)	諸山(저산)	中山(중산)	貞山(정산)
謀堂(모당)		海山(해산)	仲山(중산)	暎山(영산)

景山(경산)	于松(우송)	省庵(성암)	羅苑(나원)	卣(유)
芝山(지산)	日松(일송)	壽庵(수암)		同卣(동유)
利山(이산)	一松(일송)		園(원)	
模山(모산)	義松(의송)	巖(암)	桃園(도원)	隱(은)
	澗松(간송)	鏡巖(경암)	羅園(나원)	晩隱(만은)
三(삼)	百松(백송)		梨園(이원)	道隱(도은)
三驅(삼구)	月松(월송)	陽(양)	井園(정원)	南隱(남은)
三共(삼공)	松汀(송정)	元陽(원양)	東園(동원)	
	松下(송하)		賁園(비원)	人(인)
裳(상)	雲松(운송)	易(역)	貞園(정원)	同人(동인)
黃裳(황상)		交易(교역)	蕙園(혜원)	公人(공인)
	室(실)		靑園(청원)	
石(석)	石室(석실)	屋(옥)	德園(덕원)	仁(인)
佳石(가석)		台屋(태옥)	梅園(매원)	貢仁(공인)
友石(우석)	我(아)			
仁石(인석)	觀我(관아)	堯(요)	遠(원)	印(인)
一石(일석)		古堯(고요)	志遠(지원)	心仁(심인)
池石(지석)	岩(암)			
石下(석하)	斗岩(두암)	雲(운)	元(원)	印(一)
	松岩(송암)	錦雲(금운)	乾元(건원)	一淸(일청)
仙(선)	錦岩(금암)	東運(동운)	坤元(곤원)	一經(일경)
松仙(송선)	玄岩(현암)		艮元(간원)	一道(일도)
	晶岩(정암)	苑(원)	東元(동원)	
星(성)	湖岩(호암)	梨苑(이원)	保元(보원)	章(장)
乙星(을성)		梅苑(매원)		含章(함장)
	庵(암)	蒼苑(창원)	月(월)	
笑(소)	槿庵(근암)	嘉苑(가원)	觀月(관월)	齋(재)
百笑(백소)	惺庵(성암)	文苑(문원)	月夏(월하)	以齋(이재)
	淸庵(청암)	斐苑(비원)	月宮(월궁)	臨齋(임재)
松(송)	友庵(우암)	芷苑(지원)		逸齋(일재)

友齋(우재)		利泉(이천)		春軒(춘헌)
謙齋(겸재)	井(정)	芝泉(지천)	坡(파)	知軒(지헌)
同齋(동재)	雲井(운정)	守泉(수천)	靑坡(청파)	同軒(동헌)
松齋(송재)		小泉(소천)	銀坡(은파)	德軒(덕헌)
剛齋(강재)	貞(정)	松泉(송천)	靑坡(청파)	椿軒(춘헌)
誠齋(성재)	利貞(이정)	白泉(백천)	松坡(송파)	
	需貞(수정)	惠泉(혜천)		湖(호)
田(전)	坤貞(곤정)	韶泉(소천)	浦(포)	東湖(동호)
禾田(화전)	蕙貞(혜정)	德泉(덕천)	菊浦(국포)	淸湖(청호)
利田(이전)	攸貞(유정)	石泉(석천)		晚湖(만호)
蒼田(창전)			圃(포)	靑湖(청호)
龍田(용전)	庭(정)	川(천)	春圃(춘포)	芝湖(지호)
友田(우전)	蘭庭(난정)	白川(백천)	竹圃(죽포)	大湖(대호)
星田(성전)	錦庭(금정)			
農田(농전)		天(천)	河(하)	薰(훈)
德田(덕전)	中(중)	昨天(오천)	蓮河(연하)	餘薰(여훈)
豊田(풍전)	時中(시중)	東天(동천)	星河(성하)	
現田(현전)	利中(이중)		河銀(하은)	和(화)
	貫中(관중)	靑(청)		一和(일화)
精(정)	剛中(강중)	靑藍(청람)	退(하)	淸和(청화)
惟精(유정)	日中(일중)		又退(우하)	
	八中(팔중)	村(촌)		華(화)
亭(정)	中孚(중부)	芝村(지촌)	香(향)	曜華(요화)
松亭(송정)		杏村(행촌)	靜香(정향)	蓮華(연화)
石亭(석정)	地(지)	梅村(매촌)	又香(우향)	
月亭(월정)	仁地(인지)	德村(덕촌)	靜香(정향)	海(해)
柯亭(가정)		柏村(백촌)		梅海(매해)
履亭(이정)	泉(천)		軒(헌)	海情(해정)
雲亭(운정)	東泉(동천)	翠(취)	陽軒(양헌)	
春亭(춘정)	月泉(월천)	晚翠(만취)	三軒(삼헌)	

四. 한글 作名

시대의 변천과 흐름어 빨라짐에 이름도 변하여진다. 전통적으로 한문자로 이름을 짓는 일은 당연하지만 한글자로 이름을 짓는 것도 뜻있는 일이다.

부모는 아기가 태어날 때부터 가슴이 부풀어 올라 이 초롱초롱한 눈망울의 귀여운 자기 자식에 얼굴을 처음 보고 이 아기에게 무슨 이름을 어떻게 지어줄까 생각하게 된다.

이 아기에게 첫번째 부모가 주는 선물이 바로 이름이다. 아름다운 이름, 희망찬 이름, 부르기 좋고 뜻이 크고 깊게 담겨진 이름이어야 한다. 놀림거리가 되어서도 안되고, 별명이 되지 않는 이름을 지어야 한다.

최근에 와서는 한글이름이 유행처럼 펴져 나간다. 필자는 한글이름을 선호하는 사람들을 위하여 한글이름을 간략하게 이름의 종류를 가, 나, 다 순으로 골라 보았다. 그러나 이 밖에도 우리말의 이름을 지을 수 있는 것이 수없이 많은 것으로 생각된다.

한글이름의 작명방식도 역시 한글이름의 글자 획자수를 세여 음령오행과 수리오행과 삼원오행(三元五行)을 잘 살피고 따져서 지어야 하는 것은 한자 작명방법과 다를 바가 없다.

그리고 한글 이름은 꼭 두 글자에 얽매이게 지어야 한다는 관념을 버려야 한다. 예를 들면 "소슬이"는 소슬바람이 분다는 뜻인데 "김소슬"도 좋지만 "김소슬이"이라고 하여도 무방하다.

즉 이름자가 석자가 되거나 넉자가 되어도 좋다는 뜻이니 한문이름처럼 꼭 두자로 이름을 지으라고 하면 좋은 이름을 짓는데 무리가 생기게 된다는 뜻이다.

고로 작명가는 신생아에게 우리의 얼이 담긴 우리의 글을 소중하게 생각한다는 사명감에 일조가 되었으면 하는 마음에서 여기에 한글이름을 소개하는데 뜻이 담겨져 있다. 후일 순 한글로 될 성명학을 펴낼 것을 약속 드린다.

이름	뜻풀이	이름	뜻풀이
가람	강을 말함	꽃뜰	꽃마당
가람솔	강가의 소나무	꽃별	꽃과 하늘의 별
가람별	강과 별	꽃분	꽃과 화분
갈매	가을의 갈매기	꽃비	꽃과 비
개나리	꽃이름	꽃새	꽃과 새
고우나	곱게 태어났다	꽃샘	꽃이 피어날때 추위
고우라	예뻐져라	꽃송	꽃송이의 줄인말
고우리	고운 마음으로 잘 자라리	꽃슬	꽃의 암술과 숫술
고운	곱다	꽃씨	꽃의 종자
고운이	고운 마음을 가진 사람	꽃잎	꽃의 잎
고을	동내의 뜻	나나	나고 또 태어난다의 줄임
고이	예쁘게	나드리	강과 들의 줄임
곱결	고운 살결	나라	피어나라
구슬	부석의 종류	나래	날짐승의 날개
굳센	힘이 세게	나리	개나리꽃을 줄임
굳셈	힘차다	나비	곤충의 이름
그림	물체의 모양	날개	새의 날개
그림새	그림과 같이 이쁜새	날래	날을터야 줄인말
금남	금처럼 빛나게	날샘	빠르다는 뜻
금별	글처럼 밝은 별	내림	조상대대로의 뜻
기쁜	기쁘다	너울	바다의 파도
기쁨	즐겁다의 뜻	노들	노란 들판
기틀	중요한 골격	노랑	색의 빛깔
길샘	길가의 샘물	노마	남자의 뜻
꽃길	꽃이 피어날 길	노미	남자의 뜻
꽃나	꽃처럼 이쁘게 태어남	노을	저녁놀의 줄임
꽃내	꽃이 많이 핀 냇가	누리	세상
꽃님	꽃처럼 예쁜 님	누립	무엇무을 누리다
꽃들	꽃이 많이 피어난 들	손	눈과 소나무

이름	뜻풀이	이름	뜻풀이
늘봄	항상 봄과 같이	미나	아름답게 태어나다
다래	진달래의 줄임말	미리	남보다 앞선다는 뜻
다듬	다듬어 매만진다는 뜻	바다	바닷물의 뜻(넓다)
다솔	잘 다듬은 소나무	바위	큰 돌
다해	정성을 다해서	반짝	반짝 반짝의 줄임
단비	가물때의 비	방그레	입만 약간 움직여 웃는 것
달래	달빛의 냇물	방글	방글 방글의 줄임
달샘	달과 샘의 뜻	방시레	방글 방글의 줄임
달예	달과 같이 예쁘다	방시리	방글 방글의 줄임
달해	달과 해	방실이	방글 방글의 줄임
도란	도란도란 말한다	방울	방울을 단다의 줄임
도음	남을 돕는다는 뜻	버들	개울가의 버드나무
두솔	두 소나무	번개	우뢰
둥실	물에 둥둥 뜬 모양	벙글	벙글 벙글의 줄임
들메	들과 산	별나	별처럼 빛나
들샘	들과 샘물	별내	별이 비친 냇물
라라	소리의 어울림의 뜻	별님	별의 존칭
란새	노란새의 줄임	별님이	별의 존칭
리라	어려운 일이 있어도 일어서라	보드래	여자의 이쁨을 뜻함
마루	산마루의 뜻(꼭대기)	보들	보들보들의 줄임
마리	머리(남의 우두머리)	보라	빛깔의 명칭
맑음	하늘이 맑다는 뜻	보람미	보람있는 일
망울	꽃망울	보람	보람있는 일
맵시	예쁘다(몸매)	보름	15일의 뜻
먼동	날이 밝음	보미	봄에 태어남 줄임
모란	꽃의 이름	보미나	보람차고 미덥게
모람	한군데로 몬다는 뜻	보스리	보슬보슬 단비의 뜻
무리	많은 사람이 모임	보슬	보람과 슬기
미라	미덥게 자라라	봄내	봄날의 냇물

이름	뜻풀이	이름	뜻풀이
봄비	봄의 단비	솔비	소나무 숲에 나리는 비
봄빛	봄의 아름다운 경치	솔샘	솔솔 물이 솟아난다
분이	꽃분의 약칭	솔솔	바람이 부드럽게 부는 뜻
빛난	빛이 난다	솔찬	소나무처럼 알찬
빛남	빛이 난다의 말	송나	송송이 피어난다의 뜻
빛내	빛을 낸다	송이	꽃송이의 줄임
빤짝	반짝의 센말	수련	마음을 맑게 닦는다
상글	방글거리는 모습	스로	스스로의 줄임
상냥	성질이 상냥하다	스리	스스로 하리의 줄임
새길	새로운 길	슬기	매사의 일을 잘 처리한다
새날	새로운 날	신나	기분이 좋다
새달	새로운 달	싱글	싱글벙글이라는 뜻
새로	새롭게의 뜻	아름	아름답다
새롬	새로움의 뜻	아롱	아롱아롱하다의 뜻
새봄	새해 봄을 뜻함	아름	아름답다
새실	새마을	아리	아리답다
새한	새로운 큰 나라	아주	매우 좋다의 뜻
새힘	새로 나오는 힘	알라	알아라
샛별	새벽의 별	알음	안다의 뜻
서글	서글서글하다의 줄임	양지	햇살 바른 곳
세나	세번째 태어남	어진	어질다
세라	힘이 세어라의 줄임	엄지	남의 웃사람이 되라
세리	굳세게 살아가리	에리	예쁘다의 뜻
세찬	힘차게의 줄임	여라	문을 열어라
세참	힘이 세고 야무지다	여울	물살이 빠르게 흐름
소나	소담스럽게 태어나다	여주	박과에 달린 덩굴
소라	바다의 조개 일종	열림	문이 열렸다
솔개	소리개의 말(새)	예나	예쁘게 났다
솔님	소나무처럼 푸르게	예니	예쁜이

이름	뜻풀이	이름	뜻풀이
예란	예쁘게 자란	큰달	31일이 되는 달
예리	예쁘게 피어난다	큰돌	큰 바위
예솔	예쁜 소나무	큰들	넓은 들
예슬	예쁘고 슬기롭게	큰별	하늘의 큰 별
온솔	모든 소나무	큰솔	큰 소나무
우람	위엄이 있다.	티나	예쁘게 티가 난다
유리	유리처럼 맑게	펴라	날개를 펴라
으뜸	매사의 첫째	포근	포근하다
은나	은은히 피어나	피라	꽃어럼 피어나라
은님	말없이 자라남	하나	숫자의 첫자
은별	은빛나는 별처럼	한결	한층 더
은비	은실처럼 나리는 비	한길	큰 길
은빛	은색의 빛	한나	넓은 나의 마음
이룸	뜻을 이루다	한내	큰 냇물의 뜻
이솔	이로운 소나무	한들	넓은 들의 뜻
이슬	새벽에 나리는 이슬	한밭	큰 밭의 뜻
장한	장하게	한범	큰 호랑이
재미	아기자기한 취미	한별	큰 별의 뜻
주리	준다의 뜻	한봄	깊은 봄
줄기	이어가는 맥	한비	풍성하게 내리는 비
진나	진달래 나비	한새	큰 새의 뜻
진아	진하고 아름답게	한섬	바다의 큰 섬
차돌	단단한 돌	한샘	큰 샘물
찬별	밤하늘에 가득찬 별	한솔	큰 소나무
찬샘	물이 가득찬 샘	한슬	큰 슬기로운
찬솔	산에 소나무가 많다	한울	큰 울타리
철쭉	꽃의 이름	희나	티없이 하얀 아히
초롱	초롱초롱하다	희라	티없이 희여라
큰길	넓은 길	힘찬	힘차다, 기운세다

五. 改名要領과 方法

1. 이름의 戶籍申告

출생신고

아기를 낳으면 1개월(30일) 이내에 바로 출생 신고를 해야 한다. 신고는 본적지, 주민 등록지 어디서나 신고가 가능하다.

본적지에서 할 경우, 큰 도시(서울, 부산, 대구, 광주, 인천, 대전 등과 같이 여러 개의 구로 나누어진 도시)라면 구청에서 하게 되고, 그 이하의 도시라면 시청이나 읍사무소, 군 이하라면 면사무소에서 하게 된다.

주민 등록지에서 할 경우에는 도시에서는 동사무소, 읍·면에서는 읍면사무소에서 하게 된다.

담당 부서는 호적과(계) 또는 호병계인데, 출생 신고 용지를 받아 기재하여 제출한다. 신고서는 본적지에서의 신고일 때는 2부(신고 기한 한 달을 넘겼을 때는 4부)를 써서 제출한다.

신고는 출생자의 아버지나 어머니, 호주, 동거인 등 관계인이면 누구나 할 수 있고, 그것도 여의치 않을 때는 후견인, 분만 관여 의사도 신고가 가능하다.

신고서의 기재 사항

신고서는 반드시 한글로 쓰되, 이름은 한자 또는 한글, 숫자는 壹, 貳, 參, 拾 등의 문자를 써야 한다.

신고서에 기재할 사항은 다음과 같다.
○ 출생자의 본적
○ 출생자의 호주 성명 및 출생자와의 관계
○ 출생자의 주소
○ 출생자의 세대주 성명 및 출생자와의 관계
○ 출생자의 성명(한글 이름일 경우엔 꼭 한글로)
○ 출생자의 본(본관)
○ ─ 혼인 중의 자(남·녀), 혼인 외의 자(남·녀) ─ 해당 사항 ○표

○출생자의 성별 −남·녀− 해당 사항 ○표
○출생한 때(서기 ○년 ○월 ○일 ○시 ○분)
○출생 장소(예 : 서울 ○○구 ○동 ○번지)−자택·병원·기타− 해당 사항 ○표
○출생자 부 모의 성명과 본(출생자의 모가 신고하는 경우에는 부의 성명에만 '부 미정'이라고 씀)
○기타 사항(무능력, 기타 사유로 인하여 선순위자가 신고할 수 없는 경우에는 그 사람의 성명, 출생 연월일, 본적 및 무능력의 원인 또는 신고할 수 없는 사유 기타 호적 법 제34조에 해당하는 사유를 적음)
○신고인의 본적
○신고인의 호주 성명
○신고인의 주소
○신고인의 자격(부, 모, 호주, 동거자, 후견인, 분만 관여 의사, 기타 해방 자격을 기재)
○신고인의 서명 날인
○신고인의 출생 연월일(○년 ○월 ○일)

다음에는 인구 동태 사항을 적게 되는데, 거기에는 다음과 같은 것을 적게 된다.
○부(아버지)의 출생 연월일(○년 ○월 ○일)
○모(어머니)의 출생 연월일(○년 ○월 ○일)
○부의 직업
○모의 직업
○부의 교육 정도−미취학·국민학교·중고교·대학교−해당 사항 ○표
○모의 교육 정도−미취학·국민학교·중고교·대학교−해당 사항 ○표
○부모의 동거 연월일(서기 ○년 ○월 ○일부터 동거)
○모의 출산 횟수(총 출산 명, 생존 명, 사망 명, 사산 회) 출산 횟수는 어머니가 실제로 아이를 낳은 수를 기입하고, 재혼인 경우에는 전 남편과의 사이에 낳은 자녀도 포함한다.)
○임신 월수(임신 만 ○개월)

    탯수 — 단태아·쌍태아·3태아 이상 — ※해당 사항 ○표
    조산자 — 의사·조산원·기타 — ※해당 사항 ○표
 출생 후 1개월이 지나면 '기타 사항'란에 반드시 신고 해태 사유를 써야 한다. 사유는 여러 가지가 있지만, '이름을 바로 짓지 못해서'도 그 하나의 사유가 될 수 있다.
 제출된 신고서 중 1부는 시·도의 통계 담당관실을 거쳐 경제 기획원(조사 통계국)으로 가 인구 동태 조사용으로 쓰이게 된다.

신고 때의 주의
 신고를 마치고 나서 신고가 정확히 되었는가를 알아보려면, 신고한 지 1주일쯤 지나서 호적 등본과 주민 등록 등본을 떼어 보면 된다.
 본적지에서 신고했건, 주민 등록지에서 신고했건, 행정 기관 처리에 의해 대개 5일 이내에 호적부와 주거표, 주민 등록표에 일제히 출생자의 이름과 주민 등록 번호, 그리고, 그 인적 사항이 들어가게 된다.

신고 후의 확인
 신고의 정확을 기하기 위해서는 무엇보다 신고서에 정확히 사실대로 써야 한다. 출생 신고 용지 뒷면에는 '신고인 주의 사항'이 있어, 그 사항대로만 하면 된다. 되도록, 신고 용지를 받아 집에 와서 호적 등본이나 다른 서류들을 참고하여 적어 내는 것이 좋다. 간혹 잘못 쓸 경우를 생각하여 신고 용지는 넉넉히 받아 오는 것이 좋다.
 대개 본적지와 주소지, 출생지 등을 잘못 쓰는 경우가 많은데, 다음 보기와 같이 쓰면 된다.
○서울 특별시 용산구 원효로 參가 貳百參拾번지
○서울 특별시 동대문구 중화貳동 拾參번지
○부산 직할시 서구 동대신동 貳八九번지
○서울 특별시 마포구 공덕동 參拾八번지의 貳百貳拾四
○충청남도 논산군 상월면 지경리 四百八拾參번지
○경주시 성동 貳七五번지
 만약 258번지라면 '貳百五拾八번지'로 쓰든 '貳五八번지'로 쓰든 관계

- 251 -

없다.

그 다음 가장 유의해야 할 난은 출생자의 성명란이다.

이 난에 적힌 이름 그대로 호적과 주민 등록이 오른다. 한자로 쓰면 한자로, 한글로 쓰면 한글로 호적과 주민 등록에 오르게 된다. 예를 들어 '동산'이란 이름을 '東山'으로 쓰면 한자 이름 '東山'으로 오르고, '동산'이라고 한글로 쓰면 그 한글 그대로 오른다.

이름은 꼭 한문으로 써야 한다는 잘못된 관념 때문에 '한별'이라는 이름을 '一星'으로 적거나 '韓別'로 적어 올려 한문 이름으로 돼 버린 예도 있지만, 한글 이름(순수한 우리말 이름)일 경우에는 반드시 이 성명란에 한글로 써야 한다.

한글로 올리면 이 다음에라도 어떤 법적 제한을 받지 않을까 염려하는 이가 요즈음도 더러 있는데 '이름을 호적에 올릴 수 있는' 법적인 보장이 있으니 그런 염려는 조금도 할 필요가 없다. (비공식 집계지만 85년 말 현재 전국에 약 45만 정도의 한글 이름이 호적에 올라 있고, 이미 성인이 되어 사회 활동을 하는 이도 적잖이 있다.)

다음에, 신고 용지에는 반드시 검정 글씨로(사인펜은 안 된다.) 또박또박 알기 쉽게 써야 한다. 흘림글씨나 자기만 알아볼 변형적인 글씨를 써서 담당 직원이 잘못 옮겨, 호적 이름이 뜻한 대로 오르지 못한 예가 자주 많다. '날개'가 '달개'로, '아름'이 '아즘'으로 잘못 오른 것을 예로 들 수 있다.

이름이 잘못 올려졌을 때

신고자(출생 신고자 기재자)의 잘못이든지, 행정 관서 담당 직원의 잘못이든지, 호적이나 주민 등록 내용이 잘못 기재되는 일이 더러 있다.

이 잘못된 그대로 두면 후에 뜻하지 않은 말썽이 일어난다. 여자가 남자로 기록되어 처녀 때 입영 통지가 나왔다든지, 나이가 잘못 올라 취학 통지서가 실제 나이 8살에 나왔다든지 하는 것은 그러한 예에 해당한다.

그러나, 가장 잘못 기재되기 쉬운 곳은 '성명란'이다. '사슴'이란 한글 이름으로 신고했는데 호적에 엉뚱하게 '什뮹'(습혜)라는 괴상한 한자 이름으로 오른 일도 있다. 신고 때 신고자가 불분명하게 성명란에 기재했거나, 글씨가 비슷해 담당 직원이 잘못 보았거나, 둘 중의 하나이다. 이 경우, 구청이나 동사무소에 가서 호적이나 주민 등록표에 아무리 '사슴'으로 고쳐 달라고 해 보아야 고쳐지지 않는다.

결국, 법의 판결까지 받아야 호적 정정이 가능한데, 이러한 경우는 호적 담당 직원이 잘못 옮겨 적어 그리 되었다는 보증서를 첨부하여 개명 신고를 하면 정정(개명) 판결이 쉽게 나온다.

개명 결정 판결에 따라 호적과 주민 등록의 이름이 고쳐지게 된다. (다음 항 '호적 이름을 바꾸려면' 참조)

어떻든 출생 신고 후에는 반드시 호적이나 주민 등록표를 확인해 보고, 잘못이 발견되었을 때는 즉시 정정 절차를 밟아야 한다.

2. 戸籍이름 바꾸는 方法

개명이란 무엇인가?

법적으로 이름을 고치는 일을 '개명'(改名)이라고 한다. 법적으로 고친다는 것은 법원에 의한 개명 허가를 받아서 호적 이름을 고쳐 올리는 것을 말한다.

개명을 하려면 우선 개명에 필요한 서류를 갖추어 원 담당 부서에 내야 한다. 법원 담당 부서에서는 개명의 타당성 여부를 검토하여 그 결과(결정이냐 기각이냐 하는 것)를 개명 신청인에게 통지해 준다.

이처럼 개명은 법원의 허가를 꼭 받아야 가능하지만, 호적상의 나이, 성별, 성씨, 본, 생년월일 등을 고치기 위한 다른 '호적 정정 신청'과 마찬가지로 서류로 판결을 받는 비송 사건이므로 당사자가 법정에 설 필요가 없어 생각보다는 심리적 부담이나 번거로움이 아주 적다.

그러면, 개명 신청의 방법과 요령 등에 대하여 구체적으로 알아보자.

改名申請

개명은 성별, 나이 등에 구애받음 없이 호적에 이름이 올라 있는 사람이면 누구나 할 수 있다.

개명 신청에 필요한 서류는 다음과 같다.

① 개명 신청서
② 호적 등본(개명코자 하는 당사자의 이름이 들어 간 것)
③ 주민 등록 등본(〃)

　이 세 가지의 필수 서류 외에 성별, 나이에 따라 신원 증명서나 병적 증명서, 재학 증명서 등을 제출해야 할 경우도 있다. (신원 증명서는 15살 이상)

　또, 개명코자 하는 이류를 더욱 뚜렷이 나타나도록 주위 사람(2사람)의 인우 보증서를 함께 내기도 한다.

　개명 신청서에 써야 할 내용은 다음과 같다.
○본적
○주소
○신청인의 이름과 생년월일
○사건 본인의 이름과 생년월일

　'신청인'이란, 개명 신청을 하는 사람(예를 들어, 어린이의 개명이라면 그 부모)을 말하고, '사건 본인'이란 개명 당사자를 말한다. 어른의 경우는 대개 신청인과 당사자가 같다.
○신청의 취지(어떤 이름을 어떤 이름으로 고치는 것을 허가한다라는 결
　정을 구한다는 내용)
○신청의 원인(이름을 왜 고치고자 하는지 그 이유를 밝히는 내용)
○신청 날짜
○첨부 서류(어떤 서류를 함께 냈는가 하는 내용)

　여기, 개명 신청의 한 예를 들어 보기로 한다.

개명 허가 신청(예)
본적 : 전라북도 부안군 백산면 금판리 240
주소 : 서울특별시 관악구 신림동 116의 17
　　　　　　　　　　신청인 金永斗
　　　　　　　　　　1949년 4월 9일생
　　　　　　　　　　사건본인 金玟宜

1978년 10월 22일생
신청의 취지
　전라북도 부안군 백산면사무소에 비치된 같은 면 금판리 240 번지 호주 金永斗의 호적 중 사건본인의 이름 '玫宜'으로 기재된 것을 '아람'으로 개명하는 것을 허가한다라는 결정을 구함.
신청의 원
인　사건본인의 호적상 이름 '玫宜'은 사건본인의 조부가 고향(전북 부안)에서 지어 줘 입적시킨 이름입니다. 그러나, 호적상 이름인 '玫宜'이 호적에 오르기 전부터 집에서는 이미 순수한 우리말 이름 '아람'으로 지어 부르고 있었읍니다.
　'玫宜'이란 이름이 호적에 오른 사실을 뒤늦게 알았지만, 마음에 들지 않아 '아람'이란 이름만을 불러왔던 탓에 유치원에 다니는 현재까지도 친척들은 물론 주위의 모든 이들이 '아람'이란 이름을 불러 주고 있어(소명 자료 참조), 호적상 이름 '玫宜'은 별 의미가 없게 되었읍니다.
　이에, 현재 주로 통용되는 이름인 '아람'으로 개명코자 하오니, 개명을 허가하여 주시기 바랍니다.

　　　　　　　　　　　　　　　　　　　　　1984년 1월 23일
　　　　　　　　　　　　　　　　　　　신청인 金永斗(도장)

　〈첨부 서류〉
1. 호적 등본 1통
1. 주민 등록 등본 1통
1. 인우 보증서 및 그 보증인 2인의 인감 증명서 각 1통
1. 기타 소명 자료
　　① 유치원 생활 기록부
　　② 지금 통용되는 이름 '아람' 앞으로 온 편지 겉봉
　　③ 1983년 10월 22일 생일에, 같은 달 생일의 친구들과 이름표를 달고 찍은 사진
　이 개명 신청서와 함께 인우 보증서를 내면 개명 결정 판결을 받는 데 매우 유리하다. 인우 보증서는 일정한 양식의 용지가 있긴 하지만, 용지가 없더라도 다음과 같은 식으로 쓰면 된다.

인우 보증서(예)
본적 : 전라북도 부안군 백산면 금판리 240번지
주소 : 서울특별시 관악구 신림동 116의 17
성명 金玟宜
주민등록번호 781022-( )
서기 1978년 10월 22일생
보증 사항

사건본인의 호적상 이름이 '玟宜'으로 되어 있으나, 주위에서 '아람'이란 이름으로 모두 불러 주고 있읍니다.

상기자에 대한 위 사실이 확실 무위함을 증명합니다. 다만, 후일에 본건이 허위라 하여 위증한 사실이 유할 시는 보증인들이 법적 책임을 지겠사옵기 자에 인우인 연서로 보증서에 날인함. 서기 1984년 2월 23일

　　주소 : 서울특별시……
　　인우 보증서 ○○○(도장)
　　주민등록번호 (　　)-(　　)
　　주소 : 서울특별시……
　　인우 보증인 ○○○(도장)
　　주민등록번호 (　　)-(　　)

※인우 보증인은 한 동네 사람이나 친척 사람이 좋다.

　인우 보증서를 낼 경우, 인우 보증자의 주민 등록 등본이나 인감 증명서가 꼭 다름을 잊지 말아야 한다. 인감 증명의 용도 표시는 '인우 보증용'으로 하면 된다.

　이처럼 하여, 서류가 준비되면 묶어서 겉장을 만든 후, 법원에 갖다 내면 된다. 겉장에는 큰 글씨로 '개명 허가 신청'이라고 제목을 붙이고, 신청인 이름과 사건본인 이름을 쓰고, 맨아래쪽에 '○○ 지방 법원'(또는 '○○ 법원 △△지원')이라고 스면 된다.

　제출은 어느 누구라도 할 수 있다. 서류를 제출하러 가는 사람은 만약을 위해사라도 개명 신청자의 주민 등록증과 도장을 가져가는 것이 좋다.

　그리고, 개명 신청서나 인우 보증서 등을 쓸 때, 주소의 번지는 일반

숫자로 써도 좋으나, 동(리)명은 반드시 법정 동(리)명으로 써야 한다. 법적 동(리)명이란, '신림5동' '원효2동' '송전1리'와 같이 동사무소나 이장(里長) 관할 중심의 동(리)명이 아니고, 호적에 표시되는 동(리)명과 같이 '신림동' '원효로3가' '송전리' 같은 동(리)명을 말한다.

개명 신청과 결과 처리

개명 신청서는 반드시 관할 법원 호적과(또는 호적계)에 낸다. 주소지(주민 등록지) 관할 법원이나 본적지 관할 법원 어디에서라도 신청이 가능하다.

예를 들어, 서울의 중구, 종로구, 용산구, 마포구 등이 주소지나 본적지라면 가정 법원 호적과에 내면 되고, 서울의 강남구, 강동구 등이 주소지, 본적지라면 서울 지방 법원 동부 지원에 내면 된다. 서울에는 동부 지원 외에 북부 지원, 남부 지운 등이 있다.

직할시나 각 도의 도청 소재지에는 지방 법원이 있다. 그리고, 각 군에는 지방 법원 지원이 있는 수도 있고 없는 수도 있다. 예를 들어 경상북도 문경군에는 지원이 없고, 거기서 멀지 않은 상주군에는 지원이 있다. 따라서, 문경군이 주소지나 본적지라면 관할 법원인 대구 지방 법원 상주 지원에 내야 한다. 제출처는 호적계이다.

제출할 때는 소정의 인지대와 판결 통지 송달 우편료가 들어간다. (약 3,000원)

제출한 후 약 1주일쯤 후에 판결 결과 통지가 법원으로부터 등기 우편으로 온다.

개명 신청이 기각되었을 경우, 언제고 다시 또 신청을 할 수 있다.

결정 판결을 받으면, 구청이나 읍·면사무소의 호적계에 가서 호적상 이름을 판결에 의해 정정해 달라는 정정 신청을 해야 개명 수속이 완전히 끝난다.

改名이 잘 되는 경우

개명은 누구나 할 수 있지만, 결정 통지를 받기까지는 그만한 이유(개명 사유)가 있어야 한다. 그러면, 어떤 것이 개명을 허가받을 만한 사유가 되는가?
 다음과 같은 경우는 개명 허가를 받을 확률이 높다.
o 원래부터 딴 이름이 있어, 호적상 이름이 별로 쓰이지 않는 경우
o 지나치게 흔한 이름이어서 이름으로 다른 사람과의 구별이 어려운 경우
o 어느 범법자의 이름과 똑같아 그 이름에 대한 사회적 인상이 좋지 않은 경우
o 놀림을 받는 이름
o 옥편에도 없는 한자가 쓰인 이름
o 발음이 어려워 다른 사람이 정확히 그 이름을 알아 듣기 어려운 경우
o 호적 담당 직원의 잘못으로 이름이 틀리게 오른 경우
o 일본식 이름
o 남자인데 여자 같은 이름
o 여자인데 남자 같은 이름
o 항렬에 혼동을 주는 이름
o 그 밖에 어떤 사유로든지 사회 생활을 해 나가는 데 지장을 주는 이름
 한문식 이름을 현 시대의 흐름에 맞추어 우리글(한글)로 올리고자 하는 것도 이유가 되긴 하지만, 이것은 호적상 이름이 그 이름보다 덜 쓰이고 있어야 개명될 확률이 높다.
 따라서, 한글 이름으로 고치고자 할 때는 우선 호적상 이름 외에 별도의 한글 이름을 지어 주위 사람들이 그 새 이름을 부르거나 써 주도록 해 주는 것이 좋다. 호적상 한문 이름보다 호적상 이름이 아닌 한글 이름이 더 많이 쓰이고 있을 때는 개명 허가가 잘 된다.

 소명 자료의 준비
 소명 자료는 개명 신청에 꼭 필요한 서류는 아니지만, 개명에 관한 판결에 매우 큰 영향을 주기 때문에 갖추어 내는 것이 좋다.
 소명 자료 중에서는 호적상 이름이 별로 쓰이지 않고 있음을 밝힐 만한 것이 좋다. 호적상 이름이 아닌, 고치고자 하는 이름이 들어간 영수증, 고지서, 유치원 생활 기록부, 편지, 일기장, 사진, 거래장, 발표 작품 등이 그 에에 속한다.

또, 현 호적상 이름을 씀으로 해서 피해를 입거나 불편을 겪은 사례가 있다면 그 사례를 밑받침할 만한 자료를 준비하는 것이 좋다. 소명 자료는 복사를 한 것도 무방하다.

3. 改名判決을 받은 事由 實例

① 쌍동이의 '쌍'자가 정말 싫어요(김쌍례 68. 12. 1 여→김 빛여울)
본 신청인은 1968년에 쌍동이를 낳아 두 아이 모두 '쌍'(雙)자를 넣어 이름을 지어 주었습니다. 그러나, 두 아이 중 하나는 출생 후 얼마 안 되어 사망하고 한 아이만 자란 것인데, 사건 본인은 이름자에 '쌍'자가 들어간 것이 너무도 상스러워 영 마음에 안 든다면서 아버지인 본인에게 늘 이름 고쳐 달라고 졸라 왔읍니다. 그러나, 이름은 고치기가 어려운 것으로 알아 왔기에 그대로 쓰라고 하였습니다. 그런데, 이제 시집갈 나이가 가까와오는 지금에 와서는 직장에서나 모임에서나 이 이름으로 불리는 것이 지긋지긋하게 싫다면서 계속 개명해 달라고 조르는 것이었습니다.

올 봄이던가, 사건본인은 호적에서의 이름 고치는 일이 어렵다면 우선 예명이라도 갖겠다면서 자기가 아는 어느 선생님을 찾아가 '빛여울'이라는 이름을 지어 받았습니다. (소명 자료 참조) 그리고는 계속 그 새 이름을 쓰고 있는 것입니다.

본 신청인의 무지로 이름이 상스럽게 올려져 사건본인이 저토록 이름을 갈겠다고 뛰는 것을 보면 너무도 애처러울 지경입니다. 이에 호적상 이름 '쌍례'(雙禮)를 '빛여울'로 고쳐 주고자 하오니 개명을 허락해 주시면 대단히 고맙겠습니다. ※85. 9월 개명 판결 받음.

② 술집 기생 같은 이름이라서(신명월 53. 4. 19 신→신 영란)
사건본인은 「명월」(明月)이라는 호적상 이름을 갖고 있으나 나이가 들면서부터 이 이름이 옛날 기생 이름과 같아 마음놓고 드러내어 쓰기가 몹시 거북하였습니다. 그래서 되도록이면 주위 사람들에게 본 이름을 숨기며 지내오다가 20세쯤 되어선가 「영란」이란 새 이름을 지어 쓰기 시작

했습니다. 이렇게 되니까 얼마 안 가 본인 이름은 주위에 「영란」으로 많이 알려졌고, 결혼을 한 후까지도 호적상 이름이 창피하여 결혼 신고마저 늦게 한 관계로 사건본인의 이름이 첫아기(딸 : 78. 6. 16 태어남·권회) 이름 다음으로 오르는 결과까지 나왔습니다. (소명 자료와 호적 등본 참조)

이제 주부가 된 사건본인이지만 앞으로 운전 기술을 익혀 가정 살림에 도움되는 일을 해 보고자 합니다. 그런데, 그 수치스러운 호적상 이름을 면허증 성명란에 올릴 용기가 도저히 나질 않습니다.

담당 판사님, 사건 본인의 이름을 고치고자 하는 뜻이 본인의 정체를 숨기고자 함이 아니고, 오직 지금까지 써 왔던 가명을 본이름으로 바꾸어 올려 새로운 마음으로 살고자 함이오니, '명월'(明月)이란 이름 대신 '영란'으로 오를 수 있도록 개명을 허락하여 주시기 바랍니다. ※85. 6월 개명 판결 받음.

③ 시댁 식구들이 이름이 촌스럽대요(김옥녀 60. 3. 14 여→김은나)

사건본인은 전부터 '옥녀'라는 이름이 별로 마음에 들지 않아 기회가 닿는 대로 이름을 고쳐 보려고 했습니다. 그런데, 요즈음에 와서 저는 이 이름을 고치지 않고는 안될 입장에 처해 왔습니다.

저는 오는 4월에 결혼을 하게 되어 있습니다. 그런데 제 이름 문제 때문에 조금 마찰이 생기고 있습니다. 그 마찰이란, '옥녀'(玉女)라는 이름을 알게 되신 시댁 식구들이 이 이름을 지극히 못마땅해하고 있다는 점입니다. 특히, 과거에 천한 계집이나 화계(花界)에 있는 여자들에게나 붙어온 '女'(계집녀)가 들어간 점이 맘에 걸리신다면서 결혼마저 주저하시는 것입니다.

저는 이 기회에 이 이름을 고치지 않으면 어쩌면 결혼이 깨질지도 모른다는 걱정에 사로잡혀 요즈음에는 잠도 제대로 오질 않습니다.

판사님, 저의 이 걱정을 덜어 주십시오.

한 가지 말씀을 더 드리면, 제 동생 이름도 최근에 순수한 우리만 이름인 '예나'로 개명이 되었습니다. (호적 등본 참조) 오히려 심각한 입장으로 보아서는 제가 먼저 마땅히 개명을 했어야 했습니다.

호적상 이름 '옥녀'(玉女)를 '은나'로 개명코자 하오니, 이를 허락하여 주시기 바랍니다. ※85. 4월 개명 판결 받음.

④ 선석국인데 '선짓국'이라고 놀려서(선석국 55. 7. 14 남→선한길)
본인의 호적상 이름 '석국'(錫國)은 부친께서 지어 주신 것이오나 학교 시절을 거치고 지금의 직장 생활을 하기까지 다음과 같은 여러 가지 불편을 겪어 오고 있습니다.
첫째, 발음상의 불편입니다.
'선석국'이란 이름을 처음 듣는 사람은 똑바로 알아듣질 못하고 '성석국' '선성국' '성성국'등 이름이나 성을 잘못 알아듣는 경우가 무척 많습니다.
둘째, 놀림의 대상이 되는 것입니다.
끝자가 '국'자인 관계로 음식 이름과 연결지어 '떡국' '선짓국' 등의 별명을 많이 들어 왔습니다. 학교 시절엔 이 이름을 지어 주신 부모님을 원망까지 하였습니다.
위의 이유로, 이 이름으로 생활하는 데 계속 큰 불편을 겪을 것이라는 생각에서 약 3년 전부터 한글 이름 운동가인 배우리 선생님으로부터 '한길'이란 이름을 지어 받아 행정·사법상 외에는 이 이름을 사용해 오고 있습니다(소명 자료 참조).
이제는 저를 아는 많은 분들이 이 이름을 호적상 이름으로 알 정도여서 도리어 부득이 호적상 이름을 밝혀야 할 경우에는 난처한 입장이 되곤 합니다.
본인이 개명코자 하는 데는 본인의 정체를 타인으로부터 숨기거나 어떤 범법 행위가 있어 이를 감추고자 함이 절대로 아니고 불편스런 이름대신 이미 측근에 알려진 새 이름으로 떳떳이 사회 생활을 하고자 함이오니 개명을 꼭 허가하여 주시기 바랍니다. ※85. 8월 1심 기각 →85. 9월 2심에서 개명 결정.

⑤ 세 글자는 안 된대서 못 올렸는데(김효진 82. 8. 27 여→김빛나랑)
사건 본인의 이름 '효진'은 저희가 고쳐 주고자 하는 「빛나랑」이란 이름

보다 나중 지은 이름입니다.

「빛나랑」이란 이름은 저의 처(박희순)가 한글 이름 전문가이신 배우리 선생님의 자문을 얻어 지어 놓았던 순수한 우리말 이름인데, 이름이 3자 여서 호적에 오를 수 없는 줄만 알고 올리지 못하고 있다가, 결국은 시한에 쫓겨 제가 별 생각 없이 아무 이름이나 지어 올리고 말았던 것입니다.

그러나, 나중에서야 3자도 호적에 오를 수 있다는 사실을 알고 먼저 지어 놓았던 이름인 '빛나랑'으로 꼭 개명해 주어야겠다는 생각을 하게 된 것입니다.

언제고 '빛나랑'이란 이름으로 개명될 것에 대비, 지금 저희 가족들이나 주위 사람들은 '효진'이란 이름보다 '빛나랑'으로 많이 불러 주고 있습니다.

이름이 마음에 들었어도 저희가 잘 몰라서 올리지 못했던 이름인 '빛나랑'으로 꼭 고쳐 오를 수 있도록 선처해 주시기 바랍니다.

－담당 판사님께－

본인 배우리는 요즈음 범국민적으로 알고 있는 「우리말 이름 갖기 운동」에 앞장서 일하고 있는 사람입니다.

사건 본인의 어머니 박희순 씨가 아기를 낳고(82. 8. 27) 약 20일쯤 후인 저를 찾아와(82. 9. 8) 작명을 요청, 제가 이 집안에 빛이 나라는 뜻으로 '빛나랑'이란 이름으로 지어 주었습니다. (한글 이름 작명 기록 번호 82-524 : 복사 참조)

그러나, 이름이 2라는 이유로 주위의 반대에 부딪친 데다가 호적상 올리기 어렵다는 생각에 그 이름을 못 올리고 있다가 한 달이라는 시한에 쫓겨 적당히 집에서 생각해 낸 이름인 '효진'이란 이름으로 올려 버리고 말았습니다.

제가 가끔 이 집에 전화를 합니다마는, 집에서는 '빛나랑'이란 이름을 계속 불러 주고 있다고 합니다. 이에 집에서는 현재의 호적상 이름을 꼭 빛나랑으로 올리고 싶어하오니, 이를 이해하시고 꼭 개명이 성취되도록 해 주시기 간절히 부탁드립니다. ※83. 12월 개명 결정.

⑥ 전부터 따로 써 온 이름 있으니(김이순 59. 3. 3 여→김숙효)

판사님, 제 호적상 이름이 어떻게 해서 '이순'(伊順)으로 올라가 있는지 알 수가 없습니다. 다만, 제가 저희 집안에 둘째 딸이어서 '이순'(二順)이라고 처음에 식구들 사이에 별명처럼 불렸던 이름이 호적에 올리는 단계에서 잘못 표기되어 오른 것이 아닐까 생각될 뿐입니다.

그러나, 저는 어렸을 때부터 집안 식구들이나 주위 사람들로부터 '숙효'라는 이름으로 불리어 왔고, 국민학교를 졸업할 때까지도 이 이름으로 학교에 올라 있어(졸업 앨범 참조), 호적상 이름은 별로 신경도 쓰지 않고 자랐습니다.

중학교에 들어가면서 호적상 이름인 '이순'(伊順)으로 학교 명부에 등재되고 제 이름이 '숙효'가 아닌 '이순'으로 불려지자, 크게 놀랐습니다. 원래 이름인 '숙효'를 써 달라고 학교측에 요구했지만 이미 호적에 따라 올려진 이름은 어쩔 수 없다는 것이었습니다.

제가 고등학교 때이던가요? '숙효'란 이름을 계속 쓰길 원하는 제 뜻을 아신 어머님께선 개명 수속을 밟아 보시려고 몇 군데 돌아다니며 알아보시더니 어렵겠다면서 중도포기를 하셨습니다.

호적엔 그렇게 올려졌지만, 저는 지금까지도 '숙효'란 이름을 버리지 않고 있습니다. 소명 자료에서 보실 수 있는 바와 같이 은행의 예금 거래도 이 이름으로 하고 있고, 친구들과의 서신 왕래도 여전히 이 이름이며, 영수증도 이 이름으로 받고 있고, 도장도 이 이름으로 새겨 쓰고 있습니다. 또, 회사 직원들을 비롯한 주위의 모든 이들로부터 '숙효'란 이름으로 불리고 있으며 제 호적상 이름이 '이순'(伊順)으로 되어 있다는 사실을 아는 이는 극히 드뭅니다. 어쩌다 '이순'이란 이름을 굳이 밝히면 '둘째 딸이 아니냐?'는 질문을 받는 수도 가끔 있는데 이런 때마다 부모님의 무지함을 조롱하는 듯한 느낌을 받아 이에 대한 열등 의식까지 드는 것이었습니다.

　　판사님, 저의 원래 이름을 찾아 정식으로 호적에 올려 쓰고자 하는 저의 소박한 뜻을 부디 꺾지 말아 주시고 '숙효'란 이름으로 개명되도록 허가하여 주시기 바랍니다. ※85. 12월 개명 결정.

　　⑦ 여아인데 '봉남'이란 남자 이름이니(김봉남 73. 10. 10 여→김새슬)

사건본인은 여아인데도 남자 이름 같은 '봉남'(奉男)이란 호적상 이름을 갖고 있습니다. 더구나, 한자로 '男'(사나이남)자까지 들어가 있어서, 처음 듣는 사람들은 거의 모두 남자로 알고 있습니다. 그 본인도 아주 어렸을 때는 이 이름에 대해 별로 신경을 쓰지 않았던 것 같았는데, 학교에 들어간 다음부터는 이름을 갈아 달라고 계속 졸라 댔습니다. 그래서, 약 2년 반 전에 어느 한글 학자로부터 '새슬'이라는 한글 이름을 지어 받아, 그 뒤로는 호적상 이름대신 이 이름을 쓰도록 했습니다. 집에서는 물론, 이웃이나 학교에서도 지금은 모두 이 이름으로 통하고 있어 이제는 '봉남'이란 호적상 이름을 안 사람이 별로 없습니다.

이에, 주위에 널리 알려진 이름 '새슬'로 호적에 올려 주고자 하오니, 위 신청의 취지대로 개명을 허가하여 주시기 바랍니다. ※85. 11월 개명 신청. 결정 여부 확인 못했음.

⑧ '아람'을 '婀俺'이라고 해서(이아암 82. 2. 28 남→이아람)

사건본인 출생 직후 본 신청인은 그에게 '아람'이라는 순수한 우리말 이름을 지어 주었습니다. 그런데, 본적지에 계신 본 신청인의 가친께서 이 이름으로 출생신고를 하려던 중 관계 공무원이 '한글로는 호적에 이름을 올릴 수 없으니 꼭 그 이름을 넣고 싶으면 한자로 취음하여 넣어야 한다'고 해서 부득이 '아람'이란 음에 가까운 '아암'(婀俺)을 한자로 취해 올렸던 것입니다.

그런데, 막상 이 이름을 쓰기 시작해 보니 많은 불편과 거북함이 따랐습니다. '암'(俺)자를 '엄'으로 읽는 사람이 많은가 하면, 아예 이 한자를 모르는 사람도 상당히 많은 것입니다. 옥편에 보면 이 글자는 '나엄' 또는 '클암' 등으로 풀이가 되어 있습니다. 또 '아암'으로 한다고 해도 부를 때에는 '암'으로 발음되어 여간 불쾌하질 않습니다.

원래 본 신청인이 지어 준 이름 '아람'은 '아름답다'의 옛말인 '아름(아람)답다'에서 취한 것입니다. 한자로 된 지금의 호적상 이름은 음으로나 뜻으로나 이 이름과는 너무나 거리가 먼 것입니다.

집에서나 주위에서는 모두 '아람'으로 불러 주고 있으며, 앞으로도 이 이름을 계속 쓰고자 합니다. (소명 자료 참조) 이에, '아암'(婀俺) 대신

'아람'으로 호적에 고쳐 올려 주고자 하오니 개명을 허락하여 주시기 바랍니다. ※개명 결정 여부 확인 못함.

⑨ 옛날의 살인범 이름이라서(김대두 36. 5. 15 남→김필도)
본인의 호적상 이름 '대두'(大斗)는 본인의 선친께서 지어 입적시킨 이름입니다. 그러나, 이 이름은 본인이 어렸을 적부터 주위에서 '대두 한말' '소두 한말'이니 하는 식으로 많은 놀림을 받아와 탐탁하게 여기질 못했습니다. 그런데다가 여러 해 전에 또 김대두(金大斗) 살인 사건이 일어나 사회에 많은 사람들에게 '끔찍하고 흉악한 살인범'이라는 인상을 심어 줘 심한 놀림을 받아 왔고 지금도 이 이름에 대한 나쁜 인상 때문에 이 이름을 갖고 사회 활동을 하기에 보통 불편이 따르는 것이 아닙니다.
'金大斗 살인 사건'후 이 이름을 그대로 갖고 있을 수가 없어 '필두'라는 새 이름을 제가 나가는 교회 목사님으로부터 지어 받고 그 후로는 이 이름으로 계속 써 왔습니다. '필두'란 이름은 '베드로'라는 사도 이름을 한국식으로 붙인 이름입니다.
지금에 와선 주위의 모든 들이 저를 '金필도'로 알지 '大斗'라는 이름을 알고 있는 이가 별로 없습니다. 특히 제가 활동하는 교회의 교인들 중에는 '大斗'란 이름을 아는 이가 하나도 없습니다. (소명 자료 참조) 이에 주위에서 알고 있는 '필도'를 호적상 이름으로 올리고자 하오니 개명을 허가하여 주시기 바랍니다. ※84. 12월 ? 개명신청→결정

⑩ 국문과 지망인데 일본식 이름(박정자 63. 8월 여→박소라)
사건본인의 이름 '貞子'는 일본식 이름인데다가 주위 사람들이 처음 들을 경우 '경자' '종자' 등으로 잘못 알아 듣는 일도 많아 지금까지 자라오는 동안 저는 이 이름이 마음에 들지 않아 누구에게나 가급적 이름을 밝히지 않아 왔습니다. 특히, 이 이름을 듣는 사람들이 해방 전에 난 사람도 아니면서 일본식 이름을 달고 다니느냐고 핀잔을 줄 때마다 저는 창피해서 어떻게 할 줄을 몰랐습니다.
저는 누구보다도 우리 것을 좋아하고 사랑하는 사람입니다. 그래서 저는 대학 진학을 할 경우 꼭 국문과를 택하려고 생각하고 또 그렇게 공부하

고 있으며 사회에 나가서는 우리의 바른 전통을 펴는 데 노력할 마음을 갖고 있습니다.
　우리글, 우리말이 있는데도 우리글도 아닌 한자로, 아무 뜻도 없는 일본식의 이름을 지어 준 선인들을 이해할 수가 없어요. 저는 당당히 한국 사람입니다. 우리식 이름을 당당히 알고 사회에 나가 활동하고 싶습니다.
　이러한 저의 뜻을 헤아려 주셔서, 판사님 제 개명 소원이 꼭 이루어지도록 허락해 주세요. ※84. 6월 개명 신청→결정

　⑪ 조부께서 먼저 한자 이름으로 올려 버려(이미해 82. 4 여→이아름)
　사건 본인의 호적상 이름 '미해'(美海)는 사건 본인의 조부께서 저희 가족들도 모르게 본적지에서 입적시킨 이름입니다.
　저희 가족들은 이 사실도 모르고, 사건 본인이 태어난지 이틀 후에 제가 지어 준 이름인 '아름'으로 불러 주고 있었는데, 금년 정월 의료 보험 가입 관계로 호적등본과 주민등록 등본을 떼어 보고 이 이름이 아닌 '미해'로 오른 것을 보고 가족 모두 깜짝 놀라고 말았습니다.
　저희 가족들과 친척·친지 및 주위 사람들은 모두 '아름'이란 이름으로 불러 주고 있습니다. (소명 자료 참조)
　이에, 지금 통용하고 있는 '아름'이란 이름으로 호적상 이름을 바꿔 주고자 하오니, 개명이 될 수 있도록 선처해 주시기 바랍니다.

　⑫ 아버지 항렬자가 들어가 거슬리니(김원빈 80. 2. 15 남→김바위)
　사건 본인의 이름 '원빈'(元賓)은 출생 신고 기간을 넘겨 집에서 적당히 지어 올린 이름입니다.
　이 이름에서 앞의 글자 '元'은 족보상 그 앞의 세대인 신청인(본인)과 같은 대의 항렬자로서(족보 사본 참조) 세대순 혼동을 일으켜 주위 친척들의 많은 원성을 사고 있습니다.
　그러나, 저희 집안에서는 이러한 고루한 항렬 의식을 피해 요즈음 많이 짓고 있는 순수한 우리말 이름인 '바위'로 고쳐 주고자 하오니 개명을 허가하여 주시기 바랍니다. ※83. 11월 개명 신청→결정

⑬ 원래 지었던 한글 이름으로 하고자(정연우 79. 7. 5 남→정여울)
　본 신청인은 결혼 전부터, 결혼 후 아기를 낳으면 순수 우리말로 이름을 지어 주겠다고 생각을 해 왔습니다. 그래서, 아들을 낳으면 '한울', 딸을 낳으면 '여울'로 지어 주겠다고 마음을 먹었습니다.
　첫딸을 낳자, 이미 지어 놓은 이름「여울」을 붙여주기로 했는데, 이 이름을 붙여 주려고 하니 어딘가 생소한 느낌이 들어 신고 기간을 넘길세라 이 '여울'이란 이름에 가까운 '연우'로 한자식 이름을 올리고 말았습니다.
　그러나, 이 '연우'라는 이름이 호적에 올랐다는 사실을 안 친척들은 그 이름이 남자 이름 같고 도무지 마음에 안 든다면서, '여울'이란 이름을 계속 불러 주는 것이었습니다. 그 뒤 우리 식구들은 '여울'이란 이름만을 계속 불러 왔고 그래서 만 5년이 지난 지금에 와선 이제 주위 사람들이 모두 '여울'로 알고 불러 주고 있습니다.
　그 뒤에 태어난 사건본인의 동생 이름들은 모두 순수 울리말로 '한울' '한범' 등으로 하여 호적에 올려 주었습니다.
　본 신청인의 자(子) 3명 모두가 순수한 우리 한글 이름이 되기를 간절히 원하오니, '然雨'라는 이름 대신에 '여울'을 호적에 오르도록 개명을 허락해 주시기 바랍니다.

⑭ 딸 그만 낳겠다고 '달막'이라고(박달막→박보름)
　사건본인의 이름 '달막'은 사건본인의 부친이 '딸을 낳고 자녀 낳기를 끝냈다'는 뜻의 '딸막'을 한자로 취음한 이름입니다.
　그러나, 이 이름을 가지고 살아오는 동안 주위의 많은 분들로부터 '짤막이' '딸막이' '쌀막이' 등의 별명으로 불려 왔고, 어쩌다 정확한 발음으로 '달막'으로 불러 준다 해도 곁에서 듣는 사람들이 이상한 눈빛을 보내오곤 하여, 어디를 가서 이 름이 불릴 때마다 창피한 마음이 들어 숨고만 싶은 심정이었습니다.
　또, 어쩌다 이 이름을 글로 써 놓을지라면 이름 자체에서 오는 어감이 몹시 거칠어 남자로 잘못 아는 사람도 많았습니다.
　현재 사건본인은 직장 생활을 하고 있고 앞으로도 사회 생활을 계속할

처지여서 이 이름을 갖지 않고는 도저히 주눅이 들어 성격마저 내성적으로 바뀔 것만 같은 생각에 하루바삐 좋은 이름으로 바꿔 써야 하겠다는 마음뿐입니다.

이에, 지금의 호적상 이름인 '달막'을 순수한 우리말 이름인 '보름'으로 바꿔 쓰고자 하오니 개명을 허가하여 주시기 바랍니다. ※개명 결정.

⑮ 호적에 언니 이름으로 바뀌어 올라가(이순자 48. 1. 9 여→이새실)
본인의 이름 '순자'(順子)는 일본식 이름인데다가 ...... 이름과도 똑같아 쓸 때마다 지극히 민망스럽습니다.

더구나 이 이름은 대가족 제도이던 당시에 본인의 조부께서 4촌 언니에게 지어 주었던 것을 입적시킬 때의 잘못으로 제 이름으로 올려지고 '남순'이란 이름으로 나에게 지어 주었던 이름이 반대로 4촌 언니 이름으로 올라가 버리고 말았습니다.

그러나, 지금에 와서 이 '남순'이란 이름을 찾고자 하는 것이 아니고, '순자'라는 이름이 싫어 새 이름을 갖고 싶은 마음입니다. 지금은 가정주부이기는 하나, 전에 해본 경험이 있던 꽃꽂이 연구실을 경영해볼 생각입니다. 이에 앞서 제가 원하는 이름을 갖고 싶어 요즈음 많이들 짓고 있는 한글 이름으로 '새실'이라는 이름을 어느 한글 이름 연구가로부터 지어 받았습니다.

이에, '순자'라는 일본식 이름을 버리고 '새실'이라는 순수한 우리말 이름을 갖고자 하오니, 개명을 허가하여 주시기 바랍니다. ※개명 결정.

⑯ '근혜'인데 '그네'라고 놀려요(김근혜→김나라)
사건본인의 이름 '근혜'(槿惠)는 본인(신청인)의 처가 큰딸(사건본인의 언니)의 호적상 이름에 맞추어 지어 올린 이름입니다.

그런데, 이 이름으로 인해 주위에서 '그네'란 놀림을 자주 받는 통에 나중에라도 개명을 해 주어야겠다고 생각하고 본인의 집에서는 큰딸의 통용 이름인 '예라'에 맞추어 '나라'란 이름을 지어 부었습니다.

이렇게 되니까 큰딸의 이름이 주위에 '예라'로 알려졌듯이 이 작은딸(사건본인)의 이름 역시 '나라'로 알려져 호적상 이름을 아는 이는 지금에 와서 별로 없게 되었습니다.

이에, 이미 주위에 많이 알려진 '나라'란 이름으로 바꿔 주고자 하오니 개명을 허가하여 주시기 바랍니다. ※개명 결정.

⑰ '말조'인데 모두들 '말○'이라고(이말조 48. 3. 3 여→이희진)

본인의 이름 '말조'(末祚)는 제가 태어나고 나서 부모님이 딸을 여럿 낳고(저의 위로 딸아 넷) 아들을 바라는 간절한 소망에서 '이제는 딸이 끝'이라는 뜻을 담아 '末'(말)자로 넣어서 지은 것이랍니다.

그런데, 이 이름을 가지고 살아오다 보니 '말조'가 '말쪼'(세상이 다 끝났다는 뜻)나 '말좆'등 아주 좋지 않은 뜻의 말로 발음되어, 이 이름을 부를 때마다 주위의 많은 사람들이 웃거나 놀리거나 하여 창피스러워 얼굴조차 들 수 없었습니다. 특히, 재학 시절에는 같은 반 아이들이 하도 많이 놀려, 울면서 집에 들어온 적도 많아 어머니가 학교에 나와 선생님께 제발 그런 놀림을 당하지 않도록 해 달라는 부탁도 여러 번 했었지만. 별 효과가 없었습니다.

앞으로 떳떳한 세대주로(현재 저는 독신입니다) 살아가고 싶은 저는 계속 놀림을 당하는 이 이름으로서는 도저히 자신이 서질 않습니다. "이 말쪼라니? 이 세상이 말쪼란 말이잖아?" "얼굴이 그 이름 그대로 말X처럼 생겼어." 어떤 땐 죽고 싶은 생각도 여러번 했습니다.

법관님! 제발 이 이름을 버리고 새 이름을 갖고자 하는 제 간절한 뜻을 꺾지 말아 주십시오. 제가 이름을 고치고자 하는 것은 새 이름으로 용기를 갖고 성실히 살고자 하는 뜻 외에 아무런 저의가 없음을 분명히 밝힙니다.

얼마 전에 남편과 이혼, 현재 독신인 저는 이름을 고치기 전까지는 절대로 재혼을 하지 않을 생각입니다. 제 정체를 숨기고자 하는 나쁜 뜻에서 개명코자 함이 아니오니, 꼭 제가 새로 갖고 싶은 '희진'이란 이름으로 갈도록 하여 주십시오. ※82. 6월 개명 결정.

⑱ 징병 피하려 일부러 여자 이름으로 올렸는데(김영옥 34. 2. 4 남→김대운)

본 신청인이며 사건 본인인 '김영옥'(金永玉)은 1934년 충남 부영서 출생하였으며, 본인의 부친이 신고하였습니다.

남자임에도 불구하고 여자 이름인 '영옥'(永玉)으로 올리게 된 까닭은 일제시대인 그 당시로서는 장남 이하는 성장하게 되면 징병이나 징용 당할 것이 틀림 없었으므로 그것을 피하기 위해, 일부러 여자같은 이름으로 올렸던 것입니다.

우리 나라가 해방된 이듬해인 1946년 10월, 이미 일본식으로 올려졌던 이름들을 우리식 이름으로 되돌리게 하는 조치가 있어, 그 규정에 의해 기간 안에 개명 신고를 해야 했으나, 이 때 본 신청인의 부친(1946년 1월 31일 사망. 제적 등본 참조)과 모친(1946년 음력 정월 16일 사망)이 사망한 뒤였고, 본인은 11세의 어린 나이여서 당시 이런 것을 잘 몰라 기간 안에 개명 신고를 못했던 것입니다.

그러나, 본인이 서천 공립 중학교를 들어간 때부터는 여자식인 이 이름을 도저히 그대로 쓸 수 없어 장항 농업 고등학교를 졸업할 때까지 '대운'(大運)이란 이름이 잘 보이질 않습니다. 원 사진에는 어느 정도 명찰에 그 이름이 나타나 있으니 원본을 보시고자 할 때는 제시할 용의가 있습니다.

학교를 나와 직장을 들어가려 해도 호적상 이름(永玉)과 재학 시절의 이름(大運)이 달라서 학력을 인정 받지 못해 취직도 못하고 젊은 시절을 허송했습니다. 결국 고등학교를 졸업하고서도 이름 때문에 사회에서 학력 인정을 받지 못해 일생을 망치고 만 셈입니다.

이제 50살이 넘은 지금에 와서도 여자 이름 같은 이 이름 때문에 어느 단체나 사회 활동에 적극 나서려는 용기가 나질 않아 이제라도 빨리 고쳐서 자식들 앞에 떳떳하게 새 이름을 드러내고 살아가고 싶은 심정입니다. 더우기 이 이름을 처음 듣는 사람들은 모두 여자 이름으로 오인하기 때문에 다른 사람에게 피해를 덜어 주기 위해서도 그렇습니다.

이에, 호적상 이름인 '영옥'(永玉)을 '대운'(大運)으로 고치고자 하오니 개명을 허락하여 주시기 바랍니다. ※85. 10월 개명 신청→기각→항고→85. 11월 개명 결정.

⑲ 발음이 어려워 잘못 알아 들어(김경휘 53. 1. 19 여→김솔아)

사건 본인의 이름 '경휘'(景輝)는 남자 이름 같고, 발음에 있어서도 '발휘'와 혼동하는 예가 많이 있습니다.

이 이름은 한자로 뜻만 살려 글자만 취한 이름이다 보니 실제 사용에 있어서 불편한 점이 많이 있습니다. 한번은 제가 이 이름으로 친구에게 편지를 보낸 일이 있었는데, 그곳 직장에서 다른 동료가 받아 보고 남자에게서 온 편지인 줄 알고 그 편지 받을 당사자에게 술을 사라는 둥 실랑이가 벌어진 적도 있었답니다. 이뿐만 아니라 이 이름으로 어느 잡지사에 펜팔을 낸 적이 있었는데, 그 중에는 남자인 줄 알고 보낸 편지들이 무척 많았습니다. 남자로 오인 받는 이 이름이 싫습니다.

제가 이런 사실을 얼마 전에 제가 존경하는 어느 선생님께 말씀드렸더니 그분은 순수한 우리말로 솔처럼 푸르고 아름다우라는 뜻으로 '솔아'라는 이름을 지어 주셨습니다. 그래서, 불편한 지금의 호적상 제 이름을 버리고 새로운 우리말 이름으로 갈고자 하오니 개명을 허가하여 주시기 바랍니다. ※개명 결정.

⑳ 출생 신고 때 직원의 말만 듣고 했더니(송 윤주(5살)·민규(3살)→아리·나리)

본 신청인은 두 사건 본인의 아버지로서 첫 아기가 태어났을 때, 아기 이름을 순수한 우리말인 '아리'로 지었었습니다. 그런데, 이 이름을 호적에 올리려 동회에 갔을 때(당시는 대전에 살았었음) 담당 직원이 이름이 한자가 아니면 안 된다고 하여 다시 집으로 돌아와 적당히 '윤주'(侖奏)라는 이름으로 지어 올리고 말았습니다. 그 때문에 뒤에 태어난 아기(딸)도 '나리'라는 한글 이름을 지어 놓긴 했으나, 한문으로 올려야만 한다고 알아온 신청인은 이 아이에게도도 '민규'(旻奎)라는 한자 이름을 또 올리고 말았습니다. 그러나, 뒤에 한글식 이름을 호적에 올릴 수 있다는 사실을 알게 되고, 또 주위에 많이 늘어가는 좋은 우리말 이름들을 보고는 저희 아이들도 이미 지어 놓았던 한글 이름으로 언제고 고쳐 주어야겠다고 생각해 왔습니다.

이제, 큰 아이(딸)은 만 5살이 되어 유치원에 들어가게 되었습니다.

본 신청인은 이 아이들이 학교나 유치원에 들어가기 전에 이 이름을 꼭 고쳐 주고 싶습니다.

이에, 사건본인 '윤주'와 '민규' 두 아이 이름을 각가 '아리'와 '나리'로 고쳐 주고자 하오니 개명을 허락하여 주시기 바랍니다. ※개명 결정.

㉑ 이름 때문에 병 앓는 것 같아(안병진 72. 12. 17 남→안찬솔)

본 신청인의 잘못으로 사건본인의 이름이 호적에 잘못 등재되어 그것을 한자로 적으려면 사람마다 다른 글자로 써 놓는 등 많은 불편을 겪습니다. 호적에 올라 있는 '병진'의 '진'을 보면 '瑨'으로 어느 옥편에도 이 글자를 찾을 수가 없습니다. 임금왕(王) 변으로 되어야 할 글자가 구슬옥(玉)변으로 되어 있기 때문입니다. 또, 임금왕(王) 변의 글자로 찾아도 웬만한 옥편에는 보이지도 않으며, 나온다 해도 겨우 '瑨'(옥돌진) 자와 같다는 것 뿐입니다. 한자 지식이 많은 사람에게 '옥돌진'자를 써 보라면 제대로 써 주는 사람이 별로 없습니다. 주민 등록표에도 어떤 글자를 써 놓았는지 모를 정도로 글씨를 까뭉개 그려 놓아(주민 등록표 가족난 '4'항을 보십시오) 이것을 받아 적는 사람들은 아무도 제 글자를 옮겨 놓질 못하고 있습니다.

본 신청인이 이 이름을 바꿔 주어야겠다고 생각하게 된 것은 위와 같은 불편 외에도 산본인이 계속 병에 시달리는 문제 때문입니다.

사건본인은 국민학교 3학년 때부터 계속 앓고 있습니다. 앓고 있는 부위는 콩팥과 눈입니다. (소명 자료 참조) 병과 이름과는 무관하겠지만, 이상하게도 계속 병에 시달리는 사건 본인을 보다 못해 몇몇 사람들(그 중에는 역학하는 이도 있음)에게 물어 보니 이 이름을 계속 쓰는 한, 늘 병에서 헤어나질 못할 것이라는 것입니다. '병진'을 '병이 진행되리라'고 풀이하는 이도 있어 불안해 견딜 수가 없는 것입니다.

어떻든 옥편에도 없는 한자, 병에 시달릴 듯한 이름을 그대로 둘 수가 없습니다. 획수에 구애받지 않는 이름, 누구나 쉽게 받아 쓸 수 있는 이름으로 올려 주고 싶습니다.

획   이리해서, 며칠 전에 한글 이름 전문가인 배 우리 선생님으로부터 '찬솔'이라는 순수한 우리말 이름을 지어 받았습니다. '알찬(다부진) 소나무'라는 뜻으로 푸른 소나무처럼 늘 건강하게, 튼튼하게 살라는 의미를 담아, 사건본인이나 본 신청인이나 퍽 마음에 들어하고 있습니다.

　판사님, 사건본인의 이름을 고치고자 함이 위와 같은 순수한 뜻 이외에는 다른 것이 없사오니, 본인이 새 이름을 가짐으로써 용기있게 사는 사람이 될 있도록 해 주십시오. 골골 앓는 '병진'이가 아니고, 이제는 힘차게 자라는 푸른 소나무와 같은 용기있는 사나이 '찬솔'이라는 이름의 주인공임을 당당히 느낄 수 있도록 호적 이름이 고쳐지도록 허가하여 주시기 바랍니다. ※85. 11월 개명 결정.

㉒ 호적 담당 직원의 말만 듣고 한자로 올려(高雅濫 79. 6. 7 남→고아람)

　사건본인의 이름 '아람'(雅濫)은 원래 본 신청인의 고향이 '율촌'(栗村)인지라 그 마을의 이름과 관련이 있도록 '밤이 익어 벌어진 상태'의 뜻으로 순수한 우리말로 1아람'이란 이름을 지었던 것인데, 사건본인의 증조부께서 본적지에서 출생신고를 하는 과정에서 이름은 호적에 꼭 한자로만 올라야 한다는 호적 담당 직원의 말만 그대로 믿고 '아'를 '雅'로, '람'을 '濫'으로 하여 한자로 음만 따서 다시 고쳐 적어 올림으로써 한글 이름이 아닌 한자 이름이 되어 버렸던 것입니다.

　그러고 보니, 본래 이 이름을 지을 때의 뜻인 '밤이 익어 벌어진 상태'의 뜻과는 전혀 다른 뜻의 이름이 돼 버려 지금까지 이 이름을 사용하면서도 본래의 뜻이 아니어서 마음이 개운치를 않습니다.

　더우기, 요즈음에는 주위에서 순수한 우리말로 된 한글 이름들이 눈에 많이 띄어 그러한 이름을 볼 때마다 꼭 사건본인의 이름을 한글 이름으로 돌려 주어야겠다는 생각이 듭니다.

　이에, 출생 신고 당시의 잘못으로 본의 아니게 한자로 오른 이름을 한글의 '아람'으로 호적에 기재되도록 하여 원래의 뜻을 찾아 후에라도 우리말 이름에 대한 긍지를 심어 주고자 하오니 꼭 개명을 허가하여 주시기 바랍니다. ※84. 8월 개명 신청→개명 결정 여부 확인 못했음.

㉓ 여고 시절부터 가졌던 새 이름 있어(김신자 64. 10. 6 여→김선혜)

판사님, 제 이름 '신자'(信子)는 본인의 아버지가 출생 신고 기간을 넘길쎄라 서두르속에 별 생각도 없이 지어 올린 이름이라고 합니다.
　그러나, 저는 중학교에 들어간 때부터 이 이름이 싫어 아버지께 이름을 갈아 달라고 계속 졸랐습니다. 동생의 이름 '샛별'이 부러워 그런 식 이름을 지어 달라고도 해 보았고, 그것이 안 되면 일본식 이름인 '신자'(信子)라는 이름이 아닌 다른 이름으로라도 쓰게 해 달라고 했습니다.
　호적상 이름에 대한 저의 불만이 대단함을 느끼신 아버지께선 제가 여고를 졸업할 무렵에 '선혜'라는 새 이름을 지어 주셨습니다. 졸업 후 직장에 들어간 다음부터는 '선혜'라는 이름으로 불릴 수 있도록 제가 노력했습니다. 약 3년 가량이 지난 지금에 와선 직장 사람들은 물론 주위의 많은 사람들이 이 '선혜'라는 이름을 익히 알게 되었습니다. 지금도 제게 오는 편지나 통지문 같은 것에는 소명 자료에서 보실 수 있는 바와 같이 모두 '김 선혜'라는 이름으로 오고 있습니다.
　이에, 호적상 이름 '신자'(信子)를 주위에 많이 알려진 이름인 '선혜'로 올리고자 하오니, 개명이 꼭 성취될 수 있도록 허가하여 주시기 바랍니다. ※85. 11월 개명 결정.

㉔ 이름이 무슨 약품 이름 같아서(신경초 56. 2. 6 여→신경옥)
　제 호적상 이름 '경초'(慶初)는 성과 함께 부를 경우 '신경초'가 되어 이 이름을 처음 대하는 이들은 웃지 않는 사람이 없으며 이것이 이름이냐고 확인을 하는 경우가 한두 번이 아닙니다. 그리고, 학교에 다닐 때는 친구로부터, 신경통, 신경질하는 식으로 짖궂은 놀림을 많이 받았고 지금도 은행같은 곳이나 제 이름을 말해야 하는 곳이면 걱정부터 앞선답니다.
　더구나 이름을 신경초라고 하면 발음이 어렵다면서 '신경초', '신정처', '신경처' 하면서 제각기 달리 표현을 하는 등 본인에게 적지 않은 불편을 줍니다.
　판사님! 아주 어렸을 때에는 이 이름에 대해 별로 신경을 안 썼지만 자라면서부터는 이 이름이 몹시 거슬려 이름 때문에 우울한 사춘기를 보냈습니다. 그러다가 사회 생활을 하는 데도 듣기 좋고 말하기 쉬운 이름이 절실히 필요함을 느끼면서 '경옥'(慶玉)이란 이름을 따로 써 왔습니다.

그래서, 이제 와서는 주위 사람들이 이 이름을 원이름으로 아는 사람이 많아졌습니다.
 그러나, 호적상으로 올라 있지 않은 이름을 사용하면 제 양심이 괴롭고 떳떳치 못합니다.
 판사님! 제가 서른이 다 되어서도 굳이 이름을 고치려 함은 제 직업이 미용사이기 때문입니다. 앞으로 외국도 다녀오고 또 세미나를 열며 저의 이름을 알리려 하옵니다.
 그러나, 신경질이니 신경통이니 하며 웃고 놀리는 이름 때문에 굉장히 걱정이 되고 부끄러워서 도저히 자신이 없습니다. 또 한 가지로는 아직 미혼인데 앞으로 결혼할 때도 부끄러운 이름으로 결혼식장에서 신부의 이름 때문에 웃을 것을 생각만 해도 아찔하며, 경초라는 이름 때문에 노이로제 걸릴 정도로 큰 부담이 되고 있습니다. 판사님 허락 아래 '경옥'(慶玉)이란 이름을 정식으로 떳떳하게 사용하고 싶습니다.
 듣기 편하고 무난한 '경옥'이란 이름이 올라 이름 때문에 불안하지 않고 밝게 생활할 수 있도록 개명 허가를 해 주시길 판사님께 애원합니다. 부디 허락하여 주십시오. ※85. 11월 개명 결정.

㉕ '달샘'이란 한글 이름이 있어(황은경 79. 2. 25 여→황달샘)
 사건본인의 호적상 이름 '은경'(恩京)은 본 신청인이 출생 신고 기간을 넘겨 깊은 생각 없이 지어 올린 이름입니다. 올려 놓고 보니, 이 이름이 주위에 매우 흔한 데다가 처음 듣는 이들 중에는 '옹경' '윤경' '인경' 등으로 잘못 알아듣는 예가 많아 퍽 불편이 따를 것으로 생각되어, 우리식 이름인 '달샘'이란 이름을 따로 지어 불러오고 있습니다.
 한 5년 동안을 이렇게 불러오다 보니 이제는 이 사건본인의 호적상 이름을 아는 이가 벼로 없게 되었고(소명 자료 참조), 가족들까지도 '은경'(恩京)이란 이름을 들으면 그 본인의 이름같이 생각되지 않을 정도로까지 되었습니다. 더구나, 그 밑에 태어난 동생(여) 이름을 '이슬'이란 한글 이름을 지어 놓고 보니, 이와 동격의 한글 이름을 호적에 올려 주어 곱고 깊은 뜻을 갖춘 '우리말 이름의 자매'로서 우리의 주체성을 지니며 살게 해 주어야겠다는 생각이 더욱 간절해집니다. '달샘'이란 이름은 '고운 달빛이 비친 샘'이란 뜻입니다.
 우리식 이름으로 지어진, 또 주위 사람들이 널리 알고 있는 '달샘'으로 올려 주고자 하오니 개명을 허가하여 주시기 바랍니다. ※84. 12월 개명 신청→개병 결정 여부 확인 못했음.

㉖ 화류계 여성 같은 이름(금녀·춘녀→○○, ○○)
 두 사건본인의 호적상 이름 '금녀'와 '춘녀'는 사건본인의 부가 지어 입적시킨 이름입니다.
 그러나, 이 이름들은 모두 끝글자가 '여'(女)로 되어 지극히 구식적인 데다가 이름 그대로가 모두 기생 이름이어서 주위로부터 많은 놀림을 받아 오고 또 지금도 웬만한 자리에선 이 이름을 밝히고 싶지가 않습니다.
 더구나 '금녀'와 '춘녀'라는 이름은 발음상 '금례' '춘례' 등으로도 들려 어디에 가서 이 이름을 밝혀야 할 경우 매우 힘이 듭니다.
 이러한 저희들의 사정을 안 오빠××는 약 10년 전에 저희들에게 '○○'와 '○○'라는 이름을 각각 지어 주어, 호적상 이름 대신 이 이름들을 쓰도록 해 주었습니다.
 그러나, 호적상 이름이 고쳐지지 않은 지금의 상황에선 이대로 만족할 수가 없습니다. 화류계 여성 같은 지금의 호적상 이름을 버리고, 지금은 주위에서 많이 불러 주고 있는 '○○' '○○'으로(소명 자료 참조) 올리고 싶은 것이 간절한 소원입니다.
 이에, 호적상 이름을 바꾸고자 하오니 개명을 허락하여 주시기 바랍니다. ※개명 결정.

㉗ 호적 올리는 단계에서 잘못된 이름(김쌍미 63. 8. 20 여→김선미)
 판사님, 제가 이처럼 개명 신청을 하는 것은 제가 어떤 범법을 하거나 남에게 피해를 주어 제 정체를 숨기고자 함이 절대로 아님을 이해해 주세요. 저는 쌍동이의 하나로 태어났는데 저의 아버지 말씀에 의하면 원리 '선미'라는 이름을 지어 받았으나 쌍동이는 '쌍'자를 붙여야 액운이 따르지 않는다는 주위 사람들의 이야기를 듣고 호적을 올리는 단계에서 '선'자를 '쌍'자로 바꾸어 올렸다는 것입니다. 호적에는 그렇게 올렸지만 집에서

는 계속 '선미'라고 불러 주었고, 국민 학교 입학 때도 그대로 이 이름으로 학교에 올려 선생님이나 학우들 모두 '선미'라고 불러 주었습니다.

제 호적상 이름은 중학교 입학 때에 가서야 쓰이기 시작한 것입니다. 그러나, 그것도 저의 부모님이 '쌍미'라는 이름을 본인이 아주 몹시 싫어하니 '선미'로 불러 달라고 학교에 특별히 부탁하여 고등 학교에 가서까지 제 이름은 '쌍미'가 아닌 '선미'로 통했던 것입니다. 지금도 저를 아는 사람들은 모두 '선미'로 알고 있으며(소명 자료 참조해 주세요) 저 자신도 어쩌다 '쌍미'라는 이름을 보거나 들을라치면 아주 생소하고 도무지 제 이름 같지 느껴지질 않습니다.

판사님, '쌍미'라는 이름의 '쌍'자가 너무나 귀에 거슬립니다. 너무도 상스러워 어디에 가서 이 이름을 누구 앞에 밝히기가 그렇게도 싫습니다.

판사님, 저는 개명 서식을 어떻게 써야 하는지도 모릅니다. 이처럼 편지투의 글로 사정 말씀을 드리옴을 용서해 주시고, 제 이름이 '쌍미'가 아닌 '선미'로 호적에 오를 수 있도록 결정해 주시기를 간절히 부탁드리옵니다. ※85. 10월 개명 결정.

㉘ 한글로 호적에 못 오르는 줄만 알았는데(조선영 78. 2. 6 여→조아람)

사건본인에게는 호적상 이름 외에 '아람'이란 또 하나의 이름이 있습니다. 이 이름은 배 우리 선생님의 자문을 받아 지은 것인데(소명 자료 참조, 1978년 2월 21일) 저희가 천주교 가정이어서 성서의 인물 '아브라함'을 줄이고 우리말에 '아람 벌었다'는 말의 한 낱말을 취한 것입니다.

그러나, 당시에 한글 이름이 호적에 오를 수 없는 줄로만 알았던 저는 그만 따로 '선영'(仙永)이란 한자 이름으로 호적에 올려 버리고 말았습니다.

이제 만 7년이 지났지만 저희 식구들은 호적에 그 이름을 올려 놓고는 마음에 들질 않아 지금까지 '아람'이란 이름으로 불러 주고 있습니다. 그 뒤에 태어난 아이 이름도 성서의 인물 '이사악'을 줄여 '이삭'이라고 해서 풍성한 수확을 기약하는 뜻을 담아 호적에 올려 주었습니다.

담당 판사님, 사건본인의 호적상 이름이 저희 가정에서 불러주는 대로

'아람'으로 개명되어, 그 아우와 한 빛깔, 한 틀의 이름을 이룰 수 있도록 결정해 주시기 바랍니다. ※85. 5월 개명 결정.

㉙ 중도 좌절이라는 역학적 수리가 싫어(김행곤 62. 9. 20 남→김우재)
본 신청인이며 사건본인인 '김행곤'(金行坤)은 한자식 작명법에 의한 음양 논리로 보면 각 글자의 획수가 모두 짝수여서 음양의 조화를 못 이룬 데다가 총획수가 22획이어서 중절격(中折格)으로 '중도좌절'이라는 수리가 나온다는 역학적 풀이를 많이 들었습니다.

그런데다가 본인이 개인 사업을 시작하던 5년 전부터 모든 일이 뜻대로 않자 '중도화절'이라는 이름 풀이에 더욱 마음이 쓰여 일에 대한 적극성마저 없어져 이름을 새로 갈지 않고는 안 되겠다는 생각에 몇몇 분의 조언을 얻어 '우재'(祐載)라는 새 이름을 쓰기 시작했습니다.

그 뒤로 법·행정에 관한 서류 등 부득이한 경우가 아니고는 거래처나 친지 등에 이 이름으로 써 왔던 탓에 지금은 많은 이들이 거의 모두 본인의 이름을 '우재'(祐載)로 알고 있습니다. (소명 자료 참조)

본인이 호적상 이름을 갈고자 함이 타인에게 절대로 본인의 정체를 숨길 의도가 아니오니, 주위에 익히 알려진 '우재'(祐載)라는 이름으로 개명되도록 허가하여 주시기 바랍니다. ※85. 11월 개명 결정.

㉚ 성씨에 혼동을 주는 이름이라(송기정 80. 5. 4 여→송송이랑)
사건 본인의 호적상 이름 '기정'(基正)은 사건 본인의 외삼촌이 지어줘 입적시킨 이름입니다.

그러나, 이 이름은 사건 본인이 남자 이름같다고 싫다고 하고 있고, 우리 나라 마라톤 선수 '손기정'과 발음이 비슷해서 주위 사람들이 ㅤㅤ져 주도록 권하고 있습니다. 이에 호적상 이름 '기정'을 전부터 집ㅤㅤ금씩 불러 오던 '송이랑'이란 이름으로 고쳐 주고자 하오니 개명을 허가해 주시기 바랍니다. ※개명 결정.

〈문헌 : 배우리 선생 저서〉

第三編　作名要訣論

第一章　破字用文字

一. 文字運勢解説(1)

一畫

一
上下未卜　可得其中　十得其半　名大實少　臥龍不起　時期尚早
左右相連　每事如意　始終相同　成功無疑　有樑無柱　心事浮雲
二失其一　損失可畏　十失其柱　執一前進

乙
始得其飛　日就月進　九實一畫　功虧一簣

二畫

二
始終如一　必是成功　一上加一　日就月長　三失其一　非損則失
土散左右　更難收拾

又
一乂相合　利在其中　內無左右　非修則遷　了得前長　有進無退
文失一点　龍頭蛇尾　全無其中　利在出人　有孕無子　或恐人欺

力
着功成功　有意則行　上下未定　加得其中　刃失其点　心急事遲
拔刀何事　口舌是非　点於一杖　行色浮雲　忉心絶無　事如意合

丁
開口則可　何事不成　　子頭已缺　膝下有憂

人
大實其一　名大實少　八字適合　事必順調　火失左右　有名無失
金虛其中　名大實少　三日之後　枯木逢春

三畫

三
一舉兩得　事半功大　一二相合　一舉兩得　主無中柱　所望何事
王失其中　時運不利　大不結實　秋無所得

大
人得其一　勿休前進　木根已拔　非移則培　人執一理　元亨利貞
一人須合　因人成事　天失其頭　有志未就

子
丁上掛釣　可折高枝　孔身孟頭　名振四海　一以了得　事必順調
壯丁曲頭　何多空想

女
着冠得安　出入成事　七零八橫　事多反覆　放失其方　益者三友

千
禾葉已落　秋收冬藏　千頭已橫　風塵重重　仟失其人　損失可畏
八字中寒　一時之嘆

小
光明之始　次次有望　流水不足　旱氣太甚　左右相助　因人成事

工

着工成功 空脱其穴	努力第一 財杲豊滿	上丁下丁	何時成事	江脱其水	有名無失
也 力者執匕	能堂來敵	池水己渴	魚龍受困	力士挾匕	得意洋洋
夕 欲久不久 夢脱其頭	事在傾刻 書信不遠	文書不足	事不成就	多失一夕	損財可畏
上 卜則第一	自比開運	欲止不止	進退兩難	一日一卜	心有不安
下 一次問卜 亦失其半	吉凶可判 努多功少	久 炎火己滅 人負小人	食杲堂前 勿信人言	丈 十乂合点 杖木己折	事必順成 前途漠然
干 汗水己乾 一舉十得	涼風自來 其功必大	士 開口則吉 逢人爲士	舌端成事 因人成事	山 流川長策 欲出而止	努力成事 有始無終
土 十分之一 杖木己折	事必順成 爭鬪紛紛	才 削木何事 未知本末	終成大廈 意頭難定	川 一舉二順 三畫己倒	事必順調 幾度辛苦
于 宇宙無家 忏心己散	難容一身 亂中治平	万 萬失一点 万万有欠	努多功少 子方大吉	口 中無其柱 舌失其頭	莫聽他言 前途光明
凡 虛風得点 鳳飛置卵	勿爲膠柱 出雛何時	己 弓尾旣收 開口舌曲	事皆和合 有言難話	丸 九次得点	壯元無難

四畫

四
八字在口　舌端成事　目字己橫　事急鴻門　凡人獄中　時運不利
凡入四圍　背後有助

午
十人相合　家皆助力　人立十家　東西未定　一當十人　動則成功

云
雲散兩翠　日月明朗　去路不通　出行不利　欲去無路　心急事遲
雲雨中斷　更見青夫

太
大得一点　勿休成功　人抱一玉　添口添財　犬耳藏腹　愼之損失

火
八人相合　因人成事　大事中斷　有始無終　災失其頭　轉禍爲福
人助左右　成事可知

木
左才友才　變通自在　十得其八　利不獨食　欲休無人　食小事煩

日
上下連口　同事亦吉　左右橫山　進退兩難　連口相助　事必成就
口中有物　事有遲滯

天
一舉大得　事半功倍　春小十日　喜事小遲　二人相合　因人成事

王
三合相連　必有助人　田破左右　難成沃畓　一土配合　鹿合泰山

玉無光点　有名無實

井
| 成事何時 | 四十以後 | 欲耕無求 | 有意事難 | 有路四方 | 内心未定 |

比
| 北斗已傾 | 東日不遠 | 此何不足 | 長短不合 | 兩七在前 | 疾者先得 |
| 庇失其頭 | 時期尚早 | | | | |

水
| 東凡鮮氷 | 枯木逢着 | 木不連枝 | 未兎孤獨 | 木枝疎瀾 | 外健内虚 |

公
| 口開八方 | 左右周旋 | 翁失其羽 | 自將擊之 | 訟有無言 | 仇反爲恩 |
| 人散橫口 | 善無功德 | | | | |

元
| 着冠爲定 | 他鄕成事 | 鶩坐鳥飛 | 妻宮不利 | 完失其冠 | 有謀無勇 |

升
| 十變爲十 | 造化無窮 | 欲外不外 | 昇日何時 | 欲昇無日 | 時期尚早 |
| 一貫得千 | 可得大財 | | | | |

仁
| 二人相合 | 同事亦吉 | 仕路不通 | 農商之間 | 一人二役 | 勞多功小 |

夫
| 二人合體 | 因人成事 | 春無一日 | 花信亦遲 | 上穿天頭 | 大事可成 |
| 二人冲天 | 利不獨食 | | | | |

壬
| 任無一人 | 自子成家 | 千里一步 | 何時到達 | 一上加千 | 可得大財 |

日

| 日字廣活 | 待期何遲 | 甲中無柱 | 有謀無用 | 臼脱其頭 | 青春復來 |
| 口食一米 | 適口充腸 | | | | |

中
| 口立計劃 | 必有所定 | 鉗口何事 | 有言難吐 | 見而不食 | 口中有碍 |

丹 / 分 / 今
| 棹下擊舟 | 目的己達 | 紛糸己解 | 以亂進治 | 二人同杖 | 彼此合意 |
| 破裂之册 | 用之何處 | 人力不足 | 力是不滿 | 散金何事 | 必是損失 |

内 / 勿 / 文
| 大得兩杖 | 左右不沛 | 月輪己缺 | 更必盈時 | 又得上点 | 甲等無難 |
| 丙字不足 | 南方不利 | 忽然失心 | 何多空想 | 交虛其中 | 勿信他言 |

卜 / 手 / 心
| 以下得点 | 勿安達成 | 以十得千 | 以下達上 | 初三半月 | 次次光明 |
| 亦失其半 | 兄弟有碍 | 以平不平 | 有名無實 | 必無長劃 | 事必歸正 |

月 / 父 / 尹
| 目前己開 | 更逢別界 | 八乂相合 | 不日成之 | 手段有餘 | 自力成功 |
| 明失半身 | 親友有害 | 交頭不實 | 更加誠意 | 蒼空上下 | 有名無實 |

牛 / 引 / 允
| 午方出頭 | 南方有吉 | 弓具長失 | 射必其中 | 着帽爲忠 | 古基不利 |
| 手段己欠 | 造化不能 | 曲己一身 | 四顧孤補 | 兄口己橫 | 六親無德 |

友 / 化 / 巴
| 大中又大 | 次次旺盛 | 花落結實 | 待秋有望 | 己得一点 | 勿休進出 |
| 十次己橫 | 又何勇氣 | 貸失其見 | 名大實少 | 欲把無手 | 孤掌難鳴 |

之 / 介 / 支
| 乙舍一珠 | 非婚則胎 | 田無限界 | 到處有地 | 十次又也 | 終必成事 |
| 左右往來 | 奔走多事 | 人何二倒 | 事多失敗 | 友何不滿 | 勿信勿親 |

方
万事上点　出世之時
亦失左右　害我自多

少
白沙水乾　如陸安渡
省失其目　或恐失物

斤
丁人相合　虎得羽翼
欣然無欠　利在其中

予
有矛無失　有用無用
子何不合　各異其他

兮
虧無其虛　營事必成
八方何故　浮芽之勢

戶
尸者舉頭　絕處達生
折足無用　破葉之物

斗
耳輪不實　勿聽人言
橫川長築　我田引水

孔
稚子吸乳　次次成長
亂中一了　失勞後奉

夬
決必則成　勿休前進
未決相持　有志未就

尺
以口逢人　舌端成事
尸者執杖　更見青天

凶
乂者入山　必有積功
兩山相交　進退兩難

匹
四方不足　勿計妄動

五畫

五
二力相合　因人成事
吾何藏口　自嘆薄命

代
人執一弋　射乃可得
欲伐無刀　空舉奈何

以
兩人同点　先倒者得
似人不逢　後悔何益

皮
支出己寒　有名無實
波濤不興　順風駕帆

今
今也得点　自此運開
合失一偶　反被其害

充
銃釖己收　平和時代
六兄不合　事多反覆

台
先次橫口　後番適口
合人不足　問或有害

只
口量八方　度量豐富
八字湖口　薄命之勢

左
逢人則佐　必逢貴人
禾穫在腹　十橫之士

右
十口相合　家和春風

甲
口舍十字　自信滿滿

立
六月加一　運通七月

有何不長	實地不足	手段已塞	進退未定	拱手而坐	無耶度日
旦		**永**		**戌**	
一日初朔	吉事堂前	二水相合	終入大海	刀弋相爭	風霜漂漂
車不具格	行路多滯	咏失其口	有意難土	外事成功	內部不具
央		**丙**		**弗**	
中分左右	兩處有利	天撐左右	威權日重	一弓二失	必有其餘
丈夫之運	何事兩塞	二兩不足	一兩可知	支拂無水	有意亦難
末		**弁**		**外**	
一木獨立	難免孤獨	升次橫口	人皆嘲笑	各口未開	有意則行
二人同杖	同事亦吉	中運不葉	失因後泰	欲多不多	上下未定
冬		**穴**		**民**	
多多益長	事業興旺	八方着冠	到處有榮	閣氏加娶	婚姻之慶
終無絲末	龍頭蛇尾	着工爲空	事事不吉	眼不合目	夜不成寐
仕		**由**		**司**	
人變爲士	以下達上	田苗發芽	次次成長	一入可中	營事順調
任失其点	加嘆不足	甲字已倒	及爲發字	同者失杖	同事不利
用		**仙**		**史**	
兩月相合	今事未成	人依山傍	心身來快	執中有爻	喜怒不形
田已成川	桑田碧海	人斜半出	勿爲深信	使無一人	身兼奴僕
丘		**卯**		**回**	
兵藏其足	必待好機	柳枝折挿	陽春晚回	口包大口	小兒得母
人何一斤	勿論價值	卵無黃白	何時化鵑	入口已橫	捉蟹放水
功		**石**		**包**	
工者拔刀	終成寶器	百不滿中	八九可得	着手則抱	勿爲棄推
以力爲工	自手自我	白日無雲	正照万里	飽無其食	僅僅延日

占
止合其中　榮貴可得
開口問卜　鬱奋難言

付
人斜才薄　勿管大事
一寸之人　不過乳臭

玄
運通何時　結点亥年
絃斷其絲　更續吉緣

示
二人一杖　同事亦吉
視而不見　盲看册青

加
以力保口　努身努心
喜無其吉　有名無失

弘
挽弓橫口　射必得中
強虫不付　害者不侵

甘
成事何時　廿之二日
其何不付　中道有滯

此
比而有餘　我勝可知
匕首己止　紛紛鬪爭

皿
四方有餘　到處春風
円中黑点　盈襟反狗

衣
欲依無人　有誰助力
衰失其中　災去福來

失
天穿其頭　射則必中
夫受負傷　難免損財

奴
又得一女　一妻二妾
怨心絶無　萬事解決

申
欲伸無人　有誰論情
上下甲点　何事不成

北
背失其足　隱憂誰知
左右執匕　事無不成

乎
平頭不實　有始無終
采色無人　別無造化

布
十橫末中　幾度虛事
市中己橫　商業不利

氷
滴水点点　終入大海
永失其頭　有何欠点

巨
目眶已裂　事知范將
不具之臣　豈可重任

瓦
瓦己破矣　示之何益

兄
凡減其口　損者三友

本
十頭己大　可成千萬　禾穗在腹　出穗不遠　木根堅固　不離他處
十人加一　添口之數

正
一止何故　勿爲太急　上下相合　事必歸正　上下爭点　何取何捨

玉
| 如一十点 | 滿点可得 | 五變其體 | 事多反覆 | 王有侍臣 | 必自目安 |
| 珏失一玉 | 損失可畏 | | | | |

平
| 千立八方 | 害者不犯 | 評言不出 | 置之度外 | 坪失其土 | 意外有災 |

主
| 逢人爲主 | 必有貴人 | 王何欠点 | 治政不能 | 加点王頭 | 背後有貴 |
| 欲住無人 | 内有隱憂 | | | | |

生
| 牛立平野 | 步步青草 | 主人有碍 | 反受其害 | 人坐土上 | 不顧體面 |

白
| 百不滿一 | 九十九得 | 人登橫山 | 去路多滯 | 欲泊無水 | 利在前進 |
| 百失其頭 | 可慎損失 | | | | |

未
| 二人合杖 | 彼此相依 | 一木冲夫 | 孤掌難鳴 | 一去不來 | 望穿欲穿 |

田
| 口舍十字 | 自信滿滿 | 魚切頭尾 | 祖上之命 | 十入口中 | 四口難防 |
| 細失其絲 | 以小成大 | 四山連立 | 去去山高 | 十口相合 | 衣食自足 |

世
| 成功何時 | 廿七州二 | 葉落草木 | 我獨逢秋 | 泄水已盡 | 苦盡甘來 |
| 継失其絲 | 以小成大 | | | | |

必
| 三月不實 | 七月分明 | 心中有碍 | 好事多魔 | 怵心絶無 | 萬人敬得 |

可

| 壯丁保口 口付丁字 | 誰能害之 引則多得 | 人何不來 | 望眼欲口 | 訶者無言 | 事必歸正 |

出
| 拙才不用 | 活達成事 | 兩山相隔 | 望眼欲穿 | 屈脫其頭 | 以下達上 |

古
| 十口相合 屈脫其頭 | 一心團結 以下達上 | 疊疊山中 | 難免荊路 | 兩山相隔 | 望眼欲穿 |

半
| 八方着手 | 責任必重 | 平等以下 | 無加奈何 | 一貫八二 | 可得大財 |

目
| 省無其少 連口欲助 | 守分爲吉 家事大成 | 所見不具 | 更加周旋 | 傍無助人 | 有意草遂 |

六畫

老
| 弱者挾匕 尤得十点 | 有謀無男 前進有望 | 老心絕無 | 萬事如意 | 老是旣收 | 事皆入料 |

六
| 交父不足 | 更加誠意 | 立無其地 | 東奔西走 | 一八加点 | 好事多魔 |

仲
| 八執其中 人無伸心 | 君子之道 到處春風 | 欲伸不能 | 隱愁誰知 | 人持中心 | 成功可知 |

安
| 以女成家 | 必逢良配 | 一女着冠 | 世稱淑女 | 鞍絕其革 | 危險千萬 |

艮
良失其頭　中心不安　欲退無之　進則成功　艮頭何失　事多沈滯
恨心絕無　前路自通

多
兩夕之間　吉凶不遠　苦過七夕　更待秋夕　此夕彼夕　夜間空想

百
丁日己橫　戊己大吉　石中之玉　誰何知之　憂失其半　災消春雪
丁口相連　引則必得

同
入則一口　非婚則胎　左司右司　責任必大　恫無助人　有意莫遂

寺
不時之事　鳥飛梨落　詩無言句　資身亦困　恃心絕無　愼之損失
寸士相合　以水成大

早
草己着根　拔芽之時　日立十街　方向何處　草脫其冠　有名無實

好
女包其子　喜喜樂樂　母子各離　家事零星　七落八落　子有不安
女抱一玉　必有昇瑋

年
人乘牛背　出行有利　人小手長　可折高枝　牟失其点　有志未就

伏
大入得点　成功之時　犬依人勢　狐役虎威　狂犬害人　橫厄愼之
人得忠犬　因人成事

在

- 290 -

| 一入仕路 | 出世之時 | 土地未大 | 僅僅亦過 | 才付王邊 | 夕高遠播 |

自
| 身無其才 | 因人成事 | 白日黑雲 | 陰雨濛濛 | 目上荊侵 | 見而不食 |
| 息必絶無 | 勞必成功 | | | | |

合
| 人包一口 | 非婚則胎 | 以口得金 | 有名無實 | 容脱其穴 | 恐有不吉 |

如
| 口連於女 | 慇勤成事 | 七零八橫 | 口舌可畏 | 口得安基 | 舌端生財 |
| 怨心絶無 | 人皆則籬 | | | | |

交
| 六爻相合 | 立身揚名 | 立地相錯 | 進退無路 | 恔心絶無 | 隱愁誰知 |

氾
| 己藏水邊 | 志在登天 | 三丁相合 | 何事不成 | 尖而又兀 | 遠近仰望 |
| 厄水三犯 | 愼之愼之 | 河失其口 | 一二三次 | 先頭己失 | 末治非也 |

匡 / 名 / 再
| 臣佐其王 | 時和年豐 | 各字不長 | 同事亦吉 | 與王合同 | 貴不可言 |
| 國破其邊 | 大禍之始 | 口付一夕 | 因境難免 | 月弊雲莖 | 半陰半晴 |

向 / 夷 / 后
| 可合之人 | 能唐其任 | 大弓弓得 | 所營如意 | 石頭有欠 | 更求良工 |
| 何事不及 | 功虧一궤 | 一弓貴人 | 愼之是非 | 一口之人 | 無依無托 |

字 / 竹 / 旭
| 字畫有餘 | 登用有時 | 第之始得 | 名振一世 | 九日重陽 | 更逢佳節 |
| 空手着冠 | 流離之勢 | 破筆何用 | 不過棄物 | 乙坐孤枝 | 白日明朗 |

羊　　　　　朴　　　　　印

| 八方着手 | 食小事煩 | 木無上下 | 可得其中 | 人來仰市 | 一偶之長 |
| 主人倒懸 | 事多反復 | 林伐密枝 | 終成棟樑 | 似卵非卵 | 難得其名 |

亦
| 六得二長 | 必有特技 | 工者執弋 | 魚變成龍 | 洪水已去 | 清水自流 |
| 赤脚着慣 | 行先難定 | 代依工業 | 暫時之權 | 巷中已出 | 利在都市 |

吉 式 共
| 士開其口 | 能土珠玉 | 同者欲出 | 事不合心 | 土上連土 | 廣置田莊 |
| 舍不其益 | 兩水間犯 | 有面無丁 | 何以渡江 | 十王相合 | 富貴兼得 |

州 回 圭
| 流川石株 | 徐徐到達 | 人稟其牛 | 勤儉致富 | 一次二次 | 事多不利 |
| 主者橫斷 | 信斧割足 | 人登木上 | 狂風可畏 | 資失其具 | 或恐失物 |

米 朱 次
| 木有結實 | 待秋有得 | 破扇無用 | 飢已破矣 | 穿穴得室 | 先求貴人 |
| 四面爲小 | 勿望大事 | 左右比肩 | 同事亦吉 | 目眥已裂 | 鴻門樊會 |

行 羽 臣
| 衡虛其中 | 勿計輕重 | 方雖不足 | 成家有時 | 正人相合 | 不入誤道 |
| 得無日字 | 運在何時 | 成家何時 | 寸陰之間 | 止於其人 | 勿爲相待 |

任 守 企
| 千人之一 | 誰能唐之 | 大事一了 | 成敗在此 | 人破甲片 | 成功之時 |
| 仕路有得 | 利在商工 | 子己未大 | 責任必重 | 手段已寒 | 人亦不正 |

色 存 伊
| 拔刀斬弋 | 漢祖成功 | 人逢其王 | 以下達上 | 四方有餘 | 西方不足 |
| 巴蜀之刀 | 韓信華釣 | 金不具格 | 外富內虛 | 惡心絶無 | 事心歸正 |

兆 全 西
| 似非不非 | 井典後順 | 田苗並出 | 豐年之始 | 着冠成室 | 出行大吉 |

曲 至

祆何不示　勿計妄動　農辰迫頭　勿失其辰　一次倒怯　後益有害

各
客脱其冠　不離他處
咯者喊口　萬事解決

地
池邊得土　不勞灌溉
十分一也　有何所得

先
未失一畫　事必順調
説者無言　事必歸正

灯
丁方央災　南方有利
大事中斷　未得可口

丞
二水相合　終歸大海
欲承未承　中運不足

帆
九次有碍　十得左右
虛風一過　中道未中

考
老當益氣　不下青壯
耆口不得　當事不良

伍
五人相合　大衆同謀
二力雖合　傍有害人

舟
円中有碍　好事多魔
母何遠在　家庭不安

字
家何零星　産業不振
以子成家　膝下有榮

旬
句句適合　必是壯元
筍何未發　寒氣尚峭

而
立柱上樑　溫突未久
面解皺紋　憂散喜生

仇
人何虛風　有言無終　人推坑中　失正其必

七畫

汝
三次不安　四次始安　三工相合　不日成之　虛風得点　一舉兩得
已点三女　恒是不平　水溢土上　破潰之勢　水犯凡中　水害慎之

池
三七自力　利在念后　忘心絶無　有事難處　欲亡免亡　更得幸運
馳馬臨水　前途渡斷　　　　　　　　　　　不潔之女　莫可再論

位
逢人立身　因人成事

佑
右便有人　左行不利

佐
左便有人　右行不利

人渴泣水	同事亦吉	十口己橫	小人之害	十工己橫	小人之害

作　　　　　　　　**佛**　　　　　　　　**孝**
三人一杖　圍結一致　　拂人在傍　衣食太平　　老境生子　晚運大通
人斜乍也　後悔何益　　人執二弓　常時奔化　　敎文不當　商工大利

完　　　　　　　　**更**　　　　　　　　**形**
二八成家　膝下有榮　　一更何事　不遠書信　　橫川穿井　得水何難
泉水兩流　有名小實　　便人不遠　身兼妃報　　兩千三刀　風霜凜凜

步　　　　　　　　**男**　　　　　　　　**秀**
自小升上　計書肩餘　　口合十力　不下擴張　　乃卒十人　一遇之長
涉水己渴　如陸安過　　勇者無力　造化不能　　不得義義　暗中行恪

李　　　　　　　　**宋**　　　　　　　　**希**
木有結子　春花秋室　　榮失其頭　自手成家　　以乂布德　誰能禦之
十八一了　早任自責　　左右兼才　成家之運　　市中己橫　自在交結

志　　　　　　　　**局**　　　　　　　　**呑**
士心安在　必是壯元　　己包一口　因人成事　　大包千口　度量如海
思頭未定　深爲考慮　　以弓充口　常時奔走　　天運已傾　日色無光

初　　　　　　　　**延**　　　　　　　　**廷**
衣邊用刀　丈夫之象　　心在於廷　立身有時　　千之一也　衆皆仲示
其力不是　衣着何薄　　欲正未及　可嘆身運　　手腕不足　反失一枝

伯　　　　　　　　**求**　　　　　　　　**助**
人斜心自　清廉之士　　十水同点　終當歸海　　所見不足　以力能行
百不滿一　傍有害人　　欲救無欠　反失一枝　　其功目票　丈夫決心

角　　　　　　　　**利**　　　　　　　　**亨**
魚遊川流　急氣洋洋　　千人一刀　疾足失得　　二口同了　同事亦吉
用力不成　虛送歲月　　和中有刀　勿信人言　　欲烹無火　臨渴掘井

甫		均		佩	
十月指点	莫嘆晚時	勻一其士	到處有食	用人左右	人必來助
破潰之車	運行亦難	士不成句	有名無實	虛風手段	人必害及

收		妊		邦	
牛帶父彩	田軍成功	以女爲任	逢妻良配	乃手何史	自手成家
欲收未能	散水難收	手腕不足	安失其冠	手段不足	勿榮大事

谷		吾		岐	
口欠滅火	徐徐鬪得	二力合口	因人同事	支出相半	無事太平
破容之人	勿顧體身	誤無其言	德而不聞	折枝移山	必待後日

豆		判		呈	
只合一二	積少成大	利何半得	虛張聲勢	壬方適口	利在北方
有頭無頁	有事難成	八方着手	二次己倒	任人不逢	其舌倒上

究		邑		貝	
穴下九九	子房運壽	欲把無水	以口能當	財失其半	名大實小
成家何時	八九之月	渴水己得	早氣太甚	月失其光	雲霧滿空

弄		見		忍	
二十當年	相對君王	二兄配合	同事亦吉	心合白刃	金石可透
等算不合	豫算不足	凡因連口	事事成功	思頭未成	有意亦難

杉		每		戒	
橫川植木	終成棟樑	小人逢母	喜色滿面	成功有餘	事知友掌
雖有才点	三次己橫	梅落其木	更大明春	破落之械	用之何處

扶		伶		孚	
丈夫兼才	造化無窮	今也得点	貴人在傍	蜉虫化去	似矢歲月
一舉大事	手段之事	合口不實	必有人海	浮水己渴	何以行船

| 里 | | 舍 | | 壯 | |

有田有土	食㿝太平	人得小口	農者大本	將士相合	濟世救民
一甲二甲	時日延滯	何事口貪	言過其實	上下未定	中立之士

言
二口着帽	出他有利	方得其土	農者大本	一次橫口	二次合口
信人不逢	勿榮同事	吉口未開	万事欠点	治水未洽	農家有害

坊　　　冶

杓
十人一勺	聚之成斗	日不中異	前程有望	人則可也	誰敢譭之
才不成句	間有魔点	只營其大	付杓運勢	所向過度	事多必違

吳　　　何

我
手執長戈	自將擊之	二矢八弓	恒是有餘	木邊有土	幾度風波
鵝坐鳥飛	虛炮可知	第頭不足	非移速行	植木厚土	脫得成功

弟　　　杜

呂
上下連口	陰陽相合	人執丁口	引則必得	玉無一欠	晚得生光
己失宮頭	敗軍之狀	事皆不中	時運不利	上有其欠	坐不安席

否　　　坎

因
植木園中	枝木葉茂	患心絕無	事事順成	止於其土	勿遷坐地
人立田中	勞多得小	二口相通	衆口難防	十分之一	一正不足

串　　　址

成
誠失其言	似成不成	自合其才	自手成家	路出橫山	幸得右路
丁入戊中	因人成事	射無寸失	志大未就	手段已寒	僅僅保口

身　　　君

兌
八口皆凡	背後有足	上下十田	不羨三公	逢人爲食	先求貴人
説言不出	反爲逆事	十日十日	成事遲遲	食人不逢	有事難成

車　　　良

克
十兄相合	益者三友	人逢其主	自此運開	牛日已過	時期且邊

住　　　旰

十見無瞳	或恐失物	佳失一点	欲巧半拙	日得話助	次次前進		

改　　　　　　　國

舍弓取文	志在壯元	王入困中	萬事不安		
又人助己	事必順調	一士已圍	衣食泰平		

八畫

沙　　　　　　　沂　　　　　　　沁

三少相合	必成代事	三丁之人	能捕猛虎	三心合同	必有大成
三省無日	或恐失物	人渴汀水	飢饉相侵	心如清水	非禮不食

沈　　　　　　　沃　　　　　　　汶

允者有三	和氣相合	水光接天	波濤不興	六爻三合	何事不成
三次未充	見何欠口	大事已橫	非一非二	汝何中斷	有時難終

快　　　　　　　玖　　　　　　　沈

必己決矣	物體勇進	久玉古物	何望高價	三半枕木	滿服經營
丈夫有欠	空浮其心	人逢其玉	小人間侵	波光不興	順水行舟

沐　　　　　　　八　　　　　　　亞

水不涸渴	用錢如水	兩枝相依	絕無顛沛	惡心絕無	善必自生
水邊有木	成長繁茂	人何不合	孤掌難鳴	十字已刻	必有結心

金　　　　　　　長　　　　　　　門

抱視之人	一生食少	張弓已裝	一經鬪爭	日計有餘	月計不足
人倒一平	風波重重	畏日過之	愛日必來	左右有甲	背後有助

兩　　　　　　　卓　　　　　　　到

于撐左右	人人守護	早年得上	聰明過人	至處有利	運回四方
欲雨不雨	農者渴望	車不具體	中道有得	失室損利	敗家亡身

奉　　　　　　　孟　　　　　　　味

| 三人握手 | 事在同謀 | 有子四過 | 五六可得 | 末日不足 | 申酉可成 |
| 丈奉手段 | 能小能大 | 一了四方 | 到達通達 | 二人同杖 | 末端之舌 |

命　　　　　　　奈　　　　　　　宙

| 口付於令 | 自由不能 | 大事已示 | 成敗苦何 | 自由成家 | 造化無窮 |
| 合中無力 | 同謀不利 | 二人同杖 | 終成其大 | 十口滿家 | 責任必重 |

岩　　　　　　　明　　　　　　　直

| 出則千石 | 入則添口 | 陰陽相合 | 非婚則胎 | 着心爲眞 | 虛榮不吉 |
| 以石築山 | 何崩功塔 | 日去日來 | 所望何事 | 植無其木 | 何待後日 |

昌　　　　　　　幸　　　　　　　庚

| 一字漸潤 | 入則添口 | 達運未知 | 努力必要 | 方稱丈夫 | 成功之時 |
| 以石築山 | 何崩功塔 | 南破左右 | 不得揚名 | 人得康水 | 閑且有貴 |

林　　　　　　　芥　　　　　　　兒

| 林木有餘 | 可成棟樑 | 花發八方 | 仲春二月 | 曰列左右 | 兩處得米 |
| 霖雨已晴 | 日月明朗 | 介草孤沛 | 無依無托 | 所見無瞳 | 事歸水泡 |

佶　　　　　　　府　　　　　　　帛

| 人逢吉運 | 萬事亨通 | 入則付處 | 必得上座 | 百不滿一 | 可中九九 |
| 開口得仕 | 勿爲守拙 | 人才不足 | 俯人不來 | 白中服數 | 家中不安 |

釆　　　　　　　宗　　　　　　　昇

| 語助左右 | 必逢貴人 | 崇山已越 | 前路平坦 | 以十得千 | 日字快濶 |
| 八方不平 | 到處傷心 | 着冠而示 | 吉在何方 | 日用其升 | 生活淡白 |

炅　　　　　　　旿　　　　　　　京

| 八人連口 | 損益相半 | 午日相合 | 成功此日 | 二口己小 | 更求同志 |
| 日中点火 | 遠不生光 | 日中則具 | 器滿則傾 | 景到無日 | 非雨則風 |

岳　　　　　　　典　　　　　　　季

| 隱兵山下 | 必見好期 | 八方豐年 | 舍飽叩腹 | 千人一子 | 貴莫實焉 |

丘下又山	前路險峻	八字已曲	自嘆身數	秀於其子	成家之兒
周		**和**		**坪**	
門中具吉	家和事成	口連千人	一隅之長	土地平野	春耕秋收
雕失住氣	前功可借	口食其禾	急則多體	評言不吉	口舌紛紛
侑		**協**		**奇**	
人有助者	必逢貴客	三力相合	更得十力	大得其可	讚揚不絕
月輪大欽	入踏暗路	十次聲迫	幾度苦楚		
欲騎失馬	行步亦困				
佳					
人折佳枝	名得龍門	欲住有碍	進退亦難	難失其半	何事不誠
欲進不能	所營難成				
坤					
田土着眼	發芽之時	呻吟之士	必有不滿	玉無一瑕	上下甲点
來					
麥根深入	發達三四	蓬萊草枯	霜風漸侵	兩人昇木	摘風分食
兩人爭木	愼之是非				
忠					
一釣三餌	能串其口	中心善良	背後有貴	口有所得	必事難定
束					
日照木間	和風暖日	十果未熟	見而不食	凍解其氷	枯木逢春
棟折其木	改舊從新				
居					
古已尸矣	莫論前事	古尸已歡	更求他方	欲踞失足	出則得財
虎					

- 299 -

欲處不久	改口從新	虛風何事	有名無實	號失其半	名振四海		

知
午正己傾　点心適口　口大人小　何望大成　有矢不中　心事散亂

松　　　　　　　　　　昤　　　　　　　　　　旵
公才指点　必多推薦　日用文書　量入計出　日課其文　必待將來
私事其散　勿許妄動　交虛其中　不過消日　立地相違　橫山前寒

杰　　　　　　　　　　尚　　　　　　　　　　官
植木四方　後日棟樑　當失其甘　不當其味　宮中連結　德潤富屋
木火相臨　夫唱婦隨　小口入門　非婚則產　着冠欲追　心急事遲

呼　　　　　　　　　　垂　　　　　　　　　　果
舌端語助　蘇張之辯　千世一遇　物失此期　甲木旺木　東方青氣
不平之口　口舌可畏　垂出何故　事不合意　裸衣何事　鬱氣太甚

旺　　　　　　　　　　承　　　　　　　　　　昔
日逢君王　濟世家生　三水回流　終歸于海　成事何時　廿之一日
王日慶節　必有吉事　子女舞翼　手段在中　惜氣相存　後悔何益

雨　　　　　　　　　　秉　　　　　　　　　　始
干撐左右　矢石不犯　田雖邊落　禾德大發　先是不如　後必如意
雲霧之中　日月無光　千人破山　勞力勞身　女胞胎氣　和氣滿堂

店　　　　　　　　　　拓　　　　　　　　　　所
店病己脫　先敗後成　以才治石　可得良工　丁人保戶　家中泰平
廈屋問占　事多複雜　舉手擊石　誰勝誰負　尸外荷斤　生活奔走

坡　　　　　　　　　　舍　　　　　　　　　　宜
以土防派　以亂進治　人逢吉運　事必從心　且何着冠　出入成事
土餘其皮　百穀不成　館失其官　有名無實　宜傳不滿　反爲不利

伩		夜		受	
人則光明	成事正大	依人在中	因人成事	又逢爵運	升進之數
人失其先	末治否矣	衣包小人	勿爲深信	必失其受	外實內虛

定		姓		姐	
下人成家	子孫之榮	女逢其主	必是君子	月下逢女	隱勤之情
雖日滿足	何付欠点	女何主將	雌鷄司晨	不宜之女	物爲交際

伯		奄		岸	
人率百人	一隅之長	龍入大海	變化莫則	崖下破落	一經暴雨
人行百里	疲勞難甚	苴不盖上	必是秡落	歲運不足	空然奔走

岀					
山下有田	勿違農時	無心之思	欲出未出		

靑					
運通何時	冬節分明	情心己去	前功可惜	晴失其半	必在何方
十二月令	貴人來助	晴春喊口	萬事解決		

妵					
正當之女	五德兼備	妥失其冠	欲定無冠	女心正直	家道興旺
一止何事	七落八落				

應					
必是成家	自此通達	家中之事	心中障碍	加冠必頭	錦上添花

念		岡		欣	
二人合心	事必順成	崗山己破	白玉可得	人包丁人	小兒得母
今也着心	改過遷善	綱絲己絶	捉魚還水	丁人爲欠	因人被害

昆		事		其	
皆日己上	事必意成	十踏橫山	心中煩悶	來月爲期	時機尚早
皆日己例	事多複雜	小吏爲尹	以下達上	基失其土	離郷之數

初		妹		或	
以力裁衣	不過女工	女何不來	望眼欲穿	國無口城	來慰何防
衣邊佩刀	意氣男兒	女抱一木	棟樑之材	惑心絕無	正直成功

具		昊		往	
日得一八	所營如意	兩山合谷	丈夫縮頭	主得衆臣	百事順成
欲俱無人	心急事遲			前途光明	月照左右

戔		明		炎	
並得兩戈	利不獨食	天無二月	二月何事	兩火重疊	愼之小人
賤失其半	貴人之格	月照左右	前途光明	焱失其頭	身病全快

杯		呵		非	
欲休不能	食小事煩	一引二口	引則兩得	左右分手	各分東西
木不曲折	棟樑之材	可得一口	添口之數	悲心絕無	憂散喜生

九畫

九		怡		注	
仇失其人	反爲恩人	三台照可	天運循環	三主相合	到處貴人
		必在胎胞	唯待天數	主人侵水	禍及棟樑

河					
三得其可	事事成功	三丁護口	今枝玉葉	水邊垂釣	可得大財
丁口引水	勞多功小	船遊江中	赤壁詩興	虛風之口	三次不過

性		泳		波	
持心生運	順受天命	水流連纜	終達大海	支又兩助	三合可得
牛立獨橋	其心未定	永入水中	吉地杳然	沈而又沈	事不成就

泓		治		玫	
三次己弘	魚變成龍	三台照臨	家有吉祥	玉有文彩	必得高價

三弓不強	射之何盆	洽人不逢	半逢害者		六乂輔王	不下陳平

法   玩   皇

三次不吉	四次必利	元玉不定	事事歷歷		白玉潔白	必得高貴
水與而去	虛送歲月	手腕不足	完失其冠		手腕不足	百不薄一

律   星   彥

衆人欲達	不日成事	日出事生	生涯不開		産業有三	千流不息
行到津頭	其勢兩難	一生在口	辯似擴張		有顏無頭	無面瘦江

南   保   勇

幸得兩枝	左右不沛	人脫困木	可笑前事		男子拔刀	出陣猛將
達運兩隔	何望成功	口休何也	勿爲太急		口合十力	先力不足

亮   昭   泉

鳳凰高飛	衆鳥安知	日召何事	必有大用		山間之樂	水流其白
虛風高聽	草木無色	照火己滅	四方寂莫		左右助宗	不愧先祖

相   冠   秋

弱木生目	春色將到	不見尺寸	凍足放溺		愁心己解	樂在其中
十人目票	疾者先得	其才不足	完失其点		千八不和	大事中斷

春

泰平之日	國泰民安	日逢主人	自由不足		三人爭日	所營如意
三日得人	待期所遲					

省   昺   炯

自小成大	次次前進	天撑左右	一浮其中		災冠不着	回門一開
少年之目	戒之財色	萬事未成	自嘆身數		欲同不同	大事中斷

炫   炳   姜

鉉耳点火	食祿不遠	一人入門	八人相隨		以義得女	一家安全
縛亥燒火	酒閣並行	炎其疾病	心神來快		不全不安	坐如針席

界
直田八方　一舉兩得
介田薄土　難成沃畓

厚
百子具備　子儀之慶
丁日己橫　更待子日

栢
百木具備　藥業成功
百才欠点　諸事難遂

奎
土上連土　必成其大
大折桂板　立身揚名

癸
天運發動　地必應之
撥無其手　有意亦難

宜
一旦成家　天降大福
無用之軍　用之可處

品
三口三合　同事亦吉
重口難防　三口並開

亭
壯丁得高　以下達上
二口相合　中運不通

勉
以力能免　莫嘆身苦
煥節之力　不可重任

信
人斜言正　舌端成事
二倒点口　人何不正

政
文書己正　事必歸正
一止於文　蘇奏刺股

茂
十人撐戈　威權日重
欲成未成　十人之害

香
禾日當前　草木生新
千人連口　寡不敵衆

英
花發中央　到處春風
央坐鳥飛　十人之害

重
欲動無力　志大未成
禾熟田土　秋收冬歲

欲動無力　因人成事
千里之路　一步爲始

田土載千&可得大財

昱
日立何故　暫無安逸
音日己倒　臨事無能

度
廣而又廣　日益宣傳
不必之慶　有名無實

俊
人乘駿馬　衆人仰視
人登峻山　前路多滯

修
條木有三　處理在我
三父己橫　一人之害

思
志頭有餘　度量豐富
口舍十心　何多空想

映
大合中運　必有後日
暎花己쭈　春興無味

建

貞

柄

書日己之	先求職業	卜則不敗	有事順成	一人入門	十人自來	
計畫未洽	不過虛夢	八方目票	上下無序	木有病氣	外健內虛	

美
大得其全　一舉兩得　　**柱**　　　　　　　　　**姸**
美無闕点　口味不合　十人爲盡　使令足前　好運連合　慶事重重
　　　　　　　　　　柱失一盡　巧皺一궤　有形無影　余何奸邪

紅
工立以絲　僅勤衣食　**風**　　　　　　　　　　**要**
紆于己折　捉魚放水　忠付鳳翼　達行有吉　安基在西　利在其中
　　　　　　　　　　虫入凡中　以待夏間　兌則小女　戒之在色

音　　　　　　　　**飛**　　　　　　　　　**奐**
暗日己去　明日必升　飜失其番　彷徨之中　四大用力　五常可成
日立何事　生活奔忙　兩之四雛　生十得千　煥火己滅　暗中彷徨

娟　　　　　　　　**垠**　　　　　　　　　**首**
如月美兒　慇勤有情　以土培根　次次成長　六倒四橫　幾度虛事
涓女婚事　一生在此　不良之土　農者功小　道無其之　中路有碍

哉　　　　　　　　**後**　　　　　　　　　**盈**
載而其口　移宅大吉　衆人捕亥　利不獨食　孕皿相接　出産之慶
吉中有戈　反不如無　以玄欲復　不過虛慾　橙木己折　必是頹落

威　　　　　　　　**家**　　　　　　　　　**科**
成中一口　生男之榮　着冠欲遂　心急事遲　斗量其禾　春則得米
感心己絕　反受其害　承入門中　食多席安　料失一点　守分爲吉

柾　　　　　　　　**俞**　　　　　　　　　**昰**
一止何事　勿休前進　前頭有餘　勿爲太急　上下相連　連口助我
十八稱正　因人成事　月分金利　有名無實　一日一止　心有不安

柳　　　　　　　　**皆**　　　　　　　　　**紀**
卯食木葉　過冬逢春　兩七刃白　決心成功　欲絕不絕　其曲清雅

- 305 -

卵化付木	此枝彼枝	欲借無人	內有隱憂	縛己何事	官厄可畏		

姦
三女共謀　衆口難防　人入朝廷　値國治政　十八助我　可得大財
二女逢母　必有喜樂　任人己之　信斧斫足　丁口引木　力不能及

挺

柯

面　　　　　　　俐　　　　　　　待
口包丁口　必有助者　與人同利　同事亦吉　衆人歸來　日落寺門
壯丁回号　麻室麻家　人摘其梨　盜失可畏　衆人入寺　添口之數

契　　　　　　　怒　　　　　　　禹
喫人其口　見而不食　女又決心　家中柔吉　虫得兩翼　能飛千里
忍之爲木　主人必扶　怒心何事　愼之是非　千石己過　萬石不足

盃　　　　　　　姤　　　　　　　前
血不破損　用之不竭　背后不安　似成不成　箭失其頭　漸旦前進
欲盡不決　心有不安　后得安基　以小成大　欲剪無力　更待其時

者
老去不白　靑春復來　十日欲大　自得大財　屠脫其尸　隱者出世
諸言不合　事理不當

十畫

十　　　　　　　洪　　　　　　　洋
一而貫之　萬事皆成　三共相合　損益相半　三祥己示　千上三光
千失其頭　愼之損失　井折水泄　不如中滅　八方着手　汨沒之象

玲　　　　　　　洽　　　　　　　津
王下其令　誰能逆之　三合成局　團聚之格　三經盡讀　更求四書
金鈴換玉　牛易小洋　治人有餘　能當其任　三建未了　更無餘望

珉
民得其王　堯舜世界
自点一土　農民之樂

珌
必逢其王　立身之時
王心有碍　奸臣弄權

玹
軼桩其玉　貴國富矣
女王何用　有名無實

洛
花落成實　成功之時
水何各流　左右求急

育
去月無用　來月大吉
堉士未得　農不成功

芳
方逢花辰　萬物蘇生
訪花無言　虛送三春

芭
花發巴蜀　韓信出世
十人欲巴　把手不付

芙
春小一日　花信不遠
二人爭花　口舌相侵

苗
萬物未成　自坦薄命
十八自由　眾口難防

花
化被草木　顂及万方
十人分貨　名大實小

芮
花內其藥　蜂蜂來戲
大得兩杖　十人相助

徐
眾人付金　眾之代表
金少一分　行途未定

晃
日氣光明　萬邦咸照
光日己上　背暗向明

孫
一絲一了　勿休前進
子子一絲　孤軍踵跡

峯
手執山文　修鍊身心
蜂虫始出　春風和暢

桂
左右兼才　十王相對
土上築土　十人扶助

倫
論人在傍　必有助言
人修車輪　利在工業

二土植木　枝大葉茂
十人兩圭　尚有不足

起
己下大人　不努其力
奔走之巳　食小事煩

島
島飛山上　春風花辰
自隱山間　不關世味

晉
普通失点　難免不遇
繻解其絲　必是落第

庫
運車廣路　行中無碍
連發何故　事事不通

恩
口舍大心　成敗在此
思在左右　深諒行事

容
家闃一谷　一隅之富
口吹殘火　勞舌成家

烜

馬

峻

恒逢八人	貴人相隨	一生包火	事事要急	駿馬始出	不勞千里
一旦之火	不意之災	欲驅無區	東西奔走	允友欲出	同謀不吉

高
二口不回	彼此相通	以干防斬	害者不侵	廣開其中	能立衆人
豪傑之口	快哉快哉	連無其之	手段不足	未中度量	欲巧反拙

軒　　　　　　　　　席

恭
巷中之水	終入于海	至處成文	能問能詩	自成其土	自手成功
共同之水	不可獨食	玉付石皮	堀之有文	全執一刀	生死難判

致　　　　　　　　　釗

原
百言小点	可得千点	自成其土	自手成功	三言相合	劉閑張儀
源水已渴	更無餘地	力士撑戈	害者求犯	出彥川水	能說六國

城　　　　　　　　　訓

氣
一包得米	勿顧體面	二人同體	人人得点	八見無親	自手成家
菊花零落	寒風漸高	算虛目票	外健內空	家中辛酸	出他心閑

笑　　　　　　　　　宰

素
一去二去	小小之事	一或二或	事多不完	十人相交	因人成事
糸末之主	更求他面	國破其園	問問侵害	以才得点	六乂相合

或　　　　　　　　　校

時
日得寸土	次次前進	千人執七	舉事則成	并邊己來	解渴之時
待日在前	春信不遠	乖得兩杖	決無顚覆	春氣已立	四面播種

乘　　　　　　　　　耕

穼
家中有采	子孫之榮	乍示何故	朝得幕失	口折何事	面折之爭
審失其田	口舌失物	一不作人	可知愚鈍	舉手執斤	勤勤糊口

祥　　　　　　　　　哲

能
欲態無心	欲巧反拙	開口得位	物爲守拙	心在於自	造化在唇

倍　　　　　　　　　息

七月七夕	開口叱叱	人慰泣口	必有助者	身無具才	必無長計

倉
人逢其君　自此開運
滄海水渴　桑田碧海

娘
善良之女　不離婦道
安失其頭　食不逢人

唐
庚人開口　明友有信
方得吉運　莫嘆晚時

盆
四柱八字　八家第一
絶米納皿　大損小惜

逕
衆人讀經　家中不安
行到逕水　進退畓畓

根
八十不退　老當益壯
不良之木　用之何處

泰
春日之水　和氣方暢
三人爭水　口舌紛紛

裁
土木混成　利在建築
載木何處　利在運輸

桃
十人欲眺　盜者不侵
雖有才点　欲跳無足

隼
仁主有十　到處貴人
似阜非阜　必多屈曲

倬
人破悼心　傍惟貴者
早合上人　才智過人

叟
疾病己治　患者得差
又用折曰　更得白米

祐
佑人己示　盲者得眼
十次己橫　一不糊口

毘
琵琶合律　其音清雅
十昆相逢　爭閉之患

眞
未開嗔口　喜色滿面
未得鎭金　必是假者

師
欲追一中　未中奈何
宦失其穴　市中失点

翁
沛公之將　必是項羽
弱木未翠　霜風太甚

彙
簾竹不用　必是珠簾
八字己回　萬事解決

殷
又逢良丁　虎得兩翼
慇勤失心　何多空想

豈
種豆山下　春耕秋收
一足上山　不過虛言

宮
上下連口　因人成家
上下未中　着冠安之

粉
白米分食　救恤人心
人刀不足　料亦不足

倧
人宗檀祖　山宗白頭
着冠而示　對者斜人

烈
刀久不死　能盡其任
列点四方　倒失其人

皐		彩		奚	
自守其本	不貪分外	橫川種禾	其穗兩三	爲事雖玄	終成其大
大運自來	時則十月	番地無影	行如浮雲	溪水已渴	旱氣太甚

俶		圃		娥	
又兼上下	撫摩人心	國內不實	政治不能	女何隨我	後日有悔
人稱其淑	名振於世	寸無團結	孤獨難免	晨日未出	着冠安之

書		晨		財	
乾津日照	如陸安渡	勤農之家	萬事泰平	所見不足	以才能當
計畫未備	事歸水泡	晨日未出	着冠安之	削木付見	終成寶器

娑		宴		壺	
三歲少女	不和東西	日得其安	事無訟矣	刻得一心	金石可邊
女度沙水	愼之愼之	宜當之女	和合六親	憨無其忿	君子之德

家		宵		庭	
散豚入門	意外橫財	稍得成家	前程有望	反於王前	前程有望
衆頭不實	何能成事	小月着冠	去將安之	何事發廷	家事零星

扇		料		龍	
戶外羽翼	誰能害之	白米豆量	衣食太平	田苗着眼	威立之時
扇門橫倒	家門頹落	左右科運	身運大通	乙變爲甲	六甲第一

留		鳥		草	
卯下田中	春滿乾坤	鳴口未開	樂在其中	早逢花信	萬花方暢
折柳挿田	移植之運	似鳥非鳥	或被欺罔	苗不成實	木葉未達

茶		耕		釜	
十八以后	運通二八	三人同行	去路不通	八方生金	廣設事業
雖有職業	中運末成	春氣已立	雲山霧喬	交頭不實	必是損金

院　　　　　剝　　　　　旅

- 310 -

乃得完全	萬無一失	以刀斷絲	綠陰時遲	方得衣料	苦盡甘來
二八成家	他人不及	藏刀示禮	必有天祿	旅失其足	有志未成

畜　　　　　　　射　　　　　　　骨

田苗帶去	豊作可期	身無寸暇	食少事煩	體失其本	兄友弟恭
苗失其頭	手無所得	歇其欠	身安心閑	謝失其言	射則必中

捕　　　　　　　俳　　　　　　　罡

滿脫其頭	有名無實	人無愁心	四方無得	一止何事	四方無碍
甫得助手	事必成功	仁者非來	有誰助力	罪脫其非	正直成功

范

巳隱水草	事務關心	己如浮萍	行如浮雲

十一畫

胄　　　　　　　胤　　　　　　　苦

口合十月	運通初冬	清風明月	運運不絕	諾者無言	事尚未決
胃腸過度	食事不通	育者兩侍	膝下有榮	草根穿石	絕代之功

珖　　　　　　　俊　　　　　　　退

玉有光彩	眞是寶物	俊人之心	能小能大	不良者之	要逢助者
光明之王	善治國政	逡者之心	何多心怯	食人己之	望者失望

浚　　　　　　　悦　　　　　　　珠

三俊相合	能成大事	八兄合心	事必順調	洙中之王	光彩百倍
峻山得水	解渴之時	不說之心	事不從意	金銖代王	以牛易羊

涉　　　　　　　浩　　　　　　　振

一步二步	次次前進	渴牛得水	解渴之時	以才免辱	智略過人
三步之內	不遠之間	三次告白	覺今昨非	舉手摘辰	言過其實

珪		珦		浪	
折珪王前	爲國盡忠	拜王何時	旬日之間	三良會合	仁義兼全
兩土之間	掘地得玉	旬旬連連	金玉其時	食人不逢	波瀾之格

浦		悔		海	
用汁何故	必逢良醫	人心好合	樂在其中	三歲小人	逢母之格
三得十用	用点必多	每何浮心	晝思夜度	每逢波瀾	薄命之勢

酒		常			
西下水邊	欲啄自足	以裳代巾	利在相換	尚有不足	心急事遲
三秋酉月	仲秋佳節	當年未中	不過虛夢	巾者昇當	身登龍門

專		祥		將	
傳人不來	望眼欲穿	羊則六月	中立計畫	片月已傾	寸心未定
一寸無惠	難望後日	八方着手	一不奈何	斜日孤村	北斗已傾

得		乾			
待日迫頭	吉事不遠	乾線在乙	利在東方	乞得空車	飢者逢食
上但下付	承上接下	十日十包	至誠感天	一朝之包	亡身之數

規		崙		偵	
丈夫之見	過於非凡	山人一册	學好孔孟	貞列之人	不似前人
二兄配合	一擧二得	無輪之物	山下待時	漸減債務	人得基礎

寅		彬		晤	
八方十田	到處成家	橫川抱林	良村在中	五日合口	始待具日
演水已乾	早氣已久	材木有餘	能棟能樑	上下連口	二刀相合

崔		裕		朗	
山帶佳氣	明堂後商	一不去谷	長生都市	月下逢郎	慇懃有情
仁主半出	早氣辛苦	破容已示	憔悴可知	雖日良明	明何半割

窓　　　　　　　望　　　　　　　産

穴下之厶	不染雜念	橫山斜月	玉兔之樂	長立生涯	來頭有望
八厶成家	不日成之	月中有己	手腕不足	彥士生活	不貧非理

國　　　　　　　　　　　章

域土己圍	誰能奪之	回得一戈	絶處逢生	十音相合	風流浪藉
口舍或字	事不完成	或入口中	一經厄運	日立十字	所望何事

崇　　　　　採　　　　　彪

山宗崑崙	水宗黃河	以才如采	可知奇妙	連得二虎	龍鳳之兒
山下小泉	終達水海	人乎彔才	錦上添花	虛風三橫	因人被害

敏　　　　　敎　　　　　梅

每論文字	仁義禮智	老境生子	晚得文章	海中浮禾	浮坪之身
交虛其中	悔氣尚在	人孝且乂	誰能叟諛	每稱其方	中間欠点

帶　　　　　梧

滯水巳通	碍虛有順	十人付吾	衆皆助成	十五人口	意見難合
世上倒出	萬事傷心	二力合口	十人防害	吾得一木	棟樑之材

梨　　　　　姬　　　　　婦

以木爲利	利在此業	女得其臣	君得良臣	歸路逢女	愼折花柳
十人分利	名大實小	不着宦官	安失其冠	七八縱橫	不日倒出

偉　　　　　笛　　　　　訪

吾乘其牛	傍有貴人	箇頭自由	造化在我	方言鄉言	少離老回
人事欲違	事不稱心	竹田出芽	日就月長	万言欠点	勞古而已

商　　　　　凰　　　　　晚

六破固門	天下陳坪	凡中皇帝	時運不利	冕日在傍	不遠立身
十口同文	奔走多事	白王虛風	反爲頑石	日免穿冠	勤勤回生

培　　　　　晨　　　　　晟

倍增其上	積小成大	日辰相合	可擇吉辰	成日追頭	不遠之間

陪土在傍	使令足前	農日當頭	勿違其時	成功有日	勿爲太急

傑   **咼**   **盛**

桀之人民	是日曷七	卜則不過	勿失此時	四方欲成	責任必重
一夕得中	休養之時	似高末高	上下難定	成血何事	戒之鬪爭

菊   **斌**   **翊**

十人包米	利不獨食	文武彙備	出將入相	六月炎天	偶得一扇
十八一匊	塵合泰山	二戈同止	能文能武	立而得羽	不畏險峻

啓   **健**   **庸**

戶口文書	筆端成事	逢人爲建	因人成事	用度二方	食少事煩
久土之口	勤勤保戶	書日己之	無事之人	㦖心己解	覺今昨非

基   **笠**   **皐**

二共得土	同事亦吉	半笑而立	事必入料	自身不平	隱憂不絕
升三以后	八十一運	立於竹林	清風自來	身無其才	手段不合

雪   **習**   **宿**

兩下橫山	百草自長	慴心己去	堂堂丈夫	家有伯兄	家事任長
雨中之日	日光不明	兩翼高飛	白雲接處	白人滿家	不下張公

魚   **晞**   **笵**

以火縮角	終成寶器	希日在傍	喜事不遠	三己之日	必有符合
思心四散	用力不足	稀日己來	滿堂慶事	氾水之竹	水厄可畏

冕   **焄**   **龜**

日出卯方	天地光明	君平四臣	每事順成	連串魚頭	百發百中
晚日己止	先暗後明	四君相合	和親之象	力雖不足	連甲壯元

黃   **張**   **絃**

田入共中	利不獨食	自持長弓	射之必得	結点在玄	此年吉運
廣捲掩戶	前途光明	伸己長立	奔走多事	絲梁玄色	近墨者黑

貨		睆		鹿	
雖見不足	造花之人	日得完全	事事順成	此慶何事	榮華重重
得已長立	奔走多事	元以不及	王佐之才	不得聲香	虛炮可知

鳥		崔		麥	
自包四玉	膝下有慶	山帶佳氣	明堂後裔	大平兩人	多多益善
鳳失其翼	欲飛不能	仁主出頭	勤勤渡日	來事不遠	一夕之間

康		崗		扈	
棟宮問隔	孤獨之勢	布綱於山	何時得免	戶居邑頭	繁華可知
水灌二方	左右飢渴	山下又岡	險路可知	邑氣入戶	災消福來

畢		梵		細	
三十男子	比於方朔	林下清風	精神倍出	十口着綿	寒氣不侵
欲異不能	勿爲變動	凡頭書林	能通四書	紳士之運	上下有事

野		晙		虎	
予之田土	誰何侵略	月乘駿馬	威風凜凜	虎渡北海	害者遠逃
里中稱予	行號施令	允友不能	後日有悔	墟無其土	非移則遷

貫		許		紫	
慣心已退	改舊從新	以計得人	舌端成事	此絲何事	月老有緣
好合子女	月族之人	人出十言	東問西答	丠水如此	不可再論

堂		兜		唯	
尚土大本	春耕秋收	見目透出	左右相半	仁主開口	必有助者
常得其土	不愧於人	兩口不合	百事失光	口何不佳	勿爲強求

欲				寄	
口吹殘火	心急事遲	慾心絕無	可得功名	大得其可	成家無難
八人同吹	因人成事			奇計着冠	不下陳平

| 梁 | | 婚 | | 莫 | |

三刃伐木	終成大廈	女氏擇日	可得良配	欲幕無力	草根欲大
櫟木己折	家運頹落	女逢黃昏	佳約可知	有誰助力	不遠成功

覓　　　　　晝　　　　　俳

見不破壞	事事如意	一得書音	必有喜信	衆人云非	衆口難防
欲見不見	望眼欲穿	一日聿盡	一刻三秋	衆人無悲	家有慶事

採

以手取采	自手成家	采得善手	自然如意

十二畫

沭　　　　　茫　　　　　清

沭水長築	浮沈自由	芒入水中	欲飮不能	水深則靑	魚龍聚集
迷者失点	更何有言	草盖叩頭	事無忽忙	注月何故	生活淡白

淑　　　　　理

又合上下	淸雅之心	三里何處	勿誰漢方	有田有土	更得一土
三合一乂	以水成上	玉理田土	何處可得		

琓　　　　　淡　　　　　斌

王基完全	萬年大計	談言如水	君子之風	武王叢備	太平時代
完全爲王	先困後泰	二次大絶	又何三次	一正其弋	如一十得

球　　　　　　　　　　　悼

王求賢臣	志在治國	十水同点	必歸龍宮	心在高卓	不過虛夢
敎文不合	一土之民			車不具體	進退兩難

연　　　　　琔　　　　　博

涓得其王	諸葛歸漢	入廷拜王	天恩罔極	十得其專	運到時來
以月糊口	手段不足	任者己之	主者失点	十田寸木	蕭蕭落葉

琺　　　　　琅　　　　　淙

告於王前	盡忠竭力	王得良臣	治國治政	三合其綜	事在緊密
浩蕩之王	不治國民	千人不及	王佐之才	泉水細流	久早之餘

琇　　　　　　　　淪　　　　　　　　添
秀於其王　威權自重　三次經綸　幾度虛事　淮水泰田　早苗得雨
千人不及　王佐之才　車輪沈水　進退兩難　水光接天　蘇遊赤壁

深　　　　　　　　森　　　　　　　　凱
深失其頭　事多心遠　木成其林　十年之計　種豆山下　春風獄動
　　　　　　　　　楚無所之　項羽敗亡　一足上山　虛風可知

栗　　　　　　　　傑　　　　　　　　勝
西方得米　不宜東方　一夕得半　休息之時　月出天邊　八方光明
要量己迷　豈可成功　桀時人民　怨聲冲天　月計文券　得失可知

厦　　　　　　　　善　　　　　　　　尊
百反之中　入數上点　開口生前　不勞大力　不足之才　八方遂酉
廢之夏運　秋冬大利　義何不全　口舌可畏　樗折其木　紛紛鬪爭

皓　　　　　　　　晴　　　　　　　　超
吉白分明　絶無欺罔　請日在傍　不遠吉事　不足之力　奔走糊口
何事口失　百不滿一　明日爲生　事在目前　召而卽走　虛無之事

登　　　　　　　　雲　　　　　　　　普
豆崮雙出　豊年之始　丁明無隙　云日知己　一亦二亦　必有後日
兄合一二　又又不足　雨中欲去　生計多端　潛水不足　旱氣太甚

晸　　　　　　　　程　　　　　　　　智
日日論政　志在安氏　中和之王　國泰民安　知日當前　吉事不遠
日正其父　論功行賞　千人之口　君王之德　大人連口　日有企待

開　　　　　　　　閔　　　　　　　　欽
門中穿井　用之不渴　連日出脚　以文從事　以金爲欠　可恐盗難

	左閉右閉	出入不能	日月不均	立地相違	全部欠点 愼之又愼

幾　　　　　　喜　　　　　　稀
譏言不出　譽言必至　二口並吉　家和事成　千人希望　民心天心
요요之事　欲成難点　嘉失其力　有名無實　和氣有喜　欲巧半拙

童　　　　　　發　　　　　　軫
立於里中　何多空想　廢업己開　更必重修　三人乘車　同事亦吉
一里之路　何至六里　弓文雙執　何取何事　切蔘載車　利在藥業

結　　　　　　報　　　　　　鼎
吉緣相合　天定配匹　尸者又幸　更見青天　左右非凡　目的達成
絲末之吉　豈可長久　幸免服月　有憂堂上　欲見左右　何其複雜

富　　　　　　規　　　　　　喆
十人宮中　一見榮華　大人相見　名得龍門　以吉逢吉　事事亨通
同点其田　利不獨食　失見何事　其勢危險　兩口兩土　左右設産

復　　　　　　寒　　　　　　堯
日反衆人　前功可惜　宣傳之下　必有助人　燒火己滅　絶處逢生
衆人反口　恐有是非　宴在下人　膝下有榮　雖有三士　壯元不足

集　　　　　　弼　　　　　　惠
十八爲佳　少年登科　左右之弓　百發百中　專心置志　豈無成功
淮水浮木　何時安定　百人二弓　豈能防敵　十思橫口　事歸水泡

敬　　　　　　雅　　　　　　順
十八成功　文章之才　芽逢佳節　發達之時　自逢一人　一擧二得
句文苟也　難望壯元　鴉鳥己飛　孔雀必來　川深百尺　欲渡無計

景　　　　　　晶
古日己小　來日必大　三日連合　必有結末　天無二日　三日何事
有影無形　所望歸虛　三品連口　六品連合　三日同照　過盛反破

朝		眞		竣	
十月十日	開運分明	心在於眞	天必佑助	立於危處	失足可畏
開口爲嘲	人之所弄	何事心嗔	怒氣謄謄	逡去而立	更何空想

植		賀		貴	
木受其直	可成棟樑	生員有刀	必是出世	所見不滿	可以一中
有日己塞	其才欠点	口力得財	一邊損財	貝口一中	手弄大財

媛					
暖日逢女	春風微動	以女後援	必有後悔	月乘空車	得小多用
二十日後	前途光明				

曾		媼		喬	
八方有田	日進産業	連合如日	四時春風	天之高兮	飛鳥振翼
瓦甑已破	視之何益	日逢四女	不過放湯	僑人不逢	到處無主

卿		棟		晢	
卵何不良	化子不能	林間日照	春色方濃	日斤其木	遲遲支離
卽折柳枝	狂風太甚	木厦東方	春吉秋凶	似析非折	必有後日

雄		舜		尋	
仁主十口	因人成事	受牛於夕	治産有度	半日欲築	不日成之
唯横十次	幾度虛事	爵運已舛	所望歸虛	横山工者	裁凡爭寸

翔		然		街	
八方着手	更得羽翼	大吠月色	虛荒難測	十人同行	六國縱橫
羊何生羽	理是不當	燃火已滅	前路暗暗	行中築土	中路有碍

越		提		雁	
戌走不遠	不久必來	下人日來	必用其才	人則佳也	何事隱絞
不成之事	空然奔走	旦逢卜入	用才之時	應無心点	孤掌難鳴

| 量 | | 晉 | | 解 | |

- 319 -

| 糧米己絕 | 食少事煩 | 摺失其手 | 進就可期 | 懈心絕無 | 時期尚早 |
| 日行一里 | 何時到達 | 二日二卜 | 心身不安 | 羊失頭角 | 以小成大 |

巽
| 選失其足 | 人不和我 |
| 兩己井心 | 每事順成 |

閒
| 月入門中 | 身心自安 |
| 憫心絕無 | 或有不幸 |

焚
| 林下吹火 | 心如飄雲 |
| 兩木生大 | 因人成事 |

悲
| 悲在其心 | 誰可助我 |
| 非心何事 | 改舊從新 |

圍
| 一章四爭 | 莫近是非 |
| 韋滿倉庫 | 財祿豐滿 |

扉
| 非入門戶 | 是非可畏 |
| 戶無悲心 | 萬事如意 |

畫
| 事得一田 | 所營如意 |
| 劃失其刀 | 事多沈滯 |

証
| 傍苦無人 | 一止待期 |
| 言行正直 | 因人成事 |

十三畫

郞
| 即得一点 | 寅恭卯發 |
| 乃退食人 | 所望歸泡 |

退
| 不良者之 | 更逢助者 |
| 食人已之 | 望者失望 |

莊
| 草生片土 | 到處春風 |
| 十八壯士 | 箇箇英雄 |

琥
| 虛風稱王 | 謀張勢威 |
| 山中之王 | 自稱天子 |

湜
| 三得其是 | 日可日可 |
| 堤防浸水 | 不時之厄 |

琦
| 大得其可 | 君王稱讚 |
| 奇玉寶貸 | 荊山名價 |

琯
| 以官現王 | 出世之時 |
| 着冠欲追 | 主者失点 |

琪
| 一得其土 | 次次安定 |
| 其土一散 | 非移遠行 |

湖
| 法酒月下 | 醉與津津 |
| 三胡來侵 | 國內不安 |

渭
| 謂言水泡 | 固執不通 |
| 喟然三次 | 事多失敗 |

撥
| 天運發動 | 用才之時 |
| 舉手折癸 | 事不稱心 |

溫
| 四方汩沒 | 勞苦過度 |
| 三日已寒 | 四日必暖 |

渼		琵		琶	
三美相合	才子佳人	比於二王	昇足之勢	兩王有色	其價必大
大洋無際	何時到達	兩王相比	勝負何日	巴蜀始王	漢王之基

琴		琔		湧	
今逢兩王	時哉時哉	王破悼心	必有登用	三勇相爭	三國時節
二人同杖	二王同助	早逢上王	以下達上	力築涌水	螳䗪振轍

琮		渡		測	
宗中之王	絲繼承承	廣而又廣	浩浩湯湯	三刀分明	治國有度
着冠而示	志在見王	庶幾又望	水泡之事	三分財利	有名無實

愛		幹		瑞	
受中必受	事無拘碍	朝逢於人	牛初有利	王之行正	必是端正
像人不逢	勿信親友	十日十人	倒懸之士	山中之土	一無平面

盟		運		意	
揷血之朋	必披齊樂	行軍道上	人皆仰視	立思虛中	有心無就
二月已過	四月亦過	連口何事	時勢不利	音心相合	喜信不遠

熙		新		愚	
四臣助已	膝下之慶	立木計斤	深諒行事	思內得一	勿爲輕動
己臣四立	相扶相助	親中有斤	口甘心釰	心在於萬	其頭不成

會		準		萬	
人散十田	日出事生	三十爲佳	中運大吉	苗內盤根	次次成長
欲繪無紙	有意難成	十淮相合	浩無其涯	草下欲愚	隱憂誰知

煥		群		睦	
八人相喚	逐日逐遊	不義之君	何可行令	幸運目票	成事在天
刀入炯中	終成大劍	窘脫其穴	事無哀解	目的未達	中道有滯

| 靖 | | 照 | | 楊 | |

| 立冬之月 | 十一二月 | 月召四方 | 奔走多事 | 向陽之木 | 發芽必易 |
| 情心欲泣 | 豈非生別 | 昭日点火 | 豈有光明 | 日勿何故 | 其才欠点 |

圓		想		園	
口舍員字	自信滿滿	心己相合	知己之友	周得吉衣	慶事重重
回中損財	勞而無功	十人目票	必無計畫	遠園何事	不如近得

鐵		禁		勢	
生路兩張	黃金自生	森林己示	棟樑之材	以刀能執	不屈之功
失於其金	盜難可畏	無衣之襟	見而難着	幸運不足	丸力可也

祿		載		煜	
正余己示	官運大通	成事何時	四十日間	日立之中	大事中斷
一不得平	左右欠点	裁衣未了	又何裁車	昱日点火	豈可生光

圖		業		槙	
回中十回	奔走多事	共同何來	衆口難防	十人偵探	必有入耳
口舍卜字	何望大成	선郡己破	袁氏之嘆	十人破禎	害者必多

督		聖		義	
又兼上下	目族之義	口府王耳	必有奇謀	我得其全	萬無一失
所見不具	寂寂之中	耳口分明	手腕不足	議無其言	孤獨身勢

椿		稙		鈴	
木帶春色	日就月將	植木結實	勤儉之德	今也得金	自我運開
三人連歐	十人妨害	直通和風	萬事亨通	余行一令	終末欠点

鳩		經		誠	
乙鳴孤枝	失侶之悲	輕絲則殺	身着華麗	出言則成	何事不通
鼻尾化翼	以下達上	逕路如絲	行方未定	成事在言	吉端成事

| 碁 | | 煌 | | 粲 | |
| 基加盤石 | 萬年長計 | 彷徨當火 | 不意之災 | 又上夕米 | 何患食彔 |

| 期日不來 | 百不中一 | 惶中免災 | 絶處逢生 | 璨失其王 | 盡狗反狗 |

鉉
得金何時　亥年結点
玄金鳥金　知者能知

媛
其源在女　可以內相
百女爲水　虛浪放蕩

豊
豆苗曲頭　次次發芽
禮失其示　不願體面

農
豊年之辰　勿失其時
時辰已回　勿計妄動

資
所見不具　一欠二欠
次次得見　勿爲急速

零
雨令春憂　勿失此時
雨中之人　口一不合

塩
以土爲혁　見而不食
盆中土石　更兼奇岩

能
態斬四足　取膽無難
欲罷不不　四方不足

肅
兩片計畫　有頭無尾
竹籬已折　難調其曲

肆
當到長津　前路不通
計畫長立　終末徐成

飮
食以爲欠　勿探非禮
飽食之人　此外何求

頓
何其鈍頭　牛耳讀經
純眞之頁　別無吉凶

暎
日逢英雄　治民治國
花發中央　日暖風和

軾
車行有式　不違交通
成功在此　技術最吉

詳
出言未月　利在夏來
八方着手　不逢信人

當
口嘗十味　何故何甘
卜則爲富　一事不成

傭
人用二方　左右成事
人何庸劣　莫可奈何

裕
破容薄衣　行色憔悴
去路示谷　險峻可知

登
豆苗雙出　豊年之時
只合一二　又又不足

雋
佳飛虛風　不勞羽翼
虛風仁主　有名無失

頌
入山橫口　百無一大
訟者無言　事不喚明

睽
欲登天上　日急事遲
癸日相約　目的達成

賁
憤心絶無　不遠成功
欲憤無人　時運不吉

裡
田土兼衣　衣食自足
掛衣里中　家無主長

합		傳		馳	
口去欲盡	不遠運回	人得專權	何事不成	力馬彙七	每事如意
口何不盡	恐有不和	專身依人	小無自由	馬立池邊	有志未就

僅		暗		雷	
人欲勤勞	必成其功	日日之立	東西奔走	欲揷無水	未得生光
謹無言爭	用事如意	連口同音	事事如意	雷脫其頭	百花爭發

碌		罪	
帽脫其頭	有名無實	四顧無親	事在難處
錄失其金	寶石未光	四方無悲	心身自安

十四畫

通		連		途	
蛹虫化之	魚變成龍	之中乘車	不筹其脚	道中得金	出行大吉
湧水長築	努力成事	運數不足	此亦天數	何故徐之	急走多顚

逢		菴		華	
蜂虫化之	志在花芯	苗己着根	次次成大	葉未發揚	寒氣尙峭
泉水細流	久旱之餘	巷中之龍	何時登天	十人己垂	知鑑不足

萊		萃		瑀	
十人同行	更得其助	卒伏草下	時不利兮	夏禹爲王	治水之功
欲貧其華	下人妨害			千萬之中	田己破矣

瑄		瑗		源	
一旦加官	君王之恩	以王爲友	子陵之趣	三百小点	可得三千
宜於王前	國之利害	媛如其玉	愼之美貌	原頭水流	山高水長

溶		溪		瑟	
浴西着冠	出行有利	鷄失其鳥	化出虛卵	必逢兩王	立身靑雲
三得容怒	幾度失敗	鴻鳥己飛	虛炮可知	兩王之心	心中有碍

滉		瑅		瑚	
天上三光	以日爲先	下人日來	必是王命	吉王不用	改舊從新
三日之光	豈可長久	王日是也	誰能害之	胡中之王	不顧廉恥

夢		愼		瑛	
己而免譴	絕處逢生	持心於眞	行事正堂	王逢英雄	爲國盡忠
一夕之間	四面花開	八字直通	勿爲放心	英雄逢王	必有立身

項		損		輔	
自逢一人	更逢其王	手執貝口	不遠得財	上下十田	十月爲用
王則項羽	烏江必敗	員得小才	時期尚早	十用其車	運輪大吉

豪		聞		團	
二人同家	因人成家	兩甲禾滿	必有耳報	寸無國惠	傑紡人民
家頭欲高	產業前進	門中目裂	意思不合	尺寸之圖	食小事煩

維		箕		壽	
佳入綱中	生死難判	半笑移基	非移遠行	士一工一	可以守口
結緣人主	絕處逢生	籌算不合	事不稱情	波濤不興	順風掛帆

福		寧		齊	
富基己示	事得基礎	四丁合心	成家之數	齊則不足	豈有誠意
一不富冠	幾度虛事	寧水已乾	前路平坦	濟水已渴	旱氣太甚

祿		碧		喜	
正彔己示	立身揚名	穿石得玉	其色潔白	廿口並吉	賀禮之時
一不得平	左右害点	白玉變石	或恐人害	以力爲喜	僅勤之德

精					
米端靑色	時期尚早	靑菊未發	待秋有望		

銀					
不良之金	用之何處	恨在於金	苦生難言	金再艮方	行方確定

取今無艱　可得大財

銅
同得其金　因人成事
以金爲洞　不羨石崇

彰
早立横川　淮漑之功
三章分明　漢祖治國

鳳
鳥飛虛風　幾驚虛夢
自包四壬　外有風致

碩
百石欲大　可成千后
百事未才　百不滿一

閣
問而以文　志在壯元
門中各散　東西有離

榮
驚遷喬見　出自幽谷
木火相隔　上下不通

寬
寒頭欲見　來者春風
廿見着冠　空想萬千

熏
千里平坦　四方一走
着力爲勳　必爲守德

暢
陽氣己伸　万物生榮
一中而易　求則必得

瑤
遙無其之　與王相逢
玉兔望月　山下二景

種
千里得木　他鄉成事
千人尊重　衆皆仰示

翠
以卒爲羽　虛張乘勢
卒然得羽　不費手足

赫
火土相生　同事亦吉
一亦二亦　事多沈滯

領
嶺山己越　前路平坦
以令爲峴　孤假虎威

慈
玆心何心　勿計妄動
左右玄心　不過虛欲

境
意得其土　先因後泰
立見不見　未開吉口

榮
禁木得水　枝葉方濃
水火相迫　一經鬪爭

禎
眞字不足　必示假者
探偵己示　反爲敵侵

肇
戶曹文書　治民治政
啓而其盡　終末不成

睿
虎出谷口　百獸自屈
璿失其玉　名大實小

兢
左右十兄　助我者多
十見不見　又欲十見

綿
以絲織帛　必有高價
絲未白巾　或恐服數

舞
無中文舛　事事多碍
夕牟己無　一夜之害

態
四方爲能　到處春風
能心欠点　物顧體面

趙
走中得肖　他鄉成功
小月欲走　必浮蒼空

需
濡水己乾　亂中得安
雨中細雨　日月無光

銘
以金得名　富貴雙全
一夕開口　不榮得金

實
母坐寶中　能盡其孝
每何着冠　出費多大

翡
非羽則獸　讀經無用
左右刀刃　二倒三倒

聚
取友其豖　必有摩錠
最日未備　家中頹敗

裹
中運不衰　莫嘆初因
非衣何故　因苦無雙

蜜
密中一点　隱中成功
必無忠心　事多蕩坂

遯
豚得之處　身安食多
豚兒何之　非失則憂

歌
兩可一欠　可得勝利
欠不可無　可愼橫厄

十五畫

郭
乃得一亨　自此運開
子頭欲高　他人不及

葉
草木世間　春來夏初
草朕于書　不必長說

進
之中爲佳　出則成事
人主己之　遽鴟望籬

逸
冤冠己之　災消福來
兔出道上　方向未定

葡
菊秋十月　勝於春花
苟俌無人　孤獨單身

葛
萬事未成　事不成就
十人欲謁　衆皆仰望

落
莫入洛水　未知所向
茗得其水　具色日新

漢
嘆日逢水　百草自長
三革欠点　到處不幸

演
宇宙八方　與水同流
水生寅木　日就月將

漸
水車改新　秋春得利
三當斬變　其苦落心

三斤之車　虛言妄談

車入水中　新品難見

漣		廣		貌	
連得三次	事事亨通	田入共点	利不獨食	兩月己齡	似見不見
運數沈滯	豈可成功	黃色己入	秋末初冬	月勿何事	百無一光

儀					
義理之人	不貪非禮	我得其全	人必助之		

暮					
連日草木	次次成長	日莫何故	虛勞可知	日入幕下	前途暗昧
草根日大	家運漸明				

瑩		調		徹	
以王爲榮	子孫之慶	門中具吉	言則有合	育人有父	膝下之榮
火災之中	石玉俱焚	助言巧語	不可深信	人和澈水	淡淡君子

稻		爽		偽	
千人欲稻	或恐不義	大有兩百	責任必重	人破僞山	成功何時
種禾滔波	豈可着根	中不得爽	有頭無尾	推人虛風	信斧割足

範		慶		融	
上下十田	己隱竹林	度量必餘	能小能大	一中嗣点	目的必成
半笑乘車	己是出動	遂鹿不愛	山林之樂	中心不足	一口難關

德		影		魯	
十四一心	因人成事	二口己小	更逢三口	日得其魚	食豕豊足
志散四方	行事不能	彫入其景	光彩百倍	思在四方	日數不足

嬌		穩		樑	
喬女則姿	萬事己體	田禾己拔	農家之藥	三刃伐木	終成大廈
女乘驕馬	傍苦無人	千人之田	八方反對	以木爲梁	愼愼而渡

慧		震			
左右手段	必有急迫	辰入雨中	造花無窮	雨霽辰出	前途光明

思頭未成	左右不平	農辰下雨	豊年之兆	雨蔽辰宿	夜光沈沈
輝		億		贊	
用運有光	救國救民	不思得位	想想意外	出言則讚	誰能害之
運數不足	行先未光	人何日立	必無計劃	兩夫爭貝	所見不足
緒		樂		模	
縛猪屠殺	食杲當前	白絲掛木	蜘蛛結網	草木日大	春風和暢
十日中大	絲末之事	糸織白木	劵中成功	萬事未成	才人之害
霆		鄭		劉	
莛草逢雨	日就月長	酋俑大刀	出陣名將	卵化金色	奇妙可知
雨泄廷中	家運零碩	八方之中	酉方乃大	金刀伐木	十伐之木
槿		畿		請	
勤力不足	才亦欠点	幾得其田	衣食無難	青年之言	豪言壯談
僅率十人	難成大功	幺幺欲成	無心之思	以情出言	私情愼之
養		賞		與	
全部爲食	舍飽叩腹	當然之財	誰能害之	三具不利	損益相半
美中且良	誰能害之	尚財不成	反爲損財	曰其殼物	春則白米
儒		履		嬉	
人當需辰	非婚則產	尸者復生	絕處逢生	以女爲喜	英雄難避
雨中人而	行色悽涼	日反衆人	非移則遷	喜中不安	事是虛夢
蝴		蝶		鋒	
胡無忠心	豈有廉恥	虫食其葉	病魔侵入	破峰得金	掘地有益
虫落湖水	頓無生計	十八世紀	可中一点	手執文書	未開喜口
醉		緣		駐	
卒然之酒	酒己未熟	糸如舍象	必有佳慶	馬頭移丘	將行千里
起事西方	漢祖乘勝	木緣失木	難緒其實	馬在丘陵	前途不明

蔡
蔡示春光　得意之時　　草下祭之　堂上有憂

十六畫

陸
乃得知睦　家和事成
幸運不及　豈可成功

陵
陸地逢友　友頭不合
又逢幸運　何故不及

陳
陣中得人　用兵有術
東方未及　西方為吉

陰
人佩長刀　威風凜凜
今去未及　不違成功

都
乃退暑日　幾度辛苦
諸言不合　欲及未及

道
之外舉首　出行有利
寸無道者　一身兩役

達
運土八字　日益産業
幸得己之　勿計妄動

蒼
十人同倉　利不獨食
滄海浮草　不和安靜

遍
偏之無人　事必歸正

蓉
容帶華氣　憂散喜生
十人鎔金　衆皆害我

潔
三刃斷絲　上下手段
絲末之契　水泡可畏

潭
單身漂流　浮萍身勢
三入西方　又何欲東

澈
三育文筆　子孫之榮
澈人如水　明苦觀火

潤
三王入門　和氣滿當
門前一土　水流其邊

澔
三次告白　忠誠可知
白雲流水　鴆鳥飛去

滿
草逢雨水　郁郁青青
着心爲薀　勿計空想

龍
立三歲月　己頭生角
寵冠己脱　與盡悲來

勳
千里有力　四面同一
力重四方　無事奔走

憙
喜在四方　到處有榮
嘉失其力　四面欠点

憙
心自獨喜　事皆入料
廿口並吉　其心安樂

豫
予彔其象　威如王候
衆付於豫　廣濟蒼生

錄
余得一朶　衣食泰平　　默　　　　　　　學
金水不平　勞多功少　里中大点　衆人仰望　學頭一了　目的順成
　　　　　　　　　　大中黑点　功虧一貴　與子相合　同謀亦吉
賢
臥又得貝　不勞所得　四王同心　國家太平　一足百大　出則成功
堅而不見　求魚于山　心在四方　賓虛其中　只合一二　百事未大

衡　　　　　　　　　曒　　　　　　　　　燉
魚行水路　利在其得　日亨於文　次次前進　八人敦睦　事必順調
行中得魚　莫嘆辛苦　日逢二口　孤孤之勢　雖是敦而　大事中絶

霖　　　　　　　　　翰　　　　　　　　　錦
雨下林中　春下大吉　一朝得羽　必有助人　以金換帛　利在其中
霜前孤木　簫琴寒風　人得朝扇　無用之時　百事未中　全部欠点

錫　　　　　　　　　導　　　　　　　　　樹
得金易号　不勞而得　才雖不足　之則爲首　土足一村　衣食泰平
日勿何故　金不具格　寸步難行　事多難處　只合村土　一隅之富

曉　　　　　　　　　穆　　　　　　　　　皁
堯之日月　舜之乾坤　和中之譽　技工最妙　以白比白　必有不平
三土連口　計在壯元　小川種木　百無一成　左右白手　手段不合

鷹　　　　　　　　　鴨　　　　　　　　　燕
鳥囚丁窖　守人在傍　甲鳥鳳凰　吉祥未到　燕鳥飛去　秋風蕭颯
盡鷹不成　反爲鷟也　鳥下田中　必有飛意　燕言不出　婚事未成

螢　　　　　　　　　駱　　　　　　　　　醒
一中榮点　目的達成　乘馬各出　東奔西走　星出西方　黃昏當頭
榮木患虫　外健內虛　谷口乘馬　愼之行步　一入西方　一生在口

靜　　　　　　　　　樵　　　　　　　　　餘

- 331 -

| 青年鬪爭 | 利之財名 | 四方佳木 | 景越絶勝 | 良人付金 | 衆皆仰望 |
| 淨淨靑春 | 必有後日 | 佳坐木上 | 志在四方 | 金少一分 | 衣食亦難 |

錢　　　　　　　**暻**　　　　　　　**盧**
| 淺水得金 | 不榮大力 | 日日玩景 | 興味津津 | 虎出田血 | 氣衆非凡 |
| 全部欠点 | 似成未成 | 古日雛小 | 必有後日 | 慮心四方 | 不過空想 |

橫　　　　　　　**龜**　　　　　　　**整**
| 田人共中 | 十人相爭 | 古檀收木 | 食桌自在 | 十中之人 | 文書已正 |
| 木帶黃色 | 時乎不再 | 免頭龍尾 | 山顚海溢 | 東文何事 | 上下爭點 |

殻　　　　　　　**親**　　　　　　　**噬**
| 脫殼得米 | 努力之功 | 新見初光 | 決決元滿 | 巫女欲笑 | 有或口舌 |
| 又何虛風 | 賣出其米 | 木上立見 | 志在四方 | 口竹著筮 | 必是術客 |

館
| 八逢吉運 | 官桌自來 | 已得舍官 | 立身之時 |

十七畫

隆　　　　　　　**陽**　　　　　　　**遠**
| 降于一生 | 造化在我 | 勿阻則通 | 事必從心 | 猿得之處 | 出行無碍 |
| 乃得一生 | 以文成事 | 日勿何故 | 欲及未及 | 破園治道 | 努力勞心 |

蓮　　　　　　　**遙**　　　　　　　**蓬**
| 草色相連 | 春色方濃 | 浮而出之 | 別無定處 | 草下相逢 | 事無決定 |
| 之中乘車 | 十人妨害 | 謠言已之 | 破興之後 | 草逢陽春 | 枝葉茂盛 |

璟　　　　　　　**澤**　　　　　　　**環**
| 喜逢其王 | 出世之時 | 三幸四幸 | 何事不成 | 君王賞景 | 國泰民安 |
| 禧在其王 | 莫嘆晚時 | 驛馬當海 | 進退兩難 | 古日小平 | 莫論前事 |

璀　　　　　　　**粲**　　　　　　　**璇**

進於王前	立身之時	璨玉失水	雲心不和	君王周旋	事事稱情
淮水之邊	豈保一土	又洗夕米	早晚上食	方逢下人	其人助王

蔡　　　　　　　　嶺　　　　　　　嶽
登頭開花　明堂後裔　領者出頭　大夢誰知　獄門已出　囚鳥放天
葛蔡示花　春色方濃　所願不合　半出而上　雨丈出聲　無心而吠

磯　　　　　　　　鍊　　　　　　　翼
庶幾入口　更加努力　金入煉火　因中成器　異於羽鳥　不過昆蟲
不過幾石　食少事煩　卯西相冲　事不稱情　異待已羽　水泡之事

義　　　　　　　　霞　　　　　　　穗
秀於義中　衆皆推五　雨下雲中　郁郁青青　千人被惠　必成大業
牛已犧生　必有慶事　段雲片雲　隨風之勢　專心不和　各得大將

禪　　　　　　　　優　　　　　　　聲
單衣薄着　寒氣太甚　百人相愛　因人成事　磬音入耳　不關世事
禍不單行　愼之愼之　人何帶憂　長嘆不已　欲取其聲　探花蜂蝶

贊　　　　　　　　謙　　　　　　　徵
兩先爭貝　疾足先得　出言廉氣　不義不食　微如絲末　何望大成
讚言不出　反爲害言　言何兼出　必有隱害　徵兆一絲　僅僅度日

齋　　　　　　　　燦　　　　　　　鍵
川水齊流　終入大海　夕米又火　早晚供食　書日巳之　更取其金
濟川集中　渡渡亦難　璨玉焚火　玉石難辨　以金欲健　但求名藥

鍾　　　　　　　　駿　　　　　　　燮
千里得金　他鄉成功　俊人乘馬　威令並行　言又不變　丈夫常事
但知金重　不知廉恥　馬當峻山　行步亦難　又言兩火　諸周同意

禧　　　　　　　　嬪　　　　　　　應
喜色已示　來頭有望　省家之人　好對其賓　與雁心点　不失其列

| 一不喜事 | 幾度憂愁 | 妙女入家 | 所見不滿 | 心如鷹鳥 | 館則飛去 |

營　　　　　　　　輿　　　　　　　　鮮
| 連口同榮 | 和氣滿室 | 乘輿同車 | 利在其中 | 八手捕魚 | 弗中取物 |
| 鸞失其侶 | 行色怡悵 | 輿失而乂 | 十日又十 | 火縮羊角 | 勞而無功 |

講　　　　　　　　韓　　　　　　　　薔
| 再次掘井 | 必有助言 | 吾之食彔 | 十日十牛 | 回中來坐 | 十人相助 |
| 以言欲溝 | 不過勞舌 | 傍有空車 | 吾何騎牛 | 十人越墻 | 失物可畏 |

雖　　　　　　　　頤　　　　　　　　塞
| 欲進無強 | 隱憂誰知 | 臣貢無冠 | 欲出不能 | 寒地入足 | 不畏風雪 |
| 佳口食虫 | 適口充腸 | 丁口相連 | 因人成事 | 欲寒投足 | 必急事遲 |

十八畫

澘　　　　　　　　璨　　　　　　　　豪
| 三睿相會 | 同志相應 | 粲玉則潔 | 光彩百伯 | 三豪相遇 | 知己之友 |
| 三虎出谷 | 眼光澡澡 | 玉焚燦火 | 有名無償 | 亨邊水流 | 景概絕勝 |

濶　　　　　　　　鴻　　　　　　　　禮
| 口連三千 | 門中繁華 | 江鳥驚鷗 | 不貧富貴 | 豊年己示 | 農家之樂 |
| 口舌入門 | 非一非二 | 自包三江 | 四方欠点 | 一不逢豊 | 食少事煩 |

爀　　　　　　　　燻　　　　　　　　燾
| 赫赫火色 | 遠近通明 | 勳力不足 | 大事小成 | 四方運壽 | 智如張良 |
| 一亦二亦 | 大事中斷 | 八人熏氣 | 事必順調 | 波濤不興 | 順風加帆 |

顏　　　　　　　　額　　　　　　　　鎖
| 不願諺言 | 但知禮儀 | 各家何事 | 百尺竿頭 | 七失其鎖 | 三次回頭 |
| 自逢一人 | 必是彥士 | 破容藏頭 | 愧面於人 | 치目不見 | 何知輕重 |

鎭　　　　　　　　繕　　　　　　　　簡

眞金純金	絶無雜氣	善事紡也	勤勞成功	竹門日入	四海光明
七次己具	全部欠点	稱善絶色	拍手喝采	笑日間間	憂日必多

藝 　　　　　謙 　　　　　鎔

十人執云	強者必得	兼得其全	一擧兩得	家覆一谷	八字完全
去路不通	丸幸開花	没廉之金	不如不得	以金爲容	其愚可知

鎬 　　　　　馥 　　　　　蟬

金多則高	富貴兼得	香氣滿腹	適口充腸	單虫失侶	行色孤獨
以金高名	石崇之富	日復千人	威勢四海	一中單点	有名無實

鷄 　　　　　謹 　　　　　曜

奚何仁主	有名無實	僅是出言	次次有理	日習爲佳	才乂非凡
溪邊之佳	去來無實	勤失心力	不逢信人	仁主爲羽	必有後日

瞻 　　　　　舊 　　　　　璧

目的在瞻	計在其態	左右橫山	奇花佳草	避於其玉	移日閉門
詹目在傍	誰能害之	佳草己春	病者得效	十居辛苦	難成沃田

臨 　　　　　鎰 　　　　　鵡

人登臣品	以下達上	益於其金	産業日進	一正其弋	必中飛鳥
人品失官	遂鷄望離	人倒一乎	四方絶米	武鳥則猛	不可交通

蹟 　　　　　謨 　　　　　翻

足於責任	每事有能	何事莫論	事理不當	番地己羽	坐地未定
貴失其中	定失一点	漠漠之言	所望而絶	羽坐米田	必有其損

離 　　　　　聶 　　　　　蟲

凶殺入内	欲進不能	三耳復合	必有喜信	三虫相食	非損則憂
籬伐其竹	風清月日	三耳待期	何無消息	虫失其足	不遠成功

十九畫

遲		遺		選	
日有前進	事業興旺	之中爲貴	出行成功	兩己共給	之則成事
進日追到	不遠之間	潰水長築	潛水含石	撰方己之	前功可惜

遷		潛		瓊	
己之何處	西方大吉	三玉爲榮	膝下有慶	夏禹王時	政治奐然
固儇己之	反爲虛妄	水火之中	寶失其色	佳草己春	病者得效

環		寶			
四方爲哀	國內不安	稱貝入家	動必有利	賓中稱入	必有餘慶
王何不還	黃陵哀怨	山王開口	家財必損	家入稱貝	財泉有餘

璘		濟		璿	
與王同隣	人長必德	水侵齊國	難免困厄	虎王出谷	威如猛將
王破憐心	立身出世	治水齊家	添水濟世	睿仁之王	能治國家

麒		麗		鵬	
二共逐鹿	劉項爭雄	鹿頭生角	其慣不少	鳥飛兩月	空然虛驚
比於其慶	吉事重重	驪失其馬	失物可畏	自包四王	用分左右

羅		鏽		嬿	
四維分明	誰能害之	用金二方	生少出多	以女爲議	婚姻有慶
羅心如絲	空思廣寥	庸劣之金	不如不得	似勸之女	愼之財色

願		霸		穩	
先百己小	後百欲大	羈馬月照	他鄕奔走	千人爲急	非病則飢
原高百尺	仰望不及	西亭月上	東閣革新	隱中和氣	勿爲太急

艶		疇		寵	
豆苗曲豆	春色方暢	濤侵其田	必破乃己	龍生頭角	然後登天
行色豊後	衆皆仰望	士一工一	寸田護口	樵木己折	家事未完

| 曠 | | 轍 | | 識 | |

- 336 -

| 日得鑛金 | 手弄千金 | 徹人乘車 | 循環天下 | 職業在言 | 蘇張之辯 |
| 廣日何故 | 待期且遲 | 車溺澁水 | 進退兩難 | 日立欲成 | 不逢信人 |

蟾
| 虫侵瞻点 | 有眼難見 | 林下隱人 | 奇岩怪石 | 門內積絲 | 努力成功 |
| 一中瞻点 | 勇氣爲上 | 楚國已破 | 項王受困 | 欲開絲縛 | 勝於鐵鎖 |

鏡 簫 鵲
| 竟得其金 | 物休前途 | 兩片計畫 | 人人指点 | 昔鳥亦今 | 不變其形 |
| 意失二点 | 途失其之 | 蕭葉重生 | 日暖勝國 | 廿之一日 | 飛鳥傳言 |

鯨 獸 靡
| 魚京水宮 | 百魚祝賀 | 甲等連口 | 大得十点 | 靡下有林 | 左三右三 |
| 雖得其魚 | 二口入小 | 單犬糊口 | 生涯淡白 | 非入麻田 | 親患可畏 |

二十畫

隣 還 避
| 夕牛馱米 | 乃得食枭 | 四方不遠 | 事在目前 | 辟而去之 | 去將安之 |
| 乃得吉夢 | 必生貴子 | 鰈者安之 | 到處無把 | 立尸協之 | 家和事成 |

瀚 瓚 馨
| 人逢潮水 | 幸得羽翼 | 龍生頭角 | 然後登天 | 千人連口 | 名聲藉藉 |
| 三次得翰 | 必有喜信 | 櫨木已折 | 家事未完 | 和日當前 | 馨聲隱隱 |

覺 懸 繼
| 與君相見 | 卽爲相親 | 一絲具心 | 金石可透 | 絲積橫山 | 努則有成 |
| 學而見習 | 自然成功 | 心在於縣 | 難忌故土 | 斷斤已衰 | 結緣在傍 |

曦 耀 釋
| 伏羲之日 | 始劃八計 | 羽帶佳色 | 鳳凰來舞 | 幸運四方 | 到處光彩 |
| 秀於羲中 | 必有後日 | 曜日有光 | 興味津津 | 擇其米色 | 形影不足 |

櫻
似巍之女　十人盡惑
十八嬰兒　口生乳臭

嚴
嚴離其山　轉轉行色
連口丁耳　入支相半

露
路中逢雨　進退兩難
雨中各足　食小事煩

議
以義出言　誰能禦之
全奇在我　造化亦言

踏
足於其著　能當其任
十人踏行　必有陰謀

鐘
稱曰金童　貴莫貴焉
余文里中　一時奔走

黨
當然之土　四方連得
黨入不合　自手自成

爐
蘆田放火　連燒千里
慮心四方　大事中斷

邁
十人相遇　必謀大事
萬事已之　不過虛夢

二十一畫

隨
隋國運之　唐宗受位
墮土己之　飢而破矣

藤
泰平之月　十人共樂
花發朕國　王勃揚名

藜
十人不和　小人之害
十人一勺　何必黍米

藥
十人同樂　衆皆樂樂
絲織白木　錦上添花

蘭
虫絲蘭葉　苗而不長
再縛其虫　其花更發

灌
三次用權　太旺則折
淮水浮舟　朝東暮西

瀾
蘭得三春　次次發榮
三日為閑　暫定安逸

蘭
草芳東門　和氣自生
十人同門　閑日在中

鐵
金土己狂　不勞而成
金哉玉哉　吉在其中

鶯
自包四玉　必有榮華
鳳折其翼　火炎當頭

鶴
山帶佳氣　異鳥往來
山佳亦鳥　同氣相妬

譯
四面為幸　言在其中
戒之擇言　口舌可畏

闢
門內築壁　次次成家
連日出脚　避無其之

譽
與言何事　同業亦吉
舉手在言　難過其實

竊
射鹿得香　不謀大事
雖有其大　身何家鹿

屬
層數西蜀　山川險峻
囑口未開　自手自食

織
赤織端点　一等貴品
一亦非也　難成其緣

顧
所願於産　不可語上
仁主保戸　百事欲大

護
以言爲獲　舌端成事
誰又十人　事皆瓦解

饒
堯之世間　食彔自在
何事燒食　欲巧反猝

饌
兩己共合　食少事煩
巽方有食　東南大吉

賢
不見忠臣　國事將危
中心之臣　不貪其財

辯
辛言又言　食不甘味
辨言在中　罪歸不正

환
玉環代金　以羊易牛
欲還其金　不如不得

二十二畫

隱
乃當急處　進退兩難
及於穩當　次次有望

隱
乃得其穩　先因後泰
欲及急處　事多梵忙

邊
無財之身　安之四方
四方空迫　奔走多事

蘇
千人捕魚　十人豐食
十人捕魚　不及千人

瓔
嬰王乳臭　不謀大事
以玉爲纓　一品之貴

權
灌木種木　其枝更鑯
十入破權　必有他害

議
以義發言　誰能害之
全部在我　難逢信人

讀
以言賣買　舌端成事
瀆耳之言　千言無用

讚
出言有贊　義理當然
三倒点口　兩夫分財

襲
龍脫其殼　不遠登天
寵失其冠　一般之衣

穰
千人襄助　因人成事
讓言爲和　天時人心

歡
勸者爲欠　因人被害
不足之權　必有欠節

鷗
品名己匪　無名之鳥
上下連鳴　必失其必

鷲
鳥飛山莪　有何意思
就於鳥中　鳳凰爲主

響
鄉者未改　髮毛己衰
音如其㸃　別無造花

鑄
俦人賜金	因人成事	聽		驕	
禱中得金	佛功大吉	在德王耳	行號施令	天高馬肥	中秋佳節
		廳脫其頭	反爲不祥	喬馬則老	難行千里

鞬
改革爲達	去舊從新	鰻		臟	
之中幸鞍	偶得明燭	日又四方	終及釣魚	月計貯藏	食又有餘
		魚食蔓草	自浮自況	臟財不成	勿爲空想

囊
連口不衰	一中兩助	霽		擒	
襄出市中	中運企隔	雨下其齊	百物自新	三合千人	次次開通
		雨中欲齊	未得三点	千入爲禽	鳳凰來舞

籠
竹下有龍	移去爲吉	龍戴竹冠	待遲何遲

二十三畫

灑
金生麗水	玉出崑崗	灘		顯	
塵戴兩角	當到江海	三革爲佳	可効孟母	日絲百尺	勤儉成功
		三當難處	雪上加霜	夏乾濕氣	旱災大甚

戀
何事變化	中道有魔	曒		鑛	
言如亂絲	必亦亂絲	日塵中天	萬國光明	廣得其金	到處有榮
		日用鹿角	病者得効	廣開得金	勿爲太急

驗
險路乘馬	不榮其力	驛		鱗	
一生包火	幾度險難	四方幸運	到處有榮	夕牛馱米	塵土不記
		幸得駟馬	立身朝廷	比慶於隣	一郡到賀

體
體格豐厚	寬厚長者	驚		蠱	
閒月不滿	一足已曲	敬馬何故	後日之用	風波欲盡	不遠運開
		苟苟之文	乘馬安之	三忠吸血	損者三友

二十四畫

罐
缸中佳味　十入連飲
勤力不足　金不具格

讓
連日不衰　必有助言
言如驥馬　問東答書

蠠
牙日牙也　虫日亦虫
雨天雲莖　必有月蝕

靈
巫山雲雨　連口同樂
巫逢其雨　衆口難防

聚
馬何聚集　國內不安
取家無驅　安定何時

釀
讓言西方　西方大吉
西方爲穰　出則代利

鷺
鳥坐路上　本非其栖
各足之鳥　失侶之嘆

鷹
雁亦鳥也　有何欠点
應心如鳥　雌和雄鳴

囑
口付屬生　僅僅生涯
小蜀口付　韓信免屠

矗
三失植木　虛送歲月
三次不眞　累經假事

二十五畫

觀
權雖不足　所見分明
勸中得見　先難後易

纘
絕讚奇妙　家皆拍手
欲失不失　財緣已絕

廳
腰廳何事　聽而不聞
十四一心　入於王耳

鸚
嬰鳥雛也　日日羽飛
鳥變爲貝　改舊從新

蠹
毒縣何故　太守不仁
主母在懸　只在此中

學
擧黃石公　子房運壽
與何黃色　秋末冬初

矚
連口而囑　因人成事

二十六畫

罐

曬

驥

| 金佳黃鳥 | 連口花林 | 馬食蘆草 | 閑中有食 | 乘馬異州 | 袁氏爭權 |
| 以金買權 | 其勢不長 | 馬到瀘水 | 胡賊落膽 | 異北則牛 | 自由火韓 |

鬱   **矚**   **讚**

| 林間當夕 | 四寸不良 | 目屬何故 | 見物生心 | 出言於贊 | 誰能解之 |
| 村散四方 | 夕食不足 | 不見屬處 | 蜉萍人生 | 贊才出言 | 勿信入言 |

二十七畫

鑽

| 瓚玉已葉 | 更得其金 | 巑山得金 | 先損後益 |

二十八畫

鸚

| 似鳶之女 | 清雅米貌 | 嬰鳥亦雛 | 不能遠飛 |

二十九畫

驪   **鸛**

| 指鹿為馬 | 鹿則有角 | 觀鳥亦鵲 | 左右喜信 |
| 鹿角可也 | 馬則無角 | 佳鳴花下 | 喜悲獲曲 |

三十畫

鸞

| 言鳥鸚鵡 | 彩色可觀 | 鳥變為何 | 非鳳則凰 |

二. 文字運勢解說(2)

一畫

〔一〕 獨陽不長　且一筆即了　諸事不成　占病即忌

二畫

〔二〕 獨陰不生　事有兩歧　終無一定
〔七〕 七為少陽　七字之形　為數甚少　且有呈蛇　恐有噬人
〔八〕 兩筆分開　分離之象　利分不利合
〔九〕 朱雀勾陳白虎相聚　亟宜避之
〔十〕 十者數之終　有完全之象
〔人〕 一撇一捺　直筆分開　事難成合
〔丁〕 單身獨力事難成　見官有杖責
〔九〕 不得完全　究有成就
〔力〕 勾陳之象　事致延遲

三畫

〔子〕 一了百了　子然一身而已巳
〔土〕 重濁之物　非貴重之品　能生金　求財必利　土可埋藏
　　　占病必忌
〔三〕 有陰有陽　三才定位　萬物生成
〔千〕 數至盈千　富有之象
〔大〕 一人獨力難成　必有幫助為妥
〔小〕 萬物從小至大　用力多財漸增　用力小財漸無矣　事有根
　　　基可做
〔女〕 女子善藏身　謀事祕密方妙
〔己〕 呈蛇破口　大凶之象
〔山〕 山者止而勿動　事勿更改
〔川〕 三刀之象　宜遠而避之

〔巳〕呈蛇入口　東方大忌
〔子〕一事既了　百事皆好
〔巳〕然己未已　於己無涉
〔久〕大人與小人　當得又失
〔小〕不上不下　事不可為　上下俱不足　所為多不吉
〔才〕求財不成　折本之象
〔也〕也決辭　事不可遊移　宜速進行
〔口〕四面皆口　人言可畏
〔士〕士為四民之首　品極高貴　吉喜壽三字之頭　諸事占之大吉

四畫

〔天〕天覆萬物　天行健　事必成而且速　又二人同事　決不有失
〔日〕日為太陽　正大光明　君子進而小人退　諸事皆吉　求官更利
〔月〕月為太陰　清朗明潔　諸事安穩　但月有圓缺　人亦當因時進退
〔斗〕非升非斛而為斗　財源中等有　出門無往不利　求名更有希望
〔水〕水主流動　不能長久　却不再來
〔木〕有財可求　添人進口　資本缺一
〔火〕火有炎炎之勢　焚人恐反焚己
〔五〕不能交互　勉強相合
〔六〕六爻成卦　文明之象
〔少〕小人用事　終為不妙　日見其少
〔夫〕人在上下　諸事不吉　二人同心　其利斷金
〔父〕絕交之象　八乂之形　事難成功
〔壬〕任托須人　妊胎有女

〔卯〕　卯茂也　茂盛名利之象
〔午〕　牛不出頭　難用其力
〔心〕　心字火形　凡事不必做
〔牛〕　作事費力　訟防牢獄
〔公〕　一言興訟　玄武當權　防失脫
〔內〕　囚人已出頭　禍去福來之兆
〔元〕　事有完全之象　守分則冠
〔弓〕　無弦之弓　不能伏害
〔王〕　王不出頭　事無其主
〔文〕　文書出現　音信早到
〔井〕　落井難上　占病不宜
〔尤〕　難得應允　不能充足
〔中〕　口已穿破　所言無用　暗中有損
〔手〕　手用以執持　空手則無所得也

五畫

〔冬〕　冬主閉塞　占病有疼痛之苦
〔北〕　陰寒之地　難以生長　且有呈蛇噬人　避之則吉
〔四〕　一口兩舌　須防口舌
〔幼〕　事有糾纏　一刀截斷方妙
〔生〕　牛字之頭　羊字之象　事多吃力　方有生發
〔白〕　財帛之頭　防有口舌是非
〔甲〕　田破不可耕　欲伸須人助
〔丙〕　內中有病　南方大吉
〔戊〕　茂盛之象　用力易成
〔末〕　欲求不來　凡事忍耐
〔申〕　口舌已破　無人可伸
〔穴〕　不安本分　作事皆空
〔矢〕　因頭有失　開口便知
〔加〕　功成名就　可喜可賀

〔云〕　有雲無雨　心有去意　玄武之形　須防小人
〔正〕　不上不下　不如且止
〔另〕　有別離另居之兆　用口用力　另有機會
〔孕〕　生子出秀　家有基業
〔主〕　事有主宰　乃有生財之望
〔包〕　勾陳當頭　呈蛇落足　事遲而恐有驚怪兆
〔叨〕　有口有刀　恐招其害
〔奴〕　只有努力　不宜動怒
〔古〕　舌頭不全　有口難言
〔仙〕　人傍空山　有何可得
〔引〕　有弓有箭　可以射而得利
〔央〕　怏怏不樂　半惹災殃

六畫

〔地〕　地載萬物　地主靜　事成而緩　求財未免有拖延　官事有拖累
〔酉〕　白虎之方　惡字之頭　諸事不佳
〔百〕　大數方起　進益之兆
〔多〕　兩夕相連　俾夜作晝　奢侈淫佚　多必見少
〔老〕　呈蛇之象　不可動作
〔死〕　日之夕矣　諸事已矣　一無所望　不可為矣
〔戌〕　戌者繫傷之義　用力可望其成
〔亥〕　亥武當頭　其事不久
〔戎〕　求財防賊　謀事不成
〔有〕　得有得有　凡事保守
〔伍〕　有人言語支吾　切不可與他共事
〔名〕　有名無實　反招口舌
〔尖〕　先小後大　以小變大之象
〔次〕　不可恣意　須防盜賊小人
〔存〕　半有半好　有人助子　一筆生就

〔耳〕 無力可助　又來可取
〔米〕 欲來不來　走人使送　沒秋沒保
〔危〕 所言皆詭　不如自己
〔成〕 欲成不成　反動干戈
〔向〕 白虎開口　防有禍患
〔夙〕 歹人起風波　白虎恐傷身
〔羽〕 羽毛豐滿　自能高飛
〔自〕 助力難依　須靠自身
〔色〕 雖有把柄　不如絕想
〔全〕 患病得痊　求財不見金
〔交〕 無力則不見功効
〔伐〕 人有干戈　防其殺伐
〔寺〕 土止一寸　不可種植
〔而〕 已經破面　耐之即安
〔聿〕 無頭之筆　無水之津
〔字〕 字為貴重之物　凡事占之大利
〔妃〕 須防女人口舌

七畫

〔男〕 有田能用力　自然成熟能收成
〔赤〕 朱雀之形　小人有口舌　遇水則吉
〔辛〕 無力可辨　空有辛勞
〔門〕 門空無物　行人在途
〔串〕 無心串合　有心為患
〔忍〕 心上有刀　必須忍耐
〔吹〕 有口舌欠安
〔言〕 事有二三　吉事將臨
〔但〕 清白之人　君子所重
〔利〕 禾邊有力　須防折損
〔車〕 無輪之車　不能運行

〔更〕 事多更改　無人不便
〔李〕 子屬水木　自能茂盛
〔忘〕 妄想無用　占病不凶
〔每〕 有人侮弄　心有退悔
〔否〕 否極泰來　不宜開口
〔貝〕 問財不財　問貴不貴　貧賤之象
〔坊〕 有土一方　可以有爲
〔秀〕 有利且好　禾下有水之象
〔沐〕 水能生木　太多則水泛木沈
〔位〕 人立不能常久　必有坐位爲佳
〔投〕 求財沒有　舉手設法
〔足〕 足雖用以行立　乃屬下體　非近貴之物　又求足者　不如知足
〔吮〕 開口便允　諸事皆吉
〔但〕 如日初升　常人主孤　凡事不意　徜到十日　諸事順遂

八畫

〔雨〕 陰盛陽衰　小人用之日
〔金〕 金爲貴重之品　恐不易得
〔東〕 田不成田　棟不成棟　有十口　占病必亡
〔妻〕 當擇木而棲身　否則有孤淒之狀
〔青〕 青龍出現　興起之象　諸事有主　自然大吉
〔辰〕 神龍振動　可以興雲施雨
〔房〕 戶內宜防　加女則妒　無女無妨
〔怯〕 心中無法可施　不如去之
〔來〕 兩人夾一木　欲來不來
〔非〕 不爲匪人　方免誹謗
〔易〕 凡事不可忽略　當日不可怱怱而爲之
〔武〕 止戈爲武　災去福來

〔泥〕 水爲土掩　不得流通
〔咎〕 外人口舌宜防
〔空〕 空者少有作爲
〔佳〕 走動則有進　不必太心焦
〔怪〕 見怪不怪　其怪自消
〔姐〕 妨有女人見問
〔艮〕 有人方有食　遇水生波浪
〔周〕 用之則吉　動之則週
〔券〕 努力可以致勝
〔明〕 日月並明　天道吉昌
〔爭〕 事不成功　反多口舌
〔坡〕 平地風波
〔呪〕 弟兄口舌　哭泣之兆
〔尚〕 作事無常　小人相向　防有口舌
〔岩〕 山下之石　難以動搖
〔松〕 木邊老公　占病必凶
〔佛〕 人有弗爲也　而後可以有爲　事宜守舊　不可換新
〔味〕 開口未能得利
〔免〕 兔見白虎　急速走之　方得安逸
〔命〕 大人之下叩而得命
〔弟〕 無木可梯　有水則涕
〔尖〕 夭壽之人　那能安泰
〔担〕 用財加以坦然
〔府〕 應該應付　名利可得
〔乳〕 乳爲小孩之食　大人食之則不足　且有夭折之象　凡事不吉
〔兩〕 兩因相並　彼此俱傷之象
〔昊〕 紅日當天　光明吉昌
〔昇〕 紅日初昇　萬物向榮

九畫

〔風〕　風動不寧　外有虎嘯　內有虫生
〔星〕　日日生之　諸事皆吉
〔春〕　春主發生　諸事可成　又三人擇日之象
〔秋〕　秋主肅殺　又禾旁有火　防焚
〔南〕　南方有幸　向之則吉
〔癸〕　名利大發　交友共事　須防暗失
〔前〕　無頭之箭　不必憂煎
〔恰〕　財氣相合　合意則成
〔相〕　兩目相並　音同字不同　乃面和心不和之象　又無心之想
　　　　亦終歸於無用
〔室〕　行人到家　名利亦至
〔保〕　開口便休　只爲呆人
〔穹〕　六弓無力　窮窘之兆
〔洋〕　美哉洋洋乎　祥慶之兆
〔直〕　莫倍了直不直　須防他眞不眞
〔持〕　財源得時
〔者〕　老年人是無多　日在上下無光
〔感〕　無心感戴　反因口舌而起干戈
〔姦〕　三女成姦　小人結黨之象
〔哂〕　有心無心　終成惡類
〔姥〕　老女色衰　且不生育
〔冠〕　不能堅守　那得完全
〔穽〕　空井無水　則源斷絕
〔長〕　心無主張　悵然不樂
〔哲〕　與心契合　諸事可成
〔胖〕　骨月之親　止存一半　勢孤之象
〔品〕　口舌多端　問名則利
〔咬〕　口交之人　難託心腹

〔俞〕　一人不能前進　一進則逾
〔要〕　惡頭要足　先難後易
〔盈〕　孕中無子　虎胎之兆
〔茹〕　茹食也　其中有食可謀
〔茶〕　人在草木之中　不能有成
〔烟〕　火起有烟　不是無根之火　必然大發
〔胆〕　月光在旦　不久候成
〔衍〕　出行宜水路
〔荊〕　折見廿刑　利君子而不利小人
〔南〕　南方有幸　向出則吉

十畫

〔夏〕　夏主長養　有心則夏　須防反人
〔連〕　利在千里之外　故宜遠求
〔皆〕　人可偕行　與人和諧
〔胸〕　月內防有凶事
〔倭〕　委托得人　人和便好
〔捌〕　須防拐騙　不久別離
〔神〕　衣袖穿破　不能藏物
〔宵〕　家下漸消之象　官事有小人
〔殊〕　左有反人　右有朱雀　小心防之
〔哥〕　事屬兩可　從其勸止可也
〔家〕　豕遊山下　而室內已空
〔宮〕　家下重重有口舌　官事須防
〔原〕　有源之水　長流不竭
〔捉〕　惟有財氣穩足
〔高〕　好似享不見耳　反多口舌
〔晃〕　日光普照　有月乃明
〔恕〕　推己及人　稱心如意
〔倒〕　來人有利　行人即到

〔梟〕 鳥巢孤木　不能長久
〔候〕 人力天工　合成之
〔師〕 欲歸不歸　必然追悔
〔挫〕 財氣坐定　求之必得
〔料〕 米止一斗　不能久食
〔書〕 書爲萬事根本　取用無窮
〔徒〕 行人正走　占病不利
〔晒〕 斜日西沉　光陰有限
〔販〕 反復致敗
〔益〕 廿八日有血光之災

十一畫

〔雪〕 虛字之形　避之則吉
〔貧〕 分則不見財　見貴反有損傷
〔黃〕 廣大之象　可與人共事　切勿草率
〔寅〕 家有變更之兆
〔覓〕 不能見面
〔移〕 財利必多
〔爲〕 其人必僞　勿信其言
〔犁〕 辛苦得利
〔商〕 門內生口舌　又欲立不立　防有口舌
〔眞〕 用心謹愼　自無開口之生嗔事
〔婉〕 怨女在家　不能安貼
〔得〕 所得一寸　其利甚微
〔趾〕 半路而止　事不成功
〔菜〕 菜根味香　且有菜飯飽布衣暖之樂
〔章〕 立志宜早　十日可成
〔脚〕 出行可去　占病見凶
〔衰〕 吉頭衰足　先樂後憂
〔連〕 車走下坡　其勢甚速　事必早成

〔淄〕 田有水災　帶留則滯
〔鬧〕 門庭若市　興隆之象
〔間〕 門有太陽　男子當權　家道興隆
〔聞〕 門有太陰　女子當令　惟家之索
〔訝〕 利害可訝　慎不可聽
〔控〕 財氣空虛　徒手空勞
〔推〕 舉手便佳　動之則進
〔崆〕 人入空山　有何可得
〔挽〕 用財可以免害
〔酒〕 水邊之難　用心防守
〔麥〕 來人防歹
〔婆〕 波起自女人
〔執〕 得火則熱　用力有勢
〔清〕 青龍得水　興起之象　家宅平安　疾病無憂　人口清吉
　　　墳墓無妨
〔採〕 大有財來　且有得彩之希望

十二畫

〔雲〕 密雲不雨　未見天日　且待之
〔萬〕 萬為滿數定矣　亦止於此矣
〔富〕 家中有人口　有田地　可以成家立業　但所托非人　恐為
　　　所逼
〔貴〕 中等貲財　不可妄為　自無敗事
〔黑〕 色不光明　務宜檢點
〔跌〕 半路失足　不能有成
〔最〕 即日可取
〔腦〕 月內定有凶災　用心反惱
〔絨〕 賊人糾纏　我當防備
〔寓〕 在家無遇　出外可遇
〔犀〕 名與利則遲延

〔欽〕　金銀欠有
〔敬〕　○草成句　苟且成文　自然不佳
〔馴〕　馬不過川　另覓般渡
〔馴〕　草木封閉　不能取用
〔登〕　癸年可以出頭　並有大發之兆
〔短〕　知足爲妙　出頭有失
〔晨〕　日出辰日　正短之候　急急作事
〔森〕　樹木眾多　茂盛之象
〔○〕　兩人共事　事必不妥
〔進〕　動之爲佳　即日上進
〔筆〕　下筆可以生人　可以殺人　當舉春秋之筆
〔稍〕　秋有消息　動刀有利　水來便消
〔量〕　一日一里　行何遲也
〔傘〕　大人遮蔽小人之象
〔葵〕　逢春發生　名利逢癸可發　占病不宜之兆

十三畫

〔雷〕　天雨於田　發生之兆　震動之象
〔碑〕　卑幼投石　切須防之
〔達〕　幸藏有幸　財氣通達
〔義〕　美在我也
〔嗟〕　禍從口出　開口便差
〔當〕　小有吊客　占病宜忌
〔話〕　口舌只因多言
〔跳〕　半路而逃　事迹　有阻
〔愧〕　疑心生暗鬼　心定自完成
〔與〕　虛戈嚇人　不爲實害
〔塞〕　寒土不生　作事不成
〔路〕　有路各走
〔跑〕　路上危險

〔買〕　西方有財氣
〔詮〕　言可周全
〔過〕　災禍已去　必有佳祥
〔棄〕　結果空虛
〔詩〕　言出寺人　不可信也
〔椿〕　木向春生　發榮茂長
〔達〕　廿日未達　即日不順　少喜多憂之象

十四畫

〔臺〕　喜居人室
〔農〕　龍巳生角　興起變化之象
〔綿〕　白絲白巾　占病不吉
〔誦〕　言之通達　調和須周
〔箇〕　箭字之頭　防有口舌
〔音〕　只聞樓梯響　不見人下來　空有奇音

十五畫

〔賤〕　迭迭干戈　恐致殘害
〔誹〕　言之不當　反有是非
〔確〕　有破家財之難
〔養〕　羊食草　人不可食
〔銀〕　艮山也　金盡可得矣
〔調〕　有言周全爲安
〔閻〕　家門傾陷　恐見閻王
〔德〕　行人十四可到　二人十四個心
〔總〕　細心思之　免受其累
〔蕃〕　菜在田內　可取而食
〔蕉〕　草巳焦枯　全無生意
〔瞎〕　目前有害　愼防刀割

〔熱〕　有米可炊　乘熱可食　事成之象
〔靚〕　青龍出現　財喜盈門之象　占病則吉　占宅平安　占訟見
　　　盈

十六畫

〔撻〕　財氣通達　舉手可成
〔邁〕　花下遇合　萬事可動
〔積〕　和氣可生財
〔綿〕　金銀錠帛　占病必凶　名利可得
〔錢〕　為利害殘　不可求也
〔齒〕　小人相聚　不齒於正人
〔親〕　辛苦方得見之　一見便可親信
〔衛〕　行人有違
〔螢〕　螢火之光　不能久長
〔學〕　凡事可學而成　但須用力為先

十七畫

〔霜〕　霜能殺物　為害不久　暫且退之
〔謎〕　所言雖佳　誠恐艱難費力
〔鍾〕　千里得金
〔祿〕　左金右祿　求財大利
〔謙〕　人無廉恥　故人憎嫌　目下有事　必多是非

十八畫

〔穡〕　有禾可收　喪失而回
〔壘〕　田土重重　反受其累
〔鯉〕　魚遊千里　失水之象

十九畫

〔閵〕 門內孤單
〔騫〕 淹塞之馬　不能行遠
〔寶〕 家有珍寶　可以藏蓄
〔霸〕 月被雲遮

二十畫

〔議〕 立見金銀

二十一畫

〔繼〕 千絲萬縷　牽連不斷　奈何奈何

二十二畫

〔贐〕 財氣已盡　切勿妄求

二十三畫

〔蠱〕 三蟲食血　禍結難解
〔觀〕 一見歡然

三. 字形의 字星辭典

〈例示　1은 字星, 2는 星情, 3은 特性, 4는 注意의 略子임.〉

一　1. 收星　2. 內星　3. 온화성 문자, 남녀 사용可, 배합 如何에 따라서 길흉작용의 差가 크다.

七　1. 七殺星　2. 권위　3. 행동력이 激한 남성적 문자, 여성은 사용 불가, 남성의 경우도 온화한 배합이 어렵다.

力　1. 帝旺星　2. 발전　3. 지극히 활동력이 있는 星이나 재운이 強한 문자와의 배합이면 吉.

九　1. 騰蛇, 天刑星　2. 心勞, 냉정　3. 남성적 문자, 배합이 좋으면 吉文字.

- 357 -

了   1. 天刑星   2. 情靜   3. 남성적 문자, 온화하고 행동력 있는 字星과의 배합이면 吉.

二   1. 收星   2. 내성   3. 온화성 문자, 강하고 적극성 문자와의 배합이면 好.

人   1. 羊刃   2. 용감   3. 활동력이 풍부한 남성적 문자, 여성에는 가급적 사용 금지.   4. 巨門 天梁星 姓에는 不適.

八   1. 六合星   2. 화합   3. 온화하고 사교성이 풍부한 吉字, 상인이나 여성에 최적, 남성은 적극적이고 강한 字星과의 배합이 필요.

十   1. 傷官星   2. 예술   3. 문화, 예능성 문자, 일반 여성과 봉직자에겐 부적합.   4. 正官, 印綬星 姓에는 최적.

乃   1. 天魁, 天刑星   2. 성공, 냉정   3. 온화한 발전적 문자, 여성도 사용 가능, 남성은 물질性 문자와의 배합이 吉.

文   1. 武曲   2. 財祿   3. 물질운 금전운이 강한 문자, 남녀 공용가능, 남성에 최적.   4. 火金姓엔 부적합.

三   1. 收星   2. 내성   3. 온화한 일반적 문자.

上   1. 廉貞星, 收星   2. 질서, 내성   3. 남성용 문자, 활동력이 뛰어난 문자.   4. 天府 天相星 姓엔 적합, 石皮 犬牛姓엔 부적합.

万   1. 收星, 天刑, 陀星   2. 내성, 냉정, 心勞   3. 남녀공용 가능의 일반적 문자.

與   1. 收星, 騰蛇星   2. 내성, 心勞   3. 온화한 문자, 남녀사용 가능, 남성은 강한 배합이 필요.

丸   1. 騰蛇, 傷官星   2. 心勞, 예술   3. 특이한 방면에서 고생끝에 대성하는 문자, 가급적 여성사용은 피할 것.   4. 印綬星姓은 최적, 正官星姓엔 부적합.

千   1. 天刑, 傷官星   2. 냉정, 예술   3. 特異재능의 문자, 일반 남녀는 부적합, 자유업, 학문, 기예에 好適.   4. 正官, 印綬性엔 최적.

士   1. 天機星   2. 知慧   3. 놀라운 두뇌활동을 발휘하는 才知재능의 문자, 남녀공용 최적. 학문, 문화, 무예방면에 吉字.

夕   1. 天后星   2. 매력   3. 여성미 발휘 문자, 결혼 가정운이 풍족.   4. 月姓최적, 天后 天姚姓엔 부적합.

久   1. 羊刃星   2. 용감   3. 활동적 문자, 여성은 六合, 天后星과의 배합이 좋고 남성엔 長生, 建祿같은 온화문자 배합 필요.   4. 巨門

天梁姓엔 부적합.

大 1. 食神星 2. 家財 3. 남녀공용, 의식주가 풍부한 가정적 평화
子 문자. 4. 禾 木 牛姓엔 최적, 田申性엔 부적합.
山 1. 胎星 2. 온순 3. 지극히 온화한 吉字, 가정운이 강한 여성
工 최적문자.
小 1. 食神星 2. 家財 3. 의식주가 풍족한 문자, 남녀사용가능, 봉
己 직자와 주부에 최적. 4. 禾 手 木姓 최적, 田申姓 부적합.
弓 1. 收星 2. 내성 3. 온화 消極性 문자로서 일반 남녀사용可, 여
也 성은 물질운 문자와 배합하고, 남성은 積極性 문자와 배합하면 吉.
巳 1. 放星 2. 개방 3. 밝고 평화로운 남녀공용 문자, 주부 최적,
不 남성은 물질성 문자와 배합 必要.
中 1. 騰蛇星 2. 心勞 3. 初困後 대성, 배합만 좋으면 남녀 사용
互 가능.
仁 1. 巨門星 2. 疑惑 3. 학문, 技藝, 문화 방면 長點 발휘, 배합
五 如何로 길흉 변화. 4. 羊刃, 陀羅性엔 부적합.
井 1. 騰蛇星, 天刑星 2. 心勞, 냉정 3. 남녀공용 可能하나 여성은
今 피함이 좋다. 남성은 六合 天常星과 배합하면 좋다.
 1. 騰蛇星 2. 心勞 3. 初困後 대성 문자, 배합만 좋으면 남녀사
 용 가능.
 1. 收星, 放星 2. 내성, 개방 3. 온화한 남녀용 문자, 남성은
 물질性 발전성 문자와 배합해야 좋다.
 1. 天刑, 天空星 2. 냉정, 徒勞 3. 남녀사용 가능, 소극적 평범
 한 문자로서 남성은 강한 발전성 있는 문자를 배합해야 한다.
 1. 收星, 天空星 2. 내성, 徒勞 3. 일반남녀 공용의 평범함 문
 자. 4. 天府, 矢存星엔 부적합.
 1. 收星, 羊刃星 2. 내성, 용감 3. 남녀사용 문자, 남성은 활동
 성 문자와 배합이 필요. 4. 巨門, 天梁姓엔 부적합
 1. 收星, 天刑星 2. 내성, 냉정 3. 남녀공용 문자, 여성은 가급
 적 피할 것, 남성은 강한 발전성 문자와 배합하면 吉.
 1. 天空星 2. 비난 3. 여성은 사용불가, 남성은 완전한 吉字와
 배합할 것. 4. 天府, 天存姓엔 부적합.
 1. 六合, 天魁星 2. 화합, 성공 3. 완전한 吉字로서 남녀 최적
 의 온화발전적 문자, 특히 학문 예술적 정신면에서 장점 발휘한다.

介 1. 六合, 天刑星 2. 화합, 냉정 3. 온화 유순문자, 남녀공용하되 특히 남성엔 최적.

元 1. 收星, 白虎星 2. 내성, 속단 3. 남녀공용 가능, 남성은 재운문자를 배합하면 좋다.

內 1. 天同, 羊刃星 2. 은혜, 용감 3. 남녀공용의 온화하고 발전적 문자. 4. 天梁, 巨門姓엔 부적합.

公 1. 六合, 地劫星 2. 화합, 비난 3. 온화한 대인관계로 福德문자, 남녀공용, 여성엔 최적. 4. 天府 天存 衣姓엔 부적합.

六 1. 天鉞, 六合星 2. 성공, 화합 3. 완전 吉문자, 온화고 대인관계에서 福德얻는 吉字, 학문 명성에 장점 발휘, 사업가, 상인은 물질성 문자와 배합 필요.

円 1. 天同 天刑 收星 2. 은혜, 냉정 내성 3. 지극히 온화한 발전 문자, 남녀공용 가능, 여성엔 최적.

升 1. 傷官星, 天刑星 2. 예술, 냉정 3. 特異 방면으로 발전하는 문자, 일반인은 부적합, 관리나 여성은 極凶, 예능 문예인에 최적. 4. 正官星은 부적합.

友 1. 七殺, 傷官星 2. 위세, 예술 3. 기세가 강한 남성적 문자, 여성 사용 불가, 남성의 대인관계상 지장이 있으니 六合姓과 배합할 것, 正官姓엔 부적합.

雙 1. 七殺星 2. 위세 3. 남성용 문자, 여성은 절대사용 불가, 비상하게 기세가 강한 문자로 남성도 온화성 문자와 배합할 것.

收 1. 左輔, 七殺星 2. 得援, 위세 3. 남성적 활동력이 강한 발전적 문자, 사업가는 財星문자와 배합하면 좋다. 天府 紫薇姓엔 최적.

太 1. 食神星, 傷官星 2. 家財, 예술 3. 남녀공용 가능, 남성 관리와 여성 주부엔 물질운이 좋다. 4. 田申姓엔 부적합.

夫 1. 食神, 收星 2. 家財, 내성 3. 남녀공용 가능, 견실한 봉직자(급료생활)와 주부엔 최적, 사업가는 활동력이 강한 문자와 배합할 것.

孔 1. 胎星, 騰蛇星 2. 온순, 心勞 3. 남녀공용 가능, 여성은 최적, 남성은 強性 문자배합 好.

少 1. 放星, 傷官星 2. 개방, 예술 3. 남성은 특이한 직업(자유업, 쟈나리스트 등)에 재능을 발휘하는 문자, 여성가급적 사용 금지.

4. 正官星엔 부적합.

幻 1. 放星, 胎星 2. 개방, 온순 3. 남녀공용 문자, 여성엔 최적,
　　　남성은 強性문자와 배합할 것, 大府性엔 부적합.

正 1. 收星, 廉貞星 2. 내성, 秩序 3. 견실한 발전성 문자. 4.
　　　石, 皮, 牛, 犬姓엔 부적합.

民 1. 天空, 武曲星 2. 徒勞, 財祿 3. 初因後 성공, 여성사용 불
　　　가, 남성은 青龍 長生 貴人星과 배합할 것. 4. 天府, 天存姓엔
　　　부적합.

玉 1. 天后星 2. 매력 3. 온화한 여성용 문자, 연애 결혼 가정에 福
　　　德을 주는 吉문자, 여성엔 食神 正財星을 배합하고 남성엔 強하고
　　　적극성 문자와 배합할 것.

心 1. 放星 2. 開放 3. 남녀공용 평범문자, 여성은 온화 평범하여
　　　최적, 남성은 물질性 문자와 행동성 문자를 배합할 것.

支 1. 七殺, 傷官星 2. 위세, 예술 3. 남성적 문자로 여성은 절대금
　　　물, 활동적 예술 방면 好適. 4. 正官姓엔 부적합.

文 1. 文昌星 2. 명성 3. 정신면 특히 문예 방면에 명성을 얻는 문자
　　　로서 남녀 共히 최적.

斤 1. 右弼星 2. 得援 3. 남녀간에 온후하고 발전성 있는 문자, 남
　　　성은 행동성이 강한 문자와 배합할 것. 4. 天府 紫薇性엔 최적.

方 1. 天鉞, 天刑星 2. 성공, 냉정 3. 남녀공용 문자, 특히 학문,
　　　예술 방면에 好適.

日 1. 太陽星 2. 권위 3. 남녀간에 활동적이고 발전성이 강한 문자,
　　　특히 남성에는 최적이다. 학자, 문화인 등에는 精神性 문자를, 사업
　　　가 상인 등에는 물질性 문자를 배합할 것.

月 1. 太陰星 2. 청결 3. 여성엔 최적, 남성엔 관리나 법률가로서
　　　적합한 온화 문자다. 대인관계에 화합 上缺함이 있으니 상인이나
　　　사업가로는 부적합. 4. 火, 金姓人엔 부적합.

比 1. 比肩星 2. 獨立 3. 비상한 활동력을 가진 남성적 문자, 여성
　　　엔 반듯이 六合星문자를 배합할 것.

氏 1. 天刑星 2. 냉정 3. 남성용 문자, 여성엔 가급적 사용금지, 남
　　　성엔 밝고 활동력 있는 문자를 배합할 것.

木 1. 正財 2. 재산 3. 남녀에 적합한 온화하고 물질운이 강한 문
　　　자, 특히 주부와 봉직자엔 최적, 사업가 상인엔 활동력이 강한 문자

　　　　　를 배합할 것. 4. 比肩, 劫財姓엔 부적합.

父　1. 文曲星 2. 명성 3. 학문, 예술, 문화인 방면에 장점을 발휘하
　　는 온화한 발전문자, 남성엔 물질운 문자를 배합할 것.

片　1. 右弼星 2. 得援 3. 남녀간에 온화하고 성공하는 문자, 남성
　　은 물질운 활동력이 강한 문자와 배합할 것. 4. 紫薇 天府姓 또는
　　名엔 최적.

王　1. 天后星 2. 매력 3. 여성에 최적, 연애·결혼으로 吉兆를 얻
　　는 문자, 매력과 기품을 갖춘 온화한 주부형의 문자임, 남성은 적극
　　적이고 강한 문자와의 배합이 필요하다. 4. 天后姓엔 부적합하다.

之　1. 天 , 天刑星 2. 성공, 냉정 3. 남녀간에 적합한 문자, 물질
　　운과 배합할 것.

丑　1. 收星, 天刑星 2. 내성, 냉정 3. 남성용 문자, 가급적 여성엔
　　사용 금지, 차분하게 가라앉힌 기운으로서 학문이나 연구 방면으로
　　견실하게 발전한다.

世　1. 傷官星 2. 예술 3. 문예, 학문 등 자유롭고 특수한 면으로 발
　　전하는 문자, 여성은 사용않는 것이 좋다. 남성을 印綬性 문자와
　　배합할 것, 관리는 부적합.

丘　1. 天刑, 收星 2. 냉정, 내성 3. 消極用이고 온화한 문자, 명랑
　　하고 화합적 문자와 배합할 것.

主　1. 天鉞, 勾陳星 2. 성공, 質朴 3. 지극히 견실한 발전성을 가
　　진 문자, 화려함이 없기 때문에 학자와 봉직자에 최적, 물질운과 배
　　합할 것.

代　1. 武曲, 羊刃星 2. 再祿, 용감 3. 물질운이 강한 행동적 문자,
　　상인·남성에 최적, 여성은 온유문자와 배합할 것. 4. 火金性엔
　　부적합

令　1. 六合, 天刑星 2. 화합, 냉정 3. 남녀공용 문자, 물질·명성
　　운 문자와 배합할 것.

以　1. 天刑, 傷官, 洋刃星 2. 냉정, 예술, 용감 3. 비사교적 자유
　　업 경향 문자, 일반인과 여성엔 부적합.

功　1. 帝旺, 收星 2. 발전, 내성 3. 강한 발전력과 행동력을 가진
　　적극성 문자, 적당한 온화성을 가진 만인 好 문자.

加　1. 帝旺, 天空星 2. 발전, 徒勞 3. 강한 행동력과 발전력을 가
　　진 적극성 문자, 남녀공용 가능, 여성은 온유문자와 배합할 것.

冬 1. 文昌, 傷官星 2. 명성, 예술 3. 학문, 예술 방면의 정신성 문자, 남성은 물질운과 행동적 문자와 배합할 것. 4. 남성의 武曲 姓엔 최적.

北 1. 七殺星 2. 위세 3. 지극히 강하고 예리한 문자, 여성은 사용 금지, 頭領運用 기질을 가지고 있으나 화합성이 부족하여 爭論이 일어나기 쉽다. 4. 紫薇 武曲姓의 남성엔 최적.

半 1. 六合, 傷官星 2. 화합, 예술 3. 대중의 인기와 신용을 얻는 사교성이 풍부한 문자, 자유업에 적합하고 특히 대중적 예능방면에 특색을 발휘한다. 관리는 부적합.

可 1. 收星, 天刑, 天空星 2. 내성, 냉정, 徒榮 3. 강한 행동력과 발전력을 가진 적극성 문자, 남녀공용 가능, 여성은 온유문자와 배합할 것.

司 1. 收星, 天同天空星 2. 은혜, 내성, 徒榮 3. 온화성공의 문자, 남녀최적, 사업가 등은 물질운 행동용 문자와 배합할 것.

史 1. 傷官, 天空星 2. 예술, 徒榮 3. 자유업과 문예학술방면에 好適, 전형적인 직업엔 부적합. 자유업에 최적. 4. 正官性엔 부적합.

四 1. 天相星 2. 자애 3. 지극히「온화하고 원만한 여성용 문자, 여성과 학자엔 최적. 사업가엔 활동력이 강한 문자와 배합할 것, 紫薇 姓엔 최적, 火金姓엔 부적합.

央 1. 食神, 天同星 2. 家財, 은혜 3. 완전한 吉字, 온화하고 물질 운이 강한 만인 好 문자. 4. 田申姓엔 부적합.

左 1. 傷官, 收星 2. 예술, 내성 3. 정신면으로 장점을 발휘하는 온화한 문자, 남녀 공동 가능하나 주부는 피할 것, 자유업인엔 최적, 관리는 부적합.

巧 1. 收星, 巨門星 2. 내성, 의혹 3. 癖이 있는 문자로서 남성만 사용가능하며, 六合星과 배합할 것. 4. 土, 示姓엔 최적.

布 1. 太常, 傷官星 2. 인내, 예술 3. 남녀공용의 온화문자, 주부 엔 최적, 문화예술면 好適, 관리는 부적합.

平 1. 收星, 六合傷官星 2. 내성, 화합, 예술 3. 지극히 온후한 사교성 문자, 문화예능인, 상인, 세일즈맨 최적.

市 1. 天鉞 太常星 2. 성공, 인내 3. 완전한 吉문자, 온화하고 발전성있는 남녀공용문자로서 어느 직업에도 최적이나 사업가는 적극성 문자와 배합할 것.

幼 1. 帝旺, 放星 2. 발전, 개방 3. 밝고 활동적이며 힘차게 발전하는 문자, 남성과 사업가에 최적, 여성에는 유화성 문자와 배합할 것.

永 1. 沐浴, 傷官星 2. 변동, 예술 3. 문화예능면의 자유업 好適, 관리(남성), 주부엔 부적합.

末 未 1. 六合, 傷官星 2. 화합, 예술 3. 온화한 문자, 남성엔 행동성 문자와 배합할 것, 印綬姓엔 최적.

本 1. 收星 正財星 2. 재산, 내성 3. 남녀공히 물질운이 강한 문자, 남성엔 발전성 강한 문자와 배합하고 여성은 六合 天后 天相星과 배합할 것. 4. 比, 肩, 劫財姓엔 부적합.

正 1. 收星, 廉貞星 2. 내성, 질서 3. 견실하고 발전성 있는 문자. 4. 貪狼姓엔 부적합化.

民 1. 天空, 武曲星 2. 徒勞, 財祿 3. 先困後泰하는 문자로서 여자는 가급적 쓰지 말 것, 남성은 青龍 長生, 貴人星과 배합할 것. 4. 天府, 天存姓엔 부적합.

玉 1. 天后星 2. 매력 3. 온화한 여성문자, 연애, 결혼, 가정에 복덕을 주는 吉문자, 여성은 食神 正財星을, 남자는 강하고 적극성 문자를 배합할 것.

玄 1. 天鉞, 放星 2. 성공, 내성 3. 온화하고 발전성 있는 문자, 남녀다같이 최적, 남자는 물질, 재운의 문자를 배합할 것.

生 1. 傷官, 收星 2. 예술, 내성 3. 특이한 직업에 재능을 발휘하는 문자, 여성과 관리는 가급적 사용하지 말 것. 4. 正官姓엔 부적합.

申 1. 偏印星 2. 풍류 3. 특이한 취미의 재능을 발휘하는 문자, 문학, 예능이나 특이한 연구로 성과를 거두고 가급적이면 天府, 天機, 文曲星 문자와 배합할 것. 4. 大, 山, 姓엔 부적합.

田 1. 偏印星 2. 풍류 3. 申字와 같음.

由 1. 偏印星 2. 풍류 3. 申字와 같음.

目 1. 天相星 2. 자애 3. 대단히 온화하고 발전성있는 문자, 모든 흉조를 吉로 바꾸는 작용을 하고 있으며 남자는 적극적인 문자와 배합할 것. 4. 火金姓엔 부적합.

白 1. 太陽, 天刑星　2. 권위, 냉정　3. 발전성이 강하고 밝은 문자, 남성엔 最適, 물질운, 사교운이 강한 문자와 배합할 것.

矢 1. 食神星　2. 家財　3. 물질운이 강하고 남녀 쏠수 있는 문자, 남성은 보다 강한 문자를, 여자는 六合, 天后, 天姚, 太陰星 문자와 배합할 것.　4. 申田姓은 부적합.

石 1. 破軍星　2. 소모　3. 石字 단독 사용은 凶名, 天魁天鉞星 문자와 배합하면 消耗가 변하여 生財하는 작용을 한다.

立 1. 青龍星　2. 富勞　3. 남성은 활발한 발전력 가진 물질운의 문자, 帝旺, 太陰星 문자와 배합하면 사업가로서 最適. 여성도 가능.

仙 1. 食神, 羊刃星　2. 家財, 용감　3. 남녀쏠수 있는 문자, 물질운과 행동력이 있고, 온화하고 발전성 있는 문자, 사업가는 太陽星, 帝旺星 문자와 배합하면 더욱 吉하다.　4. 申田姓과 부적합.

卯 1. 騰蛇, 天刑星　2. 心勞, 냉정　3. 지나치게 생각하다보니 소극적이고 발전력이 없다. 적극성과 물질운의 문자를 배합하면 남자에 吉字임.

弘 1. 巨門, 地劫星　2. 의혹, 비난　3. 남성적 문자, 여자는 天姚, 天后星 문자를 배합할 것.　4. 羊刃, 陀羅姓엔 부적합.

交 1. 天鉞, 六合星　2. 성공, 화합　3. 완전한 吉文字, 온화하고 발전성있는 명성운이 强한 문자, 물질운이 강한 문자와 배합하면 상인·사업가에도 적합하고, 文昌, 文曲, 天機星을 배합하면 학자에 적합.

仲 1. 羊刃, 天空, 天刑星　2. 용감, 비난, 냉정　3. 남성용 문자, 여성엔 사용 금지, 남자는 가급적 六合, 天同, 天府星과 같은 부드러운 문자를 배합할 것.

充 1. 天鉞, 白虎, 地劫星　2. 성공, 속단, 비난　3. 남성적이고 활동력이 넘치는 문자, 여자는 부드러운 문자와 배합할 것.

先 1. 白虎, 天刑星　2. 속단, 냉정　3. 행동력이 뛰어난 남성적 문자, 가급적 물질운의 문자를 배합할 것.

伏 1. 食神, 羊刃星　2. 家財, 용감　3. 물질운과 행동력이 뛰어난 문자, 일반 남녀에 쏠 수 있는 문자, 가급적이면 정신면의 장점을 발휘할 수 있는 문자와 배합할 것.

休 1. 正財, 羊刃星　2. 남녀 다같이 쏠수있는 재운이 강한 문자, 사업가·상인엔 最適, 가급적 행동력이 강한 문자를 배합할 것.

光
全
共
匠
合
吉
同
名
因
在
多
好
如
存

　　3. 比肩劫財姓엔 부적합.
1. 放星, 白虎星 2. 개방, 속단 3. 남녀 다같이 쓸수 있는 밝고 陽性的인 문자, 여자는 온화한 문자를 배합할 것.
1. 六合, 天后星 2. 화합, 매력 3. 지극히 온화하고 사교적으로 뛰어난 재능을 가진 문자, 여성은 결혼운이 좋다.
1. 天后, 六合星 2. 매력, 화합 3. 완전한 吉문자, 남이 이끌어 주는 암시가 있다. 여성은 매력과 인기가 넘쳐 결혼운 가정운에 吉兆의 문자. 4. 天后 天姚姓엔 부적합.
1. 巨門, 右弼星 2. 의혹, 後見 3. 학문연구면에 대성하는 문자, 여성엔 사용 금지, 일반인은 六合, 天相, 天同姓 문자를 배합할 것. 4. 羊刃 陀羅姓엔 부적합.
1. 六合, 天空星 2. 화합, 徒勞 3. 사교적 재능이 풍부한 문자, 남녀사용 가능, 상인과 여성엔 最適.
1. 天機, 天空星 2. 지혜, 徒勞 3. 재능과 機智로 발전하는 문자, 남성엔 最適, 여자는 六合星을 배합할 것.
1. 天同, 天空星 2. 은혜, 徒勞 3. 온화한 발전성 문자, 남녀사용 가능, 사업가나 상인은 강한 문자를 배합할 것.
1. 天后, 天空星 2. 매력, 徒勞 3. 남이 이끌어 주는 사회적 인기가 높은 문자, 여성은 最適, 남녀같이 결혼운이 좋다.
1. 印綬, 食神星 2. 연구, 家財 3. 온화한 남녀 공용 문자, 학자나 문화방면에 이름을 날리게 된다. 4. 申, 田姓엔 부적합.
1. 傷官, 勾陳星 2. 예술, 質朴 3. 특이한 재능을 발휘하는 문자, 여성엔 가급적 피할 것.
1. 天后星 2. 매력 3. 남녀사용 문자, 사교적이고 大家로부터 이끌어주고 福德을 누리는 암시가 있으며, 여자는 결혼운이 좋다.
1. 天姚, 胎星 2. 애정, 온순 3. 여성문자, 지극히 온화하고 가정적인 吉문자, 남자는 강하고 적극적인 문자와 배합할 것. 4. 王姓엔 부적합.
1. 天姚, 天空星 2. 애정, 비난 3. 남녀사용 가능, 여성은 결혼운 좋다. 가급적이면 지적 문자를 배합. 4. 王姓엔 부적합.
1. 傷官, 胎星 2. 예술, 온순 3. 자유업이나 특수한 직업으로 재능을 발휘하는 문자로서 관리나 여성은 가급적 사용치 말 것. 4. 正官姓엔 부적합.

妃 1. 天姚, 螣蛇星 2. 애정, 心勞 3. 여성 문자, 결혼운이 좋다. 재운이 강한 문자를 배합. 4. 天后, 貪狼姓엔 부적합.

宇 1. 正官, 紫薇星 2. 향상, 기품 3. 완전 吉문자, 명성과 지위가 향상되고 기품있는 문자, 물질운 문자와 배합하면 더욱 좋다. 4. 十, 牛, 石, 皮姓엔 부적합.

守 1. 正官星, 右弼星 2. 향상, 後見 3. 완전 吉문자, 명성, 공명운이 대단한 문자, 남성엔 最適. 4. 傷官姓엔 부적합.

安 1. 正官, 天姚星 2. 향상, 애정 3. 여성엔 결혼운이 좋은 최적의 문자, 남자는 재운문자와 배합할 것. 4. 傷官姓엔 부적합.

州 1. 天刑星 2. 냉정 3. 남성용 문자, 여성은 사용금지, 지극히 아집이 강하고 개성이 강하여 고독에 빠지기 쉬운 경향이 있다. 자유업의 남성에게만 적합하다.

式 1. 武曲, 收星 2. 財祿, 내성 3. 남녀사용 가능, 재운과 활동력이 지극히 강한 문자, 남성과 사업가에 최적 4. 火 金姓엔 부적합.

江 1. 沐浴, 收星 2. 변동, 내성 3. 온화 유순한 문자, 여성엔 최적, 결혼운이 좋다. 남성엔 강한 문자를 배합할 것.

芝 1. 天后, 傷官, 收星 2. 매력, 예술, 내성 3. 온화 유순한 문자, 여성엔 최적, 결혼운이 좋다. 남성엔 강한 문자를 배합할 것.

成 1. 武曲, 傷官星 2. 財祿, 예술 3. 금전운이 강한 남성적 문자, 가급적 부드러운 문자를 배합할 것. 4. 火, 金姓엔 부적합.

旨 1. 偏官, 帝旺星 2. 俠氣, 발전 3. 행동력이 지극히 강한 발전성 있는 문자, 남자엔 최적, 여자는 사용금지. 4. 大 山姓엔 부적합.

有 1. 太陰, 傷官星 2. 청결, 예술 3. 정신면의 장점을 발휘하는 여성적 문자, 남자는 행동력이 강한 물질운 문자와 배합할 것.

朱 1. 正財, 傷官星 2. 재산, 예술 3. 물질운이 강한 문자, 남녀사용 가능, 남자 사업가는 太陽星, 帝旺星, 天梁星 등 강한 문자와 배합할 것. 4. 比肩劫財, 正官姓엔 부적합.

次 1. 右弼, 沐浴星 2. 支援, 변동 3. 온화하고 발전성있는 문자, 學問, 文化, 예능방면에 장점을 발휘하는 문자, 남녀사용 가능.

考

百

竹

米

羽

至

行

西

互

亥

伊

4. 紫薇, 天府姓엔 최적.
1. 勾陳, 天刑星 2. 質朴, 냉정 3. 소극적이고 견실한 문자, 여성엔 최적, 남자는 강한 문자를 배합할 것.

1. 太陽, 收星 2. 권위, 내성 3. 행동력이 있고 발전성이 강한 문자, 남자엔 최적, 가급적 금전운이 강한 문자와 배합할 것, 여자는 소극적이고 부드러운 문자와 배합할 것.

1. 青龍星 2. 富榮 3. 온화하고 견실한 발전적 문자, 재운도 있어 남자엔 최적, 여자는 天后, 天姚, 太陰, 天府成 문자와 배합할 것.

1. 傷官, 六合星 2. 예술, 화합 3. 예술·문화 방면에 적당한 문자, 여자와 관리는 부적합, 남자는 물질운이 강한 문자와 배합할 것. 4. 正官姓엔 부적합.

1. 朱雀星 2. 화려 3. 학문·문예 방향으로 장점을 발휘하는 문자, 가급적이면 文曲, 文昌星 문자와 배합할 것, 여자는 온순하고 소극적인 문자를 배합할 것.

1. 勾陳, 收星, 地劫星 2. 質朴, 내성, 비난 3. 지극히 평범한 경향의 문자, 밝고 활동적인 문자와 배합할 것.

1. 紫薇星 2. 기품 3. 無形面에 길조를 암시하는 문자, 행동력과 재운이 부족하다. 배합에 보충하도록 조심할 것. 4. 破軍姓엔 부적합.

1. 偏印, 收星 2. 풍류, 내성 3. 남녀사용문자, 활동력 있고 물질운이 강한 문자와 배합할 것. 연구나 문예 방면에 발전할 수 있으니 天機, 天府星 문자와 배합할 것.

1. 天空, 收星 2. 徒勞, 내성 3. 남성용 문자, 활발하고 물질운이 강한 문자와 배합할 것. 여자는 太陰, 天同, 天機, 天姚, 六合星 문자와 배합할 것.

1. 天鉞, 放星 2. 성공, 개방 3. 발전성이 강한 남녀공용의 문자, 금전운 문자와 배합할 것.

1. 地劫, 天刑, 羊刃星 2. 비난, 냉정, 용감 3. 남성적 문자, 여자는 사용금지, 남자는 六合 正財 天府星과 같은 부드러운 문자

와 배합할 것.

糸 1. 放星 2. 개방 3. 남녀공용의 밝은 문자. 남자는 적극적인 문자를, 여자는 부드러운 문자를 배합할 것.

匡 1. 巨門星, 天后星 2. 의혹, 매력 3. 남녀사용 가능, 견실하고 발전력이 있는 문자, 여성은 天相, 太陰, 天府, 天機星과 같은 부드러운 문자와 배합할 것. 4. 羊刃 陀羅姓은 부적합.

圭 1. 勾陳星 2. 質朴 3. 지극히 온후하고 차분하며 견실한 문자, 남녀 사용하되 활동력 있는 문자와 배합할 것.

庄 1. 天府, 勾陳星 2. 재능, 質朴 3. 지극히 지적이고 정신면으로 장점을 발휘할 수 있으며, 문학, 학문, 문예, 예술방면으로 발전할 수 있는 문자. 남자는 물질운이 강한 문자와 배합할 것. 4. 天空 地劫 劫財姓과는 부적합.

丞 1. 收星, 天魁星 2. 내성, 성공 3. 온화하고 견실한 발전성 문자, 남녀공용하고 금전운과 정신면으로 발전하는 문자와 배합할 것.

伯 1. 太陽, 羊刃, 天刑星 2. 권위, 용감, 냉정 3. 지극히 활동력이 넘치는 발전성이 강한 문자. 가급적 부드러운 문자와 배합할 것. 여자는 天后 문자와 배합하면 좋다.

伴 1. 六合, 傷刃官, 羊刃星 2. 화합, 예술, 용감 3. 대중적 인기를 얻는 예능성의 문자. 주부나 관리엔 부적합. 물질운이 강한 문자를 배합할 것. 4. 正官姓엔 부적합.

伸 1. 偏印, 羊刃星 2. 풍류, 용감 3. 특이한 재능과 행동력에 의해서 대성하는 문자. 남녀사용 가능, 물질과 재운이 강한 문자와 배합할 것.

伺 1. 天同, 羊刃, 天刑星 2. 은혜, 용감, 비난 3. 온화하고 타인의 지원을 받는 福德의 문자. 남녀공용 문자.

似 1. 傷官, 羊刃, 天刑星 2. 예술, 용감, 냉정 3. 자유업으로 특수한 재능과 적극적 행동으로 성공하는 남성적 문자. 4. 正官姓엔 부적합.

住 1. 天鉞, 勾陳, 羊刃星 2. 성공, 質朴, 용감 3. 온화하고 견실한 발전성을 가진 문자. 남녀사용 가능.

佐 1. 傷官, 洋刃, 收星 2. 예술, 용감, 내성 3. 예술, 문화, 문예 방면으로 장점을 발휘하는 문자, 자유업에 최적. 여자와 관리는 부적합. 4. 印綬姓엔 최적, 正官姓엔 배합에 주의할 것.

作 1. 羊刃, 廉貞星 2. 용감, 질서 3. 강한 남성적 문자, 여자는 부드러운 문자를 배합할 것. 4. 石, 皮, 牛, 犬姓엔 부적합.

克 1. 白虎, 傷官, 天空星 2. 속단, 예술, 徒勞 3. 행동력 있는 남성문자. 4. 正官姓엔 부적합.

初 1. 天梁, 天刑星 2. 통솔, 냉정 3. 발전행동력이 강한 남성 문자, 여자는 天相, 天同, 天姚, 天后姓 문자와 배합할 것.

利 1. 正財, 天刑星 2. 재산, 냉정 3. 물질운이 강한 문자, 남자는 적극성이 강한 문자와 배합할 것. 4. 比肩, 劫財姓엔 부적합.

助 1. 帝旺, 天相星 2. 발전, 자애 3. 완전한 吉문자, 온화하고 강한 행동력을 가진 吉문자. 남녀 공용. 4. 火金姓엔 부적합.

努 1. 帝旺, 天姚, 七殺星 2. 발전, 애정 3. 위세 발전과 활동력이 강한 문자. 남자는 물질운 문자를, 여자는 六合, 天相, 天同, 太陰 姓 문자를 배합할 것. 4. 天后星姓엔 부적합.

君 1. 劫財, 天刑, 天空星 2. 失費, 냉정, 徒勞 3. 사업가나 주부엔 부적합. 학문, 기예면에서만 장점 발휘. 4. 木 禾姓엔 부적합.

坂 1. 天府, 勾陳, 傷官星 2. 재능, 質朴, 예술 3. 문예, 예능 등 정신면에서 장점 발휘하는 온화하고 발전적 문자. 남녀공용문자, 남자는 재운문자와 배합할 것. 4. 天空, 地劫, 劫財姓엔 부적합.

吟 1. 六合, 天空星 2. 화합, 徒勞 3. 남녀공용 가능. 여성엔 최적. 남자는 太陽, 武曲, 青龍星문자와 배합할 것.

妙 1. 天姚, 放星 2. 애정, 개방 3. 남녀공용의 밝은 문자. 여성엔 최적. 太陽, 天梁星 문자와 배합하면 남성도 최적.

孝 1. 胎星, 勾陳, 天刑星 2. 온순, 質朴, 냉정 3. 남녀공용의 온화한 문자, 주부에 최적. 남자는 재운문자를 배합할 것.

完 1. 正官, 白虎星 2. 향상, 속단 3. 지극히 발전력이 있는 남성용 문자. 활동적이고 행동력이 풍족하여 대성할 수 있다. 여자는 天后, 太陰, 天相星 문자와 배합할 것. 4. 傷官姓엔 부적합.

岐 1. 文曲, 食神星 2. 명성, 家財 3. 완전한 吉문자. 온화하고 발전성이 있으며, 물질운이 강하다. 정신면으로 장점을 발휘하기 때문에 학문, 예술에는 최적. 여자는 天后星 문자와 배합할 것.
4. 山, 大姓엔 부적합.

希 1. 七殺, 太常星 2. 위세, 인내 3. 발전과 행동력이 있는 남성적 문자. 가급적이면 六合과 天府星 문자를 배합할 것. 여자는 天后, 天姚星 문자를 배합할 것.

序 1. 天府, 天魁, 天刑星 2. 재능, 성공, 냉정 3. 학문, 예술, 문예 방면에 발전하는 온화하고 명성이 강한 문자. 4. 地劫, 天空 姓엔 누적합.

廷 1. 驛馬, 收星 2. 활동, 내성 3. 매우 활동력이 있는 남성적 문자. 여자는 天后, 天姚, 太陰星을, 남자는 재운을 배합할 것.

忍 1. 天刑, 放星 2. 冷情, 개방 3. 남녀공용의 밝은 문자. 남자는 행동력이 강한 문자를, 여자는 온화한 문자를 배합할 것.

志 1. 天機, 放星 2. 지혜, 개방 3. 지능, 정신면에 장점을 발휘하니 학문, 예술, 문예 방면에 적성, 남자는 재운을 배합할 것.

求 1. 沐浴, 傷官星 2. 변동, 예술 3. 남녀공용. 天機, 天府星을 배합할 것.

花 1. 天后, 七殺, 羊刃星 2. 매력, 위세, 용감 3. 온화속에서도 강한 행동력과 적극성이 있는 문자. 재운문자를 배합할 것. 여자는 결혼운이 좋다. 4. 巨門, 天梁姓엔 부적합.

芳 1. 天后, 養星 2. 매력, 伸展 3. 완전한 吉문자. 지극히 유순한 여성용 문자. 남자는 적극성 문자를 배합할 것. 4. 王, 夕, 女姓엔 부적합.

近 1. 右弼, 驛馬星 2. 지원, 활동 3. 완전한 吉문자. 남녀공용 문자. 남자는 물질운을, 여자는 六合, 天后星을 배합할 것. 4. 紫薇, 天府姓엔 부적합.

邦 1. 傷官, 陀羅星 2. 예술, 내성 3. 특수한 직업으로 성공하는 문자. 관리나 여자는 배합에 조심하고 자유업등이나 예능, 문예 방면에서 장점을 발휘한다. 4. 正官, 天梁姓엔 부적합.

更 1. 傷官, 收星 2. 예술, 내성 3. 남녀사용, 적극적이고 물질운이 강한 문자와 배합할 것. 4. 山姓엔 주의할 것.

村 1. 右弼, 正財星 2. 지원, 재산 3. 완전한 吉문자, 재운이 강하고 여성은 六合, 天後星을 배합할 것. 4. 紫薇, 天府星, 山, 大姓엔 최적. 比止姓엔 부적합.

肖 1. 太陽, 放星 2. 권위, 개방 3. 매우 발전성이 강한 남성용 문자. 여자는 天后星을 배합할 것.

男 1. 帝旺, 偏印星 2. 발전, 풍류 3. 매우 적극성이 강한 문자로서 남성엔 최적. 4. 山, 大姓은 부적합.

秀 1. 正財, 騰蛇, 天刑星 2. 재산, 心勞, 냉정 3. 재운이 강하니 六合, 天相, 天同星과 배합할 것. 4. 比, 止姓엔 부적합.

良 1. 太陽, 守星 2. 권위, 온화 3. 온화하고 견실한 발전성이 있는 문자. 男녀사용. 여자는 王, 夕문자를 배합할 것.

角 1. 天魁, 偏印星 2. 성공, 풍류 3. 특수한 면에서 성공. 문예·예능 방면에 출세하니 물질운을 배합할 것. 4. 大, 山姓엔 부적합.

言 1. 天鉞, 天空, 收星 2. 성공, 徒勞, 내성 3. 명성운이 강하고 남녀사용. 남자는 물질운을, 여자는 활동력이 있는 문자를 배합.

谷 1. 六合, 天空星 2. 화합, 徒勞 3. 온화하고 사교성이 풍부한 문자, 남녀사용. 물질운을 배합할 것.

里 1. 偏印, 勾陳星 2. 풍류, 質朴 3. 특수한 재능을 발휘하는 문자. 지적문자와 배합할 것. 자유업, 예능면에서 출세한다. 4. 木, 禾姓엔 최적. 山, 大姓엔 부적합.

臣 1. 巨門, 天空星 2. 의혹, 徒勞 3. 남성문자. 여자는 사용 불가. 土, 日자와 배합하면 大발전. 4. 羊刃, 陀羅姓엔 부적합.

亭 1. 天鉞, 天刑, 天空星 2. 성공, 냉정, 비난 3. 온화하고 발전성 있는 문자. 남녀사용, 학문방면에 출세한다.

杉 1. 正財, 天刑星 2. 재산, 냉정 3. 금전운이 강하여 사업가나 봉직자엔 최적. 남녀사용, 남자는 강한 문자를 배합할 것. 4. 山, 大姓엔 최적. 比肩劫財姓엔 부적합.

呂 1. 天空, 天刑星 2. 徒勞, 냉정 3. 남성문자. 여자는 사용불가, 배합문자에 따라서 운세가 좌우하는 문자.

宏 1. 正官, 傷官, 地劫星 2. 향상, 예술, 비난 3. 견실한 발전성을 나타내는 吉문자, 재능도 있고 명성도 있다. 4. 山姓엔 주의.

辰 1. 收星, 守星 2. 내성, 온화 3. 매우 소극적이고 온화한 문자. 남녀사용, 적극성있고 행동력이 강하며 물질운도 강한 문자와 배합할 것.

吾 1. 天空, 收星 2. 徒勞, 내성 3. 온화한 남성적 문자, 적극성 있는 물질운 문자와 배합할 것.

享 1. 天鉞, 天空, 胎星 2. 성공, 온순, 徒勞 3. 온화하고 견실성이 강한 문자, 남자는 武曲星, 여자는 食神星을 배합할 것.

京 1. 天鉞, 天空, 放星 2. 성공, 개방, 徒勞 3. 온화하고 발전성이 강한 문자. 명성운과 행동력이 풍부한 吉문자. 남녀사용. 물질운을 배합할 것.

供 1. 六合, 天后, 羊刃星 2. 화합, 매력, 용감 3. 온화하고 사교성이 풍부한 문자. 여자는 戀愛·결혼운이 좋다. 남자는 武曲, 廉貞, 天梁星과 같은 강한 문자와 배합할 것.

具 1. 天相, 六合星 2. 자애, 화합 3. 완전한 吉문자. 온화하고 발전적인 문자. 남녀사용, 여성엔 최적. 남자는 太陽, 帝旺 등 강한 문자와 배합하 것. 4. 火 金姓엔 부적합.

佳 1. 勾陳, 羊刃星 2. 質朴, 용감 3. 매우 성실하고 온화한 문자. 여자엔 최적. 남자는 강한 행동력이 있는 문자와 배합할 것.

典 1. 六合, 偏仁星 2. 화합, 풍류 3. 온화하고 사교성이 풍부한 문자. 남녀공용, 남자는 재운을 배합. 4. 山, 大姓엔 부적합.

制 1. 傷官, 正財, 天刑星 2. 예술, 재산, 냉정 3. 매우 금전운이 강한 문자. 재능과 행동으로 출세하는 吉문자. 六合, 天相, 天府星과 배합할 것. 4. 正官, 比肩, 劫財姓엔 부적합.

卓 1. 廉貞, 太陽, 傷官星 2. 질서, 권위, 예술 3. 발전성이 강한 남성용 문자. 여자는 온화한 문자와 배합할 것. 4. 石, 皮姓엔 부적합.

効 1. 天鉞, 間曲, 帝旺星. 2. 성공, 명성, 발전. 3. 공명운이 강한 完全吉文字. 商人·사업가는 재운을 배합할 것.

協 1. 帝旺, 傷官星 2. 발전, 예술 3. 매우 활동적이며 강한 기운을 가지고 있고 특수한 재능으로 대성하는 문자. 여자는 온화한 문자를 배합할 것. 4. 正官姓엔 再考할 것.

參 1. 食神, 地劫, 天刑星 2. 家財, 비난, 냉정 3. 물질운이 풍족한 문자. 여성엔 최적. 4. 申, 田姓엔 부적합.

叔 1. 七殺, 廉貞, 放星 2. 위세, 개방, 질서 3. 행동력이 있고 발전성이 강한 문자. 남자에 최적. 여자는 天后, 天相, 太陰星과 배합할 것.

受 1. 天魁, 爪星, 七殺星 2. 성공, 勞苦, 위세 3. 처음엔 고생하다가 뒤에 대성하는 吉文字. 남녀사용.

周 1. 天同, 天機, 天空星 2. 은혜, 지혜, 徒勞 3. 온화하고 지능 방면에 뛰어난 문자. 學術, 문화 방면엔 최적. 남녀사용.

命 1. 六合, 騰蛇, 天空星 2. 화합, 心勞, 徒勞 3. 온화한 문자. 금전운이 강한 문자와 배합할 것.

和 1. 偏財, 天空星 2. 金錢, 徒勞 3. 금전운이 강한 문자. 남자는 행동력이 강한 문자와 배합할 것. 4. 比肩劫財姓엔 부적합.

固 1. 印綬, 傷官, 天空星 2. 연구, 예술, 徒勞 3. 특수한 직업이나 예능 방면으로 대성하는 문자. 학문연구엔 최적. 여자와 관리는 부적합. 4. 申, 田姓엔 再考할 것.

奉 1. 食神, 收星 2. 家財, 내성 3. 물질운이 좋고 온화한 기운이 감도는 문자. 남녀사용. 여자엔 최적. 남자는 적극성이 강한 문자와 배합할 것.

委 1. 正財, 天姚星 2. 재산, 애정 3. 재운이 강하고 온화한 문자. 남자는 적극성 문자를 배합할 것. 4. 比肩劫財姓엔 부적합

定 1. 正官, 收星 2. 향상, 내성 3. 온화하고 발전적인 문자. 남자는 행동력이 강한 문자를, 여자는 天后星을 배합할 것.

宗 1. 正官, 天梁星 2. 향상, 통솔 3. 활동력이 강하고 발전성이 큰 남성적 문자. 여자는 天後, 六合星을 배합할 것. 4. 傷官姓엔

부적합.

宜 1. 正官, 天相, 收星 2. 향상, 자애, 내성 3. 매우 온화한 문자로서 남녀사용, 재운의 문자를 배합할 것. 4. 火金, 傷官姓엔 부적합.

岩 1. 食神, 天府, 天空星 2. 家財, 재능, 徒勞 3. 物心兩面으로 작용하는 온화한 吉문자. 남녀사용. 남자는 太陽을, 여자는 天後, 天姚星을 배합할 것.

幸 1. 勾陳, 羊刃星 2. 質朴, 용감 3. 견실한 발전성을 가진 문자. 남자는 지적문자를, 여자는 太陰星, 天后星을 배합할 것.

往 1. 紫薇, 天魁, 勾陳星 2. 기품, 성공, 質朴 3. 온화하고 발전성 있는 문자. 학문, 문화 방면에서 출세한다. 4. 石, 皮, 牛姓엔 부적합.

征 1. 紫薇, 廉貞, 收星 2. 기품, 질서, 내성 3. 견실한 발전성 문자. 행동력 강한 문자와 배합. 4. 石, 皮, 牛姓엔 부적합.

岳 1. 食神, 天刑星 2. 家財, 냉정 3. 물질운이 있는 문자. 남자는 활동력이 강하고 적극적인 문자를, 여자는 天同, 天陰, 天相, 天后星을 배합할 것. 4. 申, 田姓엔 부적합.

忠 1. 天空, 天刑, 放星 2. 개방, 徒勞, 냉정 3. 밝고 온화하기 때문에 모든 방면에 적응한다. 남녀사용. 남자는 물질운의 문자를, 여자는 天后星을 배합할 것.

府 1. 天府, 右弼, 羊刃星 2. 재능, 지원, 용감 3. 온화하고 견실하며 발전성이 있는 吉문자. 학문, 技藝, 문예 방면으로 출세한다. 물질운이 강한 문자와 배합하면 사업가에 최적. 4. 天空, 地劫, 劫財姓엔 부적합.

延 1. 驛馬, 天刑星 2. 활동, 냉정 3. 적극성이 강한 문자. 여자는 天后, 天姚, 太陰星과 배합할 것.

治 1. 沐浴, 地劫, 天空星 2. 변동, 비난, 徒勞 3. 남성 문자. 강한 문자를 배합할 것. 여자는 사용불가.

弦 1. 巨門, 玄武星 2. 의혹, 책략 3. 특수 방면으로 성공한다. 연구, 정신면에서 출세. 天機, 天府, 文曲, 文昌星과 배합할 것.

法　4. 羊刃, 陀羅姓엔 부적합.
　　1. 沐浴, 勾陳, 地劫星 2. 변동, 質朴, 비난 3. 온화한 문자.
　　남녀사용. 남자는 재운과 행동력이 있는 문자를, 여자는 太陰, 天相
　　星을 배합할 것.

苗　1. 天后, 勾陳星 2. 매력, 質朴 3. 견실하고 발전성이 있는
　　문자. 여자엔 최적. 남자는 재운을 배합할 것.

若　1. 天后, 傷官, 天空星 2. 매력, 예술, 徒勞 3. 예술방면에서
　　대중의 인기를 얻어 대성하는 문자. 남자는 강한 문자를 배합할
　　것. 4. 正官姓엔 부적합.

英　1. 天后, 天同, 食神星 2. 매력, 은혜, 家財 3. 매우 온순하고
　　견실하며 발전성이 있는 吉문자. 4. 申, 田姓엔 부적합.

茂　1. 天后, 武曲星 2. 매력, 財祿 3. 금전운이 강하고 발전성
　　있는 문자. 상인·사업가엔 최적. 여자는 연애·결혼운이 좋다.
　　4. 火, 金姓엔 부적합.

迫　1. 太陽, 驛馬星 2. 권위, 활동 3. 매우 활동력과 적극성이 있는
　　남성적 문자. 남성엔 최적. 금전운 문자와 배합할 것.

房　1. 收星, 養星 2. 내성, 伸展 3. 온화하고 발전성이 강한 문자.
　　남자는 금전운 문자를, 여자는 天后, 太陰, 天鉞, 天府星을 배합.

承　1. 天鉞, 收星, 天刑星 2. 성공, 내성, 냉정 3. 온화한 발전성
　　문자. 남녀사용, 금전운이 강한 문자와 배합할 것.

昇　1. 太陽, 傷官星 2. 권위, 예술 3. 기예의 재능이 뛰어난 강력한
　　문자. 여자는 온화한 문자를 배합. 4. 正官姓엔 再考할 것.

明　1. 太陽, 太陰星 2. 권위, 청결 3. 적극성과 소극성의 장점을
　　겸비한 완전한 吉문자. 물질운의 문자를 배합할 것.

東　1. 太陽, 六合, 收星 2. 권위, 화합, 내성 3. 밝고 활동적이며
　　발전적인 문자. 남녀사용.

林　1. 正財星 2. 재산 3. 배우 금전운이 강한 문자. 지적문자와 배합
　　할 것. 4. 比肩, 劫財姓엔 부적합.

松　1. 正財, 六合, 地劫星 2. 재산, 화합, 비난 3. 사교성과 금전
　　운이 있다. 남녀사용, 남자는 행동력이 강한 문자와 배합할 것. 4.

比肩, 劫財姓엔 부적합.

枝 1. 正官, 傷官, 七殺星 2. 재산, 예술, 위세 3. 금전운이 있고 약간 버티는 성격이 있어서 부드러운 문자와 배합할 것. 4. 比肩, 劫財姓엔 부적합.

武 1. 武曲, 比肩星 2. 財祿, 독립 3. 행동력과 발전력이 강한 남성용 문자, 지적문자와 배합하면 大吉. 여자는 온화한 문자와 배합할 것. 4. 火, 金姓엔 부적합.

祉 1. 天梁, 廉貞, 收星 2. 통솔, 질서, 내성 3. 매우 강한 남성적 문자. 사업가, 정치가엔 최적. 여자는 六合, 天相, 天后星과 배합할 것.

育 1. 天鉞, 地劫, 太陰星 2. 성공, 비난, 청결 3. 명성운이 강한 발전적인 문자. 남녀사용. 여자는 물질운이 강한 문자와 배합할 것. 4. 紫薇, 天存姓엔 부적합.

直 1. 天相, 傷官星 2. 자애, 예술 3. 온화한 문자, 문예 방면으로 성공하는 문자. 여자엔 최적. 남자는 물질운이 강한 행동적 문자를 배합할 것.

知 1. 食神, 天空星 2. 家財, 徒勞 3. 견실하고 발전적인 문자, 남녀사용. 여자엔 최적. 4. 申, 田姓엔 부적합.

金 1. 六合, 收星 2. 화합, 내성 3. 매우 온화하고 발전성 있는 문자, 물질운이 강한 문자와 배합할 것.

長 1. 收星, 守星 2. 내성, 온화 3. 온화한 문자, 남성엔 강한 문자를 배합할 것.

青 1. 太陰, 傷官星 2. 청결, 예술 3. 지능 방면으로 출세하는 精神的 문자. 남자는 금전운 문자, 여자는 食神, 正財, 青龍星을 배합할 것. 4. 正官姓엔 부적합.

奈 1. 食神, 天梁星 2. 家財, 統率 3. 물질운이 있고 견실한 문자. 남녀사용. 여자는 온화한 문자를 배합할 것. 4. 申, 田, 羊刃, 陀羅姓엔 부적합.

尚 1. 天同, 天空, 放星 2. 개방, 은혜, 徒勞 3. 온화하고 밝은 발전적인 문자. 남녀사용.

昌 1. 太陽星 2. 권위 3. 매우 명성운이 강하고 활동력이 풍부한 문자. 남성엔 최적.

朋 1. 太陰星 2. 청결 3. 소극적이고 온화한 문자. 여성엔 최적. 남자는 太陽, 正官, 貴人, 青龍星등 강한 문자와 배합할 것.

欣 1. 右弼, 收星 2. 지원, 내성 3. 윗사람의 총애와 사회적 명성으로 출세하는 온화한 문자. 금전운이 강한 문자와 배합할 것.

虎 1. 廉貞, 白虎, 七殺星 2. 질서, 속단, 위세 3. 매우 적극성이 강한 男性문자. 여자는 사용불가. 天相, 六合星과 배합할 것. 4. 破軍姓엔 부적합.

乘 1. 正財, 收星 2. 재산, 내성 3. 금전운이 있는 견실한 문자. 남자는 강한 문자를 배합할 것. 4. 比肩, 劫財姓엔 부적합.

候 1. 食神, 羊刃星 2. 家財, 용감 3. 물질운이 있는 온화한 문자. 남녀사용, 奉職者엔 최적. 활동력이 강한 문자와 배합할 것. 4. 申田姓엔 부적합.

保 1. 正財, 羊刃, 天空星 2. 재산, 용감, 徒勞 3. 금전운이 강하고 견실한 문자. 여자는 六合星을 배합할 것.

信 1.天魁, 羊刃, 天空, 收星 2. 성공, 용감, 徒勞, 내성 3. 활동적이고 발전적인 문자, 남녀사용하고 남성엔 최적.

俊 1. 文昌, 白虎, 羊刃, 地劫星 2. 명성, 속단, 용감, 비난 3. 남성용 문자, 적극적 행동력으로 명성을 戰取하고 학문·문화 방면에 최적. 4. 巨門 天梁姓에 부적합.

則 1. 天相, 六合, 天刑星 2. 자애, 화합, 냉정 3. 온화하고 발전적인 문자, 남녀사용, 남자는 강한 문자와 배합할 것. 4. 火, 金姓엔 부적합.

前 1. 太陰, 六合, 天刑星 2. 청결, 화합, 냉정 3. 남녀사용, 여성엔 최적. 물질운이 강한 문자와 배합할 것.

勇 1. 天魁, 帝旺, 偏印星 2. 성공, 발전, 풍류 3. 매우 개성적이고 강한 행동력을 가진 남성적 吉문자. 여자는 天後星을 배합.

勅 1. 帝旺, 傷官星 2. 발전, 예술 3.발전력이 왕성한 남성적 문자. 여자와 관리에는 부적합. 금전, 물질운 문자와 배합할 것. 4.

正官姓엔 再考할 것.

卷 1. 食神, 螣蛇星 2. 家財, 心勞 3. 남녀사용, 강하고 적극적 문자와 배합할 것. 4. 申田姓엔 부적합.

叙 1. 六合, 七殺星 2. 화합, 위세 3. 사교성과 발전성을 겸비한 남성문자. 여자는 天相, 天同, 天姚, 天后星과 배합할 것.

品 1. 天空星 2. 徒勞 3. 가급적 사용 금지. 4. 天府, 天存姓엔 부적합.

城 1. 武曲, 勾陳星 2. 財祿, 質朴 3. 견실하고 재운을 가진 吉문자. 남자엔 최적. 사업가는 강한 문자를 배합할 것. 4. 火, 金姓엔 부적합.

威 1. 武曲, 天后星 2. 財祿, 매력 3. 재운이 있는 吉문자. 남녀사용, 여성은 결혼운이 좋고, 남자는 지능적 문자를 배합하면 大吉. 4. 火, 金姓엔 부적합.

宣 1. 正官, 太陽, 收星 2. 향상, 권위, 내성 3. 지위와 명성을 누리는 발전성이 강한 吉문자. 여성도 사용가능. 4. 傷官姓엔 부적합.

建 1. 驛馬, 傷官, 收星 2. 활동, 예술, 내성 3. 온화하고 활동력을 가진 문자. 물질운의 문자와 배합할 것.

待 1. 紫薇, 右弼, 勾陳星 2. 기품, 지원, 質朴 3. 학문, 명성으로 대성하는 지적 문자. 물질운 문자를 배합할 것.

律 1. 紫薇, 傷官, 收星 2. 기품, 예술, 내성 3. 온화한 吉문자. 학문, 문예, 예술 등 지적면에 출세한다. 여성엔 최적, 남자는 행동력이 강한 문자를 배합할 것. 4. 石皮姓엔 부적합.

後 1. 紫薇, 文昌, 放星 2. 기품, 명성, 개방 3. 정신면으로 출세하는 吉문자. 學者, 문화인. 여성엔 최적. 4. 貪狼姓엔 부적합.

恒 1. 太陽, 放星, 收星 2. 권위, 개방, 내성 3. 매우 명랑한 행동적 吉문자. 남녀사용. 天機, 天府, 文曲, 文昌, 印綬星과 배합할 것.

泉 1. 太陽, 沐浴星 2. 권위, 변동 3. 밝은 활동적 문자. 남자는 지능적 문자를, 여자는 온화한 문자를 배합할 것.

洋　1. 羊刃, 沐浴星　2. 용감, 변동　3. 活動力이 넘치는 문자. 남자엔 最適. 지능적 문자나 물질운이 강한 문자와 배합할 것. 여자는 온화한 문자와 배합할 것.　4. 巨門, 天梁姓엔 부적합.

津　1. 傷官, 沐浴, 收星　2. 예술, 변동, 내성　3. 특이한 재능을 발휘하는 문자. 일반인은 부적합. 여성은 사용 금지, 예능·문화 등 특이한 방면에서 대성한다.　4. 正官姓엔 부적합.

草　1. 天后, 太陽, 傷官星　2. 매력, 권위, 예술　3. 사교성이 있고 발전성이 강한 문자. 여자와 관리는 부적합. 金錢運 문자를 배합할 것.　4. 여자로서 여성이나 正官姓엔 부적합.

郎　1. 太陽, 地劫, 陀羅星　2. 권위, 비난, 용감　3. 적극성이 매우 강하고 행동력이 있는 남성 문자. 금전운과 명성운의 문자를 배합하면, 어떠한 직업인에도 최적.　4. 巨門, 天梁.

政　1. 文昌, 廉貞, 收星　2. 명성, 질서, 내성　3. 학문·문화 방면에서 출세하는 정신적 吉문자. 금전운 문자를 배합할 것.

星　1. 太陽, 長生星　2. 권위, 福德　3. 완전한 吉문자. 온화하면서 강한 발전력을 간직한 남성적 문자. 여자도 사용 가능. 금전운 문자를 배합하면 大吉.

映　1. 太陽, 天同, 食神星　2. 권위, 은혜, 家財　3. 매우 온화하고 적극적이며 물질운을 가진 완전한 吉문자.　4. 申, 田姓엔 부적합.

春　1. 太陽, 食神, 收星　2. 권위, 家財, 내성　3. 물심양면으로 吉한 작용을 하는 발전성이 강한 문자. 남자는 온화한 문자를, 여자는 天后星을 배합하면 大吉하다.　4. 申, 田姓엔 부적합.

昭　1. 太陽, 天刑, 天空星　2. 권위, 냉정, 徒勞　3. 행동력이 있는 남성적 문자. 여자는 온화문자를 배합할 것.

柳　1. 正財, 天刑, 騰蛇星　2. 재산, 냉정, 心勞　3. 재운이 강한 문자. 처음엔 고생해도 뒤에 대성한다. 적극적이고 강한 문자를 배합할 것.　4. 比肩劫財姓엔 부적합.

祖　1. 天梁, 天相星　2. 통솔, 자애　3. 剛柔를 겸한 완전한 吉문자. 금전운 문자를 배합하면 大吉.　4. 羊刃, 陀羅, 火, 金姓엔 부적합.

是　1. 太陽, 收星　2. 권위, 내성　3. 명성운이 있는 발전적 문자. 금전운 문자를 배합하면 사업가·상인에 최적.

相　1. 正財, 天相星　2. 재산, 자애, 완전한 吉문자. 온화하고 견실성 있는 봉직자, 가정주부에 好適.　3. 劫財, 止, 比, 火, 金姓엔 부적합.

省　1. 天相, 天刑, 放星　2. 자애, 냉정, 개방　3. 온화하고 견실한 문자. 여자엔 최적. 남자는 행동력이 강한 문자를 배합할 것.　4. 火, 金姓엔 부적합.

秋　1. 正財, 炎星　2. 재산, 쾌속　3. 금전운 강한 문자. 강한 문자 배합하면 상인·사업가에 최적.　劫財, 止, 比姓엔 부적합.

紀　1. 騰蛇, 放星　2. 心勞, 개방　3. 밝은 문자로서 남녀 공용. 남자는 행동력이 강한 문자를 배합할 것.

紅　1. 放星, 收星　2. 개방, 내성　3. 온화하고 소극적인 문자. 남녀 사용. 금전운 문자와 배합할 것.

美　1. 食神, 六合, 傷官星　2. 家財, 화합, 예술　3. 물질운이 강한 문자. 남자는 강한 문자를 배합할 것.　4. 申, 田姓엔 부적합.

要　1. 天姚, 天相, 收星　2. 애정, 자애, 내성　3. 온화한 문자. 남녀사용. 만자는 적극성이 강하고 금전운이 강한 문자를 배합할 것.　4. 火, 金姓엔 부적합.

計　1. 天魁, 傷官星　2. 성공, 예술　3. 문화, 예술 방면에 출세하는 吉문자. 文曲, 文昌星을 배합하면 학자에 최적. 물질운 문자와 배합할 것.

貞　1. 天相, 六合, 廉貞星　2. 자애, 화합, 질서　3. 온화하고 발전적 문자. 남자는 강한 문자를 배합할 것.　4. 皮, 石, 金, 火姓엔 부적합.

軌　1. 偏印, 天刑, 騰蛇星　2. 풍류, 냉정, 心勞　3. 특이한 자유업으로 성공하는 문자. 금전운과 적극성이 강한 문자를 배합할 것. 여자는 사용 불가.　4. 山, 大姓엔 부적합.

音　1. 青龍, 太陽星　2. 富榮, 권위　3. 완전한 吉문자. 매우 발전력이 있는 문자. 여자는 天后, 天姚星을 배합할 것.

軍 1. 天魁, 偏印, 傷官星 2. 성공, 풍류, 예술 3. 특이한 재능과 별다른 직업으로 대성한다. 여자는 사용 불가. 남자는 금전운 문자를 배합할 것. 4. 山, 大姓엔 再考할 것.

重 1. 偏印, 勾陳, 天刑星 2. 풍류, 質朴, 냉정 3. 특수한 재능으로 발전하는 문자. 화려하지 않으나 견실하게 발전한다. 4. 山, 大姓엔 부적합.

香 1. 正財, 太陽星 2. 재산, 권위 3. 완전한 吉문자. 물심양면으로 吉작용을 발휘하고 온화하며 발전성이 강하다. 劫財, 比, 此姓엔 부적합.

亮 1. 天鉞, 天魁, 白虎, 天空星 2. 성공, 속단, 徒勞 3. 활발한 행동력을 가진 남성적 문자. 여자엔 온화한 문자를 배합할 것.

哉 1. 武曲, 傷官, 天空星 2. 財祿, 예술, 徒勞 3. 물질·금전운이 있는 남성문자. 예술, 문화, 기예 방면에서 대성하며 관리나 봉직자, 여자엔 부적합. 4. 金, 火姓엔 再考할 것.

彦 1. 青龍, 天刑星 2. 富榮, 냉정 3. 금전운과 발전운을 겸한 남성문자. 天機, 文曲, 文昌星 등 지능문자를 배합하면 大吉. 여자는 天后, 天姚星을 배합할 것.

玲 1. 天后, 六合, 螣蛇星 2. 매력, 화합, 心勞 3. 사교성이 풍부하고 신용과 인기를 얻는 문자. 여자는 결혼운, 연애운이 강하고 남자는 강한 문자를 배합할 것.

祐 1. 天梁, 傷官, 天空星 2. 통솔, 예술, 徒勞 3. 적극성이 강하고 행동력이 있는 남성문자. 온화한 문자를 배합하면 여자도 사용. 4. 正官姓엔 부적합.

胤 1. 太陰, 天刑, 放星 2. 청결, 냉정, 개방 3. 매우 실리적이고 견실한 문자. 여성엔 최적. 남성엔 적극성이 강한 문자와 배합할 것.

修 1. 文昌, 羊刃, 天刑星 2. 명성, 용감, 냉정 3. 지능적이고 문화방면에서 출세하는 吉문자. 여자는 온화한 문자를 배합할 것.

郁 1. 太陰, 傷官, 陀羅星 2. 청결, 예술, 용감 3. 온화하고 특수한 지능을 발휘하며, 예술, 문화, 문예 방면으로 출세한다. 남자는 적극성이 강한 문자를 배합할 것. 4. 火, 金姓엔 부적합.

倫 1. 六合, 羊刃, 收星 2. 화합, 용감, 내성 3. 온화하고 사교성이 풍부한 문자. 여성엔 최적. 남녀 공용

兼 1. 六合, 財劫, 天刑, 收星 2. 화합, 失費, 냉정, 내성 3. 온화한 문자. 금전운이 없으니 배합에 주의할 것. 4. 木, 禾姓엔 부적합.

剛 1. 天同, 食神, 天刑星 2. 은혜, 家財, 냉정 3. 물질운이 매우 강하고 온화한 吉문자. 남자는 강한 문자를 배합할 것.

原 1. 天府, 太陽, 放星 2. 재능, 권위, 개방 3. 재능과 행동력이 풍부하고 발전성이 강한 문자. 남자엔 최적. 4. 天空, 地劫, 劫財姓엔 부적합.

勉 1. 天鉞, 帝旺, 太陽, 白虎星 2. 성공, 발전, 권위, 속단 3. 지위, 명성이 뛰어나고 발전력이 강한 남성문자.

哲 1. 偏財, 右弼, 天空星 2. 금전, 支援, 徒勞 3. 활동력과 재운이 매우 풍족한 吉문자. 상인·사업가에 최적. 4. 劫財, 比肩姓엔 부적합.

夏 1. 天相, 文昌, 收星 2. 자애, 명성, 내성 3. 지능방면에 뛰어난 온화하고 발전성이 있는 문자. 남녀 공용. 학문·문화 방면에 최적. 사업가는 금전운 문자를 배합할 것.

孫 1. 天刑, 胎, 放星 2. 온순, 개방, 냉정 3. 지극히 온화한 문자. 남자는 물질운이 있는 강한 문자와 배합할 것.

家 1. 正官, 貪狼, 收星 2. 향상, 욕망, 내성 3. 발전과 행동력이 비상한 문자. 너무 지나치게 강함으로 온화한 문자와 배합할 것. 4. 傷官姓엔 부적합

容 1. 正官, 六合, 天空星 2. 향상, 화합, 徒勞 3. 발전성이 강한 남성용 吉문자. 여자도 사용가능. 지위와 명성을 얻는다. 4. 傷官姓엔 부적합.

展 1. 收星, 守星 2. 내성, 온화 3. 온화한 문자. 남자는 지능 방면으로 출세한다. 여자는 天后, 食神, 正財, 太陽星 문자를 배합할 것.

峰 1. 食神, 文昌, 收星 2. 家財, 명성, 내성 3. 물심양면으로 吉作用을 발휘하는 吉문자, 명성운도 있다. 남녀 공용. 4. 申, 田姓엔 부적합.

師 1. 太常, 天空星 2. 인내, 徒勞 3. 매우 온화하고 소극적이면서 견실한 발전성을 가지고 있는 吉문자. 여자와 학자에 최적.

恭 1. 天后, 六合, 放星 2. 매력, 화합, 개방 3. 매우 온화하고 사교성이 뛰어난 발전적인 문자. 봉직자, 여자에 최적. 남자는 금전운, 문자를 배합할 것. 여자는 결혼운이 좋다.

悟 1. 天空, 放星, 收星 2. 徒勞, 개방, 내성 3. 밝은 문자. 배합에 따라서 吉하고 凶하다. 남자는 재운을, 여자는 天后, 天姚, 天機, 天相을 배합할 것.

泰 1. 食神, 沐浴, 收星 2. 家財, 변동, 내성 3. 온화하고 물질운을 가진 문자. 여성엔 최적. 남자는 적극성 문자를 배합할 것. 4. 申, 田姓

浦 1. 偏印, 沐浴星 2. 풍류, 변동 3. 특이한 지능으로 대성한다. 여자는 예능방면에서, 남자는 문화 방면에서 성공하는 지적문자. 4. 山, 大姓엔 부적합.

浪 1. 天鉞, 太陽, 沐浴 守星 2. 성공, 권위, 변동, 온화 3. 온화하고 발전하는 문자. 남녀 공용. 명성과 지위를 누리고 대성하는 吉문자. 재운문자를 배합하면 大吉.

流 1. 天鉞, 沐浴, 白虎星 2. 성공, 변동, 속단 3. 강한 행동력과 활발한 발전력을 겸비한 문자. 남자엔 최적합. 여자는 온화한 문자를 배합할 것.

華 1. 天后, 傷官星 2. 매력, 예술 3. 남녀 공용. 여자는 연애, 결혼운이 좋고 남자는 적극성이 있는 강한 문자를 배합할 것. 4. 여자로서 女, 夕姓은 부적합, 남자로서 正官姓은 再考할 것.

連 1. 偏印, 驛馬星 2. 풍류, 활동 3. 자유업에서 특수한 재능으로 발전. 남성 문자. 여자는 사용 불가. 4. 山, 大姓엔 부적합.

透 1. 正財, 驛馬, 天刑星 2. 재산, 활동, 냉정 3. 물질운이 강한 활동적인 문자. 여자는 온화한 문자를 배합할 것. 4. 劫財, 止,

比姓엔 부적합

通 1. 偏印, 驛馬星 2. 풍류, 활동 3. 취미적 재능으로 특수한 발전을 하는 문자. 학문·藝能 등으로 사회에 명성을 떨친다. 4. 山, 大姓엔 부적합.

速 1. 傷官, 驛馬, 放星 2. 예술, 개방, 활동 3. 특이한 재능으로 발전하는 활동적인 문자. 일반인에게는 부적합하다. 여자는 사용 불가.

造 1. 勾陳, 驛馬, 傷官星 2. 質朴, 활동, 예술 3. 남성문자. 견실하고 발전성을 가진 평범한 문자. 활동적이고 화려한 문자를 배합할 것. 관리는 부적합.

朗 1. 天鉞, 太陽, 太陰星 2. 성공, 권위, 청결 3. 완전한 吉문자. 온화하고 견실하고 학문·문예 등 정신면에서 출세하는 문자. 남녀 공용. 재운문자를 배합할 것.

敏 1. 文昌, 偏印, 六合星 2. 명성, 풍류, 화합 3. 특이한 재능을 발휘하고 그로써 인기를 얻는다. 4. 山, 大姓엔 부적합.

時 1. 太陽, 右弼, 勾陳星 2. 권위, 得援, 質朴 3. 완전한 吉문자. 온화하고 견실하며 발전성이 있다. 물질운 문자를 배합할 것.

格 1. 正財, 文昌星 2. 재산, 명성 3. 학문, 기예 등 문화방면에서 대성하고 금전운도 얻는 福德문자. 4. 劫財, 止, 比姓엔 부적합.

桃 1. 正財, 傷官星 2. 재산, 예술 3. 남녀 공용. 금전운이 좋다. 예술적 재능으로 물질적 은혜를 누린다. 4. 劫財, 止, 比姓엔 부적합.

梅 1. 正財, 六合, 偏印星 2. 재산, 화합, 풍류 3. 견실한 물질운을 가진 온화한 문자. 남녀 공용. 적극성 문자와 배합하면 大吉. 4. 劫財, 止, 比姓엔 부적합.

祥 1. 天梁, 羊刃星 2. 통솔, 용감 3. 남의 윗사람으로서 활동하는 강한 문자. 금전운 문자를 배합할 것. 여자는 온화하고 사교성이 풍부한 문자와 배합할 것. 4. 羊刃 陀羅姓엔 부적합.

珠 1. 天后, 正財, 傷官星 2. 매력, 재산, 예술 3. 매우 온화하고 사교성이 풍부한 부드러운 문자. 금전운도 있고 특히 여자는 결혼운이 좋다. 남자는 행동적인 문자를 배합할 것. 4. 劫財, 止, 比姓엔 부적합.

能 1. 太陰, 七殺, 地劫星 2. 권위, 내성 3. 발전력이 있는 밝은 문자. 물질운이나 지능적인 문자를 배합하면 大吉. 여자는 온화하고 부드러운 문자를 배합할 것.

晋 1. 太陽, 收星 2. 권위, 내성 3. 발전력이 있는 밝은 문자. 물질운이나 지능적인 문자를 배합하면 大吉. 여자는 온화하고 부드러운 문자를 배합할 것.

柱 1. 正財, 勾陳星 2. 재산, 質朴 3. 견실한 발전성 문자. 금전운이 있고 봉직자엔 최적. 4. 劫財, 比肩姓엔 부적합.

桐 1. 正財, 天同, 天空星 2. 재산, 은혜, 徒勞 3. 금전·물질운이 있는 온화한 吉문자. 남자는 활동적이고 지능적 문자를 배합할 것. 4. 比肩, 劫財姓엔 부적합.

浩 1. 傷官, 沐浴, 天空星 2. 예술, 변동, 徒勞 3. 독립성이 강하고 활동적인 남성문자. 여자나 관리, 상인엔 부적합. 文昌, 文曲星을 배합하면 예술방면에서 대성. 4. 正官姓엔 부적합.

益 1. 六合, 天相 2. 화합, 자애 3. 완전한 吉문자. 眞字와 같다. 4. 火, 金姓엔 부적합.

眞 1. 天相, 六合, 傷官星 2. 자애, 화합, 예술 3. 매우 온화한 사교성을 가지고 있는 吉문자. 남녀사용, 여성엔 최적.

紋 1. 文曲, 放星 2. 명성, 개방 3. 학술·문화 방면에서 대성하는 온화하고 발전성 있는 문자. 天機, 天府, 文昌, 仁綬, 朱雀星과 배합하면 지능적 직업에서 대성한다.

納 1. 天同, 羊刃, 放星 2. 은혜, 용감, 개방 3. 사회에서 많은 福德을 누려 대성하는 온화하고 발전성 있는 문자. 남자는 행동력과 적극성이 강한 문자와 배합할 것. 4. 天梁, 巨門姓엔 부적합.

純 1. 騰蛇, 放星 2. 心勞, 개방 3. 남녀 공용. 남자는 물질운 문자를, 여자는 온화 문자와 배합할 것.

素 1. 傷官, 放星 2. 예술, 개방 3. 밝고 행동적인 문자. 여자는 天相, 天府, 太陰, 天姚, 天后星과 배합할 것. 4. 正官姓엔

耕 　부적합.
1. 傷官, 天空星　2. 예술, 徒勞　3. 예술·문예 등 자유업으로 대성하는 지능적 문자. 여자나 관리는 부적합. 온화한 문자와 배합할 것.　4. 正官星姓은 부적합.

致　1. 文昌, 勾陳, 地劫星　2. 명성, 質朴, 비난　3. 온화하고 견실한 발전적 문자. 정신면에서 출세한다.

訓　1. 天鉞, 天刑, 天空星　2. 성공, 냉정, 徒勞　3. 독립성이 강한 발전적 문자. 남녀 다같이 물질운과 온화한 문자를 배합할 것.

記　1. 天鉞, 螣蛇星　2. 성공, 心勞, 徒勞　3. 처음 고생하고 뒤에 대성한다. 남자는 금전운을 여자는 天姚, 天后星을 배합할 것.

貢　1. 天相, 六合, 收星　2. 자애, 화합, 내성　3. 매우 온화하고 사교적인 吉문자. 여자엔 최적. 봉직자나 상인 물질운과 배합하면 大吉.　4. 火, 金姓엔 부적합.

起　1. 驛馬, 螣蛇星　2. 활동, 心勞　3. 행동력이 비상하고 활발하여 남녀 공용. 온화한 문자를 배합할 것.

留　1. 偏印, 天刑, 地劫星　2. 풍류, 냉정, 비난　3. 유별난 재능과 특이한 직업으로 성공한다. 일반인은 배합에 머리를 써야 한다.　4. 山, 大姓엔 부적합.

高　1. 天鉞, 天同, 天空星　2. 성공, 은혜, 徒勞　3. 윗사람의 총애와 원조를 받는 福德문자. 남자는 강한 문자를 배합할 것.

晃　1. 太陽, 貴人星　2. 권위, 우아　3. 지위와 명성이 비상하고 대성공하는 완전한 吉문자. 남자는 금전운 문자를, 여자는 天姚, 天后, 六合星 등 온화한 문자를 배합할 것.

乾　1. 太陽, 傷官, 螣蛇星　2. 권위, 예술, 心勞　3. 특이한 지능으로 출세하고 활동력과 명성이 뛰어난 남성문자.

勘　1. 天相, 帝旺, 巨門星　2. 지혜, 발전운, 의혹　3. 剛柔를 겸비한 발전적 문자. 남자는 모든 직업인에게, 여자는 獨立夫人에게 최적.　4. 羊刃, 陀羅姓엔 부적합.

健　1. 左輔, 羊刃, 劫財, 收星　2. 得援, 용감, 失費, 내성　3. 행동력이 있는 남성문자. 여자는 온화한 문자를 배합할 것.

副 1. 天刑, 偏印, 天空星 2. 냉정, 풍류, 徒勞 3. 특별한 재능과 직업으로 성공한다. 여성은 사용 불가. 4. 山, 大姓은 부적합.

務 1. 帝旺, 文昌, 天魁星 2. 발전, 명성, 성공 3. 발전성이 비범한 남성문자. 여자는 온화한 문자를 배합할 것.

啓 1. 文昌, 天空, 收星 2. 명성, 徒勞, 내성 3. 온화하고 학문적인 명성을 얻는 吉문자. 남녀 공용.

基 1. 天相, 勾陳星 2. 자애, 質朴 3. 매우 온화하고 발전적인 문자. 남녀사용. 여자엔 최적. 금전·물질운 문자를 배합할 것. 4. 火, 金姓엔 부적합.

堂 1. 天魁, 勾陳, 放星 2. 성공, 質朴, 개방 3. 온화하고 견실하며 발전성이 있는 문자. 남성사용. 文曲, 文昌, 印綬星을 배합하면 학술·문예방면에서 대성.

宿 1. 正官, 太陽, 羊刃星 2. 향상, 권위, 용감 3. 발전성이 비상하게 강한 문자. 명성과 지위와 福德을 누린다. 4. 巨門, 天梁, 傷官姓엔 부적합.

寄 1. 正官, 食神, 天空, 收星 2. 향상, 家財, 徒勞, 내성 3. 지위와 재운을 겸비한 온화하고 발전성이 강한 문자. 남녀 공용. 4. 傷官, 申田姓엔 부적합.

尉 1. 右弼, 天梁, 收星 2. 得援, 통솔, 내성 3. 온화하고 행동력이 있는 성공문자. 남자는 사업가에 최적. 금전운 문자를 배합할 것. 4. 羊刃, 陀羅姓엔 부적합.

崇 1. 食神, 正官, 天梁星 2. 家財, 향상, 통솔 3. 물심양면으로 吉한 작용을 하고 명성운이 비상한 완전 吉문자. 4. 羊刃, 陀羅, 申田姓엔 부적합.

常 1. 天魁, 太相, 收星 2. 성공, 인내, 개방 3. 온화하고 견실하며 발전성이 있는 吉문자. 남녀 공용.

康 1. 天府, 劫財, 沐浴星 2. 재능, 失費, 변동 3. 庸字와 동일함. 4. 天空, 劫財, 地劫姓엔 부적합.

庸 1. 天府, 劫財, 偏印星 2. 재능, 失費, 풍류 3. 두뇌면으로 활약하고 학문·문화 방면에 최적. 4. 天空, 劫財, 地劫姓엔 부

적합.

張 1. 巨門, 收, 守星 2. 의혹, 내성, 온화 3. 남성 문자. 여자는
사용 불가. 물질운 문자를 배합. 4. 羊刃, 陀羅姓엔 부적합.

强 1. 巨門, 騰蛇, 地劫星 2. 의혹, 心勞, 비난 3. 행동력이 있는
남성문자. 여자는 사용禁止. 온화한 문자를 배합할 것. 4. 羊刃,
陀羅姓엔 부적합.

彩 1. 正財, 天刑, 爪星 2. 재산, 냉정, 고생 3. 처음엔 고생하고
뒤에 대성하는 금전운 문자. 적극성 문자를 배합할 것.

得 1. 紫薇, 太陽, 右弼星 2. 기품, 권위, 得援 3. 지위와 명성을
얻는 완전한 吉문자. 여자도 사용.

淑 1. 廉貞, 沐浴, 七殺, 放星 2. 질서, 변동, 위세, 개방 3. 매우
강하고 엄한 문자. 온화한 문자를 배합할 것.

菊 1. 天后, 傷官星 2. 매력, 예술 3. 여성 문자. 연애 · 결혼운이
좋다. 여자는 食神, 正財星을, 남자는 발전성이 강한 문자를 배합
할 것. 여자는 天姚姓에, 남자는 正官姓에 부적합.

進 1. 朱雀, 驛馬星 2. 화려, 활동 3. 행동력이 있고 화려한 생활을
즐기는 문자. 지적문자를 배합할 것. 여자는 六合, 太陰, 天姚,
天相星 문자와 배합할 것.

淸 1. 太陰, 沐浴, 傷官星 2. 청결, 변동, 예술 3. 매우 견실하고
온화한 문자. 여자엔 최적. 남자는 강한 문자를 배합할 것.

猛 1. 天相, 貪狼, 胎星 2. 자애, 욕망, 온순 3. 온화속에 강한
남성적 문자. 사업가 · 독립업에 최적. 4. 金, 火姓엔 최적.

隆 1. 文昌, 長生, 陀羅星 2. 명성, 福德, 용감 3. 온화하고 견실
하며 발전성 있는 문자. 남녀 공용. 4. 巨門, 天梁姓엔 부적합.

敎 1. 文昌, 傷官, 胎星 2. 명성, 예술, 온순 3. 정신면에서 대성
하고 출세한다. 물질운 문자를 배합할 것.

理 1. 天后, 偏印, 勾陳星 2. 매력, 풍류, 質朴 3. 인간미가 넘치
는 온화한 문자. 여성엔 최적. 남자는 재운문자를 배합할 것.

望 1. 天鉞, 太陰, 勾陳星 2. 성공, 청결, 質朴 3. 견실하고 발전
성이 있는 문자. 文曲, 文昌, 天機, 天府星 등 지적문자와 배합하

면 학문·문예 방면에서 대성한다.

盛 1. 天相, 武曲星 2. 자애, 財祿 3. 剛柔를 겸하고 발전성이 강하여 어떠한 계층에도 적합한 완전 吉문자. 특히 사업가엔 최적. 4. 火, 金姓엔 부적합.

移 1. 正財, 天后星 2. 재산, 매력 3. 매우 온화하고 물질운이 강하며 발전성 있는 완전 吉문자. 상인·주부·봉직자에 최적. 사업가는 적극성 문자를 배합. 4. 財祿, 止, 比姓엔 부적합.

章 1. 靑龍, 太陽, 傷官星 2. 富榮, 권위, 예술 3. 금전운과 지위, 명성을 겸비한 吉문자. 남녀 공용.

紫 1. 比肩, 七殺, 放星 2. 독립, 위세, 개방 3. 기세가 매우 강하고 행동력이 있는 남성문자. 독립적 사업에 적합. 여자는 온화한 문자를 배합할 것.

規 1. 天相, 白虎, 食神星 2. 자애, 속단, 家財 3. 행동력과 사교성이 풍부하고 발전성이 강한 吉문자. 남자는 지적문자와 배합할 것. 4. 金火申田姓엔 부적합.

貫 1. 天相, 六合, 收星 2. 자애, 화합, 내성 3. 사교성이 비상하고 온화한 吉문자. 여성에 최적. 4. 火, 金姓엔 부적합.

雪 1. 劫財, 收星 2. 失費, 내성 3. 남녀 공용. 재운이 薄하니 武曲, 靑龍, 食神, 天存星을 배합할 것. 4. 木禾姓엔 부적합.

麻 1. 天府, 正財星 2. 재능, 재산 3. 뛰어난 재능과 아이디어로 재운을 얻는 완전한 吉문자. 남자는 행동력 문자를 배합할 것. 4. 天空, 地劫, 止, 比姓엔 부적합.

黑 1. 天相, 勾陳, 驛馬星 2. 자애, 質朴, 활동 3. 온화하고 알뜰한 행동력을 가진 문자. 봉직자나 일반 여성에겐 최적. 正財星을 배합하면 大吉하다. 4. 火, 金姓엔 부적합.

寅 1. 正官, 偏印, 六合星 2. 향상, 풍류, 화합 3. 지위와 명성을 얻는 문자. 여성은 가급적 사용금지. 4. 山, 大姓엔 부적합.

淳 1. 天鉞, 胎星, 沐浴, 天空星 2. 성공, 온순, 변동, 徒勞 3. 온화한 발전력을 가진 문자. 남녀 공용. 남자는 적극적이고 강한 문자를, 여자는 물질운 문자를 배합할 것.

創 1. 六合, 天刑, 天空星 2. 화합, 냉정, 徒勞 3. 남녀 공용. 사교성이 풍부하다. 남녀같이 天機, 天府, 偏財, 正財, 印綬星을 배합할 것.

勝 1. 太陰, 帝旺, 食神星 2. 청결, 발전, 家財 3. 견실하고 발전성이 있으며, 물질운도 있어 봉직자나 주부엔 최적. 4. 申, 田姓엔 부적합.

勤 1. 帝旺, 天后, 天空星 2. 발전, 매력, 徒勞 3. 강한 행동력과 인기로서 높은 지위에서는 발전성이 강한 문자. 물질운이 강한 문자와 배합할 것.

博 1. 右弼, 傷官, 偏印星 2. 得援, 예술, 풍류 3. 지능방면에서 대성하는 정신적 문자. 天機, 天府, 文曲, 文昌, 印綬星 등 지적문자를 배합하면 학술·문화 방면에서 성공한다.

善 1. 天空, 六合, 收星 2. 徒勞, 화합, 내성 3. 온화하고 소극적인 문자. 여성엔 최적. 지적으로 강한 문자를 배합할 것. 배합여하에 따라서 남녀 다같이 吉한 문자.

喜 1. 天機, 六合, 天空, 收星 2. 지혜, 화합, 徒勞, 내성 3. 지능과 사교성으로서 착실하게 발전하는 吉문자. 남자는 적극성 문자를, 여자는 天后, 天姚星 문자를 배합할 것.

富 1. 正官, 偏印, 天空星 2. 향상, 풍류, 徒勞 3. 특이한 재능으로 명성을 떨리는 문자로서 자유업에 최적. 4. 傷官, 山, 大姓엔 부적합.

尊 1. 右弼, 六合, 收星 2. 得援, 화합, 내성 3. 타인의 지원으로 견실하게 발전하는 吉문자. 남녀 공용. 물질운이 강한 문자와 배합할 것. 지적문자를 배합하면 학자엔 최적.

溫 1. 太陽, 天相, 沐浴星 2. 권위, 자애, 변동 3. 온화하면서 발전력이 강한 문자. 남자는 행동성 문자를 배합할 것. 4. 火, 金姓엔 부적합.

葉 1. 天后, 正財星 2. 매력, 재산 3. 완전한 吉문자. 여자는 연애·결혼운이 좋고 물질운이 있어서 견실한 생활을 보낸다. 4. 比肩, 劫財姓엔 부적합.

滋 1. 六合, 沐浴, 收星 2. 화합, 변동, 내성 3. 사교성이 풍부한 온화한 문자. 반듯이 물질운 문자와 배합할 것.

陽 1. 太陽, 陀羅星 2. 권위, 용감 3. 밝고 활동적인 문자. 지적문자를 배합할 것. 4. 巨門, 天梁姓엔 부적합.

達 1. 勾陳, 驛馬, 羊刃星 2. 質朴, 활동, 용감 3. 착실하게 발전하는 문자. 봉직자나 일반 남자에게 최적.

道 1. 天相, 六合, 驛馬星 2. 자애, 화합, 활동 3. 완전한 吉문자. 온화하고 활동력이 있으며 발전성이 있다. 4. 火, 金姓엔 부적합.

隨 1. 太陰, 傷官, 驛馬星 2. 청결, 예술, 활동 3. 독립심이 강한 정신적 문자. 예술·문예 등 특수한 재능으로 출세한다.

敬 1. 天后, 文昌, 天空星 2. 매력, 명성, 徒勞 3. 학문, 예술, 문화방면에서 출세하는 정신적 문자. 여자는 연애·결혼운 좋다.

普 1. 太陽, 六合, 收星 2. 권위, 화합, 내성 3. 온화하고 발전성이 있다. 남녀 공용. 적극성이 강한 문자와 배합할 것.

景 1. 帝旺, 天鉞, 放星 2. 발전, 성공, 개방 3. 발전이 강한 성공적 문자. 남자엔 최적. 여자도 사용가능. 天機, 文曲, 文昌, 印綬星을 배합하면 大吉

晶 1. 太陽星 2. 권위 3. 명성운이 비상한 문자. 재운이 있고 온화한 문자와 배합. 여자는 소극적이고 온유한 문자를 배합할 것.

朝 1. 太陰, 太陽, 傷官星 2. 청결, 권위, 예술 3. 剛柔를 겸한 일반용 문자. 금전운 문자를 배합할 것.

森 1. 正財星 2. 재산 3. 금전운이 대단하다. 남자는 지적이고 행동력이 강한 문자를 배합할 것.

琴 1. 天后, 六合星 2. 매력, 화합 3. 매우 온화하고 대인관계에 인간적 매력을 풍기는 문자. 여자는 연애와 결혼운이 좋고 天姚星姓엔 최적. 남자는 적극성 문자와 배합할 것.

登 1. 六合, 收星, 天空星 2. 화합, 내성, 徒勞 3. 온화한 일반적 문자. 남녀 공용. 남자는 강한 문자를 배합할 것.

童 1. 青龍, 偏印, 勾陳星 2. 富榮, 풍류, 質朴 3. 특이한 재능으로 得財한다. 견실하게 발전해 가는 남성용 문자. 4. 食神姓에

統 　부적합.
　　1. 天鉞, 白虎, 地劫, 放星　2. 성공, 속단, 비난, 개방　3. 행동력이 있는 강한 문자. 여자는 온유한 문자를 배합할 것.

貴　1. 天相, 六合, 收星　2. 자애, 화합, 내성　3. 완전한 吉문자. 온화하고 사교성이 풍부하다. 여성과 봉직자, 학자엔 최적.

裕　1. 天存, 六合, 天空星　2. 풍부, 화합, 徒勞　3. 일반용 문자. 물질운과 사교성이 풍부하여 남의 福德을 누리는 吉字.　4. 地劫, 天空, 劫財星姓과는 부적합.

賀　1. 天相, 帝旺, 六合星　2. 자애, 발전, 화합　3. 剛柔를 겸하고 발전성이 강한 문자. 남녀 공용.　4. 火, 金姓엔 부적합.

雄　1. 朱雀, 傷官, 地劫星　2. 화려, 예술, 徒勞　3. 남성 문자. 차분하고 소극성 문자를 배합할 것.　4. 正官星姓은 부적합.

智　1. 帝旺, 食神, 天空星　2. 발전, 家財, 徒勞　3. 물질운이 강한 문자. 봉직자와 女性엔 최적.　4. 申, 田엔 부적합.

開　1. 天刑, 實星, 收星　2. 냉정, 견실, 내성　3. 일반 남녀문자,. 남자는 행동력이 있고 물질운이 있는 문자를, 여자는 온화하고 금전운이 있는 문자와 배합할 것.

順　1. 天相, 六合, 天刑星　2. 자애, 화합, 냉정　3. 온화하고 사교성이 풍부한 일반용 문자. 여성과 봉직자에 최적. 물질운 문자와 배합하면 大吉.

欽　1. 右弼, 鈴星　2. 得援, 쾌속　3. 강하고 적극성 문자. 남녀 공용. 물질운 문자와 배합.　4. 武曲, 巨門, 天相姓엔 부적합.

敦　1. 文昌, 天鉞, 天空, 胎星　2. 명성, 성공, 徒勞, 온순　3. 학술·문화 방면으로 발전하는 온화한 정신적 문자. 天機, 天府, 印綬星 문자와 배합하면 大吉. 금전운 문자와 배합할 것.

園　1. 印綬, 勾陳, 守星　2. 연구, 質朴, 온화　3. 온화한 정신적 문자. 학술, 연구, 문화 방면에 대성하고 견실하게 발전한다. 文曲, 文昌, 天機, 天府星 문자와 배합하면 大吉.

寬　1. 正官, 天府, 白虎, 天相星　2. 향상, 매력, 속단, 자애　3. 지위, 명성의 福德을 누리는 문자. 여자는 연애와 결혼운이 좋다.

愛
慈
幹
愼
源
準
新
業
照
福
節
督

4. 傷官星姓은 부적합.
1. 天鉞, 文昌, 爪星 2. 성공, 명성, 勞苦 3. 학문, 명성운이 강한 정신적 문자. 학문·문예 방면에 대성. 여성엔 최적.
1. 六合, 放星, 收星 2. 개방, 내성, 화합 3. 밝고 온화한 일반 남녀문자. 여성엔 최적. 남성엔 적극성 문자와 배합할 것.
1. 太陽, 武曲, 六合, 傷官星 2. 권위, 財祿, 화합, 예술 3. 물심양면으로 吉作用을 하고 발전성이 강한 남녀문자. 4. 火, 金姓엔 부적합.
1. 天相, 六合, 傷官, 放星 2. 자애, 화합, 예술, 개방 3. 온화하고 예술적 부분이 뛰어난 정신적 문자. 4. 火, 金姓엔 부적합.
1. 天府, 太陽, 沐浴, 放星 2. 재능, 권위, 변동, 개방 3. 지능활동력이 풍부하여 대성하는 吉문자. 남녀 공용. 배합에 재운 문자를 쓸 것. 4. 天空, 地劫, 劫財星姓과는 부적합.
1. 朱雀, 傷官星 2. 화려, 예술 3. 학문, 기예 등 특수한 방면에서 능력을 발휘하고 출세하는 문자. 여성엔 사용 불가. 4. 正官星姓엔 부적합.
1. 靑龍, 右弼, 正財星 2. 富榮, 得援, 재산 3. 완전한 吉문자. 매우 재운이 강하고 발전성이 있는 吉문자. 남녀 공용. 지적문자를 배합하면 문화 방면에서 대성한다. 4. 比肩, 劫財星姓엔 부적합.
1. 羊刃, 天刑星 2. 용감, 냉정 3. 행동력이 강한 남성적 문자. 여자는 사용 不可. 온화한 문자를 배합할 것.
1. 太陽, 驛馬, 天刑星 2. 권위, 활동, 냉정 3. 발전성이 강한 활동적 문자. 여자는 온화한 문자를 배합할 것.
1. 天梁, 偏印, 天空, 收星 2. 통솔, 풍류, 徒勞, 내성 3. 남녀 공용. 여자는 온화한 문자를 배합할 것.
1. 靑龍, 太陽, 右弼星 2. 富榮, 권위, 得援 3. 완전한 吉문자. 금전운과 명성운이 풍부한 남성문자. 여자도 사용.
1. 天相, 廉貞, 七殺星 2. 자애, 질서, 위세 3. 윗사람으로서 대성공하는 남성적 문자. 여성도 사용 가능. 4. 金, 火, 石, 皮,

貪狼星姓엔 부적합.

稚 1. 正財, 朱雀星 2. 재산, 화려 3. 물질운이 강하고 화려한 행동을 하는 완전한 吉문자. 지적문자를 배합하면 학술·문예 방면에서 대성한다. 4. 比肩 劫財星姓은 부적합.

絹 1. 天相, 六合, 天空, 放星 2. 자애, 화합, 徒勞, 개방 3. 온화한 발전성을 가진 일반용 문자. 여성과 봉직자엔 최적. 상인·사업가는 금전운 문자를 배합할 것. 4. 火, 金姓엔 부적합.

義 1. 偏財, 武曲, 天后星 2. 금전, 財祿, 매력 3. 대단한 재운을 가진 완전한 吉문자. 남성엔 최적. 比肩, 劫財星, 火, 金姓엔 부적합.

聖 1. 天相, 勾陳, 天空, 收星 2. 자애, 質朴, 徒勞, 내성 3. 매우 온화한 일반용 문자. 여성엔 최적. 4. 火, 金姓엔 부적합.

誠 1. 天鉞, 武曲, 天空星 2. 성공, 財祿, 徒勞 3. 재운이 강한 발전성 문자. 남성엔 최적. 여성은 온화한 문자를 배합할 것. 4. 火, 金姓은 부적합.

資 1. 天相, 右弼, 六合, 沐浴星 2. 자애, 得援, 화합, 변동 3. 온화하고 발전성이 강한 완전한 吉문자. 4. 火, 金姓은 부적합.

路 1. 文昌, 天空星 2. 명성, 徒勞 3. 학문·문화 방면에 적합, 적극성이 강한 문자를 배합할 것. 4. 天府, 天存星姓엔 부적합.

鈴 1. 六合, 鈴星, 收星 2. 화합, 쾌속, 내성 3. 남녀 다같이 長生, 貴人, 天后, 太常星 등 온화한 문자를 배합할 것. 4. 天相, 武曲, 巨門星姓엔 부적합.

雅 1. 朱雀, 貪狼星 2. 화려, 욕망 3. 문화, 문예 등 특수한 방면에 적합, 여자는 온화한 문자를 배합할 것. 4. 卜姓엔 부적합.

禎 1. 天梁, 天相, 六合, 廉貞星 2. 통솔, 자애, 화합, 질서 3. 剛柔를 겸한 행동적 문자. 남성에 최적. 4. 羊刃, 陀羅星姓엔 부적합.

寧 1. 正官, 天相, 天刑, 放星 2. 향상, 자애, 냉정, 개방 3. 매우 견실하고 명성과 지위와 福德을 누리는 吉문자. 재운 문자를 배합하면 大吉. 4. 火, 金姓, 傷官星姓엔 부적합.

靖 1. 靑龍, 太陰, 傷官星 2. 富榮, 청결, 예술 3. 금전운이 강하고 온화하며 기품이 있는 문자. 여성엔 최적.

彰 1. 靑龍, 太陽, 天刑星 2. 富榮, 권위, 냉정 3. 상인·사업가·정치가에 알맞는 문자. 행동력이 넘치고 재운이 강한 문자.

德 1. 紫薇, 天相, 傷官, 放星 2. 기품, 자애, 예술, 개방 3. 온화하고 정신적 福德을 누리는 일반용 문자. 4. 貪狼, 石, 皮, 金, 火姓엔 부적합.

種 1. 正財, 偏印, 勾陳星 2. 재산, 풍류, 質朴 3. 취미적이고 특이한 면에서 成財하는 온화한 문자. 여자는 보다 온화한 문자와 배합할 것.

精 1. 太陰, 傷官, 收星 2. 청결, 예술, 내성 3. 알뜰하고 견실한 정신면에서 활약하는 지적 문자. 학문·문화 방면에 최적. 4. 正官星姓엔 부적합.

綠 1. 地劫, 沐浴, 放星 2. 徒勞, 변동, 개방 3. 남녀 공용. 여자는 온화한 문자를 배합할 것. 4. 天府, 天存星姓엔 부적합.

維 1. 朱雀, 放星 2. 화려, 개방 3. 밝은 일반용 문자. 여자는 소극적이고 온화한 문자를 배합할 것.

綱 1. 天同, 食神, 放星 2. 은혜, 家財, 개방 3. 온화하고 물질운이 풍부한 문자. 남자는 행동력 문자를, 여자는 天后, 天姚, 太陰星 문자를 배합할 것. 4. 申, 田姓은 부적합.

銑 1. 白虎, 鈴星 2. 속단, 쾌속 3. 매우 행동력이 풍부한 남성문자. 여성은 사용 불가. 온화하고 물질운이 있는 문자와 배합할 것. 지능적 문자도 好配. 4. 武曲, 天相星姓엔 부적합.

靜 1. 靑龍, 傷官, 爪星 2. 富榮, 예술, 勞苦 3. 특한 재능으로 得財한다. 여자는 온화한 문자를 배합할 것.

領 1. 天相, 六合, 收星 2. 자애, 和合, 내성 3. 완전한 吉문자. 온화하고 사교성이 풍부하다. 남녀 공용. 4. 火, 金姓엔 부적합.

肇 1. 文昌, 傷官, 收星 2. 명성, 내성, 예술 3. 문화·문예 등 특이한 방면에서 출세. 일반 봉직자나 상인엔 부적합. 지능 문자를 배합하면 大吉.

輔　1. 偏印, 傷官星 2. 풍류, 예술 3. 지극히 유별난 재능을 가지고 있어서 특수한 직업으로 대성한다. 가급적 봉직자나 상인에게는 사용 금지. 학자·예술인·문예가 등에 최적. 4. 大, 山姓엔 부적합.

暢　1. 太陽, 偏印, 收星 2. 권위, 풍류, 내성 3. 밝은 행동력이 풍부한 일반 문자. 모든 계층에 적합. 4. 山, 大姓엔 부적합.

嘉　1. 勾陳, 帝旺, 天空星 2. 質朴, 발전, 徒勞 3. 알뜰한 발전력이 있다. 남녀 다같이 강하고 적극적인 문자를 배합할 것.

勳　1. 帝旺, 偏印, 驛馬星 2. 발전, 풍류, 활동 3. 매우 운기가 강한 남성 문자. 사업가 등은 재운 문자를 배합하면 大吉. 여자는 온화한 문자를 배합할 것. 4. 山, 大姓엔 부적합.

審　1. 正官, 偏印, 爪星 2. 발전, 향상운이 강한 남성용 문자. 견실한 행동력이 있어서 근로자, 학자에 최적. 3.

導　1. 右弼, 天相, 驛馬星 2. 得授, 자애, 활동 3. 사교성이 있고 온화하며 발전성 문자. 남녀 공용. 남자는 강한 물질운 문자를 배합할 것.

徹　1. 紫薇, 天鉞, 太陰, 文昌星 2. 기품. 성공, 청결, 명성 3. 완전한 吉문자. 정신·문화 방면에서 출세하는 기품이 있고 고상한 문자. 여성엔 최적. 4. 貪狼, 破軍姓엔 부적합.

慶　1. 天府, 文昌, 放星 2. 재능, 명성, 개방 3. 두뇌 활동이 비상하고 학문·문화 방면에서 명성을 날린다. 4. 天空, 地劫, 劫財星姓엔 부적합.

潔　1. 天刑, 沐浴, 放星 2. 냉정, 변동, 개방 3. 밝은 일반용 문자. 남녀 다가이 재운 문자나 행동력 문자를 배합할 것.

潤　1. 沐浴, 天后, 實星 2. 변동, 매력, 견실 3. 견실하고 발전성 있는 남녀 공용문자. 여자는 연애, 결혼운이 좋아서 최적. 4. 天姚星姓의 여자엔 부적합.

範　1. 青龍, 偏印, 騰蛇星 2. 富榮, 풍류, 心勞 3. 정신 방면에서 명성을 날리고 특이한 재능으로 대성한다. 여자도 사용. 4. 山, 大姓엔 부적합.

篤 1. 靑龍, 驛馬, 收星 2. 富榮, 활동, 내성 3. 활동력이 있는 문자. 물질운 문자와 배합할 것.

論 1. 天鉞, 六合, 偏印星 2. 성공, 화합, 풍류 3. 학문·문화 방면에서 발전하는 온화한 문자. 天機, 天府, 印綬星 문자와 배합하면 大吉. 여자는 天姚, 天后성과 배합할 것.

贊 1. 天相, 六合, 傷官星 2. 자애, 화합, 예술 3. 매우 온화하고 사교성이 풍부한 문자. 여성엔 최적. 근로자와 남자는 물질운 문자를 배합할 것. 4. 火, 金姓엔 부적합.

輝 1. 貴人, 天鉞, 偏印星 2. 우아, 성공, 풍류 3. 온화하고 발전성이 강한 기품있는 문자. 남녀 공용. 재운 문자를 배합하면 남성에 최적이고 天后, 天姚 문자를 배합하면 여성에 최적. 4. 山, 大姓엔 부적합.

毅 1. 靑龍, 貪狼, 七殺星 2. 富榮, 욕망, 위세 3. 매우 물질운이 강하고 활동적인 남성문자. 사업가·상인엔 최적. 4. 卜姓엔 부적합.

養 1. 天后, 偏印, 六合星 2. 매력, 풍류, 화합 3. 사교성이 풍부하고 온화한 문자. 남녀 공용. 여자는 연애·결혼운이 좋다. 4. 山, 大姓엔 부적합.

憲 1. 正官, 天相, 放星 2. 향상, 자애, 개방 3. 온화하고 발전력이 있다. 물질운이 강한 문자와 배합할 것. 4. 傷官星姓과 金, 火姓엔 부적합.

薰 1. 天后, 偏印, 驛馬星 2. 매력, 풍류, 활동 3. 人氣, 명성을 얻는 온화한 문자. 여자엔 최적. 남자는 강한 문자를 배합할 것.

樹 1. 正財, 右弼, 勾陳星 2. 재산, 得援, 質朴 3. 물질운이 있는 온화한 吉문자. 근로자와 여성엔 최적. 4. 比肩, 劫財星엔 부적합.

繁 1. 文昌, 六合, 偏印, 放星 2. 명성, 화합, 풍류, 개방 3. 學術·문화 방면에서 출세한다. 남녀 공용.

衛 1. 紫薇, 天空星 2. 기품, 徒勞 3. 정신성이 강한 문자. 활동력이 강하고 적극적 문자를 배합할 것. 4. 貪狼, 破軍星엔 부적합.

積 1. 正財, 天相, 六合, 收星 2. 재산, 자애, 화합, 내성 3. 물심 양면으로 福德을 누리는 온화한 吉문자. 4. 比肩, 劫財星엔 부적합.

融 1. 騰蛇, 天空, 收星 2. 心勞, 徒勞, 내성 3. 일반용 문자. 여자는 사용 금지. 물질·금전운 문자를 배합할 것.

賢 1. 天相, 六合, 巨門, 七殺星 2. 자애, 화합, 의혹, 위세 3. 온화와 적극성을 겸유한 남성용 吉문자. 상인에 大吉.

龍 1. 靑龍, 太陰, 騰蛇, 收星 2. 富榮, 청결, 心勞, 내성 3. 견실하고 발전성이 있으며, 화려하지 않으나 확실히 뻗어가는 문자.

謙 1. 天鉞, 天刑, 收星 2. 성공, 냉정, 내성 3. 개성이 강한 남성 문자. 여자는 온화한 문자를 배합할 것.

謹 1. 天后, 天後, 收星 2. 성공, 매력, 내성 3. 견실하고 발전성이 있다. 명성운이 강한 학문·문화 방면으로 대성한다.

錦 1. 太陽, 太常, 鈴星 2. 권위, 인내, 쾌속 3. 견실한 발전력을 가진 차분한 문자. 재운 문자를 배합할 것. 4. 武曲, 巨門, 天相星姓은 부적합.

優 1. 天相, 天鉞, 文昌, 收星 2. 자애, 성공, 명성, 개방 3. 학술·문예 등 정신방면으로 대성하는 온화한 吉문자. 학문·문화 방면이나 예능인에게는 최적. 4. 火, 金姓엔 부적합.

藤 1. 天后, 太陰, 食神, 沐浴星 2. 매력, 청결, 家財, 변동 3. 물질운이 좋고 사교성이 있다. 근로자나 일반 여성엔 최적. 사업가·상인엔 적극성 문자를 배합할 것. 4. 申, 田姓엔 부적합.

磨 1. 天府, 正財, 天空星 2. 재능, 재산, 徒勞 3. 물심양면에 吉한 작용을 하는 온화한 문자. 적극성 강한 문자를 배합하면 상인·사업가에 大吉. 4. 地劫, 比肩, 劫財, 天空星姓엔 부적합.

麗 1. 天同, 天府, 比肩, 收星 2. 은혜, 재능, 독립, 내성 3. 매우 온화한 문자. 재운 문자를 배합하면 大吉. 4. 天空, 地劫星姓엔 부적합.

護 1. 天鉞, 天后, 朱雀, 七殺星 2. 성공, 매력, 화려, 3. 화려한 명성운이 강한 문자. 독립적 사업, 예술 등 성적 사업엔 최적. 여자

馨 는 온화문자와 배합할 것.
1. 天機, 正財, 太陽, 七殺星 2. 지혜, 재산, 권위, 위세 3. 명성과 지위와 금전운이 강한 문자. 학술·문화 방면엔 부적합. 여자는 온화한 문자를 배합할 것. 4. 比肩, 劫財姓엔 부적합.

鶴 1. 正官, 朱雀, 驛馬星 2. 향상, 화려, 활동 3. 향상·발전력이 강한 문자. 남자는 지능적 문자를, 여자는 물질운 문자를 배합할 것. 4. 傷官星姓엔 부적합.

巖 1. 食神, 天府, 天相, 文昌星 2. 家財, 재능, 자애, 명성 3. 물심양면으로 福德을 누리는 완전한 吉문자. 4. 偏印, 天空, 地劫, 劫財星엔 부적합.

四. 測字歌訣

〔天〕　一人之上大無倫　　不見夫星寡婦身　　雖不出頭終有失
　　　　苦還開口便相吞

〔力〕　事有勾陳未見功　　皆因乏力負初功　　來人問口能叩惠
　　　　忍耐爲高守分通

〔工〕　舡在江邊潮未平　　千求無脚且徘徊　　成功須待扛扶力
　　　　方免窮途空手回

〔交〕　一家之主父當衡　　莫信虛言交匪人　　做事能勤方有效
　　　　婚姻六禮可成文

〔乃〕　力不極兮財不盈　　腹中無子孕難成　　黍禾未種難期秀
　　　　諸事因循未變更

〔何〕　何字分明是可人　　但無倚賴志難伸　　家宅人口無難過
　　　　看取荷花草又生

〔榭〕　身在寸中莫遠行　　好花雖謝果猶存　　守株待兎原非謬
　　　　到底成功一箱能

〔腹〕　骨肉無情反覆多　　難言心腹事蹉跎　　盡力爲謀能勝復
　　　　還防朋友暗中戈

〔種〕　千里經商利有餘　　爲人隱足性舒和　　世間萬事皆有種
　　　　種得心田福祿儲

〔秋〕　風和日煖是春時　　夏日炎炎恐不宜　　苦到秋來方得令
　　　何愁禾黍不收成
〔明〕　陰陽相配妙天然　　日喜晴兮月喜圓　　萬象光華無障蔽
　　　光明締結是良緣
〔海〕　一片桃花順水流　　眼前諸事盡虛浮　　財源好似江湖水
　　　災昧消除不用憂
〔柄〕　水火交通兩旺時　　縱然有病不難醫　　求官必定居風憲
　　　作事休將權柄移
〔稅〕　不悅不穩事難為　　還因說話有蹺蹊　　問人索債無餘利
　　　苦要遷居兌上宜
〔問〕　截長補短是為明　　暮合晨開少變更　　疾病逃亡閃字斷
　　　臨時問字再推詳
〔月〕　日光宜遠月滿時　　將來滿月亦招手　　苦逢月缺來相問
　　　百事遲延待轉移
〔性〕　一往情深諸事能　　財源可喜土生金　　目前生意休嫌少
　　　耐性還須用小心
〔棧〕　木遭連伐未能生　　根深難經風雨前　　本分安閑貧賤樂
　　　干戈擾攘莫前行
〔次〕　為人柔軟受欺凌　　沒有吹噓冷似冰　　買賣經營防盜賊
　　　欠收之象事難成
〔汾〕　三分鼎定事紛紜　　可喜胸中涇渭明　　本分當為休懶惰
　　　安然過活樂清貧
〔糠〕　米為國寶食無虞　　人口平康病脫難　　棠棣相連同氣好
　　　求來庚帖配相宜
〔勉〕　俯仰他人事未諧　　晚間音信必須來　　謀為勉強能成就
　　　病免災危有挽回
〔幻〕　玄武藏頭緝獲難　　家中幼小有傷殘　　寸絲已斷終無用
　　　刀筆情虧莫見官
〔拭〕　所求弋獲手非波　　式好幫扶事有功　　應試文章能中式
　　　病逢戈斷不傷殘

- 401 -

〔紗〕	終妙佳人正少年 病險如絲亦不痊	姻親可結是良緣	獨嫌錢鈔求難得
〔新〕	從前辛苦後忻歡 改圓事業一番新	親戚相親却少離	新日行人立可見
〔週〕	狀詞難准必周全 同床宜結百年終	病主調和喜得痊	財用可求因湊合
〔描〕	及時栽種莫拋荒 收成穩當便無妨	苗損皆因草漸長	將草拔除苗自旺
〔霖〕	雨落林中漸漸生 霜雪相侵林不成	森森茂盛草先盈	開花結菓宜春夏
〔職〕	職分相當財幹人 熟識標戈草與爭	好音入耳事皆成	文名取中求名好
〔此〕	求財只此恐難爭 呈蛇纏繞受虛驚	些小財能非正人	苦另往前行不止
〔君〕	倉破須知米不盈 未遇伊人苦自營	無群獨立窘臨身	君王尊貴難相近
〔枻〕	雖然樹葉漸凋零 病將入棺作亡靈	木旺之時可發生	最怕逢金來尅削
〔賓〕	目不逢人人主來 病遇喪門買木該	見官夾責自尋災	個中兩個財難得
〔勸〕	權不如力勢不雄 樂品無全病見凶	那能歡悅事成功	觀光上國宜勤學
〔卜〕	不上不下事難成 錢財掛欠鐵中人	問卜求神終不靈	只可家人少出入
〔嫩〕	十全如意有吹噓 束脩拖欠豈能多	速可成功懶便歸	亥秋病深因女色
〔平〕	米不全兮菜不成 平貧音似亦難聽	不來不采呼不靈	半屬無干宜改計
〔平〕	米不全兮菜不成 平貧音似亦難聽	不來不采呼不靈	半屬無干宜改計

- 402 -

〔水〕	深淺浮沈塞與通 莫將事業付東流	本來無定性虛寧	凡有謀爲須着實
〔木〕	木字要詳衰旺時 用人休想發財時	見官占病總非宜	將本營生防折本
〔日〕	夏日炎炎冬可愛 趁此光陰好作爲	太陽高照百邪驅	更有早晚占成敗
〔有〕	或右或左事非眞 自今可有所當存	月滿之時可許尋	有日當思未有月
〔地〕	字凡拆巡小力乙 年年出産事非虛	土可生金力可施	厚重不移基業久
〔般〕	扁舟渡水防飄没 但憂父母不完全	不是仙丹病不痊	家宅遷移始見吉
〔焚〕	炎炎之勢易成灰 春來木旺又相宜	勞力勞心總見災	莫道火多推夏季
〔大〕	凡事當推未有因 有點方能保太平	木無根本負三春	行人阻住難移動
〔侮〕	得爲人母育群英 求財子母慮非輕	饒有生機事業成	莫慮小人來欺侮
〔徐〕	舒徐之意待時行 後來一定有餘銀	人家從余是一心	今日發財還尚未
〔映〕	近日須防有禍秧 指日能回照顧光	英雄晦迹便無妨	中心怏怏遭時塞
〔目〕	此字分明身不全 苦問行人未見還	苦還逢水沮連連	財源到手須逢旺
〔才〕	藏頭藏尾身不全 求才却喜有財源	殘本何勞雕琢錄	雖有良才難寸進
〔嬋〕	兩口雙排哭泣多 到底孤單受折磨	身居卑賤受奔波	女人言語終非好
〔如〕	作事如心已有因 到底生男是外人	但防奸賊暗中尋	從來女大須婚姻

- 403 -

〔番〕	菜米從來根在田	興家蕃茂可如前	時當愛戴天公力
	米在田頭大有年		
〔養〕	小恙皆因食有傷	良醫相遇得良方	美中不足人心保
	遮蓋全防有女娘		
〔林〕	森森茂盛正逢春	火旺須將焚字論	秋日休囚金尅制
	如逢冬令又相生		
〔孃〕	凡事如心有贊襄	日長方好病無放	但嫌兩口終非美
	禮義存心得吉昌		
〔偏〕	傍人門戶強為歡	照顧無多進益難	同伴如仇生妬忌
	事宜守舊偏得多		
〔落〕	三人共路各謀生	萍水相逢本薄情	近日收成雖淡薄
	春來花滿洛陽城		
〔兀〕	凶頭虎腳不詳形	伉儷無人不是姻	動手便成相抗事
	行人逢六喜相親		
〔魚〕	魚水和諧目古稱	苦逢涸澈豈能生	日辰生旺如龍勢
	土尅之時是死鱗		
〔佪〕	依傍他人是福星	而今作事且消停	安居且等機緣到
	許爾將來富有因		
〔余〕	芝食難言家有餘	窮途金盡費躊躇	行人路上歸心急
	脫貨求財賒去除		
〔鐵〕	連退黃金失色時	官遭削職印將離	經營虧本休言利
	疾病須防跌倒危		
〔春〕	奏晉相連姻可成	三陽開泰百花生	求財如意當春旺
	苦問其期三日成		
〔伏〕	似犬依人口食周	住居防守再無憂	仗頭得意求名好
	借貸須將然字為		
〔給〕	小本經營合最宜	桃緣恰好有維持	絲羅可結同心美
	疾病官司無了時		
〔周〕	門中有喜吉星臨	婚配和同恩愛深	訟主調停原易結
	如占財用缺難尋		

〔碧〕	玉石同形雜亂陳	人心莫測假和眞	欲求財帛休開口
	某石無緣病暗增		
〔移〕	合夥營生利自多	私心不免久難和	科名積學原無失
	天死中藏病不痊		
〔戈〕	無力難成事且寧	受人殺伐豈安寧	目前十八須防賊
	我自傷殘骨肉分		
〔廊〕	病遇良醫根卽離	東床佳壻合婚宜	銀錢府庫求難得
	家有賢郞食不虧		
〔寺〕	幼年失恃少扶持	坐守淸貧且待時	寸土生財原不足
	將來可幸有根基		
〔訣〕	討債須將缺字論	凡人力大可央情	謀爲快速原無失
	永訣之言必喪身		
〔竟〕	九年面壁不成章	破鏡難圓缺少光	求仰他人無好意
	遠行辛苦便相當		
〔拓〕	苦問官司施宕優	婚姻不合意難投	向人借貸休開口
	買賣須防破損憂		
〔士〕	今日雖然少立錐	必存仕進志無虧	求人周急常沾惠
	家宅將來迪吉隨		
〔富〕	家門和合福星臨	和合同心災不侵	官事須知難望翻
	求財應斷土生金		
〔享〕	高年有子便無憂	苦問亨通子月優	凡事須敎凶變吉
	財源充足孰能儔		
〔圓〕	官員因禁事何由	只爲貪婪賄反優	細看將來防損命
	愧回及早莫遲留		
〔植〕	此象雖然似直人	須知半假半爲眞	財形不足休相問
	苟且之人心不仁		
〔恨〕	艱難之象只平常	家內無銀更少粮	且有不良之事到
	穿心有害要提防		
〔和〕	天字當頭小口憂	還須移住兌上優	諸事不穩更不足
	到了秋來始可求		

〔軋〕　軋斷中途車不行　　呈蛇相遇有虛驚　　己身不足遭輕賤
　　　　轉眼回頭禍不臨
〔恕〕　如心二字百謀成　　莫説其中怨現形　　病好必然須子日
　　　　官司如意怨將平

五. 字禮歌訣

〔天〕　天字有二人　　作事必有因　　一天能蔽蓋　　初主好安身
〔地〕　地字如多理　　從此出他鄉　　心如蛇口毒　　去就總無妨
〔人〕　人字無凶禍　　文書有人來　　主人自卓立　　凡事保無乖
〔金〕　金字得人力　　屋下有多才　　小人常不足　　凡事要安排
〔木〕　木字人未到　　初生大害臨　　未年財祿好　　故墓要經心
〔水〕　水字可求望　　中防有是非　　文書中有救　　出入總相宜
〔火〕　火字小人想　　中人大發財　　災憂須見過　　目下有人來
〔土〕　土字目下旺　　求財儘見之　　穿心多不足　　骨肉主分離
〔東〕　東字正好動　　凡事見求人　　牽連順有事　　財祿自交臨
〔西〕　西字宜遷改　　為事忌惡人　　性情雖洒落　　百事懶縛身
〔南〕　南字穿心重　　還交骨肉輕　　凡事却有幸　　身體不安寧
〔北〕　北字像土此　　行事必有利　　官事却有幸　　謀為終久遂
〔病〕　病來如何疾　　本命早非宜　　過了丙丁日　　方知定不危
〔言〕　言字如何測　　逢人露信音　　平生多計較　　喜吉事來臨
〔行〕　行字問出入　　須知未可行　　不如故久待　　方免有虛驚
〔到〕　到字苦來推　　出入尚顛倒　　雖然吉未成　　却好財土好
〔得〕　得字問目下　　筆畫帶勾陳　　凡事未分付　　行人信不真
〔開〕　開口無分付　　營為尚未安　　欲開開不得　　進退兩頭難
〔事〕　事字事難了　　更又帶勾陳　　手脚仍多犯　　月中方可人
〔小〕　小字來測字　　停筆細推詳　　下上俱不足　　所為多不吉
〔福〕　福字來求測　　須防不足來　　田連相逼迫　　一口又興家
〔祿〕　祿子無祖產　　當知有五成　　小人生不足　　小口有災驚
〔貴〕　貴字多近貴　　六七正發財　　出入須防阻　　宜防失脱災

〔用〕	用字主財用	有事不經川	要識陰人事	姓王非姓周
〔康〕	康寧不康泰	要防陰小災	所爲多不遠	財祿求亦難
〔吉〕	吉字來占問	反教吉又凶	因祿猶未就	作事每無終
〔宜〕	宜字事無阻	須知在目前	官非便了當	家下尚平安
〔似〕	似字從人字	所爲應不成	獨嫌人力短	從人則堪行
〔古〕	古字還多吉	難逃刑討災	雖然有喜慶	口舌却須防
〔香〕	香字防暗弄	木土是非來	十八二十八	好看音信回
〔虛〕	虛字頭似虎	難免有虛驚	凡事亦可慮	恐防家不寧
〔遠〕	遠字事又達	又人有信音	爲事既皆遂	喜吉又來臨
〔同〕	同字如難測	商量亦未然	前旬兩無定	尚恐不周全
〔飛〕	飛字宜有喜	半覆是非多	本有飛騰意	求名事不宜
〔風〕	風字事無寧	逢秋愈不禁	疾多瘋癱病	辰成事方成
〔秋〕	秋字問事機	小人多是兆	須知和氣散	目下不相宜
〔申〕	申字事非良	道理亦有破	總然屈不伸	謀事全無禍
〔甲〕	甲字事姓黃	求名黃田宜	只愁田土上	還惹是和非
〔川〕	川字如寫成	不有變化象	進退惟兩難	功名却可望
〔士〕	士爲大夫體	未免犯穿心	拮据是非散	反多吉事臨

六. 破字六神秘訣

青龍 （丿, · ）屬木
鸞頭燕額是青龍, 主喜慶. 凡撇撩長而有頭角之狀者, 方爲龍. 如撇撩短而無頭角者, 非是. 舉例如下…
(農) 龍已生角. 變化興起之兆. (券) 青龍之象. 凡事以心力致勝

朱雀 （又 丿）屬火
六頭交加爲朱雀, 主文書官事口舌. 撇撩短而有尖縮之形者, 方爲朱雀. 舉例如下…
(赤) 朱雀之形 須防口舌及小人之計. (丸) 朱雀·勾陳·白虎相聚. 諸事不吉

勾陳　(勹乙) 屬土
灣弓斜月勾陳樣，主遲滯．按凡勾而帶長者，是爲勾陳．舉例如下…
(包) 勾陳當頭．呈蛇落足　事遲而恐受驚怪． (力) 勾陳之象．事致遲延．

呈蛇　(乙乞弘) 屬土
字樣如蛇勢長曲，主官事驚怪　按凡其長如蛇者，是爲呈蛇．舉例如下…
(老) 呈蛇之象．作事難成． (己) 呈蛇破口．大凶之象．
(乙) 屬蛇之形．求財稱鉤打釘．

白虎　(几八虎) 屬金
尾尖開闊方爲虎，口不開則非，主疾病傷殘血光喪服見凶之兆．舉例如下…
(凡) 白虎出現．事不可爲． (向) 白虎開口．防有禍患．

玄武　(亠厶玄云) 屬水
測字用文字辭典
點劃勾戈玄武形．凡屬勾字類者，是爲玄武，主盜賊波浪．舉例如下…
(玄) 玄武當頭．事多波折． (亥) 玄武當頭．其事不久．

七．單句取格訣

測字不明取格．遇到不易加減之字．一時殊難論斷．故爾學習測字．必須熟習取格訣．何謂取格．即見一字．用一言以判決之．猶如文章之有定評也．何謂取格訣．蓋字體千變．取格亦隨之變化無窮．必先詳察其字之五行生尅．次觀其六神動靜．如果五行相生．六神安靜．則取吉格以斷之．否則斷爲凶格．單句取格．當用成語．苦能出經入史．字字珠璣．更覺風訝矣．所當知者．取格爲測字之根本．並非單用取一句取格　即可判定吉凶．宣告結束者也．玆將單句取格訣．分部論列於後．以資學者借鏡．

｜部 (中) 伯仲無人. (卜) 金枝玉葉. 上下無依. (小) 兩邊阻隔.
(串) 憂心冲冲

一部 (一) 生死不明. (不) 比下有餘. (正) 往人不至. (丕) 不一
而足. (甘) 甜頭已去. (亞) 有心爲惡. (而) 破面之象.

丿部 (乃) 孕必生子. (公) 公私交困. (重) 無力運動. (乖) 人去
乘違. (白) 比比皆是. (氏) 視民如傷.

冫部 (治) 三臺位缺. (馮) 不定憑也. (冷) 節勵冰霜. (治) 爐火
純青.

○部 (○) 刀圭普濟. (剝) 利祿俱有. (則) 賞罰分明. (削) 劍氣
冲霄. (劑) 齊民利物. (副) 福利不全. 福利皆有.

二部 (二) 人去天空. (于) 手中不足. (夫) 青趺飛去. 人在土下.
(示) 毁其宗廟. (工) 舡到江心. 玉體欠安.

彡部 (〇) 形影俱空. (衫) 形影相依. (彪) 背形如虎. (髮) 削髮
爲僧.

三部 (奏) 春生秋實. (三) 始終如一. (春) 永諧奏晉.

九部 (丸) 不能瓦全. (執) 力勢已去. 勢力不足.

四部 (四) 買賣俱空. (駟) 名馳四方. (蜀) 無光之燭. (辜) 無罪
辜扶.

八部 (八) 做人○脫. (公) 一言興訟. 分内在私. (兮) 公輸之巧.
(其) 一月爲期.

十部 (十) 士之魁首. (壬) 千中選一. 秀士而已. (千) 最上一乘.
千求不遂. (南) 不幸之幸. (爽) 凶多吉少.

氵部 (沃) 波浪○天. (汀) 流水不停. (江) 財源半空. 功名源遠.
(游) 旌旗映水. (涌) 不能流通. (海) 望梅止渴. (沽) 枯木
得水. (治) 望重三臺. (沕) 夕陽沈没. (汁) 海底撈針. (潛)
浸潤之潛. (湯) 東漂西蕩. (○) 長風破浪. (汶) 渭水遂文

土部 (土) 坐上無人. (坦) 萱堂有損. (坎) 歡喜不足. (孝) 與子
傾老. (埋) 理上有虧. (至) 高臺傾倒. (坐) 有人有土.

木部 (枇) 紫氣東來. (村) 出將入相. (格) 空中樓閣. (杜) 立定
根基. (林) 一火焚之. (枰) 斷便飄萍. (柜) 水到渠成. (栗)

西方極樂．（枾）葉落歸根．（柴）樂極生悲．（朽）巧奪天機．
　　　（橙）登科奪標．（梳）中流砥柱．（樊）唯手攀援．（梯）無棺
　　　涕泣．
火部 （煤）謀救燃眉．（炊）焦頭爛額．（耿）所取最美．
灬部 （然）手中燃弄．（馬）陰隲有虧．（態）罰了莫爲．
金部 （金）破鏡分釵．（鐘）名重金甌．（錢）金氣摧殘．（鑲）如錐
　　　處囊．（鈔）披沙見金．（銳）囊錠脫穎．（鈺）推金積玉．
广部 （庚）逢入不康．（廣）庫滿黃金．（庭）道途康莊．
疒部 （疵）病根在此．（疹）厥疾不瘳．（疗）病漸痊可．
亠部 （亡）喜出望外．（齊）逢水則濟．（衰）一番哀兆．（亥）即刻
　　　該到．（夜）用手扶掖．
口部 （囚）落人圈套．一人定國．（圓）去國不遠．（國）一團疑惑．
　　　（因）烟消火滅．（囮）口中點化．
月部 （周）喜氣入門．（丹）再不見面．（丙）火病之根．（內）欲納
　　　于言．（肉）內中有人．（且）宜其家室．（冊）兩月破碎．
爫部 （爫）（爪）事必妥貼）．（受）無心之愛．（乳）虛浮散亂．（辭）
　　　卒歸於亂．（亂）消受幸福．
匕部 此心不直．（皆）比目難成．（能）無心作態．（旨）皆損一邊．
　　　（些）劫重重．（眞）開口便嗔．
日部 （晶）三緘其口．（韓）朝中偉人．（曇）浮雲蔽日．（旦）剪草
　　　除根．（昕）日近日新．（曖）撥雲見日．（早）綽綽有餘．
月部 （肯）武闈有分．（胡）一月之苦．（朋）胭脂零落．（青）靜而
　　　不爭．（盲）芒刺在背．（膝）似膠投漆．（膝）斬斷葛藤．
雨部 （露）青雲得路．（雷）兩足苗輿．（雲）靈魂失散．（震）龍得
　　　雲雨．（霖）霜林凋落
山部 （崔）歲首大佳．（嵩）南山高壽．（岑）出入琴堂．
石部 （磁）破碎在玆．（確）破家難全．（礎）劈破蓮蓬．
田部 （田）輕重得體．（黑）豈可限量．（禺）一走卽遇．（畏）喪門
　　　之家．（由）苗而不秀．（鬼）魂消魄散．
禾部 （利）其利公小．（種）千里得利．（李）始終和好．（移）利益

多多.(稗)脾氣不和.(稞)獲利較遲.(祿)登科凌雲.

人部(人)大夫之體.(俞)一人有利.(命)封金掛印.(合)人口俱全.(禽)離多會少.(介)勢如破竹.(念)人有二心.

亻部(好)此人浮極.(付)旁人作對.(倩)有情之人.(伸)神仙中人.(儉)人立險地.(伎)人立絕技.(以)二人一心.

亻部(徐)行有餘力.(徠)小往大來.(街)出行為佳.(來)人臨喪處.(德)言聽計從.

目部(盲)過目不忘.(目)月計有餘.(盾)眉頭蹙損.(白)本身有虧.無心養息.

口部(司)何何不可.不可用也.(噫)心口相應.(台)參商之象.(味)叱石成羊.(吞)天作之合.(吳)無心之誤.石破天驚.(叶)暗中設計.(甜)苦盡甘來.(噴)同心發憤.(同)十分周到.(吹)受口之欺.(哭)大器晚成.

心部(悲)心上安排.(羔)恩斷義絕.(志)悲喜交集.(思)烟消火息.(忿)恩怨須分.(悉)心花吐采.

忄部(愧)心真口快.(愊)福至心靈.(恨)情根未斷.(惲)運不稱心.(惟)其難其慎.(性)平生慷慨.

立部(奇)可立而待.(章)十分得意.(辛)可使為幸.(音)心滿意足.(彥)參商顛倒.(嘗)從無虛言.

之部(迄)遮道乞留.(通)急流勇退.(過)取禍之道.

日部 自天申之.(申)甲冑之身.(果)覆巢之下.(甲)終無結果.(冒)胃氣不足.

非部(菲)寧不有初.(非)非止一次.(排)非諫飾非.(徘)所行盡非.

欠部(欠)藉口吹噓.(欲)有容無欺.(欹)奇才坎坷.(次)羨餘無多.(欲)被欺受陷.

文部(改)攻己之短.(効)遠交近攻.(赫)文名赫赫.(吝)出口成文.(斌)偃武修文.

又部(支)十分收成.(段)日不暇洽.(敍)中途取足.(殳)疫去一半.(般)其舟半沒.

子部 (享) 一去亨通. (孟) 子孫昌盛. (孫) 累係子弟. (學) 先覺之子.
才部 (拖) 打草驚蛇. (括) 指東話西. (枒) 如取如携. (挾) 報之不來. (損) 到手賞心.
頁部 (頁) 寳不顧也. (須) 漸入順境. (頓) 出類拔萃. (顧) 所思必順. (題) 貴顯定局. (頗) 波浪頓作.
女部 (女) 一半平安. (如) 姑娌失和. 妥貼之極. (媧) 補過修好. (妻) 擇木而棲. (妃) 安不忘危.
尸部 (尸) 尺有所短. (屠) 日居月儲. (屈) 屈而不伸.
食部 (食) 其人必良. (食) 羔羊退食. (殄) 良人有殃.
糸部 (紅) 終是落空. (紳) 紬而後伸. (線) 素車白馬. (素) 責任之累. (結) 紅鸞天喜. (累) 多男多累. (紀) 一絲不亂. (繼) 可繼可續. (絲) 縲紲之象. (蛇) 騰蛇纏足. (緒) 壽終古稀. (綦) 子期絕絃. (維) 此緣難結. (紙) 底蘊畢露.
巾部 席帽離身. (帷) 入幕便佳. (師) 欲歸不得. (師) 有冠有帶. (幃) 運籌帷幄. (幀) 賣卜於市.
衣部 (禈) 依違兩可. (初) 內裏分心. (倨) 安居獲福.
示部 (福) 福偏壽全. (禪) 禍不單行. (祈) 折盡福祿. (禱) 憑弔違心.
阝部 (降) 興隆可待. (初) 禱於郊外. (即) 良人命盡. (陰) 陷人圈套. (陣) 運命有阻. (除) 半途有阻. (隕) 有陞有賞.
門部 (門) 開闔隨時. (闇) 闈內之言. (問) 門迎百福. (關) 入士聯捷. (門) 不二法門. (開) 公門刑罰. (悶) 出門心寬.
車部 (連) 時運不齊. (運) 運道將通. (軫) 珍珠滿載. (轟) 輔車相依. (軒) 干祿待運.
戈部 (划) 戰無不利. (戎) 成功有待. (哉) 口碑載道. (義) 美歸於我. (義) 似義非義. (或) 國之心腹.
弓部 (弓) 八之于中. (躬) 弓無箭射. (弧) 先引後派. (弨) 引弓發矢. (彈) 虛張聲勢.
宀部 (宮) 不官不宦. (容) 空谷傳聲. (宜) 宦途多阻. (官) 已損

館舍. (字) 手中空乏. (字) 寬以濟猛. (宜) 不宜家室.
貝部 貧樂負心. (貢) 半空半寶. (賺) 貴賤相兼. (責) 欠人之債.
(贅) 傲骨支貧.
玉部 (瑪) 探驪得珠. (瑞) 如環無端. (玢) 粉消玉碎. (珀) 王伯
讀霸之才. (瑰) 馬嵬埋玉. (珍) 珍絶難全. (琳) 玉樹瓊林.
犭部 (犬) 哭笑俱有. (猇) 狐假虎威. (獖) 片言折獄. (犴) 狼狽
爲奸. (狐) 孤獨之象. (狡) 犯而不校. (獵) 猫鼠同眠.
虎部 (虎) 虎頭蛇尾. (彪) 如虎添翼. (虔) 遠慮近憂. (爐) 百病
叢生.
牛部 (牛) 朱雀召翼. 欲告無言. (牟) 去後得生. (牝) 物化不存.
(告) 以口爭先. (生) 牛眠之地.
隹部 (雅) 鼠牙雀角. (雌) 難以比擬. (雛) 鷄鳴狗吠. (難) 雌伏
之嘆. (雖) 強飯爲佳. (雙) 左右爲難. (佳) 誰肯爲難.
鳥部 (鳥) 乘掩跨鳳. (鳩) 鶴鳴九皐. (鴻) 鴛鴦枕冷. (鴿) 一鳴
驚人. (裊) 飛鳥依人.

八. 發音別 漢字

姓名, 相互, 訝互 등을 짓기에 편리하도록 발음을 "가나다라" 순서로
배열하였으며, 글자 밑에 획수를 표시하였다.

〔가 音〕 이하는 모두 발음오행이 木이다.

(가) 可⑤ 加⑤ 嘉⑭ 歌⑭ 賈⑬ 家⑩ 稼⑮ 價⑮ 佳⑧ 街⑫
(각) 各⑥ 閣⑭ 角⑦ 覺⑳ 珏⑩ 刻⑧
(간) 艮⑥ 干③ 間⑫
(갈) 葛 ⑮ 竭 ⑭
(감) 甘⑤ 坎⑦ 敢⑫ 玲⑨
(갑) 甲⑤ 鉀⑬
(강) 江⑦ 岡⑧ 崗⑪ 剛⑩ 綱⑭ 鋼⑯ 彊⑯ 康⑪ 強⑫ 姜⑨ 杠⑪ 絳⑫
彊⑬ 薑⑲

(개) 介④ 改⑦ 開⑫
(객) 客⑨
(거) 巨⑤ 去⑤ 居⑧
(건) 建⑨ 虔⑩ 健⑪ 乾⑪ 鍵⑰ 件⑥ 巾③
(걸) 乞③ 杰⑧ 桀⑩ 傑⑫
(검) 儉⑮ 劒⑯ 檢⑰
(격) 格⑩ 隔⑱ 擊⑮ 檄⑰ 激⑰ 挌⑨
(견) 見⑦ 肩⑩ 堅⑪ 甄⑭
(결) 決⑧ 訣⑪ 潔⑯ 結⑫
(겸) 兼⑩ 謙⑰
(경) 冏⑦ 庚⑧ 京⑧ 炅⑧ 勍⑩ 倞⑩ 徑⑩ 耿⑩ 耕⑩ 竟⑪ 卿⑪ 景⑫ 經⑬ 敬⑬ 境⑭ 慶⑮ 暻⑯ 境⑯ 環⑲ 鏡⑲ 競⑳
(계) 戒⑦ 季⑧ 溪⑯
(고) 古⑤ 孤⑧ 枯⑨ 故⑨ 苦⑪ 告⑦ 固⑧ 高⑯ 鼓⑬ 雇⑫
(곡) 谷⑦ 鵠⑱
(곤) 昆⑧ 坤⑧
(골) 骨⑩
(공) 公④ 孔④ 供⑧ 空⑧ 恭⑩ 貢⑩ 珙⑪ 工③ 功⑤ 共⑥
(굉) 宏⑦
(과) 科⑨ 果⑧ 課⑮
(곽) 郭⑮ 霍⑯ 廓⑭
(관) 官⑧ 串⑦ 琯⑬ 菅⑭ 館⑮ 冠⑨ 灌㉒ 觀㉕ 瓘㉓ 關⑲ 貫⑪ 館⑯ 鑵㉖ 寬⑮ 款⑫ 館⑰
(괄) 适⑬
(광) 光⑥ 匡⑥ 侊⑧ 洸⑩ 珖⑪ 廣⑮ 礦⑳ 鑛㉓
(괘) 挂⑩ 卦⑧
(교) 交⑥ 校⑩ 晈⑪ 敎⑪ 較⑬ 姣⑨
(구) 口③ 九⑨ 丘⑤ 句⑤ 久③ 玖⑧ 求⑥ 具⑧ 俱⑩ 矩⑩ 邱⑫ 球⑫ 鉤⑬ 枸⑨ 區⑪ 灸⑦ 究⑦ 救⑩ 舅⑬ 舊⑱
(국) 局⑦ 國⑪ 菊⑭ 鞠⑰
(군) 君⑦ 軍⑨ 群⑬ 郡⑭
(궁) 弓③ 躬⑩ 窮⑮ 宮⑩

(귀) 貴⑫ 歸⑱ 龜⑯
(권) 卷⑧ 券⑧ 權㉒ 勸⑳
(궐) 厥⑫ 闕⑱
(규) 圭⑥ 奎⑨ 揆⑬ 窺⑯
(균) 勻④ 均⑦ 鈞⑫
(귤) 橘⑯
(극) 克⑦ 郤⑭ 極⑬ 剋⑨ 劇⑮
(근) 斤④ 根⑩ 吞⑧ 近⑪ 菫⑭ 槿⑮ 瑾⑮ 謹⑱ 覲⑱
(금) 今④ 芩⑩ 金⑧ 錦⑯ 衾⑩ 琴⑬ 禽⑬ 禁⑬
(급) 及③ 急⑨ 汲⑦
(긍) 肯⑩
(기) 己③ 其⑧ 奇⑧ 杞⑦ 玘⑧ 紀⑨ 起⑩ 忌⑦ 妓⑦ 技⑧ 岐⑦ 琦⑬
基⑪ 祺⑬ 淇⑫ 棋⑫ 琪⑬ 氣⑩ 幾⑫ 饑⑮ 機⑯ 棄⑩ 冀⑯ 錤⑯ 璂⑯
驥㉖ 企⑥ 豈⑩
(길) 吉⑥ 佶⑧ 姞⑨ 桔⑩
(김) 金⑧

〔나 音〕 이하는 모두 발음오행이 火이다.

(나) 那⑪ 娜⑩ 拿⑩
(낙) 諾⑯
(난) 偄⑬ 煖⑬ 暖⑬ 難⑲
(남) 男⑦ 南⑨ 湳⑬ 楠⑬
(납) 納⑩
(낭) 娘⑩
(내) 乃② 内④ 奈⑧ 耐⑨
(녀) 女③
(년) 年⑥
(념) 念⑧
(녕) 寧⑭
(노) 奴⑤
(농) 農⑬

- 415 -

(뇌) 腦⑭
(뇨) 尿⑦
(눈) 嫩⑬
(능) 能⑫
(니) 尼⑤ 泥⑨

〔다 音〕 이하는 모두 발음오행이 火이다.

(다) 多⑥ 茶⑫
(단) 旦⑤ 但⑦ 亶⑬ 壇⑯ 檀⑰ 丹④ 端⑭ 團⑮ 段⑨
(달) 達⑯
(담) 潭⑯ 談⑮ 單⑫ 曇⑯
(답) 畓⑫ 答⑫ 沓⑨ 踏⑮
(당) 唐⑩ 塘⑬ 堂⑪ 當⑬ 棠⑫ 黨⑳ 撞⑯
(대) 大③ 代⑤ 垈⑧ 臺⑭ 對⑭ 帶⑪ 戴⑱
(덕) 德⑮ 悳⑫ 檍⑯
(도) 刀② 到⑧ 萄⑭ 途⑭ 道⑯ 都⑯ 陶⑯ 桃⑩ 濤⑱ 稻⑮ 度⑨ 渡⑬ 島⑩ 鍍⑰ 圖⑭
(독) 督⑬ 禿⑦ 篤⑯ 獨⑰ 讀㉒ 毒⑨
(돈) 敦⑫ 燉⑯
(돌) 乭⑥ 突⑨
(동) 同⑥ 仝⑤ 冬⑤ 東⑧ 洞⑩ 桐⑩ 銅⑯ 童⑫ 棟⑫
(두) 杜⑦ 豆⑦ 頭⑯ 斗④
(둔) 屯④ 鈍⑫
(득) 得⑪ 淂⑫
(등) 登⑫ 燈⑯ 等⑫ 騰⑳

〔라 音〕 이하는 모두 발음오행이 火이다.

(라) 羅⑳
(락) 洛⑩ 絡⑫ 落⑮ 樂⑮
(란) 卵⑦ 亂⑬ 欄㉕

(람) 覽㉑ 藍⑳
(랑) 浪⑪ 朗⑪ 琅⑫ 郞⑭ 廊⑬
(래) 來⑧ 萊⑭
(랭) 冷⑦
(량) 良⑦ 粮⑬ 梁⑪ 樑⑮ 兩⑧ 凉⑩ 亮⑨ 量⑫ 糧⑱
(려) 麗⑲ 呂⑦ 侶⑨ 旅⑩ 慮⑮
(력) 力② 曆⑯ 歷⑯
(련) 連⑭ 璉⑯ 鍊⑰ 聯⑰ 蓮⑰ 輦⑮ 戀㉓
(렬) 列⑥ 劣⑤ 烈⑩
(렴) 廉⑬
(령) 令⑤ 姶⑧ 苓⑪ 領⑭ 零⑬ 靈㉔
(례) 例⑧ 禮⑱
(로) 魯⑮ 盧⑯ 路⑫
(록) 鹿⑪ 麓⑲ 祿⑬ 碌⑬ 錄⑰
(론) 論⑮
(롱) 弄⑦
(료) 料⑩
(룡) 龍⑯
(루) 婁⑪ 累⑪
(류) 柳⑨ 琉⑫ 流⑪ 硫⑫ 劉⑮
(륙) 六⑥ 陸⑯
(륜) 侖⑧ 倫⑩ 崙⑪ 輪⑮
(률) 律⑨ 栗⑩ 慄⑭
(륭) 隆⑰
(리) 里⑦ 理⑫ 利⑦ 浬⑪ 梨⑪ 離⑲ 李⑦ 吏⑥
(린) 麟㉓
(림) 林⑧
(립) 立⑤ 岦⑧ 粒⑪ 笠⑪

〔마 音〕 이하는 모두 발음오행이 水이다.

(마) 馬⑩ 麻⑪

(막) 莫⑬ 漠⑮ 幕⑭
(만) 万③ 萬⑮ 晚⑪ 輓⑭ 滿⑮
(말) 末⑤ 抹⑨
(망) 罔⑧ 望⑪
(매) 每⑦ 梅⑪ 買⑫ 賣⑮
(맥) 脉⑪ 脈⑫
(맹) 孟⑧ 盟⑬ 氓⑧
(면) 免⑦ 勉⑨ 面⑨ ⑬ 棉⑫ 綿⑭
(명) 明⑧ 名⑥ 命⑧ 洺⑩ 銘⑭ 冥⑩ 溟⑭
(모) 毛④ 冒⑩ 摸⑮ 母⑤ 某⑨ 謀⑯ 牟⑥ 模⑮
(목) 目⑤ 睦⑬ 木④ 牧⑧ 穆⑯
(몽) 蒙⑭ 夢⑭
(묘) 卯⑤ 昴⑨ 妙⑦ 苗⑪ 廟⑮
(무) 無⑫ 務⑪ 茂⑪ 巫⑦ 武⑦ 舞⑭ 娥⑩ 珷⑫
(묵) 墨⑮ 默⑯
(문) 文④ 汶⑧ 紋⑩ 門⑧ 問⑪ 聞⑭
(물) 勿④ 物⑧
(미) 米⑥ 眉⑨ 未⑤ 渼⑭ 媚⑫ 微⑬
(민) 民⑤ 旻⑧ 旼⑧ 閔⑫ 敏⑪ 泯⑨
(밀) 密⑪

〔바 音〕이하는 모두 발음오행이 水이다.

(박) 朴⑥ 拍⑨ 博⑫ 泊⑨
(반) 半⑤ 反④ 伴⑦ 潘⑯ 般⑩ 班⑪ 斑⑬
(발) 孛⑦ 發⑫ 鉢⑬
(방) 方④ ⑧ 放⑧ 邦⑪ 房⑧
(배) 杯⑧ 盃⑨ 俳⑩ 裵⑭ 裴⑭ 拜⑨ 培⑪ 背⑪ 倍⑩
(백) 白⑤ 伯⑦ 百⑥ 帛⑧ 佰⑧ 栢⑩
(범) 氾⑥ 范⑪ 範⑭ 凡③ 汎⑦ 梵⑪ 泛⑨
(법) 法⑨
(벽) 碧⑮ 壁⑯

(변) 弁⑤ 卞④ 汴⑧ 邊⑲ 辯㉑
(별) 別⑦ 鱉㉓
(병) 丙⑤ 秉⑧ 炳⑨ 昞⑨ 竝⑩ 幷⑧ 並⑨ 倂⑧ 棅⑫ 兵⑦
(보) 保⑨ 寶⑳ 步⑦ 甫⑦ 輔⑭ 潽⑯ 普⑫ 譜⑲ 報⑫
(복) 伏⑥ 服⑩ 福⑭ 馥⑱ 卜②
(본) 本⑤
(봉) 峯⑩ 峰⑩ 逢⑭ 奉⑧ 鳳⑭ 烽⑪ 鋒⑮ 蓬⑳ 封⑨
(부) 夫④ 玞⑨ 扶⑧ 府⑧ 部⑮ 富⑫ 父④ 釜⑩
(분) 分④ 汾⑧ 妢⑦ 玢⑨ 芬⑩
(불) 不④ 弗⑤
(붕) 朋⑧ 鵬⑲
(비) 非⑧ 斐⑫ 比④ 庇⑦ 琵⑬ 丕⑤ 卑⑨
(빈) 賓⑭ 濱⑱
(빙) 氷⑤

〔사 音〕 이하는 모두 발음오행이 金이다.

(사) 士③ 仕⑤ 巳③ 社⑧ 司⑤ 使⑧ 私⑧ 四④ 泗⑧ 栖⑧ 駟⑭ 沙⑧ 史⑤ 謝⑰ 舍⑧ 肆⑬ 砂⑨ 査⑨ 師⑩ 糸⑥ 似⑦ 蛇⑪ 些⑦ 辭⑲
(삭) 朔⑩
(산) 山③ 産⑪ 散⑫ 珊⑩
(삼) 三③ 參⑪ 蔘⑰
(상) 上③ 尙⑧ 相⑨ 庠⑨ 爽⑪ 廂⑫ 象⑫ 湘⑬ 想⑬ 霜⑰ 商⑪ 賞⑮ 祥⑪ 詳⑬ 狀⑦ 床⑦ 翔⑫
(생) 生⑤ 笙⑪
(서) 西⑥ 栖⑩ 序⑦ 舒⑫ 徐⑩ 緖⑮ 暑⑬ 胥⑪ 署⑭ 庶⑪ 瑞⑭ 書⑩ 敍⑨
(석) 石⑤ 昔⑧ 夕③ 晳⑫ 釋⑳ 錫⑯ 奭⑮ 鉐⑬
(선) 先⑥ 宣⑨ 旋⑪ 善⑫ 仙⑤ 羨⑫ 琁⑫ 姺⑨ 琔⑪ 鮮⑰ 瑄⑭
(설) 雪⑪ 卨⑪ 設⑪
(섭) 涉⑪ 燮⑰
(성) 成⑦ 星⑨ 城⑩ 娍⑩ 盛⑫ 晟⑪ 珹⑫ 省⑨ 性⑨ 聖⑬

(세) 世⑤ 勢⑬ 歲⑬ 洗⑨
(소) 小③ 少④ 召⑤ 邵⑫ 炤⑨ 沼⑨ 昭⑨ 消⑪ 素⑩ 硫⑫ 蘇㉒ 笑⑩
(속) 束⑦ 速⑭ 屬㉑
(손) 巽⑫ 孫⑩ 遜⑰
(송) 松⑧ 訟⑪ 淞⑫ 頌⑬ 送⑬ 宋⑦
(쇠) 釗⑮
(수) 水④ 首⑨ 受⑧ 垂⑧ 授⑫ 洙⑩ 數⑮ 遂⑯ 修⑩ 悋⑬ 隨㉑ 秀⑦ 須⑫ 堅⑬ 收⑥ 壽⑭ 樹⑯ 穗⑰ 手④ 戍⑥ 守⑥ 需⑭ 殊⑩
(숙) 宿⑪ 叔⑧ 淑⑫ 琡⑬ 肅⑬ 孰⑪
(순) 旬⑥ 珣⑪ 荀⑫ 順⑫ 巡⑩ 舜⑫
(술) 述⑫ 戌⑥ 珬⑪
(숭) 崇⑪
(슬) 瑟⑬
(습) 習⑬
(승) 升④ 昇⑧ 丞⑥ 承⑧ 陞⑮ 勝⑫ 乘⑩
(시) 時⑩ 是⑨ 始⑧ 施⑨ 示⑤ 侍⑧ 詩⑬ 市⑤ 柿⑨
(식) 食⑨ 植⑫ 軾⑬ 式⑥ 寔⑫ 息⑩ 湜⑬
(신) 申⑤ 臣⑥ 信⑨ 愼⑭ 伸⑦ 紳⑪ 辛⑦ 晨⑪
(실) 室⑨ 失⑤ 實⑭
(심) 心④ 沁⑧ 甚⑨ 尋⑫ 沈⑧ 深⑫ 審⑮
(십) 十⑩ 什④ 拾⑩

〔아 音〕이하는 모두 발음오행이 土이다.

(아) 亞⑧ 我⑦ 兒⑧ 妸⑧ 牙④ 雅⑫ 娥⑩ 阿⑬ 芽⑩
(악) 岳⑧ 樂⑮ 渥⑬ 嶽⑰
(안) 安⑥ 岸⑧ 晏⑩ 案⑩ 顔⑱ 雁⑫ 鴈⑮
(알) 謁⑯
(암) 岩⑧ 嚴㉓ 庵⑪ 菴⑭ 暗⑬
(압) 鴨⑯
(앙) 昻⑨ 仰⑥ 央⑤ 秧⑩
(애) 愛⑬ 涯⑫ 崖⑪

(액) 液⑫
(앵) 鶯㉑ 櫻㉑ 鸚㉘
(야) 也③ 夜⑧ 耶⑬ 野⑪ 爺⑬
(약) 約⑨ 弱⑩ 若⑪ 躍㉑
(양) 羊⑥ 洋⑩ 養⑮ 襄⑰ 陽⑰ 瀁⑲ 讓㉔ 壤㉔ 釀㉔ 樣⑮
(어) 於⑧ 淤⑫ 魚⑪ 漁⑮ 御⑪ 語⑭
(억) 億⑮
(언) 言⑦ 焉⑪ 彦⑨
(엄) 嚴⑳
(업) 業⑬
(여) 汝⑦ 如⑥ 與⑭ 余⑦ 餘⑯
(역) 易⑧ 域⑪ 亦⑥ 驛㉓ 譯⑳ 役⑦
(연) 兗⑨ 延⑦ 沿⑨ 然⑫ 燕⑯ 淵⑭ 煙⑬ 涓⑪ 娟⑩ 演⑮ 衍⑨ 姸⑨ 宴⑩ 烟⑩ 軟⑪ 硯⑫ 鳶⑭
(열) 熱⑮
(염) 炎⑧ 染⑩ 厭⑭ 冉⑤ 髥⑮ 閻⑯
(엽) 葉⑮ 曄⑯ 燁⑯
(영) 永⑤ 泳⑨ 咏⑧ 詠⑫ 映⑨ 瑛⑪ 榮⑭ 嬰⑰ 迎⑪ 穎⑮ 英⑪ 影⑮ 盈⑨
(예) 芮⑩ 豫⑯ 藝㉑ 銳⑮ 艾⑧ 乂② 預⑬ 隸⑯ 譽㉑ 睿⑭ 叡⑯
(오) 五⑤ 午④ 旿⑧ 伍⑥ 吾⑦ 梧⑪ 寤⑭ 烏⑩ 吳⑦ 珸⑫ 娛⑩
(옥) 玉⑤ 沃⑧ 屋⑨ 項⑭
(온) 溫⑭
(옹) 翁⑩ 雍⑬
(와) 洼⑩ 娃⑨ 媧⑫
(완) 完⑦ 宛⑧ 垸⑩ 妧⑦ 玩⑨ 頑⑬
(왕) 王④ 枉⑧ 往⑧
(요) 要⑨ 堯⑫ 姚⑨ 妖⑦ 曜⑱ 耀⑳ 燿⑱ 窈⑩
(욕) 浴⑪ 欲⑪
(용) 龍⑯ 容⑩ 溶⑭ 鎔⑱ 勇⑨ 用⑤ 庸⑪
(우) 又② 牛④ 于③ 友④ 右⑤ 迂⑩ 雨⑧ 虞⑬ 愚⑬ 憂⑮ 宇⑥ 優⑰ 遇⑯ 寓⑫ 禹⑨ 祐⑩ 佑⑦ 尤④ 羽⑥ 郵⑯

(욱) 旭⑥ 昱⑨ 郁⑭ 彧⑩
(운) 云④ 芸⑩ 耘⑩ 雲⑫ 運⑯ 暈⑬
(울) 尉⑪ 蔚⑰ 鬱㉖
(웅) 雄⑫ 熊⑭
(위) 位⑦ 爲⑫ 渭⑬ 謂⑯ 偉⑪ 委⑧ 威⑨ 韋⑨
(원) 元④ 原⑩ 源⑭ 嫄⑬ 院⑫ 袁⑩ 媛⑫ 圓⑬ 園⑬ 轅⑰ 爰⑨ 遠⑰ 苑⑪ 員⑩
(월) 月④ 越⑫ 鉞⑬
(유) 有⑥ 酉⑦ 猶⑬ 唷⑨ 由⑤ 油⑨ 柚⑨ 兪⑨ 唯⑪ 惟⑫ 維⑭ 柔⑨ 幼⑤ 庚⑫ 帷⑪ 儒⑯ 幽⑨ 攸⑦ 乳⑧
(육) 育⑩
(윤) 尹④ 允④ 閏⑫ 潤⑯ 胤⑪
(융) 融⑯
(은) 恩⑩ 殷⑩ 垠⑨ 隱㉒ 銀⑭
(을) 乙①
(음) 音⑨ 吟⑦ 飮⑬
(읍) 邑⑦
(응) 應⑰ 鷹㉔
(의) 衣⑥ 依⑧ 義⑬ 議⑳ 儀⑮ 意⑬ 疑⑭ 宜⑧ 矣⑦
(이) 二② 耳⑥ 〇⑩ 珥⑪ 而⑥ 夷⑥ 已③ 怡⑨ 伊⑥ 異⑫ 移⑪ 以⑤ 貳⑫
(익) 益⑩ 翌⑪ 翊⑪
(인) 人② 仁④ 印⑥ 因⑥ 寅⑪ 引④
(일) 一① 日④ 壹⑫ 溢⑭ 鎰⑱
(임) 壬④ 任⑥

〔자音〕이하는 모두 발음오행이 金이다.

(자) 子③ 自⑥ 字⑥ 妓⑨ 紫⑪ 慈⑬ 資⑬ 者⑨
(작) 勺③ 酌⑩ 作⑦ 爵⑰ 鵲⑲
(잔) 殘⑯
(장) 丈③ 杖⑦ 長⑧ 張⑪ 帳⑪ 章⑪ 壯⑦ 將⑪

- 422 -

(재) 才③ 再⑥ 在⑥ 材⑦ 財⑩ 宰⑩ 載⑬ 裁⑫ 栽⑩ 齊⑭ 齋⑰
(쟁) 爭⑧
(적) 赤⑦ 積⑯ 績⑰ 蹟⑱ 笛⑪ 迪⑧ 寂⑪
(전) 全⑥ 田⑤ 佺⑧ 筌⑫ 前⑨ 錢⑯ 典⑧ 傳⑭ 專⑫
(점) 占⑤ 點⑰ 店⑧
(정) 丁② 正⑤ 汀⑥ 征⑧ 貞⑨ 亭⑨ 定⑧ 呈⑦ 政⑧ 程⑫ 禎⑭ 鄭⑰ 廷⑦ 靖⑬ 精⑭ 情⑫ 靜⑯ 井④ 鼎⑬ 晶⑫ 旌⑪ 湞⑬
(제) 帝⑨ 制⑧ 堤⑫ 濟⑱ 提⑬ 齊⑭ 弟⑦ 諸⑯
(조) 兆⑥ 祚⑩ 曺⑩ 曹⑪ 朝⑫ 潮⑯ 調⑮ 造⑭ 照⑬ 鳥⑪
(존) 存⑥ 尊⑫
(종) 宗⑧ 鍾⑰ 鐘⑳ 綜⑭ 琮⑬ 從⑪ 淙⑫
(좌) 左⑤ 佐⑦
(주) 州⑥ 周⑧ 朱⑥ 主⑤ 注⑨ 註⑫ 駐⑮ 住⑦ 姝⑨ 株⑩ 走⑦ 週⑮ 宙⑧ 舟⑥ 胄⑪ 奏⑨ 酒⑪ 紂⑨ 柱⑨
(죽) 竹⑥
(준) 遵⑲ 俊⑨ 峻⑩ 駿⑰ 儁⑭ 準⑭ 濬⑱
(중) 中④ 仲⑥ 重⑨ 衆⑫
(증) 曾⑫ 增⑮ 證⑲
(지) 止④ 之④ 至⑥ 知⑧ 址⑦ 祉⑨ 支④ 芝⑩ 志⑦ 智⑫ 只⑤ 紙⑩ 池⑦ 地⑥
(직) 直⑧ 稙⑬ 織⑱ 職⑱ 禝⑮
(진) 晋⑩ 辰⑦ 進⑮ 眞⑩ 珍⑩ 鎭⑱ 振⑪ 震⑮ 秦⑩ 陣⑮ 陳⑯ 盡⑭ 瑨⑰ 津⑩ 搢⑭
(질) 質⑮ 姪⑨ 秩⑩
(집) 集⑫ 輯⑯ 執⑪
(징) 澄⑯ 徵⑮

〔차 音〕 이하는 모두 발음오행이 金이다.

(차) 且⑤ 此⑥ 車⑦ 次⑥ 叉④
(찬) 贊⑲ 讚㉖ 粲⑬ 撰⑯
(찰) 札⑤ 察⑮

(창) 昌⑧ 菖⑭ 倉⑩ 蒼⑯ 暢⑭ 昶⑨ 彰⑭
(채) 蔡⑰ 采⑧ 彩⑪
(처) 處⑪
(척) 斥⑤ 尺④ 拓⑨
(천) 天④ 千③ 仟⑤ 川③ 秤⑨ 泉⑨
(철) 徹⑮ 哲⑩ 喆⑫ 澈⑯ 轍⑲ 徹⑮ 鐵㉑
(청) 青⑧ 清⑫ 聽㉒ 晴⑫ 請⑮
(초) 肖⑦ 焦⑫ 蕉⑱ 招⑨ 秋⑨ 草⑫ 超⑫
(촉) 屬㉑ 燭⑰ 促⑨ 觸⑳
(촌) 村⑦ 寸③
(총) 叢⑱ 銃⑭ 寵⑯ 總⑰
(최) 崔⑪ 最⑫ 催⑬
(추) 錐⑯ 秋⑨ 推⑫ 酋⑨
(축) 丑④ 柚⑨ 畜⑩ 蓄⑯ 縮⑰
(출) 出⑤
(충) 忠⑧ 沖⑥ 充⑥ 琉⑪ 衝⑮
(취) 取⑧ 翠⑭
(치) 治⑨ 致⑩ 蚩⑪ 恥⑩
(친) 親⑯
(칠) 七⑦
(침) 針⑩ 鍼⑰
(칭) 稱⑭
(춘) 春⑨ 椿⑬ 瑃⑭

〔타 음〕 이하는 모두 발음오행이 火이다.

(타) 他⑤ 朶⑥
(탁) 卓⑧ 琸⑬ 鐸㉑
(태) 台⑤ 太④ 泰⑨ 兌⑦
(택) 宅⑥ 澤⑰
(통) 通⑭ 統⑫

〔파 音〕 이하는 모두 발음오행이 水이다.

- (파) 巴④ 芭⑩ 坡⑧ 波⑨ 頗⑭
- (판) 判⑦
- (팔) 八⑧
- (패) 浿⑪ 貝⑦
- (팽) 彭⑫
- (편) 片④
- (평) 平⑤ 萍⑬ 坪⑧
- (포) 布⑤ 浦⑪ 包⑤ 舖⑮ 砲⑭
- (표) 表⑧ 杓⑦ 票⑪ 漂⑮
- (품) 品⑨
- (풍) 豊⑬ 豐⑱ 風⑨
- (피) 皮⑤
- (필) 必⑤ 泌⑨ 畢⑪ 匹⑤ 筆⑫ 弼⑫

〔하 音〕 이하는 모두 발음오행이 土이다.

- (하) 下③ 何⑦ 河⑨ 荷⑬ 夏⑩
- (학) 虐⑨ 學⑯ 鶴㉑
- (한) 閑⑫ 韓⑰ 漢⑮ 寒⑫ 翰⑯
- (함) 咸⑨
- (합) 合⑥
- (항) 亢④ 沆⑧ 航⑩ 缸⑨ 巷⑧ 恒⑩
- (해) 亥⑥ 海⑪ 奚⑩
- (행) 幸⑧ 行⑥ 杏⑦
- (향) 向⑥ 香⑨ 珦⑪ 鄕⑰
- (허) 許⑪ 虛⑪
- (헌) 憲⑯
- (혁) 革⑨ 赫⑭ 奕⑨ 爀⑱
- (현) 現⑫ 晛⑮ 泫⑨ 玄⑤ 炫⑨ 弦⑧ 鉉⑬ 衒⑪ 顯㉓ 玹⑩ 賢⑮
- (협) 協⑧ 夾⑦

- 425 -

(형) 亨⑦ 瑩⑮ 邢⑪ 珩⑪ 兄⑤ 炯⑨ 衡⑯
(혜) 惠⑫ 彗⑪ 慧⑮
(호) 乎⑤ 浩⑪ 號⑬ 互④ 胡⑨ 戸④ 虎⑧ 琥⑬ 鎬⑱ 豪⑭ 昊⑧ 淏⑫
(홍) 弘⑤ 泓⑨ 洪⑩ 烘⑩ 紅⑨ 鉷 虹⑨ 鴻⑰
(회) 會⑬ 澮⑰ 廻⑨ 回⑥
(화) 化④ 禾⑤ 和⑧ 華⑫ 花⑩
(환) 桓⑩ 奐⑨ 煥⑬ 渙⑬ 丸③
(황) 黃⑫ 皇⑨ 鳳⑪ 況⑨ 煌⑬ 湟⑬ 惶⑬ 晃⑩ 滉⑭
(효) 爻④ 孝⑦ 涍⑪ 效⑩ 曉⑯
(후) 后⑥ 侯⑨ 厚⑨
(훈) 熏⑭ 訓⑩ 薰⑳ 焄⑪ 燻⑬ 勛⑫ 勳⑯
(훤) 萱⑮
(휴) 休⑥
(흔) 欣⑧
(흥) 興⑮
(희) 希⑦ 喜⑫ 熺⑯ 禧⑰ 姬⑨ 義⑬ 熙⑬

■ 人名用漢字 同字 俗字 약자 허용 한자 ■

鑑	強	個	蓋	劍	考	館	教	亘	年	德	龍
裏	無	杯	襃	栢	飜	幷	竝	晒	峯	秘	挿
床	敍	棲	垿	晟	修	雁	嚴	煙	艶	叡	衞
彛	姉	潜	莊	墻	點	晉	瑨	濬	贊	讚	慚
册	草	沖	蟲	豊	廈	恒	畵	濶	效	勳

韓國姓氏劃數一覽(義劃)

姓　字　劃　數	吉　名　配　置　表
2획성 卜 丁 乃	성　2　2　2　2 명　4　9　14　19 자　9　4　9　4
3획성 千 弓 大 凡 于	성　3　3　3　3　3　3 명　3　8　10　13　13　13　18 자　12　5　22　2　8　22　14
4획성 孔 王 卞 天 介 化 元 文 夫 太 水 片 尹 方 公 毛 斤	성　4　4　4　4　4　4 명　9　9　12　13　14　19 자　2　12　13　12　11　12
5획성 甘 申 田 占 皮 玉 白 平 史 永 玄 石 丘 左 包	성　5　5　5　5　5　5 명　8　8　10　10　10　12 자　8　16　3　6　14　6
6획성 安 全 朴 牟 伊 印 朱 西 曲 任 吉 米 后	성　6　6　6　6 명　9　10　10　12 자　9　7　15　23
7획성 李 吳 宋 林 采 泳 延 成 車 辛 君 杜 呂 余 池 判 肖 汝	성　7　7　7　7　7　7 명　8　8　9　9　10　11 자　10　16　8　16　6　14

- 427 -

8획성	金 具 林 周 承 奈 昇 奇 卓 采 房 孟 尙 昌 沈 表 明 奉 宗 夜	성 명 자	8 7 9	8 7 10	8 7 16	8 8 15	8 9 7	8 10 5
9획성	姜 南 兪 柳 禹 咸 宣 秋 韋 胡 俊 河 段 星 姚 扁 施	성 명 자	9 7 16	9 8 7	9 8 6	9 9 6	9 12 4	9 12 20
10획성	桂 高 殷 芮 孫 洪 曺 奏 昔 馬 徐 夏 唐 邕 晋 眞 袁 剛 柴	성 명 자	10 1 14	10 8 7	10 11 14	10 14 7	10 14 11	10
11획성	崔 張 康 梁 許 曹 彬 范 魚 國 章 彭 麻 邢 邦 班 扈 麀 堅 異 梅 浪 異	성 명 자	11 2 4	11 4 20	11 10 14	11 12 12	11 14 4	11 14 10
12획성	黃 程 閔 智 筍 景 順 森 舜 賈 雲 憑 强 弼	성 명 자	12 4 9	12 4 13	12 12 9			
13획성	楊 睦 慈 雍 頓 路 楚 雷 廉 莊 阿	성 명 자	13 8 8	13 8 16	13 12 4	13 12 12		
14획성	趙 裵 碩 愼 箕 鳳 端 菊 甄 連 菜	성 명 자	14 4 11	14 10 11	14 10 15	14 11 7		

15획성	魯 諸 劉 慶 墨 賴 賓 萬 葉 葛 漢 楔 蔫 董 郭	성 15 15 15 15 15 15 명 2 3 9 9 9 9 자 14 14 8 14 16 17
16획성	盧 錢 龍 謝 彊 燕 陶 陰 陳 陸 都 道 潘 彈	성 16 16 16 명 9 9 13 자 7 16 8
17획성	韓 鍾 鞠 蔡 蔣 療 鄒 謝	성 17 17 17 17 명 8 8 8 8 자 7 10 16 6
18획성	魏 簡	성 18 18 18 18 18 명 7 7 11 14 14 자 6 16 6 7 15
19획성	鄭 龐 薛	성 19 19 19 19 명 2 2 12 12 자 4 14 4 20
20획성	羅 嚴 釋	성 20 20 20 20 20 20 명 1 3 4 4 4 11 자 12 12 11 17 13 14
21획성	顧 藤	성 21 21 21 21 명 2 8 10 12 자 14 10 14 12

22 획 성	權 蘇 邊		성 22 22 22
			명 1 1 7
			자 10 16 9

韓國姓氏二字姓之部

南 宮(19) 9 10	鮮 于(20) 17 3	獨 孤(25) 17 8	皇 甫(16) 9 7
성 9 9	성 17 17	성 17 17	성 9 9
성 10 10	성 3 3	성 8 8	성 7 7
명 11	명 12	명 9	명 8 16
자 14	자 11	자 7	자 8
諸 葛(30) 15 15	東 方(12) 8 4	司 空(11) 5 6	西 門(14) 6 8
성 15 15	성 8 8	성 5 5	성 6 6
성 15 15	성 4 4	성 6 6	성 8 8
명 10	명 12 21	명 10 10	명 10 9
자 15	자 9	자 14	자 15

第二章　大法院選定 作名用 漢字
2964字劃別·五行別辭典

－ 1 劃 －

[아音土部] 乙 새을　　[아音土部] 一 하나일

－ 2 劃 －

[나音火部] 乃 이에내　[다音火部] 刀 칼도　[라音火部] 力 힘력　了 마칠료

[바音水部] 卜 점복　[아音土部] 又 또우　二 두이　人 사람인

入 들입　[자音金部] 丁 고무래정

－ 3 劃 －

[가音木部] 干 방패간　巾 수건건　工 장인공　口 입구　久 오랠구

弓 활궁　己 몸기　[나音火部] 女 계집녀　[다音火部] 大 큰대

[마音水部] 万 일만만　亡 망할망　[바音水部] 凡 무릇범

[사音金部] 七 선비사　巳 뱀사　山 뫼산　三 셋삼　上 윗상

夕 저녁 석	小 적을 소			
[아音 土部] 也 잇기 야	于 어조사 우	已 이미 이	刃 칼 인	
[자音 金部] 子 아들 자	丈 장인 장	才 재주 재	[차音 金部] 叉 깍지낄 차	
千 일천 천	川 내 천	寸 마디 촌	[타音 火部] 土 흙 토	
[하音 土部] 下 아래 하	丸 둥글 환			

― 4 劃 ―

[가音 木部] 介 클 개	犬 개 견	公 귀 공	孔 구멍 공	戈 창 과	斤 날 근
今 이제 금	及 미칠 급	[나音 火部] 內 안 내	[다音 火部] 丹 붉을 단	
斗 말 두	屯 모일 둔	[마音 水部] 毛 터럭 모	母 어미 모	木 나무 목
文 글월 문	勿 말 물	[바音 水部] 反 돌아올 반	方 모 방	卜 법 변
夫 지아비 부	父 아비 부	分 나눌 분	不 아니 불	比 견줄 비
[사音 金部] 四 넷 사	少 젊을 소	水 물 수	手 손 수	升 되 승
氏 성씨 씨	心 마음 심	什 열사람 십(습)	[아音 土部] 牙 어금니 아	厄 액 액

予 나여	午 낮오	曰 가로왈	王 임금왕	夭 예쁠요	友 벗우	
尤 더욱우	牛 소우	云 이를운	元 으뜸원	月 달월	尹 믿을윤	
允 진실로윤	仁 어질인	引 이끌인	日 날일	壬 북방임		
[자音 金部] 切 끊을절	井 우물정	弔 조상조	中 가운데중	止 그칠지		
之 갈지	支 지탱할지	[차音 金部] 尺 자척	天 하늘천			
丑 소축	[카音 木部] 夬 괘이름쾌	[타音 火部] 太 클태				
[파音 水部] 巴 땅이름파	片 조각편	匹 짝필	[하音 土部] 亢 높을항			
兮 어조사혜	互 서로호	戶 지게호	火 불화	化 될화		
幻 변화할환	爻 괘효	凶 흉할흉				

— 5 劃 —

[가音 木部] 加 더할가	可 옳을가	刊 새길간	甘 달감	甲 갑옷갑		
巨 클거	去 갈거	古 예고	叩 두두릴고	功 공공	瓜 외과	
巧 교할교	句 글귀구	丘 언덕구	叫 부를규	[나音 火部] 奴 종노		

[다音 水部] 旦 아침 단	代 대신 대	冬 겨울 동	[라音 火部] 立 설 립
令 하여금 령	[마音 水部] 末 끝 말	矛 창 모	目 눈 목	卯 동방 묘
戊 별 무	未 아닐 미	民 백성 민	[바音 水部] 半 절반 반	白 흰 백
丙 남녀 병	本 근본 본	付 줄 부	北 북녁 북	弗 말 불	氷 어름 빙
[사音 金部] 仕 벼슬 사	司 맡을 사	史 사기 사	生 날 생	石 돌 석
仙 신선 선	世 인간 세	召 부를 소	囚 가둘 수	示 보일 시	市 저자 시
申 납 신	失 잃을 실	[아音 金部] 央 가운데 앙	永 길 영	五 다섯 오
玉 구슬 옥	外 바깥 외	瓦 기와 와	用 쓸 용	右 오를 우	幼 어릴 유
由 말미암을 유	以 써 이	[자音 金部] 仔 질 자	田 밭 전	占 점칠 점
正 바를 정	左 왼 자	主 임금 주	只 다만 지
[차音 金部] 且 또 차	册 책 책	斥 내칠 척	仟 천사람 천	出 날 출
[타音 火部] 他 다를 타	台 삼태성 태	[파音 水部] 平 평할 평	布 배 포
包 쌀 포	皮 가죽 피	必 반드시 필	[하音 土部] 玄 검을 현	穴 구멍 혈

| 兄 말형 | 乎 어조사호 | 弘 클홍 | 禾 벼화 |

- 6劃 -

[가音 木部]	各 각각각	艮 간방간	价 클개	件 물건건	考 상고할고
曲 굽을곡	共 한가지공	光 빛광	匡 도울광	交 사귈교	求 구할구
圭 홀규	亘 뻗칠긍	企 바랄기	吉 길할길	[나音 火部]	年 해년
[다音 火部]	多 많을다	乭 돌돌	同 한가지동	[라音 火部]	劣 옹렬할렬
列 벌릴렬	礼 예도례	老 늙을로	六 여섯륙	吏 아전리	[마音 水部]	妄 망녕될망
名 이름명	牟 클모	米 쌀미	[바音 水部]	朴 성박	百 일백백	伐 칠벌
氾 뜰범	帆 돛대범	犯 범할범	伏 엎드릴복	妃 왕비비	[사音 金部]	糸 가는실사
丞 도울승	寺 절사	死 죽을사	色 빛색	西 서녘서
先 먼저선	舌 혀설	守 지킬수	收 걷을수	旬 열흘순	戌 개술
式 법식	臣 신하신	[아音 土部]	安 편안안	仰 우럴을앙	羊 양양
如 같을여	亦 또역	伍 다섯사람오	宇 집우	羽 깃우

旭 빛날 욱	危 위태로울 위	有 있을 유	肉 고기 육	衣 옷 의
耳 귀 이	而 말이을 이	夷 평평할 이	弛 놓을 이	伊 저 이	因 인할 인
印 도장 인	任 맡을 임	[자音 金部]	字 글자 자	自 스스로 자	再 두번 재
在 있을 재	庄 전장 장	匠 장인 장	全 온전 전	汀 물가 정	兆 억조 조	早 이를 조
存 있을 존	州 고을 주	舟 배 주	朱 붉을 주	竹 대 죽	仲 버금 중	汁 즙낼 즙
至 이를 지	地 땅 지	旨 맛 지	[차音 金部]	此 이 차	次 버금 차	尖 끝 첨
艸 풀 초	冲 화할 충	充 채울 충	[타音 火部]	打 칠 타	宅 집 택	吐 토할 토
[하音 土部]	合 화합 합	亥 돌 해	行 다닐 행	向 향할 향	血 피 혈
刑 형별 형	好 좋을 호	灰 재 회	回 돌아올 회	后 황후 후	休 쉴 휴
屹 산오뚝할 흘					

― 7 劃 ―

[가音 木部]	却 물리칠 각	角 뿔 각	杆 방패 간	江 물 강	杠 깃대 강
坑 빠질 갱	更 고칠경 다시갱	改 고칠 개	車 수레 거	見 볼 견	戒 경계할 계

系 맬계	告 고할고	谷 골곡	困 곤할곤	攻 칠공	宏 클굉
究 궁리할구	局 판국	君 임금군	均 고를균	克 이길극	
杞 구기자기	忌 꺼릴기		岐 높을기	圻 지경기	
[나音 火部]	男 사내남	努 힘쓸노	[다音 火部]	但 다만단	杜 막을두
豆 팥두	[라音 火部]	卵 알란	冷 찰랭	良 어질량	呂 성려
伶 영리할령	弄 희롱할롱		里 마을리	利 이로울리	
李 오얏리	[마音 水部]	忙 바쁠망	忘 잊을망	每 매양매	免 면할면
妙 묘할묘	尾 꼬리미		[바音 水部]	伴 짝반	彷 방황할방
坊 막을방	妨 해로울방	伯 맏백	汎 띠울범	別 다를별	
兵 군사병	步 걸음보	甫 클보	孚 믿을부	否 아니부	佛 부처불
庇 덮을비	[사音 金部]	似 같을사	私 사사사	杉 스기목삼	床 평상상
序 차례서	汐 물갓석	成 이룰성	束 묶을속	宋 송나라송	
秀 빼어날수	巡 순돌순		伸 펼신	辛 매울신	身 몸신

[아音 土部] 我 나 아	冶 불무 야	言 말씀 언	余 나 여	汝 너 여	役 부릴 역
延 맞을 연	吾 나 오	吳 나라 오	汚 더러울 오	完 완전할 완	佑 도울 우
妊 애밸 임	位 벼슬 위	酉 닭 유	吟 읊을 음	邑 고을 읍	
矣 어조사 의	忍 참을 인	[자音 金部] 灼 사를 작	作 지을 작		
壯 장할 장	杖 지팡이 장	材 재목 재	災 재앙 재	低 굽힐 저	
甸 경기 전	赤 붉을 적	町 지경 정	呈 들어낼 정	廷 조정 정	玎 옥소리 정
弟 아우 제	助 도울 조	足 발 족	佐 도울 좌	坐 앉을 좌	住 머무를 주
走 달아날 주	址 터 지	志 뜻 지	辰 별 진	池 못 지	
[차音 金部] 車 수레 차	肖 같을 초	初 처음 초	村 마을 촌	吹 불 취	
七 일곱 칠	[타音 火部] 妥 편안할 타	托 밀 탁	吞 삼킬 탄	兌 서방 태	
兎 토끼 토	[파音 水部] 判 판달할 판	坂 고개 판	貝 자개 패	杓 자루 표	
[하音 土部] 何 어찌 하	汗 땀 한	旱 가물 한	含 먹음을 함	杏 은행 행	
亨 형통할 형	形 형상 형	孝 효도 효	吸 마실 흡	希 바랄 희	

— 8劃 —

| [가音 木部] 佳 아름다울가 | 刻 새길각 | 玕 예쁜돌간 | 岡 뫼강 |

坩 언덕구 | 居 살거 | 杰 호걸걸 | 決 결단할결 | 庚 별경 | 京 서울경

炅 빛날경 | 坰 들경 | 季 끝계 | 姑 시어머니고 | 固 굳을고 | 孤 외로울고

昆 맏곤 | 坤 땅곤 | 供 이바지공 | 空 빌공 | 果 과실과 | 官 벼슬관

侊 클광 | 具 갖출구 | 玖 검은돌구 | 屈 굽을굴 | 卷 책권 | 券 문서권

金 쇠금 | 汲 물기를급 | 技 재주기 | 奇 기이할기 | 其 그기 | 汽 물김기

玘 패옥기 | 沂 무이름기 | 佶 바를길 | 侃 굳셀간 | [나音 火部] 奈 어찌나(내)

秊 해년 | 念 생각념 | [다音 火部] 垈 집터대 | 到 이를도 | 東 동녘동 | 枓 주두두

[라音 火部] 來 올래 | 兩 두량 | 冽 맵게추울렬 | 姈 계집영리할령 | 例 견줄례

彔 나무깎을록 | 侖 뭉치륜 | 林 수풀림 | [마音 水部] 罔 없을망 | 妹 아래누이매

枚 줄기매 | 孟 맏맹 | 盲 어둘맹 | 明 밝을명 | 命 목숨명 | 沐 목욕할목

牧 기를목 | 沒 죽을몰 | 武 호반무 | 炆 연기날문 | 汶 물문 | 門 문문 | 物 물건물

- 439 -

味 맛 미	岷 산이름 민	旻 하늘 민	旼 화할 민	[바音 水部]	放 놓을 방
昉 밝을 방	房 방 방	杯 술잔 배	帛 비단 백	佰 백사람 백	秉 잡을 병
幷 아으를 병	服 옷 복	奉 받들 봉	扶 붙들 부	府 마을 부	汾 물흐를 분
朋 벗 붕	非 아닐 비	卑 낮을 비	枇 비파 비	批 칠 비	[사音 金部] 社 모일 사
祀 제사 사	事 일 사	使 하여금 사	沙 모래 사	舍 집 사	尙 오히려 상
狀 형상 문서 상 장	抒 펼 서	昔 옛 석	析 나눌 석	姓 성 성	所 바 소 松 솔 송
受 받을 수	垂 드릴 수	叔 아제비 숙	刷 문지를 쇄	承 이을 승	昇 오를 승
侍 모실 시	始 비로소 시	沁 물 심	沈 성심 잠길침	[아音 土部]	
亞 버금 아	兒 아이 아	岳 뫼 악	岸 언덕 안	岩 바위 암	
昂 높을 앙	厓 언덕 애	夜 밤 야	於 늘 어	奄 문득 엄	
沇 물이름 연	易 바꿀역 쉬울이	炎 불꽃 염	旿 밝을 오	沃 그름질 옥	臥 눌 와
枉 굽을 왕	旺 왕성할 왕	往 갈 왕	汪 못 왕	玗 옥 우	雨 비 우 沄 끓을 운
沅 물이름 원	委 맡길 위	乳 젖 유	侑 짝 유	依 의지할 의	宜 마땅 의

[자音金部]	刺 찌를자	姉 누이자	長 긴장	爭 다툴쟁	底 밑저
的 밝을적	佺 이름전	典 법전	折 꺾을적	店 가게점	政 정사정
征 칠정	定 정할정	妌 계집단정할정	制 법제제	卒 군사졸	宗 마루종
周 두루주	宙 집주	枝 가지지	知 알지	沚 물가지	直 곧을직
[차音金部]	昌 창성할창	采 일채	妻 아내처	帖 문서첩	妾 첩첩
靑 푸를청	抄 베낄초	沖 화할충	忠 충성충	取 가질취	枕 벼개침
沈 잠길침	[카音木部] 快 쾌할쾌		[타音火部] 卓 높을탁		坦 평탄할탄
汰 씻길태	投 던질투	[파音水部] 把 잡을파		坡 언덕파	板 널판
版 조각판	八 여덟팔	佩 찰패	坪 들평	彼 적피	[하音土部] 函 함함
沆 물항	抗 항거할항	巷 거리항	幸 다행행	享 드릴향	弦 활시위현
協 화할협	呼 부를호	虎 범호	昊 하늘호	或 혹혹	昏 어둘혼
忽 문득홀	和 화목화	欣 기쁠흔	炘 화끈거릴흔		昕 해돋을흔

— 9 劃 —

[가音水部] 架 시렁가	竿 대줄기간	肝 간간	看 볼간
姦 간사할간	姜 성강	勁 굳셀경	皆 다개	客 손객	拒 막을거
建 세울건	徑 곧을경	係 이을계	契 계약할계	癸 북방계	界 지경계
計 셀계	枯 마를고	故 연고고	怪 괴이할괴	科 과거과
冠 갓관	拘 잡을구	狗 개구	九 아홉구	軍 군사군	奎 별규
畇 밭개간할균	軌 굴대궤	剋 제할극	急 급할급	矜 자랑할긍	紀 벼리기
祈 빌기	姞 성길	[나音火部] 南 남녘남	奈 어찌내	耐 견딜내
怒 성낼노	泥 진흙니	[다音火部] 段 조각단	畓 논답	待 기다릴대
度 법도 헤아릴탁	毒 독할독	突 우뚝할돌	[라音火部] 亮 밝을량
侶 짝려	昤 날빛영롱할령	柳 버들류	律 법률	俚 속될리
[마音水部] 勉 힘쓸면	面 낯면	冒 무릅쓸모	某 아무모	拇 엄지손가락무
眉 눈썹미	美 아름다울미	玟 옥돌민	[바音水部] 拍 칠박	泊 쉴박
叛 배반할반	拔 뺄발	拜 절배	法 법법	炳 빛날병

昞 빛날병	昺 밝을병	柄 자루병	保 보전할보	封 봉할봉	負 짐질부
赴 다다를부	盆 동이분	拂 떨칠불	飛 날비	[사音 金部]	泗 물사
砂 모래사	思 생각사	査 사실할사		削 깎을삭	相 서로상
庠 학교상	宣 베풀선	星 별성	性 성품성		省 살필성 덜생
沼 못소	炤 밝을소	昭 밝을소	俗 풍속속	帥 거느릴솔 장수수	首 머리수	盾 방패순
是 이시	屍 주검시	施 베풀시	柴 나무시	食 밥식	信 믿을신	室 집실
甚 심할심	[아音 土部]	押 누를압	殃 재앙앙	哀 슬픈애	約 언약약	抑 누를억
彦 클언	疫 역병역	沿 좇을연	衍 넓을연	姸 고울연	染 물들일염
泳 헴칠영	映 비칠영	盈 찰영	屋 집옥	畏 두려울외	玩 구경할완
要 중요요	勇 날랠용	禹 임금우	昱 날빛욱	怨 원망할원	垣 담원	威 위엄위
韋 가죽위	俞 대답할유	幽 그윽할유	油 기름유	柔 유할유	宥 용서할유
玧 붉은옥윤	垠 언덕은	音 소리음	泣 울읍	怡 화할이	姻 혼인인	姙 애밸임
[자音 金部]	姿 맵시자	者 놈자	芍 작약작	昨 어제작	哉 비로소재

抵 막을 저	前 앞 전	点 검은점 점	柾 나무바를 정	訂 평론할 정
亭 정자 정	貞 곧을 정	帝 임금 제	拙 옹졸할 졸	柱 기둥 주
注 물댈 주	炷 심지 주	胄 투구 주	奏 아뢸 주	俊 준걸 준	重 무거울 중
卽 곧 즉	祉 복 지	姪 조카 질	[차音 金部]	昶 밝을 창	拓 열척 박을탁
泉 샘 천	招 부를 초	促 재촉할 촉	抽 뺄 추	秋 가을 추	春 봄 춘
衷 속 충	峙 재 치	治 다스릴 치	勅 신칙할 칙	則 법칙 칙	侵 침노할 침
[타音 火部]	炭 숯 탄	眈 빠질 탐	怠 게으를 태	殆 위태할 태	泰 클 태
垞 언덕 택	[파音 水部]	波 물결 파	便 편할 편	扁 작을 편	枰 바둑판 평
抱 안을 포	表 겉 표	品 품수 품	風 바람 풍	泌 물흐를 필
[하音 土部]	河 물 하	昰 여름 하	咸 다 함	姮 계집이름 항	香 향기 향
革 가죽 혁	泫 깊을 현	炫 밝을 현	俠 협기 협	型 모형 형	洞 찰 형
炯 빛날 형	胡 어찌 호	泓 물깊을 홍	紅 붉을 홍	虹 무지개 홍	奐 클 환
皇 임금 황	況 하물며 황	廻 돌아올 회	侯 제후 후	垕 두터울후 의고자

厚 두터울 후	後 뒤 후	姬 계집 희				

－ 10 劃 －

[가音 木部]	家 집 가	珏 쌍옥 각	恪 삼가할 각	剛 굳셀 강	個 낱 개	虔 공결할 건
格 이룰 격	肩 어깨 견	缺 이끄러질 결	兼 겸할 겸	桂 화덕 계	徑 지름길 경	冏 멀 경
耕 갈 경	耿 빛날 경	洸 물솟을 광		桄 베틀 광	矩 법 구	拳 주먹 권
衾 이불 금	桔 도라지 길	桂 계수나무 계		高 높을 고		庫 곳집 고
哭 울 곡	骨 뼈 골	恭 공손 공	貢 바칠 공	恐 두려울 공	括 헤아릴 괄	
校 학교 교	俱 함께 구	宮 궁궐 궁		鬼 귀신 귀	根 뿌리 근	
級 등급 급	肯 즐길 긍	記 기록할 기	起 일어날 기	耆 늙은이 기	氣 기운 기	
豈 어찌 기	[나音 火部]	娜 아름다울 나	納 들일 납	娘 아씨 낭	紐 맺을 뉴	
[다音 火部]	唐 당나라 당	玳 대모 대	倒 거꾸러질 도	徒 무리 도	島 섬 도	
桃 복숭아 도	挑 돋을 도	洞 고을 동	桐 오동 동	凍 얼 동	[라音 火部]	洛 낙수 락
倆 공교할 량	凉 서늘할 량	旅 나그네 려	烈 매울 렬	玲 옥소리 령		

- 445 -

料 헤아릴 료	留 머무를 류	倫 인륜 륜	栗 밤 률	离 밝을 리
[마音 水部] 馬 말 마	梅 매화 매	埋 묻을 매	眠 졸면	冥 어둘 명
紋 무늬 문	珉 옥돌 민	畝 밭이랑 무	[바音 水部] 珀 호박 박	般 일반 반
畔 밭두룩 반	芳 꽃다울 방	倣 본받을 방	配 짝 배	倍 갑절 배	栢 잣 백
病 병들 병	峯 봉우리 봉	峰 봉우리 봉	俸 녹 봉	芙 부용 부	芬 향기 분
粉 가루 분	紛 시끄러울 분	秘 비밀할 비	肥 살찔 비	倂 나란할 병
[사音 金部] 紗 깁 사	射 쏠 사	師 스승 사	朔 초하루 삭	珊 산호 산
殺 죽일 살	桑 뽕나무 상	索 찾을 색	恕 용서할 서	書 글 서	徐 천천히 서
席 자리 석	秞 섬 석	扇 부채 선	娍 아름다울 성	城 재 성
洗 씻을 세	素 본디 소	笑 웃음 소	孫 손자 손	衰 쇠할 쇠	修 닦을 수
洙 물가 수	殊 다를 수	洵 믿을 순	殉 구할 순	純 순전할 순	拾 주을 습(십)
乘 탈 승	時 때 시	息 쉴 식	神 귀신 신	迅 빠를 신	訊 물을 신
十 열 십	娑 너풀거릴 사	栖 쉴 서	釗 힘쓸 쇠	栻 점판 식

[아音 土部]	娥 예쁠 아	峨 산 아	芽 싹 아	按 누를 안	晏 늦을 안
案 책상 안	弱 약할 약	洋 바다 양	俺 나 엄	娟 예쁠 연	宴 잔치 연
烟 연기 연	芮 풀 예	烏 까마귀 오	娛 기쁠 오	翁 늙은이 옹	垸 바를 완
辱 욕될 욕	容 얼굴 용	祐 도울 우	迂 굽을 우	彧 빛날 욱	原 언덕 원
袁 성 원	員 관원 원	洹 흐를 원	洧 물이름 유	育 기를 육	
殷 나라 은	恩 은혜 은	益 더할 익	倚 의지할 의	[자音 金部]	玆 이 자
恣 방자할 자	酌 술잔 작	奘 클 장	財 재물 재	栽 심을 재	宰 재상 재
栓 나무 전	展 펼 전	庭 뜰 정	祖 조상 조	租 부세 조	曹 무리 조
晁 아침 조	祚 복조 조	倧 신인 종	座 자리 좌	洲 물가 주	株 줄기 주
酒 술 주	峻 높을 준	埈 높을 준	准 법 준	烝 찔 증	症 병 증
持 가질 지	指 손가락 지	紙 종이 지	祗 공경 지	芝 지초 지	晉 나라 진
晋 나라 진	津 나루 진	珍 보배 진	眞 참 진	秦 나라 진	疾 병질 질	秩 차례 질
[차音 金部]	差 어긋날 차	借 빌릴 차	倉 창고 창	哲 밝을 철	畜 기를 축

祝	빌축	臭	냄새취	値	만날치	恥	부끄러울치	致	이를치	針	바늘침
秤	저울칭	[타音火部]		託	부탁할탁	倬	클탁	耽	흘겨볼탐	討	칠토
特	특별할특	[파音水部]		芭	파초파	派	갈래파	破	깨질파	砲	대표포
豹	표범표	疲	피곤할피	珌	칼장식할필	[하音土部]		夏	여름하	恨	한할한
航	배항	恒	항상항	奚	어찌해	害	해할해	核	씨핵	軒	마루헌
峴	고개현	玹	옥돌현			峽	산골협	祜	복호	烘	햇불홍
洪	넓을홍	花	꽃화	桓	나무환 굳셀환	活	살활	晃	밝을황	恢	클회
候	기후후	效	본받을효	訓	가르칠훈	休	아름다울휴	恰	마침흡	洽	화할흡

― 11 劃 ―

[가音木部]		假	거짓가	勘	마감할감	強	힘쓸강	崗	산등성이강	堈	언덕강
康	편안강	健	건정할건	乾	하늘건			堅	굳을견	牽	이끌견
涇	통할경	竟	마침경	頃	이랑경	卿	벼슬경	械	기계계	啓	열계	苦	쓸고
崑	산이름곤	珙	크고둥근옥공	貫	꾀일관	珖	옥피리광	敎	가르칠교	苟	진실로구

區	구역 구	救	구원할 구	國	나라 국	躬	몸 궁	訣	비결 결	梗	정직할 경
皐	언덕 고	棺	토막나무 관	圈	우리 권	珪	서옥 규	近	가까울 근
規	법 규	崎	산길험할 기	寄	부탁할 기	埼	낭떨어지 기	基	터 기
飢	주릴 기	旣	이미 기	[나音 火部]	那	어찌 나	[다音 火部]	堂	집 당	帶	띠 대
袋	자루 대	豚	돼지 돈	動	움직일 동	得	얻을 득	[라音 火部]	珞	목걸이 락
浪	물결 랑	朗	밝을 랑	崍	산이름 래	略	간략할 략
梁	들보 량	鹿	사슴 록	累	얽힐 루	流	흐를 류	崙	산이름 륜
率	헤아릴 률	梨	배 리	笠	갓 립	粒	쌀알 립
[마音 水部]	麻	삼 마	晚	늦을 만	曼	길멀 만	望	바랄 망
麥	보리 맥	冕	면류관 면	苗	싻 묘	務	힘쓸 무
茂	무성할 무	問	물을 문	敏	민첩할 민	密	빽빽할 밀
[바音 水部]	返	돌아올 반	班	반렬 반	邦	나라 방	訪	찾을 방	培	북돋을 배
背	등 배	范	벌 범	屛	병풍 병	烽	봉화 봉	符	병부 부	浮	뜰 부

婦	며느리 부	副	버금 부	崩	무너질 붕	婢	여종 비	彬	빛날 빈
貧	가난할 빈	斌	빛날 빈	[사音 金部]		徙	옮길 사	蛇	뱀 사	邪	간사할 사
斜	빗길 사	産	낳을 산	參	셋 삼	商	장사 상	常	항상 상	爽	시원할 상	祥	상서 상
敍	지을 서	庶	뭇 서	旋	돌 선	船	배 선	雪	눈 설	卨	이름 설
設	베풀 설	涉	건늘 섭	晟	밝을 성	細	가늘 세	紹	이을 소	消	사라질 소
疎	성길 소	巢	새집 소	率	거느릴 솔	訟	송사할 송	珣	옥그릇 순
宿	잘 숙	孰	누구 숙	術	꾀 술	崇	높을 숭	習	익힐 습
埴	진흙 식	紳	큰띠 신	晨	새벽 신	悉	알 실	[아音 土部]		堊	백토 악
眼	눈 안	庵	암자 암	崖	낭떨어질 애	野	들 야	若	같을 약	魚	고기 어
御	모실 어	焉	어조사 언	域	지경 역	涓	가릴 연	研	갈 연	宴	잔치 연	軟	부드러울 연
悅	기뻐할 열	英	꽃부리 영	迎	맞을 영	梧	오동 오	悟	깨달을 오	晤	밝을 오
浣	옷빨 완	婉	예쁠 완	欲	하고자할 욕	浴	목욕할 욕	涌	권할 용	庸	떳떳 용
偶	우연 우	釪	요령 우	尉	성울 벼슬위	堉	살찔땅 육	苑	동산 원

胃 밥통위	偉 클위	唯 오직유	悠 멀유	胤 씨윤	珥 귀거리이		
移 옮길이	翊 도울익	寅 동방인	[자音 金部]	紫 붉을자	瓷 오지그릇자	雀 참새작	
帳 장막장	張 베풀장	章 글장	將 장수장	梓 가래나무재	苧 모시저		
笛 피리적	寂 고요적	專 오로지전	桯 걸상정	頂 이마정	偵 탐문할정		
挺 뺄정	停 머무를정	梯 사다리제	悌 공경제	第 차례제			
祭 제사제	組 인끈조	窕 깊을조	曹 무리조	彫 새길조	釣 낚시조		
條 가질조	鳥 새조	族 일가족	從 좇을종	終 마침종	珠 구슬주		
晝 낮주	浚 취할준	晙 밝을준	焌 불탈준	埻 과녁준	茁 풀싹줄	趾 발지	
振 떨진	執 잡을집	[차音 金部]	捉 잡을착	參 참여할참			
唱 부를창	窓 창창	彩 채색채	埰 사패지채	寀 동관채	責 꾸짖을책		
處 곳처	戚 친척척	阡 밭둑길천	崔 높을최	側 곁측			
浸 적실침	[타音 火部]	貪 탐할탐	胎 애밸태	桶 통통			
堆 쌓을퇴	[파音 水部]	販 팔판	浿 물가패	敗 패할패	偏 치우칠편		

肺 허파 폐	閉 닫을 폐	浦 물가 포	捕 잡을 포	胞 애밸 포	票 쪽지 표
彪 침범 표	被 입을 피	苾 향기날 필	畢 마칠 필	[하音土部]	偕 함께 해
海 바다 해	珦 옥이름 향	許 허락할 허	絃 줄 현	晛 햇발 현	浹 둘릴 협	挾 낄 협
邢 나라이름 형	珩 노리개 형	彗 비 혜	晧 해돋을 호	浩 넓을 호	胡 어찌 호
毫 터럭 호	扈 발호할 호	婚 혼인할 혼	貨 재물 화	晥 밝을 환	凰 봉황새 황
悔 뉘우칠 회	晦 그믐 회	涍 물가 효	焄 향내 훈	晞 마를 희

— 12 劃 —

[가音木部]	街 거리 가	殼 껍질 각	間 사이 간	渴 목마를 갈	堪 견딜 감
敢 구태 감	凱 화할 개	開 열 개	距 상거 거	傑 호걸 걸
結 맺을 결	景 볕 경	硬 굳을 경	控 끌 공	款 두드릴 관	掛 걸 괘
喬 큰나무 교	球 옥경쇠 구	邱 언덕 구	貴 귀할 귀	厥 그 궐
鈞 근 균	筋 힘줄 근	給 줄 급	淇 물이름 기	棋 뿌리 기	期 기약할 기
欺 속일 기	幾 거의 기	棄 버릴 기

[나音火部] 捺 손으로누를날	能 능할능	[다音火部] 茶 차다	單 홑단
短 짧을단	淡 맑을담	答 대답답	貸 빌릴대	德 큰덕	盜 도적도
棹 노도	堵 담도	敦 도타울돈	童 아이동	棟 들보동
惇 두터울돈	鈍 둔할둔	登 오를등	等 무리등	[라音火部] 絡 연락할락
琅 옥소리랑	掠 노략할략	量 헤아릴량	裂 찢을렬	勞 수고로울로
淚 눈물루	琉 유리류	理 다스릴리
[마音水部] 茫 망망할망	買 살매	脈 맥맥	猛 날낼맹	棉 목하면
珷 아름다운돌무	無 없을무	貿 무역할무	閔 성민	[바音水部] 博 넓을박
迫 핍박할박	發 펼발	防 막을방	傍 의지할방	排 밀배
番 차례번	棅 자루병	堡 막을보	普 넓을보	報 고할보	復 돌아올복 다시부
棒 칠봉	捧 받들봉	富 부자부	賁 클분	備 갖출비
費 비용비	悲 슬플비	扉 싸리문비	傅 스승부	[사音金部] 詞 말씀사
詐 거짓사	捨 놓을사	奢 사치할사	斯 이사	絲 실사	散 흩일산

傘 일산산	森 삼엄할삼	象 코끼리상	喪 초상상	翔 나를상	婿 사위서
棲 쉴서	舒 펼서	壻 사위서	惜 아낄석	晳 분석할석	淅 비소리석
善 착할선	琔 옥돌선	盛 성할성	珹 옥이름성	稅 부세세	掃 쓸소
訴 송사할소	疏 클소	疎 클소	邵 땅이름소	粟 조속	巽 낮을손	授 줄수
須 잠깐수	琇 옥돌수	淑 맑을숙	肅 나아갈숙	循 돌순
焞 밝을순	荀 풀순	筍 댓순순	順 순할순	淳 순박할순
舜 순임금순	述 지을술	勝 이길승	視 볼시	殖 번식할식	植 심을식
寔 이식	尋 찾을심	深 깊을심	[아音土部] 雅 맑을아	惡 악할악
雁 기러기안	涯 물가애	液 진액액	掩 거둘엄	暘 날흐릴역
硯 벼루연	淵 못연	然 그럴연	詠 읊을영	珸 옥돌오	琓 서옥완	堯 요임금요
茸 풀날용	寓 붙일우	堣 우땅우	雲 구름운	雄 수컷웅	媛 예쁠원
圍 에울위	爲 할위	越 넘을월	庾 노적유	惟 생각할유	喩 비유할유	鈗 창윤
閏 윤달윤	淫 음난할음	貳 두이	異 다를이	壹 한일	剩 남을잉

[자音 金部] 殘 쇠잔할 잔	場 마당 장	粧 화장할 장	掌 손바닥 장	裁 판결할 재
貯 쌓을 저	邸 집 저	迪 나아갈 적	絶 끊을 절	接 접할 접	珽 옥돌 정
情 뜻 정	淨 맑을 정	程 법 정	晶 맑을 정	珵 패목 정	幀 화분 정	淀 배댈 정
堤 막을 제	朝 아침 조	措 둘 조	詔 조서 조	尊 높을 존	淙 물소리 종
悰 즐거울 종	棕 종려나무 종	註 주낼 주	竣 마칠 준	畯 농부 준	衆 무리 중
曾 일찍 증	智 지혜 지	軫 수레뒤덕나무 진	集 모을 집	[차音 金部] 着 입을 착
敞 넓을 창	創 비롯할 창	淸 맑을 청	晴 갤 청	採 캘 채	策 꾀 책	悽 슬플 처
淺 얕을 천	喆 밝을 철	添 더할 첨	捷 이길 첩	替 대신할 체	焦 델 초
超 멀 초 넘을 초	草 풀 초	最 가장 최	推 밀 추	軸 굴대 축	就 나갈 취
[타音 火部] 琢 옥다듬을 탁	晫 환할 탁	探 정탐할 탐	邰 나라이름 태
統 거느릴 통	痛 아플 통	[파音 水部] 阪 언덕 판	彭 성 팽	評 평론할 평
幅 폭 폭	筆 붓 필	弼 도울 필	[하音 土部] 賀 하례할 하	廈 큰집 하
閑 한가할 한	閒 겨를 한	寒 찰 한	割 벨 할	項 목 항

虛 빌허	現 보일현	脅 갈빗대협	惠 은혜혜	皓 밝을호	壺 병호
澔 맑을호	惑 의혹될혹	混 섞일혼	惚 황홀할홀	畫 그림화	喚 부를환
黃 누를황	荒 거칠황	媓 여자이름황	喉 목구멍후	勛 공훈	胸 가슴흉
喧 지꺼릴훤	黑 검을흑	欽 공경흠	翕 합할흡	稀 드물희	喜 기쁠희

— 13 劃 —

[가音 木部]	暇 겨를가	嫁 시집갈가	賈 값가 장사고	脚 다리각	幹 줄기간	揀 가릴간
揭 높이들간 높이들게	感 느낄감	減 덜감	鉀 갑옷갑	渠 개천거	楗 문빗장건	
絹 비단견	經 글경	敬 공경경	莖 줄기경	鼓 북고	琨 아름다울곤	
塊 땅덩이괴	誇 자랑할과	琯 옥저관	郊 들교	較 비교할교	鳩 비들기구	
群 무리군	窟 굴굴	揆 헤아릴규	極 극할극	僅 겨우근	勤 부지런할근	
禁 금할금	琴 거문고금	禽 새금	祺 길할기	嗜 즐길기	琦 옥기	琪 옥기
[나音 火部]	煖 더울난	暖 따뜻할난	湳 물이름남	楠 남나무남	農 농사농	
惱 번뇌할뇌	[다音 火部]	塘 못당	當 마땅당	塗 진흙도	跳 뛸도	

逃 도망할도	渡 건늘도	督 독촉할독	頓 쪼아릴돈
[라音 火部] 酪 타락락	亂 어지러울란	廊 월랑랑	煉 쇠불릴련	廉 청렴할렴
鈴 종령	零 떨어질령	路 길로	祿 복록록	雷 우뢰뢰	裡 옷속리	裏 속리
莉 마리꽃리	琳 왕이름림	[마音 水部] 莫 말막	盟 맹세맹	募 부를모	睦 화목목	描 그림묘
迷 미혹한미	渼 물결무늬미	微 작을미	[바音 水部] 頒 나눌반	飯 밥반	鉢 바릿대발
渤 안개자욱할발	煩 번민할번	甁 병병	補 기울보	蜂 벌봉	琫 옥봉	附 붙일부
琵 비파비	碑 비석비	聘 장가들빙	湃 물결찰배	[사音 金部] 揷 꽂을삽	湘 물상
想 생각상	傷 상할상	詳 자세할상	塞 변방새막을색	嗇 인색할색	暑 더위서
鉐 놋석	羨 부러울선	渲 물적실선	愃 쾌할선	聖 성인성	惺 깰성
勢 형세세	歲 해세	頌 칭송할송	送 보낼송	愁 근심할수	睡 졸수	琡 옥이름숙	脣 입슬순
詩 글시	試 시험할시	湜 맑을식	軾 수례식	新 새신	莘 세신	[아音 土部] 阿 언덕아
衙 마을아	暗 어둘암	愛 사랑애	耶 어조사야	楊 버들양	揚 들날릴양
業 업업	逆 거스릴역	鉛 납연	煙 연기연	筵 대자리연	琰 비치옥염	暎 비칠영

煐 빛날 영	瀯 물맑을 영	預 미리 예	奧 속 오	琬 순할 완	莞 왕골 완
湧 날뛸 용	愚 어리석을 우	煜 빛날 욱	郁 문채날 욱	圓 둥글 원	園 동산 원
援 구원할 원	渭 위수 위	暐 빛날 위	猶 같을 유	愈 나을 유	裕 넉넉할 유
猷 꾀 유	飮 마실 음	傲 거만할 오	嗚 탄식할 오	鈺 보배 옥	項 이름 옥
媼 할미 온		雍 화할 옹		楡 느름나무 유	義 옳을 의
意 뜻 의		賃 세낼 임	稔 풍년들 임	[자音 金部]	資 재물 자
滋 부를 자	莊 장중할 장	裝 꾸밀 장	溨 맑을 재	載 실을 재	跡 발자국 적
賊 도적 적	塡 막힐 전	琠 옥이름 전	傳 전할 전	殿 대궐 전	電 번개 전	詮 갖출 전
靖 편안 정	鼎 솟 정	綎 인끈 정	湞 물이름 정	楨 쥐똥나무 정
叕 햇발치밀 정	鉦 징 정	雋 뛰어날 준	提 들 제	照 비칠 조
琮 옥 종	湊 물모일 주	稙 벼직	楫 돗대집	[차音 金部] 粲 선명할 찬
債 빗질 채	僉 다 첨	楚 나라 초	催 재촉할 최	追 쫓을 추	楸 노나무 추
椿 참죽나무 춘		測 측량할 측		雉 꿩 치	馳 달릴 치

稚 어릴치	[타音 火部]	琢 구슬탁	琸 이름탁	脫 벗을탈	塔 탑탑	湯 끓을탕
退 물러갈퇴	[파音 水部]	琶 비파파		稟 품할품		牌 패패
楓 단풍나무풍	[하音 土部]	荷 연꽃하	廈 집하	涵 젖을함		港 항구항
楷 본뜰해	鉉 솟귀현	號 이름호	湖 물호	琥 호박호	渾 흐릴혼	話 이야기화
煥 빛날환	換 바꿀환	渙 물부를환	煌 빛날황	解 풀해		會 모을회
逅 우연히만날후	塤 질나팔훈		暄 따뜻할훤	揮 지휘할휘	暉 햇빛휘	
煇 빛날휘		彙 무리휘	毁 헐훼	熙 빛날희	詰 물을힐	

― 14 劃 ―

[가音 木部] 嘉 아름다울가	歌 노래가	閣 집각	監 볼감	綱 벼리강
降 내릴강	箇 낱개	愷 즐거울개 편안할개	輕 가벼울경	逕 동안뜰경	境 지경경
誡 경계할계	溪 시내계	敲 두드릴고	菓 실과과	寡 적을과
管 왕굴관 대롱관	愧 부끄러울괴	廓 클곽	僑 우거할교	溝 개천구	構 지을구
菊 국화국	郡 고을군	閨 계집규	菌 버섯균	嫤 고을근

墐 진흙근	兢 조심할긍	箕 깍지기		旗 표지기	曛 별기운기
綺 아름다울기	緊 긴한긴	[나音火部] 寧 편안녕		[다音火部] 端 끝단	
團 둥글단	臺 집대	對 대답답	途 길도	圖 그림도	銅 구리동
[라音火部]	郞 사내랑	萊 쑥래		連 련할련	領 거느릴령
綠 초록바록	僚 동관료	屢 자주루	綸 버릴륜	菱 마름릉	綾 비단릉
[마音水部]	幕 장막막	網 그물망	萌 싹맹	綿 솜면	滅 멸할멸	銘 새길명
溟 바다명	鳴 울명	貌 모양모	夢 꿈몽	墓 무덤묘	舞 춤출무
聞 들을문	蜜 꿀밀	[바音水部]	裵 성배	閥 문벌벌	碧 푸른구슬벽
輔 도울보	福 복복	逢 만날봉	鳳 새봉	溥 클부	腐 썩을부
賦 부세부	鼻 코비	賓 손빈	[사音金部] 算 수놓을산		酸 실산
像 형상상	裳 치마상	嘗 맛볼상	瑞 상서서	碩 클석	銑 무쇠선
瑄 구슬선	誓 맹세할서	說 말씀설 기쁠열	理 빛날성	誠 정성성	韶 이을소
速 빠를속	損 덜손	誦 욀송	粹 순전할수	壽 목숨수	需 음식수

- 460 -

銖 저울눈 수	塾 사랑 숙	瑟 비파 슬	僧 중 승	飾 꾸밀 식	愼 삼갈 신
實 열매 실	〔아音 土部〕菴 암자 암	語 말씀 어	與 더불 여	楹 기둥 영	瑛 옥빛 영
榮 영화 영	睿 성인 예	誤 잘못할 오	獄 옥 옥	溫 따슬 온	搖 흔들 요
溶 녹을 용	踊 뛸 용	榕 나무 용	墉 담 용	瑀 옥돌 우	熊 곰 웅
源 근원 원	瑗 옥 원	僞 거짓 위	瑜 아름다울옥 유	瑋 보배스러울 위	維 버리 유
銀 은 은	爾 너 이	認 알 인	溢 넘칠 일	馹 역마 일	愿 삼갈 원
諛 아첨할 유	〔자音 金部〕慈 사랑 자	雌 암컷 자	奬 권면할 장	銓 저울질할 전	節 마디 절
禎 상서 정	精 가릴 정	齊 모두 제	製 지을 제	瑅 옥이름 제	造 지을 조
趙 나라 조	肇 비로소 조	綜 모을 종	種 심을 종	準 법 준	罪 허물 죄
誌 기록할 지	塵 티끝 진	盡 다할 진	〔차音 金部〕察 살필 찰	菖 창포 창	滄 서늘할 창
暢 화창할 창	彰 빛날 창	菜 나물 채	綴 맺을 철	銃 총 총	逐 좇을 축
瑃 옥이름 춘	翠 비치 취	聚 모일 취	置 둘 치	寢 잘 침	稱 일컬을 칭
〔타音 火部〕誕 날 탄	奪 빼앗을 탈	態 태도 태			

通 통할통	透 통할투	[파音水部] 頗 자못파	飽 배부를포	祕 향내날필
[하音土部] 限 한정한	該 그해	赫 빛날혁	瑚 산호호	豪 호걸호
魂 혼혼	禍 재화화	華 빛날화	滉 물넓고깊을황	瑝 옥소리황	榥 책상황
劃 그을획	熏 불사를훈	携 끌휴	僖 즐거울희		

— 15 劃 —

[가音木部] 駕 멍에가	稼 심을가	價 값가	葛 칡갈	慷 슬플강
慨 슬플개	槪 대개개	漑 물댈개	儉 검소할검	劍 칼검	儆 경계할경
熲 빛날경	慶 경사경	稿 볏짚고	穀 곡식곡	課 부세매길과	郭 성곽	舘 객사관
慣 익숙할관	寬 너그러울관	廣 넓을광	銶 끌구	窮 궁할궁	逵 큰길규
劇 연극극	槿 무궁화근	槿 씻을근	漌 맑을근	嬌 아릿다울교	畿 경기기
[나音火部] 腦 머리골뇌	[다音火部] 緞 신뒤축단	談 말씀담	踏 밟을답	德 큰덕
稻 벼도	墩 돈대돈	董 동독할동 바를동	[라音火部] 落 떨어질락
樂 즐거울락 풍류악	瑯 법랑랑	樑 들보량	諒 믿을량	慮 생각려

黎 검을려	閭 이문려	練 익힐련	魯 노둔할로	論 의론할론	漏 셀루
樓 다락루	劉 묘금도류	輪 바퀴륜	凜 찰름	履 신리	
[마音水部]	瑪 옥돌마	漠 아득할막	滿 가득할만	慢 거만할만	萬 일만만
漫 흩어질만	賣 팔매	慕 사모할모	摸 본뜰모	模 법모	暮 저물모
廟 사단묘	墨 먹묵	[바音水部]	盤 소반반	磐 반석반	髮 터럭발
輩 무리배	罰 벌줄벌	範 법범	軿 부인의수레병	腹 배복	複 겹칠복	鋒 칼날봉
部 나눌부	敷 펼부	墳 무덤분	[사音金部]	寫 쓸사	賜 줄사	箱 상자상
賞 상줄상	署 쓸 관청 서	緖 실마리서	奭 클석	線 줄선	
嬋 선연할선	堨 하얀흙선	數 셈수	誰 누구수	諄 도울순	熟 익을숙	醇 술순
陞 오를승	審 살필심	[아音土部]	樂 풍류악 좋아할요	樣 모양양	養 기를양
漁 고기잡을어	億 억억	緣 인연연	演 넓을연	閱 볼열	熱 더울열	葉 입엽
瑩 옥영 맑을형	影 그림자영	銳 날카로울예	瑥 사람이름온	緩 늦을완	腰 허리요
瑤 아름다울옥요	慾 욕심낼욕	瑢 옥소리용	憂 넉넉할우	郵 우편우	

誘 꾈유	院 집원	慰 위로할위	衛 모실위	誾 화평할은
儀 거동의	誼 옳을의	疑 의심할의	毅 굳셀의	逸 평안일
[자음 金部] 磁 자석자	暫 잠깐잠	箴 바늘잠	暲 햇살장	腸 창자장
葬 장사지낼장	漳 물이름장	樟 예장나무장	著 나타날저	摘 딸적
敵 대적할적	滴 물방울적	漸 점점점	蝶 나비접	鋌 쇠덩이정
靚 단장할정	除 제할제	調 고루조	駐 말머물주	週 주일주
儁 준걸준	增 더할증	摯 잡을지	稷 피직	陣 진칠진
進 나아갈진	震 진동할진	瑨 옥돌진	瑱 옥진	質 바탕질
徵 부를징	[차음 金部] 慘 슬플참	慙 부끄러울참	廠 헛간창	陟 올릴척
踐 밟을천	賤 천할천	徹 관철할철	請 청할청	締 맺을체	樞 가운데추	築 쌓을축
衝 찌를충	趣 뜻취	醉 취할취	層 충충대층	齒 이치	漆 칠할칠
[타음 火部] 墮 떨어질타	彈 탄환탄	歎 탄식할탄	[파음 水部] 編 엮을편
篇 책편	幣 비단폐	襃 기릴포	弊 폐단폐	陛 천자폐	癈 폐할폐	葡 포도포

暴 사나울 폭	漂 뜰 표	標 표할 표	[하音 土部]	漢 한수 한	墟 언덕 허
賢 어질 현	瑩 옥빛 형	慧 지혜 혜	嬅 고울 화	確 확실 확	萱 원추리 훤	輝 빛날 휘
興 일어날 흥	嬉 희롱할 희	熙 화할 희			

— 16 劃 —

[가音 木部]	諫 간할 간	墾 개간할 간	鋼 강철 강	彊 강할 강	蓋 덮을 개	憩 쉴 게
潔 맑을 결	暻 밝을 경	憬 동경할 경	錕 붉은금 곤	過 지날 과	舘 객사 관	橋 다리 교
龜 거북 구	窺 엿볼 규	橘 귤 귤	瑾 옥 근		錦 비단 금	機 베틀 기
冀 바랄 기	器 그릇 기	錤 호미 기	璂 고깔꾸머개 기	舘 보습 관	錡 세발가마 기	
[나音 火部]	諾 허락 낙	[다音 火部]	壇 단 단	達 통달할 달	潭 연못 담	糖 사탕 당
陶 질그릇 도	道 길 도	導 인도할 도	都 도읍 도	篤 두터울 독	燉 불성할 돈	
暾 날처음돋을 돈	潼 물결높을 동	頭 머리 두	遁 피할 둔	燈 등불 등		
[라音 火部]	歷 지날 력	曆 책력 력	璉 호련 련	憐 가련할 련	盧 성 로	
錄 기록할 록	賴 힘입을 뢰	龍 용 룡	陸 뭍 륙	陵 큰언덕 릉	璃 유리 리	

霖 장마림	潾 묽맑을린	[마音水部]	磨 갈마	謀 꾀모	穆 화할목
蒙 무릅쓸몽		撫 어루만질무		默 잠잠할묵	憫 불쌍할민
[바音水部]	撲 부딛칠박	潘 성반	潑 활발할발	壁 벽벽	陪 모실배	辨 분별할변
鉼 금덩이병	憤 분할분	奮 떨칠분	頻 자주할빈	憑 의지할빙
[사音金部]	錫 주석석	膳 반찬선	璇 옥이름선	暹 나아갈섬	醒 술깰성	燒 불살을소
遂 드디어수	輸 보낼수	樹 나무수	錞 사발종순	[아音土部]	餓 굶을아
謁 보일알	鴨 집오리압	鴦 원앙새앙	諺 속담언	業 산높을업
餘 남을여	燃 불탄연	曄 빛날엽	燁 빛날엽	豫 미리예	叡 밝을예
壅 막을옹	蓉 연꽃용	遇 만날우	運 운수운	澐 물결운	謂 이를위
緯 씨위	違 어길위	儒 선비유	遊 놀유	潤 부를윤	融 화할융
陰 그늘음	凝 엉킬응	彝 떳떳할이	[자音金部]	潛 잠길잠	璋 서옥장	墻 담장
縡 일재	錚 징쟁	積 쌓을적	錢 돈전	戰 싸움전	整 정제할정	靜 고요정
錠 촛대정	諸 모될제	潮 밀물조	琮 옥치는소리종	輯 모일집(즙)	憎 미워할증

- 466 -

蒸	찔증	陳	버릴진	溱	샘날집	澄	맑을징	[차音 金部]		錯	섞일착			
撰	갖출찬	蒼	푸를창	撤	거들철	澈	물맑을철	諦	살필체					
樵	땔나무초	錘	저울눈추	錐	송곳추	蓄	쌓을축	賰	넉넉할춘	熾	불땔치			
親	친할친	[파音 水部]		罷	파할파	播	퍼질파	澎	물소리팽	遍	두루편			
[하音 土部]		學	배울학	翰	깃한	陷	빠질함	憲	법헌					
縣	고을현	螢	반딧불형	衡	저울대형	滸	넓을호	樺	벗나무화					
橫	빗낄횡	曉	새벽효	勳	공훈	憙	기쁠희	熹	밝을희	熺	밝을희			
羲	기운희	噫	슬플희											

— 17 劃 —

[가音 水部]		懇	정성간	瞰	굽어볼감	講	외울강	橿	박달나무강	據	웅거할거			
擧	들거	鍵	자물쇠건	檢	교정할검	擊	칠격	激	격동할격	檄	과격할격			
遣	보낼견	謙	겸손할겸	璟	옥빛경	擎	받들경	階	섬돌계	館	객사관	矯	바로잡을교	
膠	아교교	購	살구	鞠	굽으릴국	龜	거북귀 나라이름구	璣	구슬기	磯	자갈기			

[나音 火部] 濃 걸쭉할 농	[다音 火部] 檀 박달나무 단	鍛 단련할 단	擔 짐 담
隊 떼 대	蹈 밟을 도	鍍 도금할 도	獨 홀로 독
[라音 火部] 勵 힘쓸 려	鍊 단련할 련	聯 연합할 련	蓮 연꽃 련	斂 거둘 렴
廉 경박할 렴	嶺 재 령	隆 높을 륭	璘 옥무늬 린	臨 일할 림
[마音 水部] 蔓 덩클 만	錨 닻 묘	彌 많을 미	[바音 水部] 璞 옥덩어리 박
薄 엷을 박	繁 성할 번	蓬 쑥 봉	膚 피부 부	嬪 계집이름 빈	[사音 金部] 謝 사례할 사
霜 서리 상	償 갚을 상	蔘 인삼 삼	鮮 생선 선	禪 전위할 선	燮 불꽃 섭
聲 소리 성	蔬 풋나물 소	遡 거스릴 소	遜 겸손할 손	隋 나라 수	雖 비록 수
穗 이삭 수	瞬 잠깐 순	膝 무릎 슬	[아音 土部] 嶽 뫼 악	壓 누를 압	襄 도울 양	陽 볕 양
憶 생각할 억	檍 참죽나무 억	輿 수레 여	嬰 어릴 영	營 지을 영	鍈 방울소리 영
擁 안을 옹	遙 멀 요	謠 노래 요	隅 모 우	優 광대 우	蔚 고을이름 울	遠 멀 원
轅 진문 원	應 응할 응	膺 가슴 응	翼 날개 익	謚 웃을 익	[자音 金部] 齋 집 재
績 길삼 적	點 점 점	操 잡을 조	燥 말릴 조	縱 길이 종	鍾 술잔 종

駿 준마 준	甑 시루 증	璡 옥돌 진	[차音 金部]	燦 빛날 찬	澯 맑을 찬
蔡 성 채	遞 갈아들일 체	燭 촛불 촉	總 거느릴 총	聰 귀밝을 총	
醜 더러울 추	鄒 나라 추	縮 줄 축	蟄 업딜 칩	[타音 火部]	濁 흐릴 탁
擇 가릴 택	澤 못 택	[하音 水部]	霞 놀 하	韓 나라 한	澣 빨 한	轄 다스릴 할
鄕 시골 향	壕 성밑해자 호	鴻 기러기 홍	闊 넓을 활	璜 반달옥 황	闊 넓을 활
澮 도랑 회	檜 저나무 회	燻 흙풍류 훈	徽 아름다울 휘	戱 희롱 희	禧 복 희

— 18 劃 —

[가音 木部]	簡 편지 간	隔 멀 격	鵑 두견 견	鎌 낫 겸
舊 예 구	軀 몸 구	歸 돌아갈 귀	闕 대궐 궐	隙 틈 극
謹 삼갈 근	騎 말탈 기	騏 준마 기	[다音 火部]	斷 끊을 단
戴 이을 대	濤 물결 도		燾 덮을 도	擡 들 대
[라音 火部]	濫 넘칠 람		糧 량식 량	禮 예도 례
[마音 水部]	謨 꾀 모	[바音 水部]	璧 구슬 벽	馥 향기 복

濱 물가 빈	[사音 金部]	雙 쌍쌍 곡식거둘색	曙 새벽 서	繕 기울 선	繡 수놓을 수
鎖 자물쇠 쇄	濕 젖을 습	[아音 土部]	顔 얼굴 안		額 이마 액
曜 빛날 요	鎔 녹일 용	魏 위나라 위		醫 의원 의	擬 비길 의
鎰 무게의단위 일	[자音 金部]	爵 벼슬 작	雜 섞일 잡		適 귀양갈적 마침적
蹟 사적 적	轉 구를 전	題 글 제	濟 건늘 제	遭 만날 조	濬 깊을 준
織 짤 직	職 직분 직	鎭 진압할 진	[차音 金部]	璨 옥찬	遷 옮길 천	瞻 볼 첨
蕉 파초 초	礎 주춧돌 초	蟲 벌레 충	叢 떨기 총	[타音 火部]	濯 씻을 탁
擢 뽑을 탁	[파音 水部]	蔽 가릴 폐	豊 풍년 풍	[하音 土部]	爀 빛날 혁	蕙 난초 혜
濠 물 호	鎬 호경 호	環 돌릴 환	繪 그림 회	獲 얻을 획	燻 불기운 훈

— **19 劃** —

[가音 木部]	鯨 고래 경	鏡 거울 경	曠 빌 광	關 집 관	壞 무너뜨릴 괴
襟 옥깃 금	譏 나무랄 기	麒 기린 기	[나音 火部]	難 어려울 난
[다音 火部]	膽 담 담	譚 말씀 담	禱 빌 도	鄧 성 등	[라音 火部]	麗 고을 려

簾 발렴	獵 사냥할렵	類 나눌류	離 떠날리
[마音水部] 霧 안개무	鏋 금만	薇 고비미	[바音水部] 薄 엷을박
簿 누에발박 문서부	譜 족보보	鵬 새붕	[사音金部] 辭 말씀사	選 가릴선
璿 고운옥선	蟾 두꺼비섬	獸 짐승수	璹 옥그릇숙	繩 노승	識 알식	薪 섭신
[아音土部] 艶 탐스러울염	穩 평안할온	鏞 큰쇠북용	韻 운운	遺 끼칠유
願 원할원	[자音金部] 鵲 까치작	障 막힐장	薔 장미꽃장	鄭 나라정	際 지음제
疇 밭주	遵 좇을준	櫛 빗즐	贈 줄증	證 증거증	遲 더딜지
懲 징계할징	[차音金部] 贊 도울찬	薦 천거할천	轍 바퀴자국철	寵 사랑할총
[파音水部] 爆 불터질폭	[하音土部] 瀅 물맑을형	穫 거둘확	擴 넓힐확

— 20 劃 —

[가音木部] 覺 깨달을각	遽 급할거	競 다툴경	警 경계할경	瓊 붉을옥경
勸 권할권	繼 이을계	[다音火部] 騰 오를등	黨 무리당	[라音火部] 羅 벌릴라
藍 쪽람	齡 나이령	露 이슬로	爐 하로로	瀧 적실롱	隣 이웃린

[바音 水部] 寶 보배 보	譬 비유할 비	[사音 金部] 薩 보살 살	釋 놓을 석
騷 소동할 소	[아音 土部] 壤 흙덩이 양	嚴 엄할 엄	孃 아씨 양	譯 번역할 역
耀 빛날 요	議 의논 의	[자音 金部] 藉 빙자할 자	籍 호적 적	鐘 쇠북 종	頊 사람이름 질
[차音 金部] 纂 모을 찬	觸 닿을 촉	[타音 火部] 鬪 싸움 투	[파音 水部] 避 피할 피
[하音 土部] 瀚 질펀할 한	艦 싸움배 함	獻 드릴 헌	懸 달 현	馨 향기 형
還 돌아올 환	懷 품을 회	薰 향풀 훈	曦 햇빛 희	櫶 나무 헌

― 21 劃 ―

[가音 木部] 鷄 닭 계	顧 돌아볼 고	驅 몰 구	[다音 火部] 鐺 북소리 당	藤 덩쿨 등
[라音 火部] 爛 찬란할 란	欄 난간 란	瀾 큰물결 란	瓏 환할 롱
[바音 水部] 飜 뒤칠 번	闢 열 벽	辯 말씀 변	[사音 金部] 續 이을 속
屬 붙일 속	隨 좇을 수	[아音 土部] 鶯 꾀꼬리 앵	藥 약 약	躍 뛸 약
瀯 물소리 영	藝 재주 예	譽 기릴 예	瀷 스며흐를 익	饒 배부를 요
[차音 金部] 鐵 쇠 철	[타音 火部] 鐸 방울 탁	[파音 水部] 霸 으뜸 패	驃 날쌜 표

| [하音金部] 鶴 학학 | 險 험할험 | 護 호위호 | 顥 클호 | 鐶 고리환 |

- 22 劃 -

| [가音木部] 鑑 거울감 | 灌 관물관 | 鷗 갈매기구 | 懼 두려울구 | 權 권세권 |

| [다音火部] 讀 읽을독 | [라音火部] 瓓 옥무늬란 | 覽 볼람 | 籠 농롱 | [바音水部] |

| 邊 갓변 | [사音金部] 攝 잡을섭 | 蘇 들깨소 | 襲 입을습 | [아音土部] 隱 숨을은 |

| [자音金部] 鑄 부을주 | [차音金部] 聽 들을청 | [하音土部] 響 소리향 |

| 歡 기쁠환 | 驍 날랠효 | 譓 살필혜 |

- 23 劃 -

| [가音木部] 驚 놀랠경 | 瓘 서옥관 | 鑛 쇳덩이광 | [라音火部] 蘭 란초란 |

| 戀 생각련 | 麟 기린린 | [바音水部] 變 변할변 | [사音金部] 纖 가늘섬 | 髓 골수 |

| [아音土部] 巖 바위암 | 驛 역말역 | [차音金部] 體 몸체 |

| [타音火部] 灘 여울탄 | [하音土部] 驗 증험할험 | 顯 나타날현 |

- 24 劃 -

[라音 火部] 靈 신령 령	鷺 백로 로	[아音 土部] 讓 사양할 양	鹽 소금 염
鷹 매 응	[자音 金部] 鑽 누에 잠	臟 오장 장	[차音 金部] 瓚 옥그릇 찬

- 25 劃 -

[가音 木部] 觀 볼 관	[마音 水部] 蠻 오랑캐 만	[차音 金部] 纘 이을 찬
廳 관청 청	[하音 土部] 灝 끝없을 호	

- 26 劃 -

[가音 木部] 驥 준마 기	[차音 金部] 讚 도을 찬

- 27 劃 -

[차音 金部] 鑽 뚫을 찬

追加 人名漢字 108字
(1994년 9월 1일 확정)

　호적법 시행규칙에 의해 1991년 4월에 인명용 한자를 2,856자로 확정 시행한 후 출생신고시 특별히 사용된 81자와 항렬자(돌림자) 27자를 합한 108자를 1994년 9월부터 추가 확정했다. 이로써 인명용 한자는 모두 2,964 자이다(추가된 108자는 특별히 사용되는 문자임으로 획수별 오행자별 사전 에 포함시키지 않았음).

추가된 人名한자

[가] 伽(절)   [거] 鉅(클)   [경] 冏(빛날)   [광] 旷(비칠, 밝을)
[구] 耈(명길)   [규] 葵(아욱)   [근] 劤(강할)   [금] 昑(밝을)
[기] 伎(재주)   [나] 拏(잡을)   [뉴] 鈕(인꼭지)   [담] 澹(물모양) 罩(미칠)   [동] 垌(항아리) 瞳(눈동자)   [라] 螺(소라)
[령] 怜(영리할)   [류] 瑠(유리)   [리] 悧(영리할)   [림] 淋(물뿌릴)   [말] 茉(말리꽃)   [묘] 畒(이랑)   [무] 懋(힘쓸)   [미] 嵄(산)   [민] 忞(마음다잡을) 慜(총명할) 䝨(강할)   [박] 鉑(금박)
[방] 厖(클)   [번] 蕃(번성할)   [보] 菩(보살)   [복] 鍑(아구리큰솥)   [사] 嗣(이을)   [상] 塽(땅넓고밝은곳)   [색] 穡(거둘)
[서] 偦(지혜)   [선] 珗(옥돌)   [설] 楔(문설주) 薛(다북쑥)
[섭] 葉(땅이름)   [소] 榋(나무흔들릴) 玿(아름다운옥)   [솔] 帥(거느릴)   [송] 淞(물)   [숙] 橚(길고 꼿꼿할)   [숭] 嵩(높을)
[슬] 璱(진주)   [시] 侍(의지할)   [심] 沈(성)   [애] 艾(쑥)
[연] 瑌(옥돌)   [영] 穎(이삭) 瓔(옥돌)   [예] 乂(어질)   [요] 姚(예쁠)   [용] 墉(담)   [우] 雩(물소리)   [운] 耘(김맬)   [원] 婉(고울)   [유] 濡(젖을) 愉(기쁠) 柚(무성할) 攸(바) 柚(유자)
[윤] 阭(높을) 奫(물깊고 넓을)   [은] 溵(물소리)   [의] 懿(클)
[이] 頤(턱)   [익] 翌(명일)   [일] 佾(춤출)   [장] 蔣(과장풀)
[저] 楮(닥나무)   [전] 奠(둘) 荃(향풀) 鷒(새살질)   [절] 晢(밝을)   [점] 銛(칼날세울) 竧(빛날)   [주] 姝(예쁠) 澍(물쏟을)
[준] 隼(새매)   [지] 鋕(새길)   [친] 禛(복받을) 塡(누를) 診(볼) 紾(맺을) 賑(넉넉할)   [집] 鍓(쇳조각)   [차] 瑳(옥빛깨끗할)
[채] 綵(비단)   [침] 琛(보배)   [탁] 拓(박을)   [필] 鉍(창자루)
化(점잖을)   [혁] 奕(클)   [현] 眩(현황할)   [형] 熒(밝을)
[혜] 憓(밝을) 憓(사랑할)   [호] 濩(퍼질)   [흥] 鈱(쇠뇌고동)
[환] 驩(기뻐할)   [황] 熀(불빛이글거릴)   [회] 誨(가르칠)   [횡] 鐄(큰쇠북)   [효] 斅(가르칠)   [훈] 鑂(금빛투색할)

판	권
본	사

作名學大全　　[한정판]

1994년 7월 25일 발행
2002년 10월 25일 재판

편　자　엄윤문
발행인　안영동
발행처　출판사 동양서적
　　　　서울특별시 은평구 역촌동 40-6
　　　　전 화 357-4723
　　　　FAX 357-4721
등　록　1976년 9월 6일
　　　　제 6-11호

값 20,000원

ISBN 89-7262-017-3　13180